Dr. med. Jörg Nase · Beate Nase

Eltern-Ratgeber Kinderkrankheiten

Was hat mein Kind?
Was kann ich tun?
Wann muss mein Kind zum Arzt?

OBERSTEBRINK
ELTERN-BIBLIOTHEK

1. Auflage, 2003

Titelfoto:	Kunterbunt
Fotos:	Dr. med. Jörg Nase (155), Prof. Dr. med. H. J. Cremer (1), Privat (4), Kunterbunt (1)
Illustrationen:	monks Multimedia- und Filmproduktion
Gestaltung:	Oberstebrink
Fachliche Beratung:	Dr. med. Uwe Knoop, Leitender Oberarzt, Dr. med. Eckhardt Korsch, Oberarzt, Kinderkrankenhaus der Kliniken der Stadt Köln Reinhart Freund, niedergelassener Kinderarzt Willi Fröhlich, niedergelassener Kinderarzt
Redaktion:	Oberstebrink
Satz und Herstellung:	MOHN Media · Mohndruck GmbH Printed in Germany
Verlag:	Oberstebrink Verlag GmbH Bahnstr. 44 · D-40878 Ratingen Tel. +49 (0) 2102 / 771 770-0 Fax +49 (0) 2102 / 771 770-21 verlag@oberstebrink.de www.oberstebrink.de
ISBN:	3-934333-01-X

Danke

Ich danke meiner Frau Beate Nase. Mit ihren Beiträgen zur Vorbeugung und Pflege, Entwicklung und Förderung, Vorsorge und Ernährung und ihren Ergänzungen zum Kapitel „Krankheits-Zeichen“ hat sie dieses Buch um wesentliche Themen bereichert, die über die rein kinderärztliche Sicht hinausgehen, aber für alle Eltern wichtig sind.

Ich bedanke mich …

- bei meinen drei Kindern für ihr Verständnis
- bei Uwe Knoop, Eckhardt Korsch, Reinhart Freund und Willi Fröhlich für ihre fachliche Beratung
- bei den Freunden, Kolleginnen und Kollegen, die durch ihre Ergänzungen und Ratschläge bei der Entstehung dieses Buches geholfen haben. Stellvertretend möchte ich meine Praxis-Vorgängerin Frau Dr. Marianne Fincke, meinen Praxis-Kollegen Ludger Roschinsky und unser Praxis-Team nennen.
- bei den Eltern und deren Kindern, die sich für die Fotos zur Verfügung gestellt haben
- bei Christian Baumhof, unserem Buchhändler, der mich ermutigt hat, mein Manuskript dem Verlag vorzustellen

Dieses Buch ist den Menschen gewidmet, die ich während seiner Entstehung vernachlässigt habe.

Jörg Nase

Grußwort

Was darf man, was dürfen Eltern von einem Ratgeber in Sachen Kindergesundheit erwarten? Der Ratgeber sollte auf alle wichtigen Fragen, die aus elterlicher Besorgnis über ein Krankheits-Zeichen bei ihren Kindern entstehen, Antworten geben. Er sollte darüber hinaus Hilfe leisten für den Umgang und die Pflege kranker Kinder zu Hause und schließlich Möglichkeiten aufzeigen, durch gesunde Lebensweise, durch Fördermaßnahmen und Fürsorge möglichen Erkrankungen vorzubeugen. Der Ratgeber muss verständlich sein. Er darf nicht verwirren, darf nicht verunsichern, aber auch keine falsche Sicherheit vermitteln. Ein solcher Ratgeber ist den Autoren gelungen.

Dr. Jörg Nase bringt alle Voraussetzungen mit, die ihn als Verfasser eines Eltern-Ratgebers prädestinieren. Er hat langjährige Erfahrungen als Kinderarzt in einer großen Praxis, er verfügt über einen aktuellen Wissensstand in der Kinderheilkunde – und es ist ihm ein Anliegen, aufklärend, gelegentlich auch erzieherisch auf Eltern und Kinder einzuwirken, um Kinder vor akuten Schäden und langfristigen Behinderungen zu schützen.

Beate Nase bringt ihre Erfahrungen als ambulante Kinderkrankenschwester, Geburts-Vorbereiterin und Stillberaterin ein.

Die Autoren setzen ihr Vorhaben konsequent um. Die einleitenden Kapitel geben sehr nützliche Hinweise zu den Themen der altersgemäßen Pflege und Ernährung. Sie enthalten Ausführungen zur normalen kindlichen Entwicklung und zu behandlungsbedürftigen Abweichungen. Aus langjähriger Erfahrung, aus dem Alltag der Praxis geben die Autoren konkrete Ratschläge. Sie beschreiben, welche Vorbereitungen auf eine Vorstellung beim Kinderarzt getroffen werden können, um Untersuchungen und Beratungen zu erleichtern.

In den Kapiteln über die häufigsten Krankheits-Zeichen im Kindesalter wird die Abfolge vom Auftreten eines Symptoms bis zur Erkennung seiner Ursache und der anschließenden Therapie nach einheitlichen Mustern beschrieben. Die alphabetische Reihung erleichtert das Auffinden. Zahlreiche Abbildungen ermöglichen Vergleiche und Zuordnung sichtbarer Symptome.

Die Abhandlungen konzentrieren sich auf wesentliche Fragen und auf die Maßnahmen, die die Eltern selbst treffen oder die mit Hilfe des betreuenden

Kinderarztes vorgenommen werden können. Dem Vorgehen bei Notfällen ist ein eigenes Kapitel gewidmet.

Wer über die Wahrnehmung und Zuordnung von Krankheits-Zeichen hinaus auch etwas über ihre Ursachen wissen möchte, dem werden in verständlicher Form Kenntnisse darüber vermittelt, was hinter den Symptomen steckt.

Kurze Stellungnahmen erfolgen zu alternativen Heilverfahren. An entsprechenden Stellen gibt es Hinweise auf ergänzende Literatur, einschließlich relevanter Internet-Adressen.

Das Buch empfiehlt sich vor allem – aber nicht nur – für Eltern. Es enthält wichtige Informationen für jeden, der im Bereich der Kindergesundheit und der Kindererziehung tätig ist.

Prof. Dr. med. Felix Bläker
ehem. Ärztlicher Direktor
des Kinderkrankenhauses der Kliniken der Stadt Köln
ehem. Präsident
der Deutschen Gesellschaft für Kinderheilkunde

Liebe Eltern

Wenn ein Kind krank wird, dann stellen sich den Eltern folgende Fragen:

- *„Was hat mein Kind?“*
- *„Was kann ich tun?“*
- *„Wann muss mein Kind zum Arzt?“*
- *„Was tut der Arzt?“*
- *„Wann muss mein Kind ins Krankenhaus?“*

In diesem Buch finden Sie die Antworten auf diese Fragen. Es hilft Ihnen, die Erkrankungen Ihres Kindes schnell zu erkennen und gut zu verstehen.
Sie bekommen Tipps und Hinweise, wie Sie Ihrem Kind selbst helfen können. Und Sie erfahren, wann es besser ist, zum Arzt zu gehen.
Außerdem lesen Sie, wie Sie Krankheiten Ihres Kindes vorbeugen und seine Entwicklung fördern können.
Wir wünschen Ihnen, dass dieses Buch Ihnen hilft, die üblichen Kinderkrankheiten gut zu meistern und in besonderen Fällen schnell die richtigen Entscheidungen zu treffen.

Herzlichst,
Ihre
Beate und Jörg Nase

Ihr Leitfaden für dieses Buch

Dieses Buch müssen Sie nicht von A-Z lesen. Lesen Sie die Kapitel, die für Sie besonders wichtig sind.

- Die **Kapitel 1 und 2**
  zeigen Ihnen, wie Sie Ihr Kind vor Krankheiten schützen und Ihr krankes Kind pflegen können.

- **Kapitel 3**
  sagt Ihnen, welche **Entwicklungs-Schritte** Kinder normalerweise machen. Hier erfahren Sie auch, wie Sie Ihr Kind fördern können. Außerdem erhalten Sie einen kompletten Überblick über die **Vorsorge-Untersuchungen** beim Kinderarzt.

- In **Kapitel 4**
  finden Sie 73 Krankheits-Zeichen, die bei Kindern vorkommen. Zu jedem Symptom sehen Sie sofort, was Sie selbst tun können, und wann Ihr Kind zum Arzt muss.

- In **Kapitel 5**
  können Sie nachlesen, welche **Grunderkrankungen** möglicherweise hinter den Symptomen stecken, die Sie bei Ihrem Kind erleben.

- **Kapitel 6**
  zeigt Ihnen, wie Sie bei **Notfällen** schnell und effektiv vorgehen können.

- In **Kapitel 7**
  erfahren Sie etwas über **Wege neben der Schulmedizin** und Therapie-Verfahren aus anderen Ländern.

1

Wenn Ihr Kind krank ist

In diesem Kapitel erfahren Sie, …

- wie ein Kind Ihren Lebensrhythmus und Ihre Lebensgewohnheiten verändert
- wie sich eine Krankheit Ihres Kindes auf die Familie auswirken kann
- was Sie bei einem Kinderarzt-Besuch beachten sollten
- dass Medikamente bei Kindern oft nicht nötig sind – warum aber Medikamente wichtig sein können
- was passiert, wenn Ihr Kind ins Krankenhaus muss

Krankheit und Familie

Die Erkrankung eines Kindes kann die Situation einer Familie schlagartig verändern: bei akuten Erkrankungen phasenweise – und bei chronischen Erkrankungen sogar grundlegend. Schon ein banaler Infekt erfordert viel Fürsorge und Pflege. Besonders für Eltern, die im Beruf stehen, bedeutet es einen hohen organisatorischen Aufwand, ihr krankes Kind richtig zu versorgen. Die Sorge um das kranke Kind wird oft begleitet von der Angst vor einer ernsten und lebensverändernden Krankheit.

Eltern und Kind

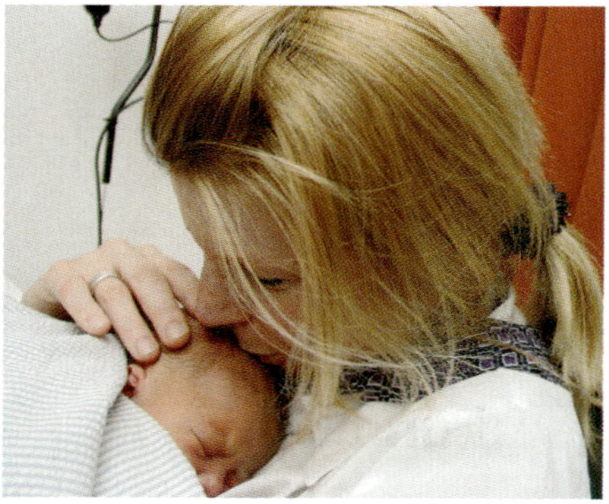

Veränderte Lebens-Situation: Einmalige neue Erfahrungen

Die Geburt eines Kindes verändert die Lebens-Situation seiner Eltern elementar. Den Bedürfnissen ihres Kindes nachzukommen und die Verantwortung für sein geschütztes Aufwachsen zu übernehmen, sind große Aufgaben, auf die Eltern vorbereitet sein müssen. Die Mutterrolle oder Vaterrolle einzunehmen heißt, seine eigenen Bedürfnisse zurückzustellen oder sie anders zu organisieren. Es bedeutet unter Umständen, einen Partner mit einem Kind zu teilen – aber auch, etwas Einmaliges mit einem neuen Menschen erfahren zu dürfen.

Der eigene Lebens-Rhythmus wird plötzlich durch Kinder mitbestimmt. Pläne und Verabredungen können oft nicht eingehalten oder müssen spontan verschoben werden. Es wird eine Zeit der vollen Hände. Je flexibler Mutter oder Vater mit der neuen Situation umgehen können, um so leichter meistern sie diesen Lebensabschnitt. Je mehr Verständnis sie als Partner für die Nöte des anderen aufbringen und je ehrlicher und rücksichtsvoller sie sind, um so größer wird die Wahrscheinlichkeit, dass eine Trennung der Partnerschaft mit all

den negativen Folgen für ein Kind vermieden werden kann. Derzeit wird innerhalb von zehn Jahren jede fünfte Ehe geschieden. Bei der Hälfte dieser geschiedenen Ehen sind Kinder betroffen.
Gerade für den Umgang mit dem ersten Kind gibt es keine Ausbildung. Das gilt für alle Eltern. Fragen zur Erziehung, zur Entwicklung und zur Förderung ihres Kindes, bestimmen die Gedanken und Gespräche der Eltern. Dabei fällt es manchmal schwer, das Kind in seiner vollständigen Persönlichkeit und Eigenständigkeit zu respektieren und zu akzeptieren. Allzu gern neigen Eltern dazu, ihre eigenen Wünsche und Vorstellungen auf ihr Kind zu projizieren. Je früher Eltern ihr Kind allerdings zum selbständigen Handeln erziehen, desto sicherer wird es im Umgang mit dem Leben. Eltern können nicht für ihre Kinder deren Lebensweg gehen, aber sie können ihn ein wenig bereiten und ihr Kind auf seinem Weg begleiten. Gehen müssen ihn die Kinder selbst – und zwar so, dass sie später zufrieden sind.
Erkrankungen ihres Kindes erhöhen die Sorgen der Eltern und fordern von ihnen zusätzliche Rücksichtnahme und Zuwendung. Besonders berufstätige Mütter haben dann oft das Gefühl, nicht allem gerecht werden zu können.

Kind und Kinderarzt-Praxis

Die normale Zweierbeziehung zwischen Patient und Arzt ist bei Kindern durch ihre Eltern zu einer Dreierbeziehung erweitert. Eltern und Arzt haben für das Kind nur das Beste im Sinn. Beide fühlen sich als sein Vertreter – und daher ist der Nutzen für das Kind in der Regel besonders groß, wenn Eltern und Arzt gut zusammenarbeiten. Neben gutem Fachwissen erfordert es vom Kinderarzt Verständnis für die Sorgen der Eltern – auch bei scheinbar banalen Erkrankungen – und andererseits von den Eltern Offenheit und Informationsbereitschaft dem Arzt gegenüber. Haben Sie ruhig den Mut, Fragen zu stellen, um Therapie-Maßnahmen besser verstehen und umsetzen zu können.
Damit Ihr Kinderarzt-Besuch möglichst reibungslos abläuft, sollten Sie sich vorbereiten. Am besten bringen Sie einen Zettel mit den Fragen mit, die Sie Ihrem Kinderarzt stellen wollen.

Bereits bei der Terminabsprache versuchen die Arzthelferinnen, die Probleme in etwa zu erfassen und Ihnen einen zeitlichen Rahmen zu geben. So ist zum Beispiel der Zeitbedarf für eine Wiederholungs-Impfung anders als der für die Überprüfung der Entwicklung eines Kindes. Untersuchungen zu Ess-Störungen, Schulproblemen oder Einnässen sind zeitintensiver und sollten daher gut geplant sein.

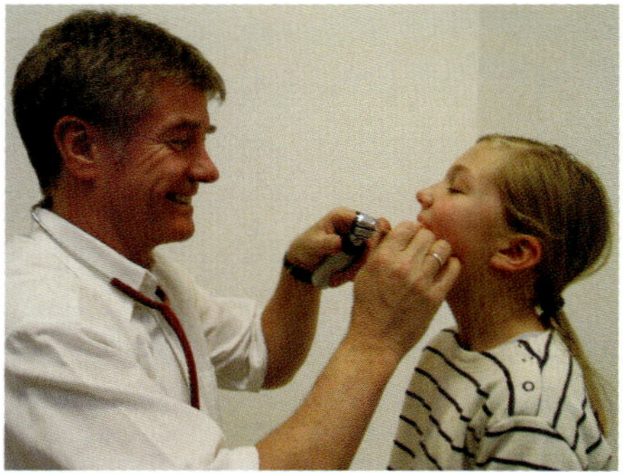

Wichtig für das Kind: Zusammenarbeit von Arzt und Eltern

Trotz guter Planung kommt es aber bei Terminen häufig noch zu vielen anderen Fragen der Eltern, die bei der Terminvergabe zeitlich nicht berücksichtigt worden sind. Die Folge sind dann längere Wartezeiten für die nachfolgenden Patienten. Der Satz einer Mutter: „*Wo ich gerade mal hier bin, da hab' ich noch eine Frage, weil mein Sohn so wenig isst*" – er umschreibt das Dilemma, vor dem der Kinderarzt dann steht: Er kann sofort auf diese komplexe Frage eingehen – und damit die draußen wartenden Eltern frustrieren – oder Ihnen einen neuen Termin geben, bei dem er sich dann Zeit für Ihr Thema nehmen kann.

Natürlich sind akute Termine bei plötzlichen Erkrankungen nicht planbar. Auch kann eine „Infekt-Welle" die beste Organisation in einer Praxis vollständig durcheinanderwirbeln.

Je nach Schwere einer Erkrankung ist manchmal ein Hausbesuch des Kinderarztes nötig. Aber die Untersuchungs-Möglichkeiten sind in einer Praxis vielfältiger. Ein unklares Krankheitsbild ist dort schneller zu erfassen als zu Hause. In einer Situation, die Ihnen lebensgefährlich erscheint, sollten Sie natürlich sofort den Notruf 112 anrufen. Bei anderen dringenden Fällen rufen Sie sofort Ihren Arzt an.

Kinder und Medikamente

Eltern erwarten vom Kinderarzt Hilfe. Bei Problemen und Erkrankungen erhoffen sie sich Zuspruch und Lösungsvorschläge – von einem Kinderarzt, der das Kind und seine betreuende Umgebung (in der Regel die Eltern) emotional erfasst, das Problem oder die Erkrankung erkennt und Maßnahmen in Abstimmung mit Eltern und Kind einleitet.

Die meisten Probleme, mit denen Eltern in eine Kinderarzt-Praxis kommen, sind „organbezogen", wie etwa eine Bronchitis. Nachdem der Arzt die notwendigen diagnostischen Schritte durchgeführt und die Ursache für die Erkrankung gefunden hat, besteht seine ärztliche Hilfe in folgenden Schritten:

- Er erklärt das Krankheitsbild.
- Er gibt Empfehlungen zum Umgang mit der Erkrankung.
- Er organisiert weitere Maßnahmen oder führt sie selbst durch – wie zum Beispiel Versorgung von Wunden oder das Einrenken eines Ellenbogen-Gelenks.
- Er ordnet Medikamente an, die eine Besserung oder Erleichterung des Zustandes bewirken sollen.

Besonders bei einer Medikamentengabe sollten sich aber Arzt und Eltern immer fragen: *„Ist das Medikament wirklich nötig – oder liegt eine Erkrankung vor, die auch ohne Medikamente problemlos verläuft und folgenlos abheilt?"*

Tipps und Hinweise

Was Arzt und Eltern von einem Medikament verlangen müssen

- Die Wirksamkeit eines Medikamentes sollte durch Studien nachgewiesen sein.
- Seine Nebenwirkungen sollten wesentlich geringer sein als die Hilfe, die es bietet.
- Es sollte für das Alter des Kindes zugelassen sein.

Bei folgenden Erkrankungen macht eine medikamentöse Therapie Sinn:

- Akute Erkrankungen, die durch ein Medikament gelindert werden können, wie zum Beispiel Erbrechen bei einem Magen-Darm-Infekt
- Akute Erkrankungen, die bei Nichtbehandlung zu Folgeschäden führen können, wie zum Beispiel ein Harnwegsinfekt oder eine eitrige Angina
- Akute Notfall-Erkrankungen, wie zum Beispiel ein Asthma-Anfall oder ein allergischer Schock
- Chronische Erkrankungen, wie zum Beispiel Asthma, Rheuma oder die Zuckerkrankheit (Diabetes)
- Tumor-Erkrankungen

Weil die Dosierungen der Medikamente gewichtsbezogen sind, sollten Sie immer die Mengenangaben der Hersteller und die Dauer der Gabe beachten. Normalerweise entsprechen die Empfehlungen Ihres Arztes den Angaben der Hersteller. Um Dosierungsfehler zu vermeiden, halten Sie bitte die Hersteller-Empfehlungen ein. Bei gewollten Abweichungen informiert Sie der Arzt in der Regel. Wenn nicht, dann sprechen Sie ihn an. Beachten Sie auch, dass bestimmte Medikamente länger gegeben werden müssen, als Ihr Kind Symptome hat – wie bei manchen Antibiotika.

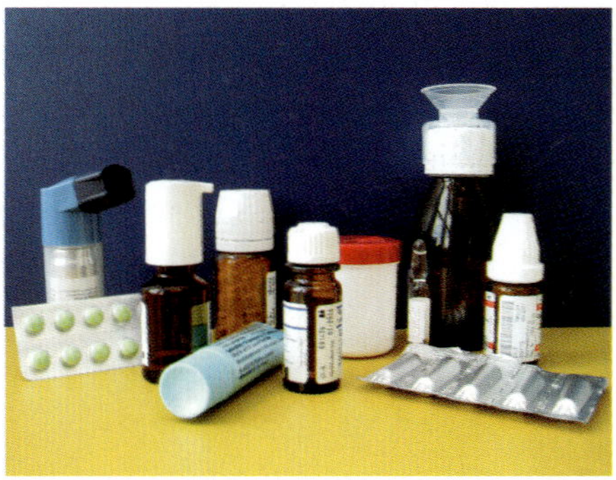

Medikamente: Auf Empfehlung von Arzt und Hersteller achten

Viele Virusinfekte heilen ohne Medikamente problem- und folgenlos ab. Der verständliche Wunsch der Eltern nach einer schnellen Genesung ihres Kindes durch Medikamente bringt den Arzt daher gelegentlich in Zugzwang. Auch die Bitte mancher Eltern, nur etwas „Sanftes“ oder „Natürliches" einzusetzen – obwohl eine andere therapeutische Maßnahme sinnvoller ist – erfordert von den Eltern und ihrem Arzt viel gegenseitiges Verständnis. Hier ist Offenheit und gute Kooperation zwischen Eltern und Arzt zum Wohle des Kindes wichtig.

Kind und Krankenhaus

Krankenhaus-Aufenthalt: Hilfe rund um die Uhr

Viele Erkrankungen sind ambulant zu behandeln – also ohne eine Einweisung in ein Krankenhaus. Gelegentlich ist aber eine Hilfe „rund um die Uhr" nötig, die Ihr Arzt auch in Verbindung mit einem ambulanten Kinderpflegedienst nicht erbringen kann. Kein Kinderarzt schickt seine Patienten gern ins Krankenhaus. Er weiß sie zwar dort gut aufgehoben, aber er möchte Kind und Eltern den damit zwangsläufig verbundenen Stress ersparen. Außerdem sind manche Krankheitsbilder nicht sofort zu erkennen, so dass auch die Ärzte im Krankenhaus trotz ihrer diagnostischen Möglichkeiten gelegentlich Zeit brauchen, um die richtige Diagnose herauszufinden. Das liegt in der Natur mancher Erkrankungen. Bei aller Sorge – seien Sie nicht zu ungeduldig und haben Sie dafür Verständnis.

Was Eltern vor und während des Krankenhaus-Aufenthalts beachten sollten

- Wenn möglich, bereiten Sie Ihr Kind in Ruhe auf den stationären Aufenthalt vor.
- Versuchen Sie, Ihr Kind auf diagnostische und therapeutische Maßnahmen altersgerecht und so einfach und klar wie möglich einzustimmen.
- Flößen Sie ihm Vertrauen für diese Maßnahme ein.
- Nehmen Sie Dinge mit, die ihm wichtig sind – wie etwa sein Lieblings-Kuscheltier.
- Organisieren Sie Hilfe für zu Hause (Geschwisterkinder, Großeltern, Nachbarn).
- Je jünger Ihr Kind ist, umso mehr braucht es Ihre Nähe.
- Klären Sie, ob Sie auch nachts bei Ihrem Kind bleiben können.
- Denken Sie daran, dass das Problem Ihres Kindes nicht zwangsläufig das schwierigste und schlimmste der Station sein muss.
- Bedenken Sie, dass diagnostische Maßnahmen in einem Krankenhaus für viele Erkrankte organisiert werden müssen – nicht nur für Ihr Kind.
- Fragen Sie, wann Sprechzeiten mit der Schwester und/oder dem Arzt am günstigsten sind – und bereiten Sie sich auf das Gespräch vor.
- Trauen Sie sich ruhig, Unklarheiten anzusprechen, bevor sich kleine Missverständnisse zu Problemen aufschaukeln können.
- So wie Sie von den Schwestern und Ärzten Verständnis erwarten, sollten Sie auch Verständnis für die Ärzte und Schwestern haben.

Wenn Sie diese Punkte beachten, wird der Krankenhaus-Aufenthalt für Ihr Kind und für Sie gut zu meistern sein.

Vertrauen Sie auf Ihr Gefühl

Sie als Eltern kennen Ihr Kind am allerbesten. Und wenn Sie merken, dass mit Ihrem Kind irgendwas nicht stimmt, dann vertrauen Sie auf Ihr Gefühl. Auch wenn man Sie beruhigen will *(„Ihr Kind hat nichts“ · „Wir können nichts finden“ · „Es ist alles in Ordnung“)*. Wenn Sie spüren, dass Ihrem Kind etwas fehlt – auch wenn es scheinbar „nichts hat“ – dann lassen Sie nicht locker, bis Sie wissen, was los ist. Das natürliche Gespür der Eltern für ihr Kind kann für den Arzt eine große Hilfe sein. Deshalb sollte jeder Arzt die Sorgen der Eltern ernst nehmen.

Kapitel 1: Das Wichtigste in Kürze

- Die Geburt eines Kindes verändert die Lebens-Situation seiner Eltern elementar.
- Wenn das Kind dann auch noch krank wird, sind Eltern und andere Familien-Angehörige besonders gefordert.
- Damit Ihr Kinderarzt-Besuch möglichst reibungslos abläuft, sollten Sie sich vorbereiten. Schreiben Sie vorher alles auf, was Sie Ihren Kinderarzt fragen wollen. Und scheuen Sie sich nicht, ihn alles zu fragen, was Sie wissen wollen.
- Wenn Ihr Kind Medikamente bekommt, halten Sie genau die Dosierungs-Empfehlungen des Herstellers ein. Weichen Sie nur davon ab, wenn Ihr Kinderarzt Ihnen ausdrücklich andere Anweisungen gibt.
- Wenn Ihr Kind ins Krankenhaus muss, versuchen Sie, ihm das zu erklären und es darauf vorzubereiten. Vor allem aber stellen Sie sicher, dass Sie bei ihm sein können. Denn gerade in dieser Situation braucht Ihr Kind Ihre Nähe.
- Vertrauen Sie auf Ihr Gefühl. Wenn Sie spüren, dass mit Ihrem Kind etwas nicht stimmt, dann lassen Sie nicht locker, bis die Ursache gefunden ist und Ihrem Kind geholfen wird.

2

Vorbeugung und Pflege

In diesem Kapitel erfahren Sie, ...

- warum die Selbstheilungskräfte für Ihr Kind wichtig sind
- wie Infekte entstehen
- wie Sie die Abwehr Ihres Kindes stärken können
- was Sie zu Hause für Ihr krankes Kind tun können
- welche Selbsthilfe-Maßnahmen Sie bei den häufigsten Erkrankungen im Kindesalter durchführen können
- wie Sie Fieber ohne Medikamente senken können

Krank sein braucht Zeit und Geduld

Junge Eltern fühlen sich oft schon bei sogenannten „banalen Infekten" unsicher und suchen deshalb häufig ihren Kinderarzt auf. Durch das Leben in Kleinfamilien fehlen oft der Rat und die Sicherheit durch erfahrene Familienmitglieder. Bewährte Pflegemethoden und Hausmittel werden nicht mehr so einfach von Generation zu Generation weitergegeben.

„Was kann ich selbst tun? Wann muss mein Kind zum Arzt?". Das sind Fragen, vor denen viele Eltern stehen, wenn ihr Kinder krank ist. Dieses Buch hilft Ihnen, die richtige Entscheidung zu treffen (ausführliche Informationen in Kapitel 4).

Dazu kommt, dass es unter den gegenwärtigen Lebensverhältnissen nicht in allen Familien möglich ist, dass Kinder ihre Krankheiten richtig auskurieren können und erst dann wieder in den Kindergarten oder in die Schule gehen, wenn sie richtig gesund sind.

Hier spielt die Vorbildfunktion der Erwachsenen eine große Rolle. Wenn wir bei Beschwerden sofort zu einer Tablette greifen, wird es für Kinder selbstverständlich, dass nur die Einnahme von Medikamenten die Krankheit heilt. Wie aber sollen unsere Kinder lernen, ihren Krankheiten anders als mit Medikamenten zu begegnen, wenn die Selbstheilungskräfte des Körpers und einfache therapeutische Maßnahmen bei den Erwachsenen so wenig Bedeutung haben?

Auf Selbstheilung zu vertrauen und abzuwarten – dazu fehlen oft die Geduld und die Zeit. Ist ein Kind krank, sind aber gerade diese beiden Faktoren gefragt, damit Ihr Kind in aller Ruhe wieder gesund werden kann. Ein krankes Kind braucht Mutter, Vater oder eine ihm vertraute Bezugsperson immer in Rufweite.

Im Folgenden sind Vorbeugungs-Maßnahmen, der Umgang mit einem kranken Kind und Pflegemaßnahmen zusammengestellt. Außerdem finden Sie einen kleinen Überblick über verschiedene Wickel, Tees und selbst herstellbare Hausmittel.

Vorbeugung: Wie Sie die Abwehr Ihres Kindes stärken können

Säuglinge kommen mit mütterlichen „Leih-Antikörpern" zur Welt und haben in den ersten sechs Monaten für viele Erkrankungen einen sogenannten Nestschutz, der durch das Stillen noch unterstützt wird.
Dann bauen sich diese Antikörper allerdings ab, und der Säugling muss selbst Abwehrstoffe bilden. Das geschieht durch den Kontakt mit Viren und Bakterien. Das Kind erkrankt (Infekt) und bildet Antikörper. Die schützen es dann je nach Art des Erregers dauerhaft oder für lange Zeit vor einer erneuten Erkrankung.
Infekte treten besonders häufig in den ersten sechs Lebensjahren auf – und zwar hauptsächlich in der Kindergartenzeit. Denn sobald ein Kind täglich mit vielen Kindern zusammen ist, kommt es auch mit einer Vielzahl von Viren in Berührung. Diese verursachen immer wieder neue Infekte – überwiegend der oberen und unteren Atemwege – verbunden mit Fieber, Husten, Schnupfen und Ohrenschmerzen.

Wissenswertes

Altersabhängige Häufigkeit von Infekten

Man rechnet mit folgenden Häufigkeiten von Virus-Erkrankungen pro Jahr:
- Kindergartenkind: bis zu 8 Infekte
- Schulkind: bis zu 6 Infekte
- Jugendliche: bis zu 3 Infekte

Ältere Säuglinge, Kleinkinder und Vorschulkinder haben durchschnittlich fast einen Infekt pro Monat, bevorzugt im Bereich der oberen Atemwege. Da viele Infekte zwei Wochen lang dauern, sind die Kinder häufig krank. Im Kindergartenalter haben sie fast die Hälfte des Jahres eine „Rotznase".
„*Eine Familie besteht aus Eltern, Kindern und Viren*". Dieser Satz besagt, dass Familien – besonders die mit Kleinkindern – durch immer wiederkehrende Infekte belastet werden und es keine Möglichkeit gibt, die Kinder davor zu schüt-

zen. Durch Vorbeugungs-Maßnahmen können Sie Ihr Kind aber stärken, damit es die Infekte stabiler übersteht.
Genauso wichtig ist es, Ihrem Kind eine Umgebung zu bieten, in der es sich nicht nur körperlich, sondern auch seelisch und sozial gesund entwickeln kann.
Laut Weltgesundheitsorganisation (WHO) ist Gesundheit ein *„Zustand vollständigen körperlichen, seelischen und sozialen Wohlbefindens – und nicht nur die Abwesenheit von Krankheit und Gebrechen"*.
Gesundsein ist eine täglich neu erbrachte Leistung des Organismus, wobei Infekte normalerweise zur Stabilisierung des Immunsystems führen.
Ein Schnupfen mit all seinen Begleiterscheinungen tritt zwar in den kalten Monaten Oktober bis März am häufigsten auf, wird aber vorrangig nicht durch die niedrigen Temperaturen verursacht. Es sind die Schleimhäute, die durch geheizte Räume ausgetrocknet und abwehrgeschwächt sind. Sie bieten Viren eine ideale Angriffsfläche und begünstigen einen Infekt. Außerdem erhöht sich die Ansteckungsgefahr in geschlossenen Räumen durch Tröpfchen-Infektion (Husten, Niesen und Handkontakt).
Sie können die Infekte zwar nicht verhindern, aber Sie können Ihr Kind in dieser Phase durch Vorbeugungs-Maßnahmen stabilisieren. Abgehärtete Kinder, die bei Wind und Wetter draußen sind, gehen stabiler mit Erregern um als die sogenannten „Stubenhocker". Mit einigen Maßnahmen können Sie Ihr Kind widerstandsfähiger machen.

Tipps und Hinweise

Die Abwehrkräfte Ihres Kindes können Sie durch eine gesunde Lebensführung stärken.
Dabei sollten Sie besonders auf folgende fünf Punkte achten:
- Richtige Kleidung
- Optimale Wohnumgebung
- Genügend Bewegung
- Geregelter Tagesablauf
- Ausgewogene Ernährung

Was für eine gesunde Lebensführung Ihres Kindes wichtig ist

Richtige Kleidung

Ziehen Sie Ihr Kind im „Zwiebel-System“ an. Ziehen Sie ihm immer ein T-Shirt unter den Pullover. So hat es in überheizten Räumen, aber auch an warmen Oktober- und Märztagen die Möglichkeit, sich durch An- oder Ausziehen seiner „Zwiebel-Schalen“ der jeweiligen Umgebungs-Temperatur anzupassen.
Die Kleidung für draußen muss Bewegungsfreiheit ermöglichen und sollte nicht eng anliegen, damit ein Luftpolster das Schwitzen verhindert. An kühlen Tagen entzieht der Schweiß auf der Haut dem Körper nämlich zu viel Wärme. Denken Sie daran, dass Ihr Kind sich draußen viel mehr bewegt als Sie. Ziehen Sie also Ihr Kind warm, aber nicht zu warm an.

Das Zwiebel-System: Immer richtig angezogen

Optimale Wohnumgebung

Sie können die Abwehr-Kräfte Ihres Kindes stärken, indem Sie in Ihren Wohnräumen gesunde Bedingungen schaffen. Das geht ohne Aufwand, wenn Sie nur ein paar Kleinigkeiten beachten:

- Die Heizung sollte entsprechend der Sonneneinstrahlung eingestellt werden.
- Die Raumtemperatur sollte beim Schlafen etwa 16 bis 18°C betragen.
- Wohnräume müssen regelmäßig gelüftet werden, wobei ein Stoßlüften über zehn Minuten mit offenem Fenster besser ist als die Kippstellung über Stunden. Durch das Stoßlüften wird die verbrauchte Luft vollständig ausgetauscht.
- In der Wohnung sollte ein absolutes Rauchverbot gelten. Bei Kindern von Rauchern kommt es gehäuft zu Erkrankungen der Atemwege, Asthma und Ohrenerkrankungen. Außerdem tritt der plötzliche Kindstod in Raucherfamilien vermehrt auf. Nur in einem Raum der Wohnung zu rauchen ist nicht praktikabel und nicht effektiv. Wenn Rauchen unbedingt sein muss, dann nur außerhalb der Wohnung. Kinder rauchen passiv immer mit und haben keine Chance, sich dagegen zu wehren.

Genügend Bewegung

Unsere Gesellschaft ist sehr mobil geworden. Mit Autos, Eisenbahn und Flugzeug bewegen wir uns schnell über weite Strecken. Aber diese technische Mobilität geht häufig auf Kosten unserer eigenen körperlichen Bewegung. Von daher gilt:

- Gehen Sie mit Ihrem Kind täglich an die frische Luft – auch bei schlechtem Wetter.
- Fahren Sie Ihr Kind nicht immer mit dem Auto bis zum Kindergarten oder zur Schule. Sie können mit ihm auch ein Stück zu Fuß gehen.
- Geben Sie Ihrem Kind die Möglichkeit, sich so viel zu bewegen, wie es will.

Bewegung ist gesund: Täglich an die frische Luft

Geregelter Tagesablauf

Ein geregelter Tagesablauf ist für das kindliche Wohlbefinden und für seine Gesundheit in vieler Hinsicht wichtig. Wenn es Ihnen gelingt, einen tageszeitlichen Rhythmus mit ausreichendem Schlaf und regelmäßigen Mahlzeiten einzuhalten, geben Sie Ihrem Kind ein Grundgerüst, in das es seine Aktivitäten einfügen kann. Achten Sie dabei auf ein gutes Gleichgewicht zwischen Ihrer Zuwendung und dem Wunsch Ihres Kindes nach selbst gestalteter Beschäftigung.
Genügend Schlaf fördert die Ausgeglichenheit von Kind und Eltern. Schlafdauer und Schlafbedürfnis sind individuell verschieden und ändern sich mit dem Alter eines Kindes.

Ausgewogene Ernährung

Tipps zum Essen und zum Essverhalten
Gesunde Ernährung ist eine wichtige Basis für das körperliche Wohlbefinden Ihres Kindes. Über die Mengen, die ein Kind essen soll und kann, haben Eltern oft falsche Vorstellungen. Das Essverhalten in der Familie prägt auch das spätere Essverhalten des Kindes. Folgende Punkte sind wichtig:

- Das Essen sollte abwechslungsreich und altersentsprechend sein.
- Auch Kinder essen mit den Augen.
- Achten Sie auf regelmäßige Mahlzeiten, wobei das je nach Familien-Situation unterschiedlich sein kann. Jede Familie hat ihren eigenen Rhythmus.
- Planen Sie ausreichend Zeit zum Frühstücken ein. Das Frühstück dient auch als Vorbereitung auf den Tag.
- Zwischen Abendessen und Schlafen sollte ein ausreichender Abstand von etwa einer Stunde bestehen, weil sonst das Einschlafen durch die Darmtätigkeit beeinträchtigt sein kann.
- Tischmanieren werden ab dem zweiten bis dritten Lebensjahr verstanden. Je eher Ihr Kind selbständig essen darf und „das Essen begreift“, desto früher

lernt es auch die Verhaltensweisen am Tisch. Kinder können allerdings noch nicht so lange am Tisch sitzen wie Erwachsene.

- Ein Kind soll in Ruhe essen dürfen, bis es satt ist. Es braucht Zeit zum Kauen und darf nicht andauernd durch Sprechen gestört werden. Das Sättigungsgefühl setzt nach ungefähr 15 Minuten ein. Zwischen den Mahlzeiten muss genügend Zeit sein, bis sich wieder ein normales Hungergefühl einstellt.
- Essen darf nicht zum Thema gemacht werden. Essen und Nichtessen ist ein ideales Feld, auf dem Machtkämpfe geführt werden. Eltern sollten sich fragen, wie ihr eigenes Essverhalten als Kind war. Das Verständnis für die eigenen Kinder und deren Vorlieben für manche Speisen wird dann größer.
- Die Ernährung sollte nach den Prinzipien der optimierten Mischkost erfolgen (genauere Anleitung in Kapitel 3).
- Süßigkeiten sollen möglichst nur im Anschluss an die Mahlzeiten gegessen werden.
- „Ein Apfel am Tag". Äpfel wirken sich durch ihre Inhaltsstoffe positiv auf das Immunsystem aus.
- Obst sollte möglichst nicht am späten Nachmittag gegessen werden, weil durch die verringerte Darmtätigkeit ab Nachmittag Gärungsprozesse gefördert werden, die Bauchschmerzen verursachen können.

Tipps zu Getränken

- Ein vollgestillter Säugling braucht im ersten Lebens-Halbjahr keine zusätzliche Flüssigkeit.
- Nicht gestillte Säuglinge brauchen zusätzlich Flüssigkeit, weil die Eiweißstoffe der Fertignahrung zur Ausscheidung ihrer Abbauprodukte mehr Wasser benötigen.
- Bei Säuglingen können kohlensäurehaltige Getränke die Magenschleimhaut reizen und ein unnatürliches Sättigungsgefühl hervorrufen.
- Wegen der Kariesgefahr sollten Säuglinge nicht an die Nuckelflasche ge-

wöhnt werden, damit die Zähne nicht ständig von Flüssigkeit umspült werden.

- Kinder sollen bei Durst, Sport und Wärme immer trinken dürfen. Wasser, Kräutertees und verdünnte Fruchtsäfte sind geeignet.
- Unter den Fruchtsäften sind Apfelsaft, frisch ausgepresste Orangen und Karottensaft geeignet.
- Limonaden und Multivitamin-Säfte erhöhen das Durstgefühl durch ihren hohen Zuckergehalt.
- Cola enthält Koffein, Phosphorsäure und Pepsin, kann aufputschen, die Magenschleimhaut irritieren und den Mineralstoffwechsel stören. Cola ist daher als Alltags-Getränk nicht geeignet.
- Milch ist kein Getränk, sondern ein Nahrungsmittel. Ein Becher Milch reicht manchen Kindern als Frühstück aus. Trinkt Ihr Kind sehr gern und viel Milch, sollten Sie ihm fettarme Milch (1,5% Fett) anbieten. Die enthält weniger Fett und Kalorien.

Allgemeine abwehrfördernde Maßnahmen

Um die Abwehrkräfte Ihres Kindes an zu stärken, empfehlen sich folgende Maßnahmen. Dabei geht es darum, durch den Wechsel zwischen Wärme und Kälte die Blutgefäße zu trainieren und das Immunsystem zu unterstützen. Voraussetzung ist immer, dass Ihr Kind sich dabei wohl fühlt. Die Anwendungen erfolgen sinnvoller Weise morgens oder abends. Danach sollten Sie durch Bewegung oder (Bett)-Wärme dafür sorgen, dass sich der kleine Körper wieder ganz erwärmt.

Tipps und Hinweise

Wichtig:

Kaltanwendungen dürfen Sie nur auf warmer und nie auf kalter Haut durchführen. Grundsätzlich gilt: Je kleiner Ihr Kind ist, desto wärmer muss das Wasser sein.

Maßnahmen zur Abwehrförderung

Kaltabwaschung

Vorgehen Mit einem handwarmen, nassen Waschlappen den Körper zügig von außen nach innen abreiben. Man beginnt erst rechts, dann links, zuerst an den Händen und Armen, danach am Oberkörper, dann an den Füßen, Beinen und am Unterkörper. Anschließend das Kind ohne es abzutrocknen zügig anziehen.

Anwendung Ab Säuglingszeit

Trockenbürsten

Vorgehen Mit einer weichen Bürste den Körper von außen nach innen zur Körpermitte hin streichen. Rechts beginnen, zuerst die Hände, die Arme und den Oberkörper, dann die Füße, die Beine und den Unterkörper. Nicht über entzündete Haut bürsten.

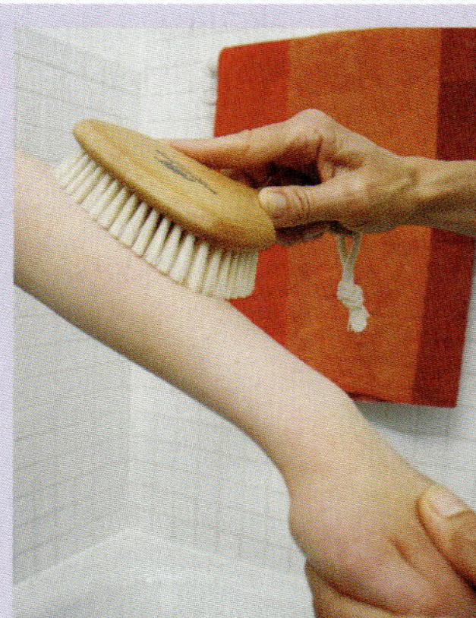

Anwendung Ab Kleinkindalter

Kaltes Abduschen

Vorgehen Von außen zur Körpermitte erst rechtes Bein, dann linkes Bein, dann rechten Arm, dann linken Arm mit handwarmem Wasser (18 bis 23°C) abduschen. Je größer Ihr Kind ist, desto kälter darf das Wasser sein. Bei Gewöhnung kann auch der ganze Körper kurz abgeduscht werden. Anschließend Wärme oder Bewegung.

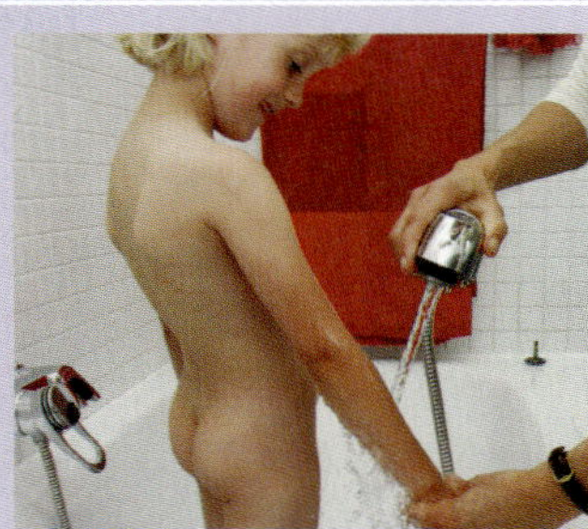

Anwendung Ab Kleinkindalter

Ansteigendes Fußbad

Vorgehen In sitzender Position (zum Beispiel auf dem Badewannenrand) Füße in einen Eimer stellen und bis zu den Knöcheln mit ca. 33°C warmem Wasser bedecken. Langsam heißes Wasser bis etwa zu den Waden hinzufügen. Die Temperatur sollte langsam ansteigen bis etwa 40°C. Nach insgesamt etwa zehn Minuten das Kind abtrocknen, warme Socken anziehen und es 15 bis 30 Minuten ruhen lassen.

Anwendung Ab Kleinkindalter

Sauna

Vorgehen Maximal zweimal sieben Minuten ohne Aufguss, weil der noch zu kreislaufbelastend ist. Achten Sie auf das Wohlbefinden Ihres Kindes, üben Sie kein Zwang aus.

Anwendung Bei Kindern über zwei Jahre, die gesund sind

Das kranke Kind – ein Problem für viele Familien

Ein krankes Kind bedeutet für viele Familien eine große Belastung und erfordert unter Umständen einschneidende Veränderungen des Alltags.
Durch das Leben in Kleinfamilien sind viele Mütter auf sich allein gestellt. Sie sind gezwungen, ihre Kinder überallhin mitzunehmen – sei es zum Einkaufen, ein Geschwisterkind zum Kindergarten zu bringen und vieles mehr. Durch ein krankes Kind wird die Alltagsbewältigung schnell zu einem Problem.
Bei vielen Frauen fällt der Wiedereintritt ins Berufsleben häufig mit dem Beginn der Kindergartenzeit ihres Kindes zusammen. Gerade in dieser Phase erkranken Kleinkinder besonders oft. Häufiger Sonderurlaub mit der Begründung „*Mein Kind ist krank*“ – und das evtl. sogar in der Anfangsphase der Berufstätigkeit – bereitet vielen Frauen ein schlechtes Gewissen. Sowohl ihrem Arbeitgeber als auch ihrem Kind gegenüber. Hier sehen viele Eltern oft keine andere Möglichkeit, als ihre Kinder mit Hilfe von fiebersenkenden Medikamenten schnell wieder „gesund“ zu machen. Dazu kommt noch der Druck, dass Schulkinder nicht zu viel versäumen sollen.
Ein krankes Kind muss aber in Ruhe wieder gesund werden dürfen. Es sollte sich nicht schuldig fühlen („*Weil ich krank bin, haben meine Eltern eine Menge Stress*“), sondern es braucht gerade jetzt die Zeit und die Zuwendung von Mami und Papa oder einer ihm vertrauten Bezugsperson.

Vorschläge, die Ihnen helfen können

- Eltern haben Anspruch auf Freistellung von der Arbeit zur Pflege kranker Kinder. Wenn Sie sich als Eltern abwechseln, halbiert sich der Ärger am Arbeitsplatz.
- Überlegen Sie sich mit Großeltern, Freunden und Nachbarn rechtzeitig ein Hilfsprogramm: *„Wer kann wann einspringen, wenn Hilfe notwendig ist?“* Vielleicht kann Hilfe auf Gegenseitigkeit verabredet werden.

- Sind mehrere Kinder aus einem Kindergarten gleichzeitig krank, besteht die Möglichkeit, die Kinder in einer Wohnung zusammen zu versorgen und sich in der Pflege abzuwechseln.
- In vielen Landkreisen und Städten wird ambulante Familienpflege angeboten.
- Sie können sich per Zeitungsanzeige oder in der Nachbarschaft eine „Pflegegroßmutter“ suchen, die auch mal einspringen kann.

Pflege: Die Betreuung Ihres kranken Kindes

Bettruhe – muss das sein?

Ein krankes Kind braucht Ruhe, um wieder gesund zu werden. Fiebernde Kinder ziehen sich oft bereitwillig ins Bett zurück. Hier können sie am besten in aller Ruhe Kräfte sammeln und ausschlafen. Will Ihr Kind nicht ins Bett, sollte es „ruhig" im warmen Zimmer spielen. Ist das Krankenlager in der Nähe der Eltern, fühlt ein Kind sich geschützt und geborgen.

Rückzug ins Bett: In aller Ruhe Kräfte sammeln

Krank sein heißt auch, verwöhnt werden zu dürfen

Ein krankes Kind braucht besonders viel Zuwendung.

Sie können zum Beispiel …

- Geschichten erzählen, etwa Ihre eigenen Kindheitserlebnisse
- Figuren oder Phantasie-Reisen erfinden
- vorlesen
- Großeltern oder anderen Ihrem Kind wichtigen Personen über die Erkrankung Bescheid geben, damit sie anrufen, schreiben oder Ihr Kind besuchen kommen

- ein spezielles Buch oder Spielzeug besorgen, das nur bei einer Krankheit hervorgeholt wird und dann wieder verschwindet
- Ihr Kind sich seine Lieblingsgetränke und -speisen selbst auswählen lassen, soweit es die Erkrankung erlaubt

Rund ums Krankenbett

Auch eine ruhige, angenehme Umgebung spielt für ein krankes Kind eine wichtige Rolle.

Damit sich Ihr Kind richtig wohl fühlt, können Sie …

- sein Bett anwärmen
- den Schlafanzug häufig wechseln und vielleicht vorher anwärmen
- das Bett öfter frisch beziehen
- das Kinderzimmer häufig lüften
- ein Tablett als Spieltisch im Bett verwenden

Tipps und Hinweise

Tipps zum Trösten und Beruhigen

- Elterliche Zuwendung ist sehr wichtig für den Genesungsprozess.
- Sprechen Sie in Ruhe mit Ihrem Kind.
- Singen Sie ihm leise etwas vor.
- Sanftes rhythmisches Wiegen ist angenehm.
- Machen Sie keine falschen Versprechungen. Zum Beispiel ist die Länge der Erkrankung nicht vorhersehbar.
- Versuchen Sie, Ihrem Kind die Krankheit und die Pflegemaßnahmen altersgerecht zu erklären – zum Beispiel das Fieber, die Wadenwickel oder warum es jetzt viel trinken soll. Ihr Kind versteht dann, dass es selbst mithelfen kann, wieder gesund zu werden.
- Loben Sie Ihr Kind – beispielsweise, wenn es alles ausgetrunken hat.

Ernährung kranker Kinder

Kinder haben während des Krankseins weniger Appetit. Denn der Körper braucht seine Energie und Kraft für die Infektabwehr und nicht für unnötige Verdauungsarbeit.

Tipps und Hinweise

Tipps zur Ernährung

- Trinken ist wichtiger als Essen.
- Bieten Sie Ihrem Kind mehrere kleine Mahlzeiten an.
- Achten Sie auf altersgemäße, leichte Kost.

Zusätzlich ist der Geschmackssinn oft durch einen Schnupfen eingeschränkt und die Lust am Essen vermindert. Da kann frisches Obst den Appetit anregen (Apfelscheiben, Apfelsinen oder Mandarinen). Eine warme Suppe fördert die Produktion der Drüsen, und zähes Sekret verflüssigt sich. Kinder sollten aber nicht zum Essen gezwungen werden.

Selbsthilfe-Maßnahmen bei häufigen Erkrankungen

Selbsthilfe-Maßnahmen: Oft können Eltern selbst helfen

Häufige Krankheits-Zeichen

- Fieber
- Anzeichen eines grippalen Infektes
- Schnupfen
- Ohrenschmerzen
- Halsschmerzen
- Husten
- Durchfall
- Erbrechen
- Blähungen

Eltern können durch Selbsthilfe-Maßnahmen entscheidend zur Genesung ihres Kindes beitragen.

Darüber hinaus sollten Sie aber trotzdem Ihren Arzt konsultieren, falls die Beschwerden nicht einzuordnen sind, sich verschlimmern oder nicht in absehbarer Zeit zurückgehen.

Diese Selbsthilfe-Maßnahmen sind nur eine kleine Auswahl verschiedener Therapie-Maßnahmen aus dem Bereich der Naturheilverfahren, die von Kindern im Allgemeinen gut angenommen werden. Ausführliche Informationen über Behandlungs-Methoden der klassischen Medizin finden Sie in Kapitel 4 („Krankheits-Zeichen").

Vorab einige Hinweise zu Maßnahmen aus dem Bereich der Naturheilverfahren: Naturheilverfahren regen Prozesse an, durch die eine Genesung des Organismus aus sich selbst heraus möglich wird. Naturheilverfahren sollten mit Sachkenntnis angewandt werden, damit sie eine hohe Effektivität erreichen. Wesentliche Maßnahmen beruhen auf den „fünf Säulen" des Pfarrers *Kneipp*:

- Hydrotherapie (Wasseranwendungen)
- Bewegungstherapie
- Phytotherapie (Pflanzen- und Teedrogen)
- Ernährungstherapie
- Ordnungstherapie

Erklären Sie Ihrem Kind alle Maßnahmen altersgerecht – zum Beispiel mit Hilfe einer „kranken" Puppe. Ihr Kind sollte immer mit der Behandlung einverstanden sein. Handeln Sie nie gegen seinen Willen. Stellt sich während der Maßnahme Unbehagen bei Ihrem Kind ein, dann unterbrechen Sie die Behandlung.

Tees und Wickel

- Tees haben unterschiedliche Wirkungen. Sie können schweißtreibend, fiebersenkend, schleimlösend oder harntreibend sein. Teezubereitungen sollten nur während der Krankheitsphase eingenommen werden.
- Tees aus der Apotheke sind kontrolliert und standardisiert. Beachten Sie die Angaben und Empfehlungen der Hersteller.
- Wickel beeinflussen die Durchblutung. Weil die Leitfähigkeit von Wasser wesentlich höher ist als die von Luft, leitet ein feuchter Wickel Wärme oder Kälte besser als ein trockener.
- Heiße Wickel fördern die Durchblutung und erweitern die Gefäße. Das führt zu Schweißproduktion, zum Ausscheiden von Wasser, Salzen und Stoffwechsel-Abbauprodukten.
- Kalte Wickel (kurzzeitig angewandt) regen durch ihren Kältereiz die Eigenwärme und Durchblutung des Körpers an. Länger angewandt und immer wieder erneuert, entziehen sie dem Körper Wärme und bewirken eine Durchblutungs-Verminderung (siehe: Wadenwickel bei Fieber).
- Wickelstoffe sollten aus natürlichen Fasern bestehen. Leinen kann am längsten die Kälte halten.
- Einen Wickel anzulegen bedeutet auch Zuwendung zu zeigen.
- Erklären Sie Ihrem Kind vorher, wie ein solcher Wickel angelegt wird. Besonders bei Kälteanwendungen könnte es sich sonst erschrecken.

Selbsthilfe-Maßnahmen bei Fieber

Zuerst gilt es, die Ursache des Fiebers zu erkennen. Herz- und Kreislauf-gesunde Kinder können durchaus Temperaturen bis 39,5°C ohne fiebersenkende Maßnahmen ertragen. Bei unklaren Fieberzuständen nehmen Sie Kontakt mit Ihrem Arzt auf.

Wadenwickel

Indikation	**Fieber**
Effekt	Gute fiebersenkende Maßnahme bei Kindern über sechs Monate
Durchführung	Zwei dünne Leinen- oder Baumwolltücher in handwarmes Wasser tauchen, leicht auswringen, eng um beide Unterschenkel von den Knien bis zu den Knöcheln legen und mit einem trockenen Handtuch umwickeln. Nach zehn Minuten erneuern – insgesamt dreimal in einer halben Stunde. Anschließend Ruhephase und etwa eine halbe Stunde später Temperaturkontrolle. Bei Säuglingen können statt der Wickel feuchte Baumwoll- und darüber Wollstrümpfe angezogen werden.
Besonderheiten	Nicht bei kalten Beinen, Frösteln oder Fieberanstieg anwenden, da die Gefahr der Kreislauf-Zentralisation (Kollaps) besteht. Nur gut durchblutete Haut kann Wärme abgeben.

Kaltabwaschungen

Indikation	**Fieber**
Effekt	Fiebersenkung bei Kindern über sechs Monate
Durchführung	Mit einem handwarmen, nassen Waschlappen den Körper zügig von außen nach innen zum Herzen hin abreiben. Man beginnt an den Händen und Armen, erst rechts, dann links. Dann den Hals, den Bauch, die Seiten, den Rücken und danach die Füße, Beine und den Unterkörper abreiben. Anschließend das Kind zügig anziehen, ohne es abzutrocknen.

Besonderheiten	Wichtig ist, erst den Oberkörper und dann den Unterkörper zu behandeln, damit das fiebernde Kind nicht friert. Dabei sollte es jeweils die Schlafanzughose bzw. -jacke anbehalten. Nicht bei kalten Armen und Beinen, Frösteln oder Fieberanstieg anwenden, da die Gefahr der Kreislauf-Zentralisation (Kollaps) besteht. Nur gut durchblutete Haut kann Wärme abgeben.

Abkühlungsbad

Indikation	**Fieber**
Effekt	Fiebersenkung bei Kindern über sechs Monate
Durchführung	Die Anfangstemperatur des Bades soll 1°C unter der rektal gemessenen Körpertemperatur liegen. Nach zwei Minuten wird langsam kaltes Wasser zugeführt, so dass nach zehn Minuten eine Wassertemperatur von 30°C erreicht ist. Gesamtbadezeit 10 bis 15 Minuten. Das Kind muss sich dabei wohlfühlen. Anschließend Bettruhe.
Besonderheiten	Bei Kreislaufproblemen sofort unterbrechen. Nicht bei kalten Armen und Beinen, Frösteln oder Fieberanstieg anwenden, da die Gefahr der Kreislauf-Zentralisation (Kollaps) besteht. Nur gut durchblutete Haut kann Wärme abgeben.

Lindenblüten-Tee sollte wegen seiner schweißtreibenden Wirkung erst bei Kindern ab drei Jahren gegeben werden.

Selbsthilfe-Maßnahmen bei Anzeichen eines grippalen Infektes

- Viele Vitamine (pro Tag ein Glas frisch gepresster Orangensaft)
- Heißer Tee mit Zitrone (Zitrone später dazugeben, weil sonst die Wirkung des Vitamin C beeinträchtigt wird)
- Erkältungs-Tees, z. B. Holunder-Lindenblüten-Thymian-Mischungen

Selbsthilfe-Maßnahmen bei Schnupfen

Inhalationen

Dampf-Inhalationen befeuchten die Atemwege, lösen den Schleim und hemmen die Entzündung. Lassen Sie Ihr Kind dabei nicht ohne Aufsicht. Der Dampf darf dem Kind nicht zu heiß sein. Damit Ihr Kind sich nicht verbrühen kann, sollte der Topf im Waschbecken stehen. Dann kann er nicht umkippen. Eine Alternative ist ein spezielles Inhaliergefäß, das Sie in der Apotheke bekommen. Es gibt folgende Anwendungsmöglichkeiten:

Inhaliertopf
Füllen Sie einen Topf mit zwei Liter kochendem Wasser und geben Sie zwei Esslöffel Salz oder eine Handvoll Kamille oder aber zwei bis drei Tropfen Eukalyptus-, Minz- oder Thymianöl hinzu. Das lassen Sie dann gut ziehen. Decken Sie Ihr Kind gut mit dem Badetuch ab und lassen Sie es zehn Minuten lang inhalieren.

*Der Inhaliertopf:
Gehört ins Waschbecken*

Dampfzelt
Decken Sie einen Tisch mit Tüchern ab, die bis zum Boden reichen und verschließen Sie alle Ritzen. Dann kriechen Sie mit Ihrem Kind und einer Taschenlampe, einem Buch oder Spielzeug und dem dampfenden Inhaliertopf in entsprechendem Abstand vom Menschen unter den Tisch. So wird daraus ein Spiel.

*Das Dampfzelt:
Spielend den Schnupfen bekämpfen*

Wie Sie Nasentropfen selbst herstellen können

Indikation	**Schnupfen**
Maßnahme	Freispülen der Nasengänge
Zusammenstellung	½ Liter abgekochtes Wasser, 1 gestrichener Teelöffel Salz
Zubereitung	Salz in heißem Wasser auflösen und abkühlen lassen.
Anwendung	Mit einer Pipette in die Nase träufeln. Lösung täglich neu herstellen.

Selbsthilfe-Maßnahmen bei Ohrenschmerzen

- Bestrahlung mit Rotlicht: Setzen Sie sich mit Ihrem Kind in einem Abstand von einem halben Meter dreimal täglich fünf bis zehn Minuten lang vor die Rotlicht-Lampe. Unterbrechen Sie die Maßnahme, falls die Beschwerden zunehmen.
- Wärme: Lassen Sie Ihr Kind sich mit dem entzündeten Ohr auf eine Wärmflasche legen, die mit einem Tuch eingewickelt ist.
- Ohrenwickel mit Zwiebeln
- Ansteigendes Fußbad
- Geben Sie dreimal täglich 1 Tropfen bzw. 1 Sprühstoß abschwellende Nasentropfen oder -spray in jedes Nasenloch. Das lässt den Nasen-Rachen-Raum abschwellen, und das Ohr wird wieder belüftet. Nasentropfen sollen nur kurzfristig gegeben werden.
- Eine Schmerzstillung in altersentsprechender Dosierung mit Paracetamol oder Ibuprofen kann im Notfall auch ohne ärztliche Absprache erfolgen. Anschließend sollten Sie die Schmerzen aber auf jeden Fall durch Ihren Arzt abklären lassen.

Ohrenwickel mit Zwiebeln

Indikation	**Ohrenschmerzen**
Effekt	Entzündungshemmend und schmerzlindernd
Durchführung	Eine rohe Zwiebel wird klein gehackt und in ein Tuch gewickelt. Das Päckchen wird auf das kranke Ohr gelegt und mit einem Stirnband fixiert. Durch ein Kirschkernkissen oder eine Wärmflasche ist eine zusätzliche Erwärmung möglich.
Besonderheiten	Unter zwei Jahren sind Kinder häufig zu unruhig für einen Ohrenwickel.

Ansteigendes Fußbad

Indikation	**Schmerzen, z.B. Ohrenschmerzen, Infekte der oberen Luftwege**
Effekt	Schmerzlinderung, Durchblutungsförderung
Durchführung	In sitzender Position (z.B. auf dem Badewannenrand) Füße in einen Eimer stellen und bis zu den Knöcheln mit ca. 33°C warmem Wasser bedecken. Langsam heißes Wasser bis etwa zu den Waden zufügen. Die Temperatur sollte langsam ansteigen bis etwa 40°C. Nach insgesamt 10 bis 15 Minuten abtrocknen, warme Socken anziehen und 15 bis 30 Minuten ruhen
Besonderheiten	Ihr Kind bestimmt die Höhe der Wassertemperatur. Anzuwenden ab Kleinkindalter

Selbsthilfe-Maßnahmen bei Halsschmerzen

- Legen Sie Ihrem Kind einen Seiden- oder Wollschal um den Hals.
- Ein kalter Halswickel lindert die Schwellung bei Schluckbeschwerden im akuten Stadium. Ein warmer Halswickel bewirkt eine stärkere Durchblutung und aktiviert dadurch krankheitsabbauende Prozesse.

- Ein Quarkwickel wirkt abschwellend und schmerzlindernd.
- Mit Salbei-Tee zu gurgeln oder ihn gesüßt zu trinken, wirkt desinfizierend und entzündungshemmend.
- Mit lauwarmem Salzwasser gurgeln (einen Teelöffel Salz in einem halben Liter Wasser) befreit Rachen und Mund von Schleim und Viren.
- Saure Bonbons und Kaugummi fördern die desinfizierende Speichelproduktion.
- Kalte Getränke und Eiswürfel haben eine schmerzlindernde Wirkung.
- Pürierte Speisen erleichtern die Nahrungsaufnahme.

Wärme entziehender Halswickel

Indikation	**Akute Entzündungen im Hals-, Rachen- und Mundhöhlenbereich,** wenn kalte Getränke als angenehm empfunden werden
Effekt	Linderung der Schluckbeschwerden
Durchführung	Ein Leinentuch (Länge von Ohr zu Ohr) einmal längs falten, in kaltes Wasser tauchen (je kleiner ein Kind, desto wärmer), leicht auswringen und um den Hals des Kindes legen. Anschließend einen Woll- oder Seidenschal darüber legen, der etwas größer als das Innentuch sein sollte. Erneuern, wenn der Wickel trocken ist.
Besonderheiten	Für Kinder ab zwei Jahren

Halswickel mit Quark

Indikation	**Halsschmerzen und Heiserkeit**
Effekt	Schmerzstillung und Abschwellung
Durchführung	Eine dünne Schicht zimmerwarmer Quark wird auf ein halsbreit gefaltetes Leinentuch aufgetragen. Das wird mit der Quarkseite auf den vorderen Hals gelegt. Darüber wird ein Wollschall gewickelt. Der Wickel wird erst abgenommen, wenn der Quark trocken ist (nach etwa 1 bis 3 Stunden).
Besonderheiten	Für Kinder ab zwei Jahren

Selbsthilfe-Maßnahmen bei Husten

- Dampf-Inhalationen befeuchten die Atemwege, lösen den Schleim und hemmen die Entzündung. Lassen Sie Ihr Kind dabei nicht ohne Aufsicht (Anwendungsbeispiele: „Selbsthilfe-Maßnahmen bei Schnupfen“).
- Verzichten Sie möglichst auf schleimbildende Nahrung. Manche Kinder vertragen bei Husten keine Milch.
- Sorgen Sie für hohe Luftfeuchtigkeit im Zimmer, zum Beispiel indem Sie feuchte Tücher über die Heizung legen.
- Lagern Sie den Oberkörper Ihres Kindes hoch, zum Beispiel durch Erhöhung der Matratze oder des Bettes, damit die Atmung erleichtert wird und der Schleim besser abfließen kann.
- Bieten Sie Husten-Tees aus der Apotheke an. Sie enthalten häufig Mischungen aus Süßholzwurzel, Primelwurzel, Eibischwurzel, Anis und Thymian.

Brustwickel

Indikation	**Husten, Bronchitis**
Effekt	Förderung der Durchblutung und Schleimlösung
Durchführung	Um den Körper wird ein nasses, fest ausgewrungenes, kaltes Tuch aus Leinen gewickelt. Darüber wird ein Molton oder Frottee gelegt, so dass das feuchte Leinentuch um einige Zentimeter überragt wird. Über diese Packung noch eine Wolldecke wickeln. Der Wickel bleibt etwa eine Stunde angelegt.
Besonderheiten	Es entsteht ein leichtes Schwitzen.

Selbsthilfe-Maßnahmen bei Durchfall und Erbrechen

Neben einer Elektrolytlösung aus der Apotheke sehen Sie hier eine Auswahl verschiedener Getränke:

Selbstgemachter Elektrolyt-Tee

Indikation	**Durchfall und Erbrechen**
Zusammenstellung	250 ml dünnen schwarzen Tee 1 Minute ziehen lassen oder 250 ml abgekochtes Wasser, 50 ml frisch gepresster Orangensaft, 1 Prise Salz, 2 Teelöffel Traubenzucker
Zubereitung	Mischen
Anwendung	Löffelweise trinken

Weiterhin können Sie anbieten:

- dünnen schwarzen Tee
- Kamillentee
- Fencheltee
- Heidelbeertee
- Mineralwasser
- fettfreie salzige Fleisch- oder Gemüsebrühe
- eine milcharme Ernährung

Selbsthilfe-Maßnahmen bei Blähungen

Blähungen können sehr quälend sein.

Folgende Maßnahmen sind leicht durchzuführen:

- Baden
- Wärmflasche oder Kirschkernkissen
- Geben Sie Ihrem Kind feuchte Wärme durch einen ausgewrungenen, warmen Waschlappen auf dem Bauch.
- Legen Sie Ihren Säugling bäuchlings auf den Unterarm und schaukeln ihn sanft (Fliegergriff).
- Machen Sie eine Bauchmassage im Uhrzeigersinn mit einem Tropfen Fenchelöl auf einem Esslöffel erwärmtem Mandelöl.
- Füttern Sie Ihr Kind in Ruhe – und lassen Sie es in Ruhe essen.
- Bieten Sie Fenchel-, Kümmel- oder Kümmel-Fenchel-Anistee aus der Apotheke an.

Kapitel 2: Das Wichtigste in Kürze

- Ein krankes Kind braucht die Zeit und die Geduld seiner Eltern, damit seine Selbstheilungs-Kräfte gestärkt werden.
- Ältere Säuglinge, Kleinkinder und Vorschulkinder haben bis zu acht Infekte pro Jahr – meist in den oberen Atemwegen.
- Kinder brauchen Infekte, um die Antikörper zu bilden, die das Immunsystem stabilisieren.
- Sie können die Abwehrkräfte Ihres Kindes durch gesunde Lebensführung stärken: Achten Sie auf richtige Kleidung, optimale Wohnumgebung, genügend Bewegung, einen geregelten Tagesablauf und ausgewogene Ernährung.
- Für ein krankes Kind ist Trinken wichtiger als Essen. Bieten Sie Ihrem Kind leichte Kost an – aufgeteilt in mehrere kleine Mahlzeiten am Tag.
- Durch Selbsthilfe-Maßnahmen können Sie entscheidend zur Genesung Ihres Kindes beitragen. Darüber hinaus sollten Sie aber trotzdem zum Arzt gehen, wenn die Beschwerden nicht einzuordnen sind, sich verschlimmern oder nicht in absehbarer Zeit zurückgehen.

3

Entwicklung und Förderung, Vorsorge und Ernährung

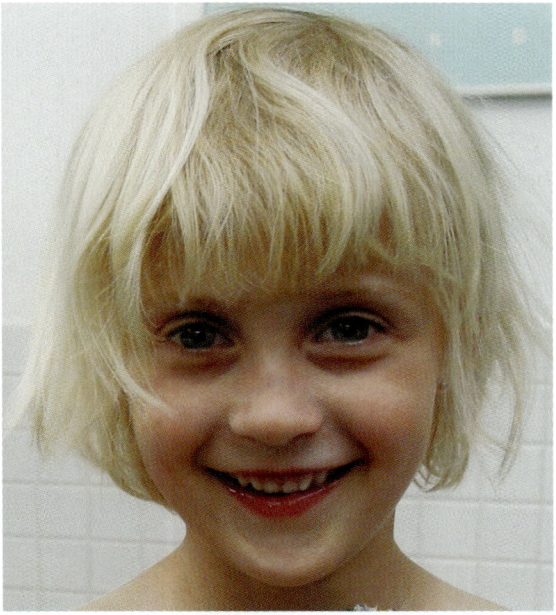

In diesem Kapitel erfahren Sie, ...

- wie die Entwicklung Ihres Kindes vorgebahnt ist
- welche Fähigkeiten Ihr Kind in den ersten Jahren entwickelt
- welche Förderungs-Maßnahmen es bei Entwicklungs-Verzögerungen eines Kindes gibt
- was bei Vorsorge-Untersuchungen Ihres Kindes geprüft wird und wie Sie sich darauf vorbereiten können
- warum Impfungen sinnvoll sind
- was Sie bei der Ernährung Ihres Kindes beachten sollten

Die Entwicklung des Kindes

Der Lebensweg eines Menschen wird durch viele Faktoren beeinflusst – und der Einfluss beginnt bereits in der Säuglingszeit, ja sogar schon in der Schwangerschaft. Derzeit geht man davon aus, dass die Entwicklung einerseits genetisch bestimmt ist, andererseits aber stark von der Umwelt beeinflusst wird. So sind die Entwicklungsabläufe der einzelnen Funktionen (Körperbewegung, Handmotorik, Organfunktionen usw.) durch Umwelteinflüsse veränderbar. Die Fähigkeit des Menschen, seine Entwicklung an veränderte Umweltbedingungen anzupassen, sichert ihm das Überleben.

Jedes Kind hat nicht nur seine ureigene genetische Ausgangs-Position, sondern auch seine ganz persönlichen Umweltbedingungen. Die Entwicklung eines Kindes wird ständig von Lernprozessen beeinflusst. Kinder entwickeln sich nicht nur in verschiedene Richtungen, sondern auch unterschiedlich schnell. Deshalb ist es nicht immer leicht zu definieren, was eine normale, eine verzögerte oder eine krankhafte Entwicklung ist. Die Grenzen sind oft fließend, und die Bandbreite ist groß.

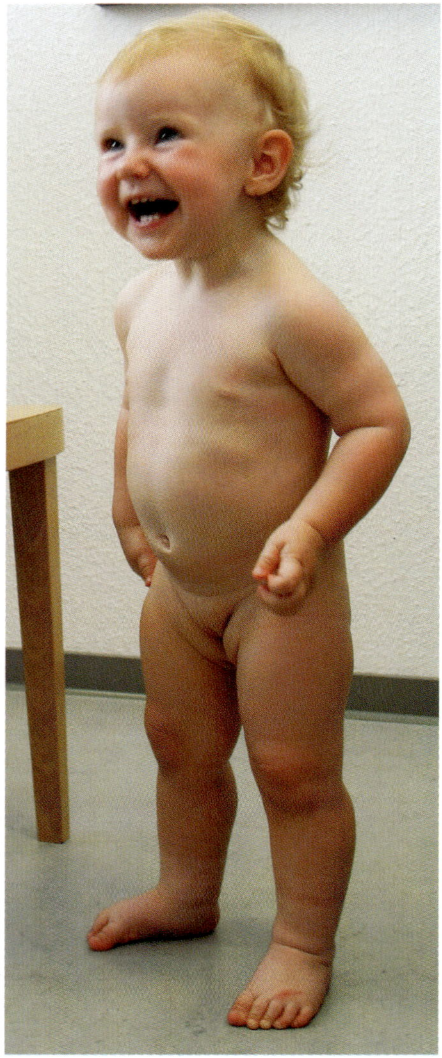

Entwicklung:
Individuell in Richtung und Tempo

Die Fähigkeiten eines Kindes

Kinder entwickeln Fähigkeiten in folgenden Bereichen:

- **Körpermotorik**
  Eine altersgemäße Körpermotorik bedeutet, seinen Körper dem Alter und den Bedürfnissen gemäß wohlkoordiniert bewegen zu können.
- **Handmotorik**
  Eine altersgemäße Handmotorik bedeutet, seine Hände und Finger den Fähigkeiten seines Alters entsprechend einsetzen zu können.
- **Kognitive Fähigkeiten**
  Kognitive Fähigkeiten beinhalten, Gegenstände oder Personen zu erkennen und das Wissen über sie erweitern und Zusammenhänge erkennen zu können.
- **Sprache und Sprechen**
  Hier geht es um die Fähigkeit, Sprache und Sprechen zur Kommunikation einsetzen zu können.
- **Soziale Kompetenz**
  Unter sozialer Kompetenz versteht man die Fähigkeit, zwischenmenschliche Beziehungen aufzunehmen und sich einer bestimmten Situation entsprechend in der Gesellschaft zu verhalten.

Um den Entwicklungsstand eines Kindes beurteilen zu können, sind also viele Dinge zu beachten. Hat ein Kind bis zu einem bestimmten Zeitpunkt einen der folgenden Entwicklungs-Schritte nicht erlernt, kann es sein, dass bei diesem Kind eine Störung der Entwicklung besteht, die untersucht, abgeklärt und gegebenenfalls behandelt werden muss. (Die aufgeführten Entwicklungs-Schritte sind angelehnt an die *Grenzsteine der Entwicklung* nach Michaelis und Niemann aus „*Entwicklungsneurologie und Neuropädiatrie*“).

Die wichtigsten Entwicklungs-Schritte

- **Mit 3 Monaten**
  hebt der Säugling in Bauchlage sicher den Kopf und stützt sich auf die Unterarme. Hände und Finger werden über die Körpermitte zusammengebracht und sich bewegende Objekte mit den Augen verfolgt. Die Kinder beginnen, bei Hunger oder Schmerzen differenziert zu schreien, haben einen anhaltenden Blickkontakt und lächeln, wenn sie bekannte oder unbekannte Gesichter sehen.

- **Mit 6 Monaten**
  werden beim Hochziehen zum Sitzen die Arme gebeugt, der Kopf in Rumpfebene gehalten, Gegenstände von der einen in die andere Hand gereicht und in den Mund gesteckt. Das Greifen geschieht mit der ganzen Hand. Das Kind verfolgt Aktivitäten in der nächsten Umgebung und entwickelt vermehrt Laute für sich allein und auf Ansprache. Es intensiviert die Kontaktaufnahme durch Anfassen, zeigt Freude am Körperkontakt und an der Kommunikation durch Sprache, Mimik und Gestik.

- **Mit 9 Monaten**
  hat das Kind einen sicheren Sitz mit guter Kopfkontrolle. Gegenstände werden in einer Hand oder beiden Händen gehalten. Sie werden intensiv mit Händen, Mund und Augen erforscht. Sprachlich zeigt das Kind längere A-Lautreihungen (*„wa-wa-wa“*, *„ra-ra-ra“*). Im Sozialverhalten kann es bekannte und unbekannte Personen mit und ohne Fremdeln sicher unterscheiden.

- **Mit 12 Monaten**
  gelingt das Stehen sicher mit Festhalten an Möbeln oder Wänden. Gegenstände werden mit Daumen und Zeigefinger gegriffen. Das Kind findet einen vor seinen Augen versteckten Gegenstand wieder und verdoppelt Silben mit a (*„mama“*, *„papa“*, *„dada“*). Im Sozialverhalten wird die Fähigkeit deutlich, von sich aus soziale Kontakte einzugehen und zu beenden.

- **Mit 15 Monaten**
  kann das Kleinkind an den Händen, Möbeln oder Wänden gehen, zwei Klötze aufeinanderstapeln und Gegenstände auf ihre einfachste Verwendbarkeit überprüfen. *„Mama"* und *„Papa"* werden sinngemäß benutzt, und es entwickelt Freude an Kinderreimen, Fingerspielen etc. .

- **Mit 18 Monaten**
  hat das Kind eine sichere Gleichgewichtskontrolle und läuft frei. Gegenstände werden in der Hand gehalten, zurück gegeben und in ein Gefäß gelegt und herausgeholt. Es baut einen Turm aus zwei bis vier Klötzen, betrachtet altersentsprechende Bilderbücher, zeigt auf Bekanntes und macht Rollenspiele mit sich selbst. Die Symbolsprache (*„Wau-wau"* für einen Hund, *„Töff-töff"* für ein Auto etc.) entwickelt sich, und einfache Verbote und Gebote werden verstanden und mehr oder weniger beachtet.

- **Mit 2 Jahren**
  läuft das Kind sicher und umsteuert dabei Hindernisse. Buchseiten werden einzeln umgeblättert und kleine Rollenspiele ausgeführt. Es spricht Ein- bis Zweiwortsätze und spielt in Räumen allein – auch ohne seine Mutter.

- **Mit 3 Jahren**
  hüpft das Kind mit beiden Beinen die letzte Treppenstufe herunter, greift Kleinteile mit den Fingerspitzen und beginnt, sie einzusortieren. Es zeichnet Kopffüßler und kommentiert das. Es spricht Drei- bis Fünfwortsätze, sagt *„ich"*, redet beim Spielen, hilft gern beim Arbeiten und imitiert die Tätigkeiten der Erwachsenen.

- **Mit 4 Jahren**
  fährt es Dreirad, hält den Malstift mit den ersten drei Fingern, fragt nach Gründen, hört beim Vorlesen zu, versteht und neigt zu Rollenspielen. Erlebtes wird zeitlich und logisch in etwa richtig wiedergegeben. Sätze werden verbunden mit *„und dann..., und dann"*. Gemeinsame Spiele werden möglich. Die Fähigkeit zu teilen entwickelt sich.

- **Mit 5 Jahren**
  ist das Treppensteigen freihändig und mit Beinwechsel möglich. Das Arbeiten mit Schere, Kleber und Stiften wird sicher. Rollenspiele mit anderen Kindern werden intensiviert. Die Aussprache ist fehlerfrei. Erlebtes wird korrekt in logischer und zeitlicher Reihenfolge mit grammatikalisch einfacher Struktur erzählt. Das Kind versteht emotionale Äußerungen anderer Kinder

Diese Entwicklungs-Schritte sind ein grober Anhaltspunkt für Sie, aber keine zwingende Vorgabe für Ihr Kind. Jedes Kind hat sein eigenes Entwicklungs-Tempo und seine eigenen Entwicklungs-Schwerpunkte, die nicht unbedingt immer mit den oben beschriebenen Schritten übereinstimmen müssen. Wenn einer der Entwicklungs-Schritte nicht erreicht wird, sollten Sie aber sicherheitshalber mit Ihrem Kinderarzt sprechen. Entscheidend ist die Gesamtentwicklung. Vor allem lassen Sie sich nicht von anderen Müttern zu einem unsinnigen *„Mein Kind kann aber schon …“*-Wettbewerb verleiten.

Fördermaßnahmen im Kindesalter

Wenn sich im Säuglings- oder Kleinkindalter Entwicklungs-Verzögerungen herausstellen, sind häufig Fördermaßnahmen nötig. Dabei ist besonders die Mitarbeit der Eltern erforderlich. Zwei Stunden Förderung in der Woche haben keinen Effekt, wenn das Erlernte nicht zu Hause geübt und ständig trainiert wird. Deshalb ist die enge Zusammenarbeit zwischen dem Therapeuten und den Eltern sehr wichtig.

Die genaue Unterweisung der Eltern ist die entscheidende Stütze, auf der eine Therapie aufgebaut ist. Abweichungen von der normalen Entwicklung bei Kindern – wie etwa ein nicht altersgerechtes Bewegungsmuster, eine ausgeprägte Ungeschicklichkeit oder eine Sprachentwicklungs-Verzögerung – fallen in der Regel bei den Vorsorge-Untersuchungen auf. Solche Veränderungen dürfen aber nicht nur isoliert gesehen werden, sondern das Kind muss in seiner Gesamtheit betrachtet werden.

Wissenswertes

Die wichtigsten Fördermaßnahmen im Kindesalter

- Krankengymnastik
- Ergotherapie
- Sprachtherapie

Krankengymnastik

Bei der Krankengymnastik im Kindesalter geht es um die Verbesserung von Bewegungs-Störungen. Sie zielt auf eine Verbesserung der Koordination und eine Regulierung der Muskelspannung ab. Dadurch werden die Bewegungsabläufe differenziert und optimiert. So werden die Voraussetzungen für ein optimales Zusammenspiel der verschiedenen Muskelgruppen geschaffen.

Grundvoraussetzung für den Erfolg ist intensives tägliches Üben. Damit fördern Sie die Beweglichkeit und die Selbständigkeit Ihres Kindes.

Ergotherapie

Die Ergotherapie im Kindesalter soll die feinen und groben Bewegungsabläufe und eine Verbesserung der Wahrnehmung fördern (Sehen, Hören, Fühlen, Gleichgewicht). So versucht man, fehlverlaufenden Entwicklungen entgegenzuwirken. Das geschieht zum Beispiel, indem die Körper-Wahrnehmung durch eine Aktivierung der Basis-Sinne geschult wird. Auch hier ist die Einbeziehung der Eltern entscheidend für das bestmögliche Gelingen einer Therapie.

Sprachtherapie

Kinder mit Sprachstörungen brauchen unbedingt eine Sprachtherapie. Denn Sprechen zu lernen ist für jeden Menschen elementar wichtig – und Sprachstörungen können die seelische, schulische und soziale Entwicklung eines Kindes stark hemmen. Deshalb überprüft ein Arzt während der Vorsorge-Untersuchungen regelmäßig die Sprachentwicklung.
Dabei ist auch die Überprüfung der Hörfunktion eine wesentliche Voraussetzung. Denn wenn ein Kind schlecht hört, ist seine Sprachentwicklung massiv gefährdet.
Logopädische Therapien setzen in der Regel nicht vor dem vierten bis fünften Lebensjahr ein. Natürlich ist auch hier der richtige Umgang mit dem Kind, das die Sprache lernen soll, wichtig für die Entwicklung seiner Sprachfähigkeiten.

Vorsorge-Untersuchungen im Kindesalter

Um Erkrankungen und Entwicklungs-Störungen frühzeitig zu erkennen, werden in vielen Ländern seit Jahren Vorsorge-Programme für Kinder durchgeführt. Als Beispiel haben wir für Sie das in Deutschland durchgeführte Vorsorge-Programm zusammengestellt.
Sinnvoll ist es, wenn Eltern gut vorbereitet zu den Untersuchungen kommen und sich ihre Fragen vorher notiert haben.
Wenn Sie die Sorge haben, dass etwas mit Ihrem Kind nicht normal sein könnte, dann sagen Sie das bitte. Ihr Arzt ist besonders auf Ihre Beobachtungen angewiesen.
Es gibt insgesamt zehn Vorsorge-Untersuchungen. Sehen Sie hier, was bei welcher Vorsorge-Untersuchung untersucht wird:

U1: Bei der Entbindung

Das Untersuchungs-Programm

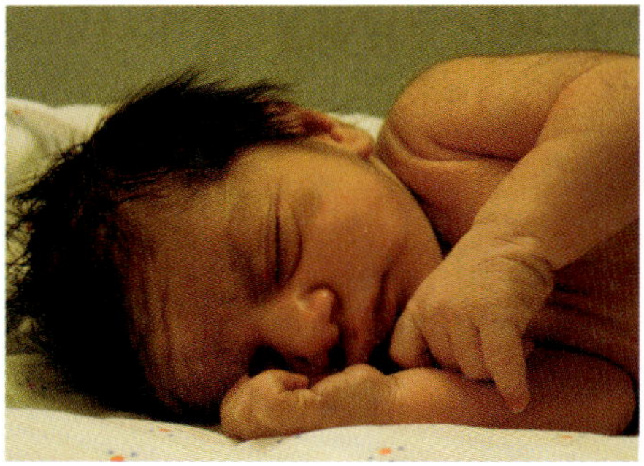

Vorsorge-Untersuchung 1:
Kaum geboren – schon was erlebt

Die U1 wird bereits direkt nach der Entbindung durchgeführt. Dabei werden Körpergröße, Körperlänge und Kopfumfang des Kindes gemessen und der „Apgar-Index“ erhoben (benannt nach *Virginia Apgar*). Mit der Bewertung der Hautfärbung, der Herzfrequenz, der Atmung, des Muskeltonus und des Reflexverhaltens wird dabei überprüft, wie sich das Baby an das Leben außerhalb der Gebärmutter anpasst.

Für jedes Symptom werden maximal zwei Punkte vergeben. Daraus ergibt sich eine maximal erreichbare Punktzahl von zehn Punkten. Bei einer normalen Entbindung liegt der Apgar-Wert zwischen acht und zehn.

Ein reif geborenes Kind wiegt zwischen 2.500 und 4.500 g. Neugeborene unter 2.500 g sind entweder Frühgeborene oder untergewichtig. Bei einem Geburtsgewicht von über 4.500 g besteht der Verdacht auf einen Schwangerschafts-Diabetes der Mutter.

U2: 3. bis 10. Lebenstag

Das Untersuchungs-Programm

- Körperliche Untersuchung und Überprüfung des Entwicklungs-Standes
- Blutabnahme zum Ausschluss von Stoffwechsel-Störungen wie zum Beispiel Schilddrüsen-Unterfunktion und Enzymmangel-Erkrankungen
- Vitamin K-Gabe zum Schutz vor Blutgerinnungs-Störungen
- Aufklärung über den Sinn der Rachitis- und Karies-Prophylaxe
- Aufklärung über eine altersentsprechende Ernährung

Durch eine leichte Unreife ihrer Leber werden viele Neugeborene in den ersten Lebenstagen und Wochen etwas gelb (Neugeborenen-Gelbsucht, Ikterus). Überschreitet die Gelbfärbung bestimmte Grenzwerte, muss die Ursache genauer erforscht werden. Um eine Schädigung des Kindes zu vermeiden, kann eine Therapie nötig werden.

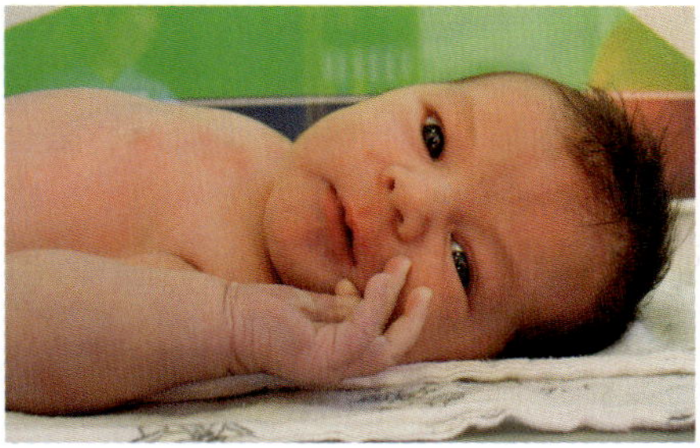

Vorsorge-Untersuchung 2: Kontaktaufnahme

U2	Welcher Entwicklungs-Stand ist erreicht?
Motorische Entwicklung	Trinken ohne Probleme Kräftiges Schreien
Feinmotorische Entwicklung	Noch nicht überprüfbar
Sprachentwicklung	Noch nicht überprüfbar
Sozialisation und emotionale Entwicklung	Versucht Kontakt mit der Mutter aufzunehmen und reagiert auf ihre Stimme

U3: 4. bis 6. Lebenswoche

Das Untersuchungs-Programm

- Körperliche Untersuchung und Überprüfung des Entwicklungs-Standes
- Ultraschall-Untersuchung (Sonografie) der Hüften
- Aufklärung über altersentsprechende Ernährung
- Informations-Material über das staatlich empfohlene Impfprogramm
- Vitamin K-Gabe

Besondere Beachtung finden in diesem Alter die Überprüfung von Länge und Gewicht, körperlicher Gesundheit, Seh- und Hörfähigkeit und symmetrischer motorischer Entwicklung. Ein Säugling nimmt in dieser Zeit 150 bis 200 g pro Woche zu. Er beginnt mit den Augen zu fixieren und hat eine spontane Beugehaltung von Armen und Beinen.
Bereits bei der dritten Vorsorge-Untersuchung werden die Hüften des Säuglings auf *Hüftgelenks-Fehlstellungen* untersucht. Das geschieht durch eine Ultraschall-Untersuchung. Es gibt folgende Fehlstellungen: *Hüftreifungs-Störung* (Hüftdysplasie) und *Verlagerung des Hüftkopfes aus der Pfanne* (teilweise: Subluxation, vollständig: Luxation). Etwa 2 bis 4% aller Kinder – und dabei überwiegend Mädchen – haben eine Hüftreifungs-Störung.
Sollte der Hüftkopf Ihres Kindes nicht gut genug in der Hüftpfanne stehen, wird die Stellung des Hüftkopfes zur Hüftpfanne durch eine Spreizhosen-Behandlung verbessert und in der Regel eine Normalisierung der Verhältnisse erreicht.

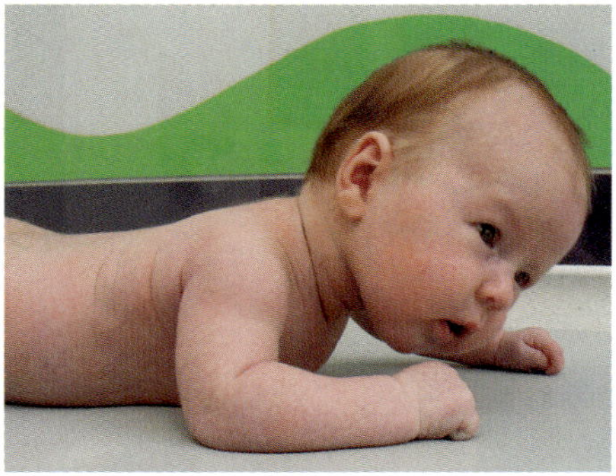

Vorsorge-Untersuchung 3: Kopf hoch für drei Sekunden

U3	Welcher Entwicklungs-Stand ist erreicht?
Motorische Entwicklung	Anheben des Kopfes in Bauchlage für mindestens drei Sekunden
Feinmotorische Entwicklung	Noch nicht überprüfbar
Sprachentwicklung	Spontane Artikulation, Kehllaute *(„ähä, hä, e-rrhe“ etc.)*
Sozialisation und emotionale Entwicklung	Beruhigung durch Aufnehmen und Ansprechen

U4: 3. bis 4. Lebensmonat

Das Untersuchungs-Programm

- Körperliche Untersuchung und Überprüfung des Entwicklungs-Standes
- Gegebenenfalls Kontrolle der Hüftsonografie
- Aufklärung über die altersgemäße Ernährung
- Durchführung der empfohlenen Impfungen

In diesem Alter versucht ein Kind, ein Geräusch zu orten. Es verfolgt mit den Augen Gegenstände, die hin- und herbewegt werden. Es steckt seine Finger in den Mund und versucht zu greifen. Es erwidert ein Lächeln mit einem Lächeln.
Zwischen der U4 und der U5 wird nach etwa vier bis fünf Wochen eine Auffrischimpfung durchgeführt.

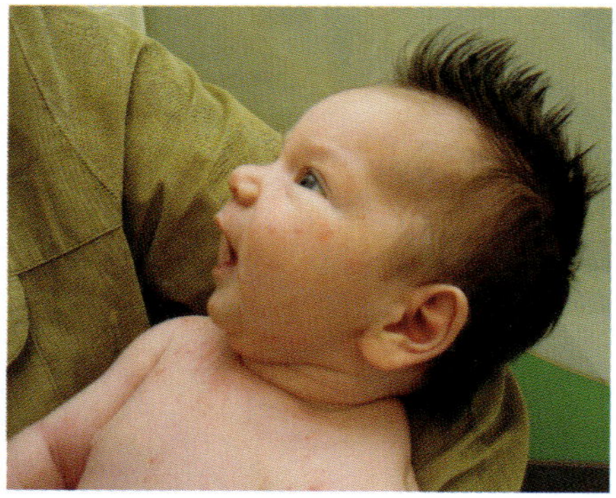

Vorsorge-Untersuchung 4: Mit Mama im Gespräch

U4	Welcher Entwicklungs-Stand ist erreicht?
Motorische Entwicklung	Sicheres Kopfheben in Bauchlage
Feinmotorische Entwicklung	Spielt mit eigenen Fingern
Sprachentwicklung	Spontanes Vokalisieren (a,o,ei), rrr-Ketten, erste Silbenketten
Sozialisation und emotionale Entwicklung	Lächelt Gesichter an

U5: 6. bis 7. Lebensmonat

Das Untersuchungs-Programm

- Körperliche Untersuchung und Überprüfung des Entwicklungs-Standes
- Aufklärung über die altersgemäße Ernährung
- Auffrischimpfung

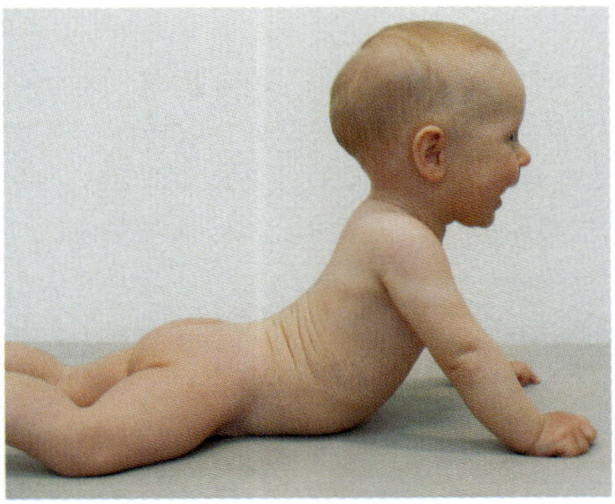

Vorsorge-Untersuchung 5: Kopfkontrolle in jeder Lage

Das Kind greift sich jetzt an die Oberschenkel oder Füße, dreht sich zur Seite oder schon vom Rücken auf den Bauch. Gegenstände werden von der einen in die andere Hand gegeben und in den Mund gesteckt. Es kann immer mehr Laute bilden. Das Sprachvermögen entwickelt sich weiter. Die ersten Zähne werden sichtbar.

U5	Welcher Entwicklungs-Stand ist erreicht?
Motorische Entwicklung	Sichere Kopfkontrolle bei jedem Lage- und Haltungswechsel
Feinmotorische Entwicklung	Greift gezielt mit der Hand
Sprachentwicklung	Spielen mit der Stimme allein oder auf Ansprache als Dialog
Sozialisation und emotionale Entwicklung	Freude bei Zuwendung, Ansprechen und Anlachen

U6: 10. bis 12. Lebensmonat (1 Jahr)

Das Untersuchungs-Programm

- Körperliche Untersuchung und Überprüfung des Entwicklungs-Standes
- Aufklärung über die altersgemäße Kleinkindkost
- Auffrischimpfung

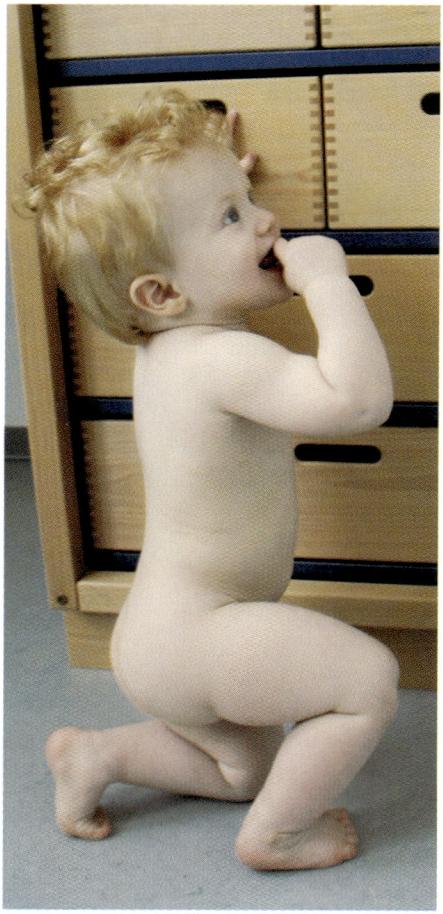

Ein Kind hat jetzt etwa das Dreifache seines Geburtsgewichts erreicht. Es beginnt mit der Bildung von zweisilbigen Wörtern wie *„dada"* oder *„mama"* und fängt an, auf Gegenstände zu zeigen und sie wiederzuerkennen. Gegenstände werden mit Daumen und Zeigefinger gegriffen (Pinzettengriff). Die motorischen Entwicklungs-Phasen (Drehen, Robben, Krabbeln, Sitzen, Aufstehen, mit Festhalten Stehen und vielleicht bereits Laufen) sind durchlaufen oder auch übersprungen. Das Sozialverhalten pendelt zwischen Zuwendung und Fremdeln.

Die erste Masern-Mumps-Röteln-Impfung (MMR-Impfung) wird durchgeführt. Nach einem oder mehreren Monaten wird dann die vierte Sechsfach-Impfung und die zweite MMR-Impfung durchgeführt.

Vorsorge-Untersuchung 6: Aufstehen mit Festhalten

U6	**Welcher Entwicklungs-Stand ist erreicht?**
Motorische Entwicklung	Kriechen bzw. Krabbeln, koordiniert auf Händen und Füßen. Stehen mit Festhalten oder Po-Rutschen
Feinmotorische Entwicklung	Pinzettengriff beidseits mit Daumen und Zeigefinger
Sprachentwicklung	Gezielter Einsatz von Doppelsilben (*„mama“*, *„papa“*)
Sozialisation und emotionale Entwicklung	Häufig noch enge emotionale Bindung an die Bezugsperson (Fremdeln), aber auch schon Erprobung einer Loslösung

U7: 21. bis 24. Lebensmonat (2 Jahre)

Das Untersuchungs-Programm

- Körperliche Untersuchung und Überprüfung des Entwicklungs-Standes
- Auffrischimpfung

Das Körpergewicht hat sich jetzt vervierfacht. Zweiwort-Sätze werden häufig schon gesprochen, das Treppensteigen ist mit Festhalten möglich. Das Kind bückt sich und steht wieder auf. Es tut Dinge auf Aufforderung und löst sich immer mehr von der Bezugsperson.

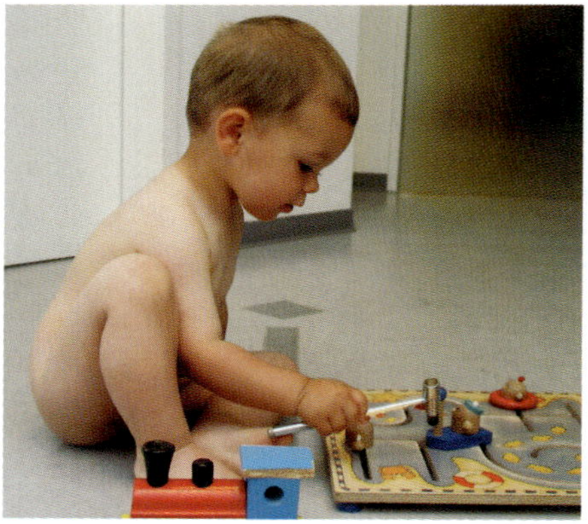

Vorsorge-Untersuchung 7: Auch ohne Mama spielen

U7	Welcher Entwicklungs-Stand ist erreicht?
Motorische Entwicklung	Rückwärts gehen, Treppensteigen
Feinmotorische Entwicklung	Umblättern von Buchseiten, Turm bauen
Sprachentwicklung	Zweiwort-Sätze oder einige Wörter
Sozialisation und emotionale Entwicklung	Ballspiel und Versteckspiel möglich, Spielen auch ohne Mutter

U8: 43. bis 48. Lebensmonat (4 Jahre)

Das Untersuchungs-Programm

- Körperliche Untersuchung und Überprüfung des Entwicklungs-Standes
- Hörtest, Sehtest, Urintest
- Überprüfung der Sprachentwicklung auf Aussprache, Grammatik und intellektuelle Fähigkeiten

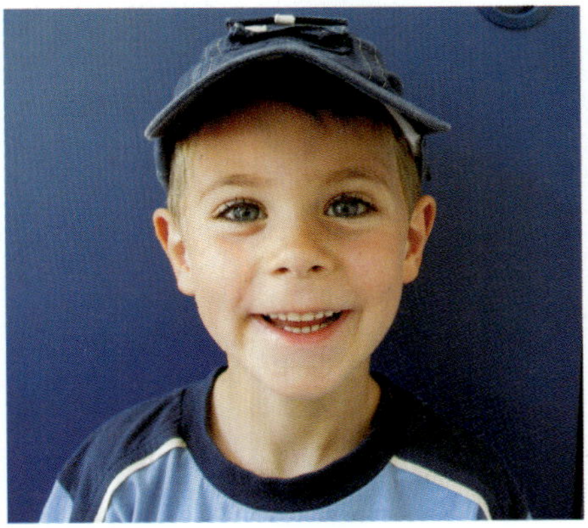

Ein vier Jahre altes Kind kann Mehrwortsätze sprechen, unterscheidet Gegensätze, kann Farben und Tätigkeiten benennen. Es malt ein Strichmännchen aus drei Teilen (Kopffüßler), es kann auf einer Linie gehen und hüpft vielleicht schon auf einem Bein.

Vorsorge-Untersuchung 8: Erlebtes erzählen, Regeln befolgen

U8	Welcher Entwicklungs-Stand ist erreicht?
Motorische Entwicklung	Einbeinstand über drei Sekunden
Feinmotorische Entwicklung	Bauen von Türmen aus mehr als vier Würfeln
Sprachentwicklung	Sätze werden verbunden und Erlebtes zeitlich und sprachlich einigermaßen richtig wiedergegeben
Sozialisation und emotionale Entwicklung	Befolgen von Regeln und angemessenes Sozialverhalten gegenüber Erwachsenen und Kindern (an „guten" Tagen)

U9: 60. bis 64. Lebensmonat (5 Jahre)

Das Untersuchungs-Programm

- Körperliche Untersuchung und Überprüfung des Entwicklungs-Standes
- Hörtest, Sehtest, Urintest

Das Sprechen ohne wesentliche Fehler, sich in eine Gruppe einordnen zu können und die Konzentrationsfähigkeit sind wichtige Vorrausetzungen für die Schulfähigkeit.

Vorsorge-Untersuchung 9: Richtig sprechen, bis 5 zählen

U9	Welcher Entwicklungs-Stand ist erreicht?
Motorische Entwicklung	Auf Zehenspitzen gehen, Hüpfen auf einem Bein
Feinmotorische Entwicklung	Malen von Viereck und Männchen mit mehreren Körperteilen
Sprachentwicklung	Fast fehlerfreies und grammatikalisch richtiges Sprechen. Bis fünf zählen ist möglich.
Sozialisation und emotionale Entwicklung	Entwicklung von Gruppenzugehörigkeit

Jugendgesundheits-Untersuchung: 12 bis 15 Jahre

Die letzte Vorsorge-Untersuchung im Kinder- und Jugendalter ist die Jugendgesundheits-Untersuchung. Sie soll den Jugendlichen die Möglichkeit geben, über ihre Probleme, wie etwa Eltern- und Schulkonflikte, Kontaktstörungen, Ernährungsprobleme, Drogen oder ihre Sexualität zu sprechen. Das kann auch ohne Beisein der Eltern geschehen, zumal dann die Jugendlichen häufig offener sind. Weitere Untersuchungen sind:

- Körperliche Untersuchung
- Hörtest, Sehtest, Urintest
- Blut-Untersuchung auf erhöhte Blutfette (Hypercholesterinämie)

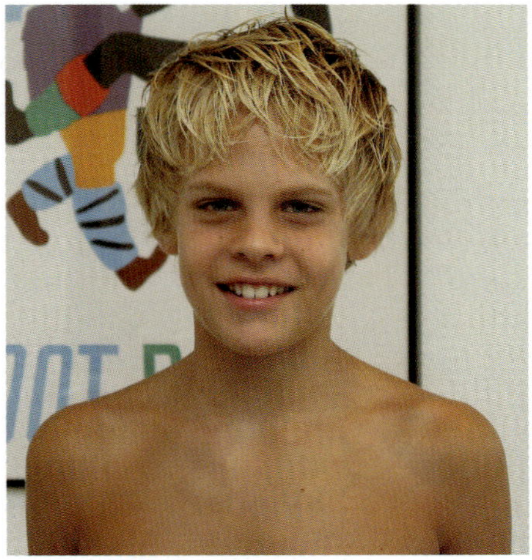

Jugendgesundheits-Untersuchung: Schon ohne Eltern beim Arzt

Die Überprüfung des pubertären Entwicklungs-Standes und Abweichungen von der Norm müssen sorgfältig überprüft werden. Wirbelsäulen-Fehlstellungen muss der Arzt ausschließen. Der Jugendliche sollte von ihm über eine gesunde Lebensführung aufgeklärt werden.

Impfungen

Seit Jahren bestehen weltweit Impfempfehlungen. Dabei geht es um den Schutz vor Infektions-Krankheiten, die für unsere Gesellschaft und für den einzelnen ein gesundheitliches Problem darstellen.
Die Empfehlung, Impfungen durchzuführen, hat mehrere Aspekte. Auf der einen Seite spielt der Individualschutz eine große Rolle. Das bedeutet, dass ein geimpfter Patient geschützt ist und – zum Beispiel bei einer Verletzung – nicht durch Wundstarrkrampf zu Schaden kommt. Ist dieser Mensch nicht gegen Wundstarrkrampf (Tetanus) geschützt, wird er möglicherweise erkranken. Weil Tetanus aber von Mensch zu Mensch nicht ansteckend ist, schadet er nur sich selbst und nicht der Gesellschaft.
Auf der anderen Seite hat bei ansteckenden Erkrankungen die *Gesellschaft* ein Recht auf *Schutz vor vermeidbaren schweren Epidemien* – zum Beispiel Diphtherie, Kinderlähmung und Masern. Sind die einzelnen Mitglieder der Gesellschaft gegen diese Erkrankungen geschützt, dann können sie sie nicht weiterverbreiten. Daraus ergibt sich auch eine Verantwortung des Einzelnen, andere in der Gesellschaft nicht zu gefährden.

Einteilung von Impfungen

Aktive Impfung

Bei einer aktiven Impfung werden durch die Gabe von abgetöteten oder abgeschwächten Erregern oder deren Erregerbestandteilen künstlich Abwehrstoffe erzeugt. Diese Abwehrstoffe schützen den Körper, wenn er Kontakt mit den „echten", krank machenden Erregern bekommt. Der Schutz hält meist *lebenslang* an, vor allem, wenn das Immunsystem durch Wiederholungsimpfungen, sogenannte *Auffrischimpfungen*, an die Erkrankung häufiger erinnert wurde.

Passive Impfung

Hier werden dem Körper bereits gebildete Abwehrstoffe vom Menschen oder sehr selten vom Tier (Immunglobuline) verabreicht. Das macht man, um in bestimmten Situationen einen *sofortigen Schutz* zu erreichen, weil sich der aktive Schutz erst langsam entwickelt. Eine passive Impfung hält dafür aber nur einige Wochen vor. Sie kann so den Zeitraum bis zum Einsetzen des aktiven Impfschutzes überbrücken.
Impfreaktionen wie eine Schwellung der Impfstelle, Temperaturanstieg, Abgeschlagenheit und Müdigkeit sind vorübergehender Natur.
Impfschäden sind extrem selten. Gelegentlich werden Erkrankungen als Impffolge verdächtigt. In der Regel handelt es sich aber um ein zufälliges Zusammentreffen von Erkrankung und Impfung.

Der Impfplan

Der heute empfohlene Impfplan sieht vereinfacht so aus:

Alter (in vollendeten Monaten oder Jahren)	**Impfungsart**	**Impfung gegen ...**
2 Monate	Erste 6-fach-Impfung*	Diphtherie-Tetanus-Keuchhusten-HiB-Polio-Hepatitis B
3 Monate	Zweite 6-fach-Impfung	Diphtherie-Tetanus-Keuchhusten-HiB-Polio-Hepatitis B
4 Monate	Dritte 6-fach-Impfung	Diphtherie-Tetanus-Keuchhusten-HiB-Polio-Hepatitis B
11 bis 14 Monate (ca. 1 Jahr alt)	Vierte 6-fach-Impfung Erste 3-fach-Impfung	Diphtherie-Tetanus-Keuchhusten-HiB-Polio-Hepatitis B Masern-Mumps-Röteln
15 bis 23 Monate	Zweite 3-fach-Impfung	Masern-Mumps-Röteln
5 bis 6 Jahre	Auffrischimpfung	Diphtherie-Tetanus
9 bis 17 Jahre	Auffrischimpfung	Polio, Diphtherie-Tetanus, Keuchhusten

* Seit 2001 wird bei Risiko-Kindern zusätzlich eine Pneumokokken-Impfung parallel zu den anderen Impfungen im Säuglingsalter empfohlen.
Die vollständigen Informationen über den Impfkalender erhalten Sie auf der Internet-Seite des Robert-Koch-Instituts unter www.rki.de.

Bei den ungeimpften 12- bis 15jährigen, die noch keine Windpocken durchgemacht haben, empfiehlt die Ständige Impfkommission (STIKO) am Robert-Koch-Institut eine Impfung gegen Windpocken.

Ernährung

Eine gute Ernährung ist ein wesentlicher Baustein des körperlichen Wohlbefindens und der Gesundheit. Fehlernährungen können Übergewicht, Untergewicht und Krankheiten zur Folge haben. Ein Großteil der Kinder, aber auch der Erwachsenen, ist heute zu dick. Die Häufigkeit von verschiedenen Erkrankungen wie Arterienverkalkung, Diabetes, Magen-Darmerkrankungen bis hin zu Tumorleiden nimmt unter falscher Ernährung im Erwachsenenalter zu.
Die Kosten für das Gesundheitssystem durch ernährungsbedingte Folgeerkrankungen – wie zum Beispiel Herz- und Gefäßleiden, orthopädische Erkrankungen oder Zahnleiden – sind extrem hoch und betragen jährlich viele Milliarden Euro. Daraus folgt, dass eine frühzeitige Erziehung zu gesunden Essgewohnheiten für die Gesundheit des Einzelnen und der gesamten Bevölkerung sehr wichtig ist.
Das Forschungsinstitut für Kinderernährung (FKE) in Dortmund hat in einer Langzeitstudie das Ernährungs-, Gewichts- und Wachstumsverhalten von Säuglingen, Kindern und Jugendlichen untersucht. Daraus wurden neue Empfehlungen für die Ernährung herausgegeben, die als *optimierte Mischkost* bezeichnet werden. Diese Empfehlungen berücksichtigen den Bedarf an Nährstoffen und geben praktische Ratschläge zur Lebensmittel-Auswahl unter Berücksichtigung der Ernährungsgewohnheiten. Sie gelten auch als Grundlage der Ernährung eines Kleinkindes. (Bezugsquelle: www.fke.do.de).

Tipps und Hinweise

Drei Ratschläge zur Ernährung

- Reichlich: Pflanzliche Lebensmittel und Getränke
- Mäßig: Tierische Lebensmittel
- Sparsam: Fettreiche Lebensmittel

Die Ernährung des Säuglings

Vor hundert Jahren bestand eine fünf- bis zehnfach höhere Sterblichkeit bei nichtgestillten Kindern als heute. Daraus ist einerseits ersichtlich, wie wertvoll die Muttermilch ist – andererseits, was für einen hohen Standard die heutigen Säuglings-Nahrungen haben.

Die ideale Ernährung für den Säugling ist die Muttermilch. Denn …

- sie ist optimal zusammengesetzt und für das Gedeihen eines Kindes enorm wichtig
- sie fördert den Schutz vor Darm- und Atemwegsinfektionen und vermindert die Häufigkeit von allergischen Effekten
- vermindert die Wahrscheinlichkeit für Ihr Kind, später übergewichtig zu werden

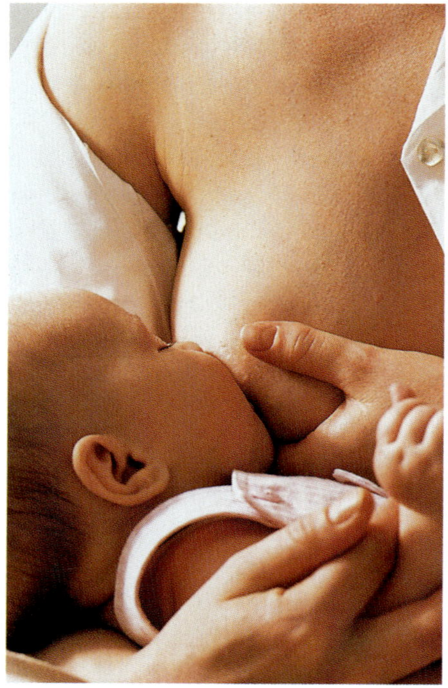

Stillen: An Mamis Brust Gesundheit tanken

Säuglinge sollten in den ersten sechs Monaten möglichst voll gestillt werden. Denn Stillen …

- fördert die Zuwendung der Mutter zu ihrem Kind
- vermindert die Häufigkeit von späterem Brustkrebs bei der Mutter
- vermindert die Gefahr eines plötzlichen Kindstodes

Mütter sollten sich schon vor der Entbindung intensiv über die Technik und die Vorteile des Stillens informieren. Geburtsvorbereitungs-Kurse und ausreichend Literatur stehen zur Verfügung. Während der Stillzeit helfen Heb-

ammen, Stillberaterinnen, Kinderkrankenschwestern und Stillgruppen durch Rat und Unterstützung.
Falls Stillen nicht möglich ist, bieten die Säuglings-Anfangs-Nahrungen einen guten Ersatz. Beachten Sie die altersentsprechenden Mengenangaben.

Spezialmilch

Spezialmilch-Sorten, wie sogenannte hypoallergene Nahrungen (HA), hochgradig hydrolysierte Nahrungen oder Sojanahrungen sind in bestimmten Situationen – wie bei einer Kuhmilch-Unverträglichkeit – zu geben und mit dem Arzt abzusprechen. HA-Nahrungen sind nur bei einer allergischen Belastung in der Familie sinnvoll.

Erweiterung der Nahrung

Eine Zufütterung von Breinahrung sollte frühestens ab dem fünften Lebensmonat, besser erst nach einem halben Jahr erfolgen.

- Ab 5. Monat: Gemüse-Kartoffel-Fleisch-Brei (Fleisch ein- bis zweimal pro Woche)
- Ab 6. Monat: Vollmilch-Getreide-Brei
- Ab 7. Monat: Getreide-Obst-Brei
- Ab 10. Monat: Einführung der Familienkost mit Zwischenmahlzeiten (Brot, Getreide, Obst, Gemüserohkost)

Vitamin D und Fluorid

Vitamin D wird unter dem Einfluss von UV-Licht in der Haut gebildet. Vitamin D ist wichtig für den Knochenaufbau. Da in unseren Breitengraden durch vermindertes Sonnenlicht eine Vitamin D-Mangelsituation vorliegen kann,

Tipps und Hinweise

So vermeiden Sie Karies bei Ihrem Kind

- Achten Sie auf eine ausgewogene Ernährung.
- Geben Sie keine gesüßten Getränke aus der Nuckelflasche.
- Schmieren Sie keinen Honig oder Marmelade an den Schnuller.
- Geben Sie wenig Süßigkeiten „zwischendurch".
- Helfen Sie Ihrem Kind beim Zähneputzen und bringen Sie ihm die richtige Zahnpflege bei.
- Stellen Sie Ihr Kind regelmäßig beim Zahnarzt vor.
- Besprechen Sie eine zusätzliche Fluoridgabe mit Ihrem Kinderarzt oder Zahnarzt.

wird besonders bei Kindern im ersten Lebensjahr und im Winter des zweiten Lebensjahres eine zusätzliche Vitamin D-Gabe empfohlen. Kombiniert wird sie häufig mit Fluorid, das zum Schutz vor Karies beiträgt.

Die Empfehlung zu einer zusätzlichen Gabe von Fluorid in den ersten Lebensjahren muss immer individuell geschehen. Sie richtet sich nach der natürlichen, regional unterschiedlichen Konzentration von Fluorid im Trinkwasser und der möglichen Einnahme von Fluorid aus anderen Quellen, wie etwa fluoridisiertes-jodiertes Speisesalz und fluoridhaltige Zahnpasta. Hier wird Ihr Arzt Sie beraten. Den wichtigsten Schutz bilden allerdings eine entsprechende Ernährung und die gründliche und regelmäßige Pflege der Zähne.

Schulalter und Pubertät

Mit Beginn des Schulalters ändern sich die Leistungsanforderungen an ein Kind und die Eltern. Die Kinder kommen aus dem behüteten Dasein des Kindergartens in ein neues soziales Gefüge, wo sie wieder „die Kleinen“ sind. Sie müssen sich nun in den Klassenverband integrieren, sich konzentrieren und schwierige Aufgaben erledigen. Das kann zu Problemen führen.
Eine Aufmerksamkeits-Störung, Störungen des Sozialverhaltens oder eine Lese-Rechschreib-Schwäche können sich manchmal erst jetzt zeigen und große Sorgen bereiten. Die anfänglich gute Beziehung zwischen Eltern und Kind wird irritiert. Gehen Sie weiterhin respektvoll mit Ihrem Kind um, denn es leidet selbst unter der Situation. Scheuen Sie sich nicht, auch einmal professionelle Hilfe in Anspruch zu nehmen. Auf diesem Weg lässt sich manches spätere pubertäre Problem frühzeitig vermeiden.
In der Pubertät haben Jugendliche dann sehr viel mit sich selbst zu tun. Im Vordergrund stehen die Sexualität, die persönliche Note – sowohl in der Kleidung als auch im Verhalten –, die bewusste Abgrenzung von den Eltern und die Neuorientierung zu altersgleichen Gruppen mit eigenen Ansichten.
Vielen Eltern macht das zu schaffen, obwohl sie als Jugendliche nicht viel anders waren. Jugendliche müssen ihre eigenen Fehler begehen. Man kann ihnen raten und ihnen Hilfe anbieten. Dabei hilft kein erhobener Zeigefinger, und auch eine „Last-minute-Erziehung“ bringt wenig. Denn auch Jugendliche wollen ernst genommen werden. Wichtig ist, dass Gesprächsbereitschaft und klare, von beiden Seiten akzeptierte Regeln bestehen. Auch Eltern sollten mit den eigenen Schwächen ehrlich umgehen.
Auch Probleme mit Alkohol und Drogen sind in der Pubertät nicht selten. Wenn die Gruppe drängt, „*es doch auch mal zu probieren*“, können sich viele Jugendliche nicht verwehren. Dann ist es wichtig, auf Zeichen zu achten, die auf Drogenkonsum hindeuten. Offene Gespräche ohne Androhung von Strafe, aber auch Hilfsangebote der Drogenberatung können vielen Jugendlichen helfen, sich zu stabilisieren und einer Drogen-Karriere aus dem Weg zu gehen.
Bei all diesen Problemen sollten Sie an Ihre eigene Kindheit und Jugend denken. Um so mehr Verständnis werden Sie dann für Ihr Kind haben.

Kapitel 3: Das Wichtigste in Kürze

- Die Entwicklung eines Kindes ist einerseits genetisch bestimmt, wird andererseits aber auch stark von der Umwelt beeinflusst.
- Die Fähigkeit, seine Entwicklung ständig an die Umweltbedingungen anzupassen, sichert dem Menschen das Überleben.
- Kinder entwickeln Fähigkeiten in folgenden Bereichen: Körpermotorik, Handmotorik, kognitive Fähigkeiten, Sprache und Sprechen, soziale Kompetenz.
- Wenn sich im Säuglings- und Kleinkindalter Entwicklungs-Verzögerungen zeigen, sind häufig Fördermaßnahmen nötig – zum Beispiel Krankengymnastik, Ergotherapie oder Sprachtherapie.
- Die regelmäßigen Vorsorge-Untersuchungen beim Kinderarzt dienen dazu, Erkrankungen und Entwicklungs-Störungen frühzeitig und rechtzeitig zu erkennen.
- Nutzen Sie diese Vorsorge-Untersuchungen – und sagen Sie dem Arzt, was Sie bei Ihrem Kind beobachtet haben.
- Impfungen schützen vor Infektions-Krankheiten, die für unsere Gesellschaft und für jeden einzelnen ein gesundheitliches Problem darstellen.
- Eine gute Ernährung ist ein wesentlicher Baustein des körperlichen Wohlbefindens und der Gesundheit.
- Fachleute geben drei Ratschläge zur Ernährung – Pflanzlich: Reichlich, Tierisch: Mäßig, Fettreich: Sparsam.
- Die ideale Ernährung für den Säugling ist die Muttermilch.
- Für nicht gestillte Säuglinge gibt es Säuglings-Nahrungen, die einen hohen Qualitäts-Standard haben.

4

Krankheits-Zeichen: Was hat mein Kind? Was kann ich tun?

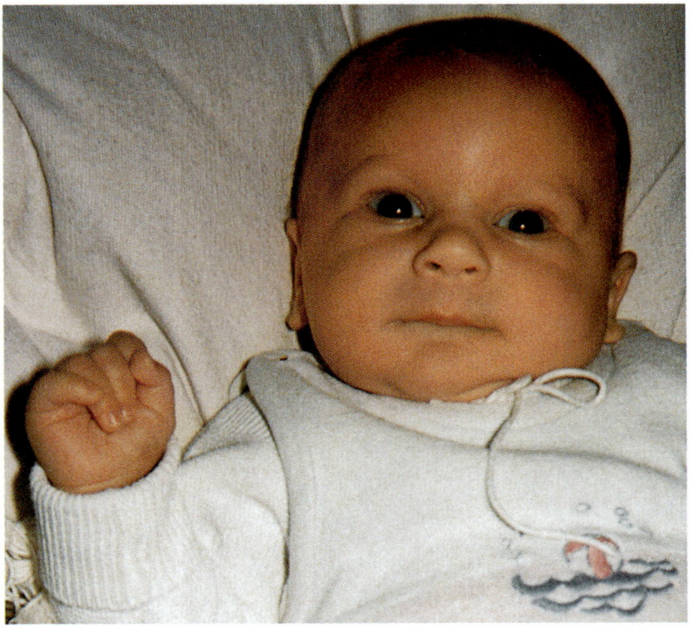

In diesem Kapitel erfahren Sie, ...

- wie Sie bei Ihrem Kind Krankheits-Zeichen erkennen und richtig einordnen können
- was Sie selbst tun können, um Ihrem Kind zu helfen
- wann Sie mit Ihrem Kind zum Arzt gehen müssen
- was Ihr Arzt für Ihr Kind tun kann
- wann Ihr Kind ins Krankenhaus muss

Abgeschlagenheit

Was hat mein Kind?

Wenn Ihr Kind abgeschlagen ist, hat es keine Energie, fühlt sich schlapp, ist müde und kommt einfach „nicht in die Gänge".
Möglicherweise sind diese Kinder durch die alltäglichen Anforderungen überfordert oder befinden sich in einem Entwicklungs-Schub. Abgeschlagenheit tritt häufig zu Beginn eines grippales Infekts auf: Ihr Kind „brütet etwas aus". In der Regel erholen sich diese Kinder schnell, wenn sie sich genügend ausruhen.
Bei zusätzlichen Auffälligkeiten – wie Leistungsschwäche, Fieber, Appetitlosigkeit, Gewichtsverlust oder vermehrtes Durstgefühl – können die Ursachen Infekte, auch selten einmal eine Herzentzündung, eine Zuckerkrankheit oder eine Tumorerkrankung sein.
Bei Jugendlichen können dauerhafte Abgeschlagenheit und Teilnahmslosigkeit ein erstes Zeichen für eine beginnende depressive Verstimmung, einen Drogenkonsum oder bei weiblichen Jugendlichen für eine Schwangerschaft sein.

Was kann ich tun?

Achten Sie bei Ihrem Kind auf genügend Schlaf, eine ausgewogene Ernährung und sorgen Sie dafür, dass es sich wohl fühlt. Nehmen Sie sich genug Zeit, damit Ihr Kind auch über ein Problem reden kann.
Vermuten Sie eine seelische Ursache, erkundigen Sie sich auch im Kindergarten oder in der Schule, ob Ihr Kind sich dort verändert hat.
Haben Sie bei Ihrem Jugendlichen den Verdacht auf Drogenkonsum, bieten Sie ihm Hilfe an. Sind Sie sich nicht sicher, nehmen Sie mit Beratungsstellen Kontakt auf.

Wann muss mein Kind zum Arzt?

Hält die Abgeschlagenheit an oder verschlimmert sie sich, dann sollten Sie mit Ihrem Kind zum Arzt gehen – besonders wenn zusätzliche Auffälligkeiten wie Leistungsschwäche, Appetitlosigkeit, Fieber, Gewichtsverlust oder vermehrtes Durstgefühl auftreten.

Was tut der Arzt?

Er wird Ihr Kind untersuchen, Blut- und Urinuntersuchungen durchführen, eventuell ein EKG schreiben und, wenn nötig, weitere diagnostische Schritte einleiten.
Die therapeutischen Maßnahmen richten sich dann nach der Diagnose.
Bei seelischen Problemen wird Ihr Arzt versuchen, durch Gespräche mit Ihnen und – je nach Alter – auch mal allein mit Ihrem Kind eine Lösung zu finden oder Sie an einen entsprechenden Therapeuten weiter verweisen.

Wann muss mein Kind ins Krankenhaus?

Sollte sich in ganz seltenen Fällen eine schwerwiegende Erkrankung hinter der Abgeschlagenheit verbergen, kann auch eine Abklärung im Krankenhaus notwendig werden. In aller Regel ist das aber nicht der Fall.

A·D·S
Aufmerksamkeits·Defizit·Syndrom

Was hat mein Kind?

Manche Kinder laufen ständig auf Hochtouren, lassen sich leicht ablenken, reagieren ungeduldig und impulsiv. Sie wirken unorganisiert und chaotisch, sind dauernd in Action und flippen schnell aus. Andere sind zerstreut und vergesslich, hören nicht zu und schalten „auf Durchzug". Sie träumen vor sich hin, werden nie fertig, haben oft ein „Brett vor dem Kopf" und wirken abwesend.
Die einen sind die hyperaktiven „Zappelphilippe", die anderen die „Träumer": Kinder mit A·D·S. Sie sind meist intelligent, phantasievoll, kreativ und manchmal hochbegabt. Aber sie können die Flut von Eindrücken, die laufend auf sie einstürmen, nicht richtig filtern, sortieren und verarbeiten. Das führt schnell zum Chaos im Kopf. Deshalb flippen A·D·S-Kinder leicht aus – oder sie schalten einfach ab. Und weil wir Erwachsene viel zu wenig über A·D·S wissen, werden diese Kinder oft missverstanden. Das führt zu Stress in der Familie, im Kindergarten und in der Schule.
Die Häufigkeit von A·D·S liegt bei 2-6% aller Vorschul- und Schulkinder. Das heißt: In jeder Schulklasse sitzen im Schnitt ein bis zwei A·D·S-Kinder.
Als Ursache wird ein gestörter Stoffwechsel der für die Informations-Übertragung im Gehirn wichtigen Botenstoffe angenommen.

Was kann ich tun?

Nicht bei jedem sehr lebhaften Kind – und auch nicht bei jedem Kind, das gern in den Tag hinein träumt – muss gleich ein Aufmerksamkeits-Defizit-Syndrom (A·D·S) dahinterstecken.
Wenn Sie aber den Eindruck haben, dass die Lebhaftigkeit und die Unkonzentriertheit Ihres Kindes zum Problem werden – für Ihr Kind, für die ganze

Familie und für die Umgebung – dann sollten Sie was tun. Sprechen Sie zunächst mit denen, die Ihr Kind täglich erleben – je nach Alter Ihres Kindes mit der Kindergärtnerin oder der Lehrerin bzw. dem Lehrer. Die können das Problem gemeinsam mit Ihnen angehen. Zum Beispiel, indem sie Regeln für Ihr Kind aufstellen, nach denen überall gleich verfahren wird – in der Familie, im Kindergarten bzw. in der Schule. Denn Konzentrations-Hilfen funktionieren nur, wenn alle Bezugspersonen (Eltern, Geschwister, ErzieherInnen, LehrerInnen) am selben Strang ziehen und als Team das Kind unterstützen.

Wann muss mein Kind zum Arzt?

Haben Sie, der Kindergarten oder die Schule den Verdacht, dass Ihr Kind ein A·D·S haben könnte, dann nehmen Sie Kontakt mir Ihrem Arzt auf.

Was tut der Arzt?

Er wird Ihr Kind genau untersuchen. Zur Klärung braucht Ihr Arzt allerdings nicht nur Informationen von Ihnen, wie Ihr Kind sich zu Hause verhält, sondern auch vom Kindergarten oder der Schule. Er sieht ja nur eine Momentaufnahme von Ihrem Kind, während Sie, der Kindergarten oder die Schule „den ganzen Film" sehen. Besteht der Verdacht auf eine Aufmerksamkeits-Störung, sind zusätzliche Tests notwendig, um sicher zu sein, ob tatsächlich ein A·D·S vorliegt.

Die Therapie besteht in der Aufklärung und Beratung der Eltern, in der Förderung der Wahrnehmung des Kindes, eventuell in einer psychotherapeutischen Verhaltenstherapie.

Wenn diese Ansätze nicht fruchten, kann auch eine medikamentöse Therapie sinnvoll sein.

Wann muss mein Kind ins Krankenhaus?

Die Behandlung eines A·D·S-Kindes verlangt Ausdauer und Geduld, ist aber fast nie mit einer Therapie im Krankenhaus verbunden.

Ausführliche Informationen finden Sie in dem Buch *„Das A·D·S-Buch“* von Elisabeth Aust-Claus und Petra-Marina Hammer.

Allergische Reaktionen

Was hat mein Kind?

Allergien sind übermäßige Reaktionen des Körpers auf Fremdstoffe, die zu Symptomen an der Haut oder Schleimhaut führen. Die Bereitschaft, an einer Allergie zu erkranken, ist genetisch festgelegt und damit erblich. Wenn Eltern an Allergien leiden, erhöht sich also beim Kind die Wahrscheinlichkeit allergischer Reaktionen.

Allergien treten auf als …

- Nahrungsmittel-Allergien
- Neurodermitis
- Asthma oder obstruktive Bronchitis
- Heuschnupfen oder Bindehaut-Entzündung
- Nesselsucht
- Insektengift-Allergie
- Arzneimittel-Unverträglichkeit

Allergien im Kindesalter zeigen eine starke Altersabhängigkeit

- **Im Säuglingsalter** überwiegen die *Nahrungsmittel-Allergien* – besonders auf Milch, Hühnerei, Weizen und Soja. Die Säuglinge haben Durchfall, kolikartige Bauchschmerzen, Erbrechen und Hautveränderungen wie Ekzemneigung und Quaddelbildung.
- **Im Säuglings- und Kleinkindalter** tritt besonders die *Neurodermitis* im Gesicht, den großen Gelenkbeugen, aber auch am Hals und am Rumpf auf. Sie ist gekennzeichnet durch rote, schuppige, zum Teil nässende Hautveränderungen, die bei den Kindern einen starken Juckreiz auslösen können.

- **Ab dem vierten Lebensjahr** häufen sich die *asthmatischen Beschwerden.* Dabei überbläht sich die Lunge durch Verengung der Atemwege. Das führt zu Luftnot, Kurzatmigkeit mit verlängertem Ausatmen und quälendem Husten.
- **Im Jugendalter** machen dann *allergischer Schnupfen* (Rhinitis) und *allergische Bindehaut-Entzündung* (Konjunktivitis) oft Probleme. Sie äußern sich in ständigem Schnupfen und Reizzuständen in den Augen, häufig zur Pollenflugzeit. Besonders Gräser- und Baumpollen lösen die Beschwerden aus.

Was kann ich tun?

Am wichtigsten ist es, Kontakt mit den vermuteten oder schon nachgewiesenen Allergenen zu vermeiden. Um die Auslösung einer Allergie oder einer allergischen Reaktion zu vermindern, beachten Sie bitte folgende Ratschläge:

Was Sie im Umgang mit Allergien tun können

- Stillen Sie Ihr Kind im ersten Lebenshalbjahr möglichst voll. Stillen kann die Häufigkeit von allergischen Reaktionen vermindern.
- Belasten Sie die kindliche Haut nicht durch zu häufiges Waschen mit seifenhaltigen Lösungen.
- Überbehüten Sie Ihr Kind nicht und vermeiden Sie nicht den Kontakt zu anderen Kindern. Zum Aufbau einer gesunden Abwehr braucht Ihr Kind Reize für sein Immunsystem.
- Stärken Sie die Abwehr durch sportliche Aktivitäten, die dem Alter Ihres Kindes angemessen sind.
- Rauchen Sie nicht oder – wenn überhaupt – nur außerhalb des Hauses. Zigarettenrauch macht die Schleimhäute angreifbar.
- Achten Sie auf gute raumklimatische Verhältnisse, indem Sie regelmäßig lüften und die Staubbelastung minimieren.

- Sprechen Sie offen mit Ihrem Arzt. Denn das Angebot an alternativen Heilmethoden ist heute groß – und der Sinn oder Unsinn ist für den Patienten oft nicht zu überblicken.
- Lernen Sie den richtigen Umgang mit der Erkrankung, aber machen Sie sie nicht zu Ihrem einzigen Lebensinhalt.

Wenn Beschwerden während der Pollenflugzeit auftreten oder nachdem Ihr Kind etwas bestimmtes gegessen oder mit einem Tier gespielt hat, dann können Sie das gut in einem Tagebuch festhalten. Ein solches *Beschwerden-Tagebuch* oder ein *Pollenflug-Kalender* können helfen, das Allergen herauszufinden. Das erleichtert später das therapeutische Vorgehen.

Was Sie bei Heuschnupfen und allergischer Bindehaut-Entzündung beachten sollten

- Achten Sie auf Pollenflug-Informationen im Radio und im Fernsehen.
- Schließen Sie nachts die Fenster, weil der Pollenflug schon in der zweiten Nachthälfte beginnt.
- Waschen Sie Ihrem Kind abends die Haare aus.
- Legen Sie ein Allergie-Tagebuch an.

Wann muss mein Kind zum Arzt?

Stellen Sie Ihr Kind beim Arzt vor, wenn …

- es nach Aufnahme eines bestimmten Nahrungsmittels auffällig mit Durchfall, Erbrechen, akuten Kreislaufproblemen oder Hautveränderungen reagiert
- eine Neurodermitis auftritt oder sich verschlechtert
- Ihr Kind einen quaddelartigen Ausschlag entwickelt

- Zeichen von Atemnot bestehen oder Ihr Kind anhaltend (besonders nächtliche) Hustenattacken hat
- eine Bindehaut-Entzündung oder ein anhaltender Schnupfen auftritt

Was tut der Arzt?

Ihr Arzt wird ...

- zuerst versuchen, die akuten Beschwerden zu lindern. In einem zweiten Schritt wird er durch verschiedene Tests überprüfen, ob eine Allergie vorliegt – und welche Substanz diese Allergie auslöst.
- genau erfragen, in welchem zeitlichen Zusammenhang die Beschwerden mit dem Kontakt zum Allergen stehen. Das ist für die Diagnose sehr wichtig.
- Ihnen Verhaltensmaßregeln im Umgang mit dem Allergen empfehlen. Eventuell wird er Medikamente verordnen, die Ihr Kind vor einem erneuten Auftreten solcher Symptome schützen sollen.
- manchmal eine *Hyposensibilisierung* empfehlen. Sie ist bei vielen, aber nicht allen, Allergien erfolgreich. Dabei wird der Körper durch steigende Konzentrationen des Allergens über den Mund (oral) oder die Haut (subkutan) langsam an das Allergen gewöhnt. Etwas „schmerzhafter", aber wesentlich erfolgreicher, ist die subkutane Hyposensibilisierung. Weil eine solche Therapie auch mit Nebenwirkungen verbunden sein kann, wird diese Maßnahme besonders sorgfältig überlegt.

Wann muss mein Kind ins Krankenhaus?

In schweren Fällen kann sich ein allergischer Vorfall bis hin zum Asthma-Anfall oder Schock steigern, der gelegentlich im Krankenhaus behandelt werden muss. Tritt ein Schock auf, wird eine notärztliche Versorgung und stationäre Behandlung unverzichtbar.
Auch eine ausgeprägte Neurodermitis oder ein schweres Asthma können ein Grund für einen mehrwöchigen Aufenthalt in einer Spezial-Klinik sein.

Ängste

Was hat mein Kind?

Angst ist eine natürliche Reaktion und spricht für psychische Gesundheit – genauso wie Freude und Trauer, Wut, Aggressionen oder Schmerz. Es kommt allerdings darauf an, dass Kinder, Jugendliche und Erwachsene lernen, mit Ängsten umzugehen. Eher muss es uns zu denken geben, wenn ein Kind zu sorglos und übermütig ist. Gefahren werden dann nicht richtig eingeordnet, und die Wahrscheinlichkeit, dabei Schaden zu erleiden, wird größer.
Auffällige, krankhafte Angst entsteht bei einem Missverhältnis zwischen der Angstreaktion und der Ursache, die die Angst auslöst. Die Formen der Angst und die Reaktionen der Kinder darauf sind von Alter zu Alter unterschiedlich.
Säuglinge und Kleinkinder reagieren aus Angst häufig mit Schreien, Weglaufen oder Festklammern an der Bezugsperson. Im Säuglingsalter wird Angst auffällig als Fremdeln, auch als Achtmonats-Angst bezeichnet.
Im **Kleinkindalter** herrschen Trennungsängste, Angst vor fremden Personen oder fremden Situationen vor. In diesem Alter tritt auch der Nachtschreck (Pavor nocturnus) auf, bei dem Kinder nachts panikartig erwachen, erregt sind, weinen und schreien – und am nächsten Morgen von diesem Ereignis nichts mehr wissen.
Im **Vorschulalter** dominieren diffuse Ängste vor Naturereignissen, Dunkelheit oder Gespenstern.
Im **Schulalter bis zur Pubertät** haben viele Kinder Ängste vor dem Tod, vor Krankheit oder Schule. Hier entwickelt sich gelegentlich aus einer Schulangst eine Schulphobie. *Phobien* sind isolierte Ängste vor bestimmten sozialen Situationen (Sprechen in der kleinen Gruppe, Schule), vor bestimmten örtlichen Gegebenheiten (offene Plätze, Menschenmengen) oder speziellen Lebewesen oder Situationen (Spinnen, geschlossene Räume).
In der **Pubertät** können massive Reifungsängste mit Kontaktschwäche, Minderwertigkeitskomplexen und sexuellen Ängsten auftreten. Daraus kann sich zum Beispiel eine Magersucht entwickeln.

Was kann ich tun?

- Geben Sie Ihrem Kind Nähe und Körperkontakt, um sein Urvertrauen zu stärken.
- Bereiten Sie Ihr Kind auf andere Personen vor, bevor die es auf den Arm nehmen.
- Achten Sie darauf, dass Ihr Kind nie gegen seinen Willen auf den Arm genommen wird.
- Erklären Sie Ihrem Kind altersgerecht, warum es vor einer speziellen Person oder Sache keine Angst zu haben braucht. Aber akzeptieren Sie seine gesunde Skepsis.
- Lassen Sie Ihr Kind nicht allein fernsehen. Denn auch in Kindersendungen können Situationen auftreten, die ihm unnötige Angst machen könnten.
- Sie können auch mit ErzieherInnen oder LehrerInnen über die Sorgen und Probleme Ihres Kindes sprechen.
- Seien Sie gegenüber Ihrem Jugendlichen offen für seine Nöte und Sorgen. Nehmen Sie sich Zeit zu reden – und üben Sie nicht ständig Kritik. Fördern Sie sein Selbstvertrauen.
- Achten Sie bei Ihrem Kind auf genügend sportliche Betätigung und fördern Sie seine Freizeitaktivitäten (z.B. Kinder- oder Jugendgruppe, Sportverein). Interessieren Sie sich für seine Freunde.

Wann muss mein Kind zum Arzt?

Sollten Sie nicht mit der Angst-Situation Ihres Kindes zurechtkommen oder sollten die Ängste für Ihr Kind zu belastend sein, nehmen Sie Kontakt mit Ihrem Arzt oder einem Psychologen auf.

Was tut der Arzt?

Ihr Arzt wird Sie unterstützen, die zugrunde liegenden Ursachen zu finden. Möglicherweise wird er eine zusätzliche psychologische, psychotherapeutische oder kinderpsychiatrische Betreuung empfehlen, da manche Angst-Störungen – wie zum Beispiel eine Schulphobie – komplex sind.

Wann muss mein Kind ins Krankenhaus?

Bei schweren Angst-Störungen ist gelegentlich ein Aufenthalt in einer Kinder- und Jugendpsychiatrie erforderlich.

Appetitlosigkeit

Was hat mein Kind?

Das Essen stellt in Familien ein zentrales Thema dar, und der Appetit der Kinder ist für Eltern und Großeltern ein wichtiger Gradmesser für die Gesundheit. Eine Mahlzeit zu verweigern oder keinen Hunger zu haben, ist für sie daher beunruhigend. Häufig allerdings besteht bei den Eltern eine falsche Vorstellung darüber, wie viel Nahrung ihr Kind braucht.
Gedeiht Ihr Kind, ist es aktiv und leistungsfähig, wirkt es geistig und körperlich fit und hat es weder Durchfall noch Erbrechen, dann sollten Sie einem Appetitmangel keine Bedeutung beimessen. In der Regel geht dieses Symptom rasch vorüber, besonders wenn man ihm nicht viel Beachtung schenkt. Denn die Nahrungs-Verweigerung kann ein Macht-Instrument des Kindes werden, wenn es spürt, wie wichtig Essen für seine Mutter ist.
Eher wird eine Appetitlosigkeit durch eine nicht kindgerechte Nahrungs-Zubereitung, oder eine ungemütliche Ess-Atmosphäre verursacht. Auch psychische Probleme – wie ein nicht verarbeiteter Konflikt – können „auf den Magen schlagen".
Sehr selten kann anhaltendende Appetitlosigkeit ein Begleitsymptom sein – etwa für chronische Erkrankungen des Verdauungstraktes, für Herzerkrankungen oder schwelende Infektionskrankheiten.

Was kann ich tun?

- Bieten Sie Ihrem Kind kleine, kindgerechte Mahlzeiten an.
- Bieten Sie nur so viel Nahrung an, wie Ihr Kind auch wirklich essen kann.
- Fragen Sie Ihr Kind nicht andauernd, ob es denn jetzt etwas essen möchte.
- Lassen Sie Ihr Kind entscheiden, wie viel es essen möchte.
- Schaffen Sie eine angenehme Ess-Atmosphäre, ohne dabei fernzusehen.
- Nehmen Sie die Mahlzeiten gemeinsam ein.

Wann muss mein Kind zum Arzt?

Sind Krankheits-Zeichen wie Fieber, Husten oder ein Magen-Darm-Infekt vorhanden, dann ist eine vorübergehende Appetitlosigkeit häufig. Natürlich sollten diese Krankheits-Zeichen vom Arzt abgeklärt werden.
Auch wenn die Appetitlosigkeit länger anhält, gehen Sie mit Ihrem Kind zum Arzt – besondern, wenn dies mit mangelnder Gewichtszunahme oder gar Gewichtsabnahme verbunden ist.

Was tut der Arzt?

Der Kinderarzt wird Ihr Kind untersuchen, nach psychischen Belastungen fragen und evtl. eine Blut- und Urinuntersuchung durchführen. Eventuell wird er weitere Untersuchungen wie EKG, Sonografie des Bauches oder eine Röntgenaufnahme der Lunge anfertigen oder anfertigen lassen. Sollten die Beschwerden länger bestehen bleiben, wird er möglicherweise das Untersuchungsprogramm wiederholen und erweitern.

Wann muss mein Kind ins Krankenhaus?

Nur bei einem Verdacht auf eine schwerwiegende Erkrankung – wie eine ausgeprägte Gedeihstörung, Herz- oder Darmerkrankung – kann eine Einweisung ins Krankenhaus notwendig werden.

Ausführliche Informationen finden Sie in dem Buch *„Jedes Kind kann richtig essen“* von Annette Kast-Zahn und Hartmut Morgenroth.

Atem-Beschwerden Atem-Geräusche

Was hat mein Kind?

Hat Ihr Kind Kurzatmigkeit, eine Mitbewegung der Nasenflügel beim Atmen, ein angestrengtes Ein- oder Ausatmen mit Einziehungen oberhalb des Brustkorbes und an den Zwischenrippenräumen, dann hat es eine eingeschränkte Atmung und damit Luftnot. Tritt zusätzlich eine blaue Hautfarbe auf, besteht höchste Gefahr.

Häufige Erkrankungen, die Atem-Beschwerden verursachen, und ihre typischen Symptome sind:

- **Asthma** oder **obstruktive Bronchitis** mit einem verlängerten Ausatmungsgeräusch und Husten
- **Krupp** mit einem ziehendem Einatmungsgeräusch und bellendem Husten
- **Lungenentzündung** mit Husten und Fieber

Seltene Erkrankungen, die Atem-Beschwerden verursachen, und ihre typischen Symptome sind:

- **Fremdkörper in den Atemwegen** mit Husten, dem Ringen nach Luft und einem ziehendem Atemgeräusch
- **Schock** mit einer kalten schwitzigen Haut, Blässe und schnellem Puls
- **Kehldeckelentzündung (Epiglottitis)** mit einer kloßigen Sprache, Speichelfluss, sitzender Haltung, Fieber und schwerem Kranksein
- **Gasbrust (Pneumothorax)** mit plötzlicher Luftnot durch den Ausfall eines Lungenflügels

Aber auch Polypen, vergrößerte Mandeln, Herz-, Lungen- und Baucherkrankungen können eine leichte chronische Luftnot verursachen.
Beim Säugling kann bereits ein Schnupfen eine leichte Atemnot auslösen.

Brodelnd klingende, schleimige Atem-Geräusche beim Ein- und Ausatmen werden durch eine Einengung der Atemwege verursacht. Lockerer Schnupfen und Schleim in den oberen Atemwegen können solche Geräusche hervorrufen. Auch lockerer Schleim in den Bronchien hört sich für viele Eltern bedrohlich an. Geht es Ihrem Kind dabei gut, ist das Atemgeräusch in der Regel nicht schlimm. Der Schleim liegt dann bereits in den größeren Bronchien und kann unter normalen Bedingungen gut abgehustet werden.
Ein ziehendes, pfeifendes Atem-Geräusch entsteht durch eine Einengung der Atemwege bei Entzündungen, Schwellungszustände, eine muskuläre Verkrampfung der Bronchien, eine relativ zu weiche Luftröhre oder selten einmal durch einen Fremdkörper.

Ursachen für eine **akute Blaufärbung der Haut** (Zyanose) können sein:

- Alle Erkrankungen, die mit **Atem-Beschwerden** einhergehen
- **Fehlfunktion des Gehirns** wie Krampfanfall oder Schreianfälle
- **Kreislaufschock** im Rahmen einer schweren Infektionskrankheit oder Allergie
- **Unterkühlung**

Eine wiederkehrende oder chronische Zyanose besonders unter Belastung kann durch einen Herzfehler verursacht sein.

Was kann ich tun?

Durch eine leichte Hochlagerung des Oberkörpers können Sie Ihrem Kind die Atmung etwas erleichtern.
Kommt das Atem-Geräusch durch einen Schnupfen zustande, dann können Sie sich entsprechend den Empfehlungen im Kapitel „Schnupfen" verhalten.
Bei den Säuglingen hilft auch mal ein Lagewechsel, um den Schleim aus den oberen Atemwegen besser abfließen zu lassen.
Wenn Sie wissen, dass ein *Krupp* vorliegt, dann ist es wichtig, Ihr Kind zu beruhigen. Gehen Sie mit ihm ins Bad und drehen Sie die heiße Dusche kräftig

auf. Die dadurch erzeugte feuchte, warme Luft erleichtert Ihrem Kind das Atmen.
Ist Ihr Kind *Asthmatiker*, sind Sie und Ihr Kind wahrscheinlich schon informiert und können gut damit umgehen. Sie wissen: Den richtigen Umgang mit bronchialerweiternden Medikamenten und mit Dauermedikamenten muss man lernen, um die akute Situation zu meistern und Spätschäden zu vermeiden.
Besonders wichtig ist es, dass Sie versuchen, Ruhe auszustrahlen und Ihr Kind zu beruhigen. Denn ohne Aufregung kann Ihr Kind leichter atmen und verbraucht weniger Sauerstoff. Dazu kann Ihr Kind auch die sogenannte „Lippenbremse“ einsetzen. Beim Ausatmen durch den Mund soll es versuchen, die Lippen etwas zusammenzupressen. Dadurch wird das Atmen etwas erleichtert.

Wann muss mein Kind zum Arzt?

Hat Ihr Kind Luftnot, müssen Sie es einem Arzt vorstellen. Das ist besonders dringlich, wenn ein Fremdkörper in den Atemwegen steckt oder die Luftnot mit Schluckstörungen, schlechtem Allgemeinbefinden oder blauer Hautfarbe einhergeht. In solchen Fällen sollten Sie sofort den **Notarzt** verständigen.
Weitere Informationen zum Vorgehen bei einem Fremdkörper in den Atemwegen finden Sie in Kapitel 6: „Notfälle im Kindesalter“.
Lassen Sie unklare Atem-Geräusche immer vom Arzt abklären. Denn es könnte, wie oben bereits erwähnt, beispielsweise ein Fremdkörper dahinter stecken.

Was tut der Arzt?

Er wird Ihr Kind gründlich untersuchen, es abhören und sich nach Art und Dauer der Beschwerden erkundigen. Je nach Ursache, Schwere und Befund verordnet er Medikamente oder veranlasst eine bronchialerweiternde Inhalation. Bei unklaren Atemgeräuschen, schweren oder unklaren Fällen von Atemnot überweist er Ihr Kind zur weiteren Diagnostik und Therapie in die Klinik.

Wann muss mein Kind ins Krankenhaus?

Bei schwerer Atemnot oder bei Atemnot, die sich durch medikamentöse Maßnahmen nicht bessert, ist eine stationäre Therapie zwingend erforderlich. Bei einem Verdacht auf einen Fremdkörper wird nach der Bestätigung durch die Röntgen-Aufnahme der Fremdkörper mit dem Endoskop entfernt.

Der typische Fall

Die Eltern der vierjährigen **Simone** wachen nachts plötzlich auf, weil sie einen laut bellenden Husten hören. Erschrocken eilen sie in Simones Zimmer und finden Simone im Bett sitzend und nach Luft ringend vor. Simone ist aufgeregt, etwas blass und jeder Atemzug wird von einem lauten Pfeifen begleitet. Nachdem die Mutter sie auf den Arm genommen und etwas beruhigt, wird auch die Atmung etwas ruhiger und das Pfeifen lässt ein wenig nach. Da sie Simones Krankheitszustand nicht richtig einschätzen können, entschließen sie sich, die nahe gelegene Kinderklinik aufzusuchen. Dort stellt der Kinderarzt nach einer gründlichen Untersuchung einen Krupp fest. Er lässt Simone mit einem atemwegserweiternden Medikament inhalieren und verordnet ihr ein Cortisonzäpfchen. Da es sich bei Simone um einen mittelschweren Krupp handelt und sich ihr Zustand zusehends bessert, kann sie rasch wieder nach Hause entlassen werden.

Augen-Probleme

Was hat mein Kind?

Sehstörungen und Sehfehler wie die Verminderung der Sehschärfe, die Schwachsichtigkeit bis zur Blindheit, das Auftreten von Doppelbildern oder Gesichtsfeldausfällen sind Zeichen sehr ernst zu nehmender Augenerkrankungen.

Eine Verminderung der Sehschärfe oder eine Schwachsichtigkeit wird häufig durch Sehfehler wie Kurz- und Weitsichtigkeit, Hornhautverkrümmung oder das Schielen verursacht. Deshalb ist eine frühzeitige Diagnostik und Behandlung durch den Augenarzt sehr wichtig, damit die Sehkraft beider Augen erhalten bleibt.

Ein ständig tränendes und verklebtes Auge im Säuglingsalter wird meist durch einen zu engen oder verschlossenen Tränenkanal verursacht, der das Auge mit der Nase verbindet. Eine solche *Tränengangs-Verengung* weitet sich normalerweise im Laufe der ersten Lebensmonate.

Lidrand-Entzündungen entstehen meist durch eine bakterielle Besiedlung und häufig in Verbindung mit einer Bindehaut-Entzündung.

Eine *Bindehaut-Entzündung* (Konjunktivitis) wird durch Viren, Bakterien, Allergien oder andere äußere Reize ausgelöst. Sie ist durch eine Rötung der Bindehaut, ein brennendes,

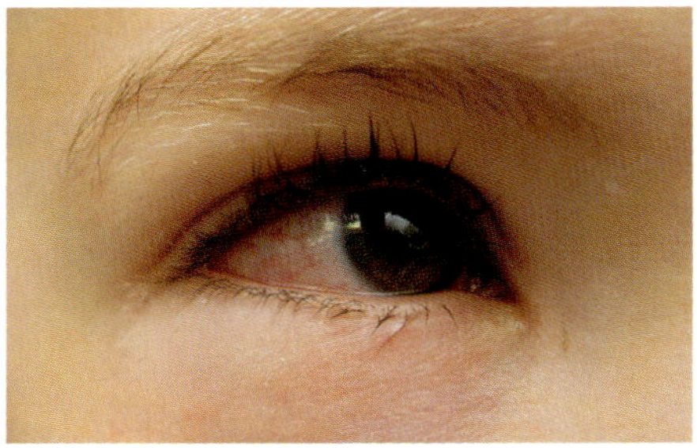

Allergische Bindehaut-Entzündung: Brennen, Fremdkörpergefühl

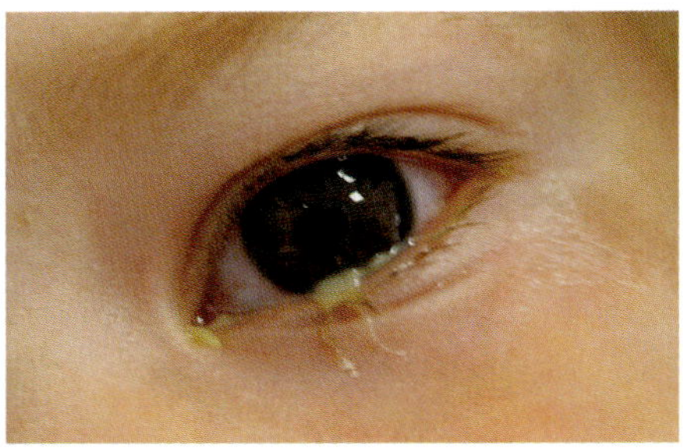

Eitrige Bindehaut-Entzündung: Sekret- und Eiterbildung

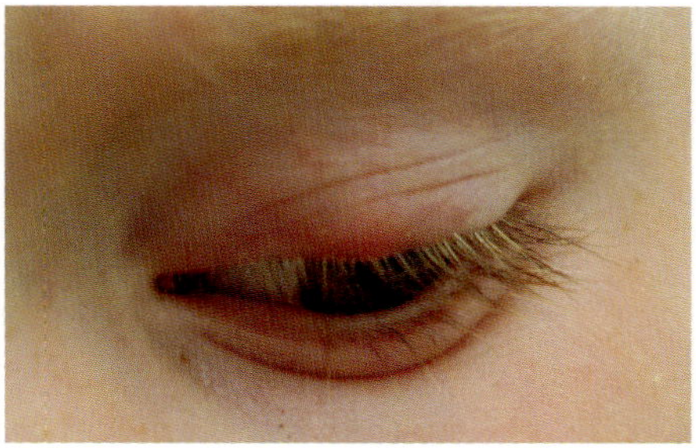

Gerstenkorn: Rötung und Schwellung im Lidbereich

juckendes Fremdkörpergefühl im Augenbereich und Sekret- oder Eiterbildung gekennzeichnet.
Ein *Gerstenkorn* entwickelt sich entweder am Ansatz der Wimpern oder aus tiefer gelegenen Liddrüsen. Charakteristisch ist eine Rötung und Schwellung im Lidbereich.
Entzündungen an der Gefäßhaut führen gelegentlich zu Augen-Schmerzen, Lichtscheue und auf Dauer zu Sehverschlechterung. Rheumatische Erkrankungen sind häufig damit verbunden oder stellen ein erstes Symptom dar. Deshalb sind beim Rheuma regelmäßige Augen-Kontrollen wichtig.
Das *Retinoblastom* ist ein sehr seltener, bösartiger Tumor im Auge. Es tritt im Kleinkindalter auf und zeigt sich durch Sehverschlechterung, Schielen und eine weißliche Veränderung in der Pupille.

Was kann ich tun?

Lidrand-Entzündungen lassen sich durch regelmäßiges Säubern mit einem Wattestäbchen und Wasser behandeln. Gelegentlich ist eine antibiotische Salbe nach Rücksprache mit dem Arzt erforderlich.
Bei einem **Gerstenkorn** kann nach Rücksprache mit dem Arzt vorsichtig angewandte Wärme mit Rotlicht helfen. Bessert sich der Zustand nicht, ist eine Vorstellung beim Kinder- oder Augenarzt erforderlich.
Bakterielle und virale Bindehaut-Entzündungen der Augen können mehr oder weniger stark ansteckend sein. Säubern Sie die Augen mit Wasser und einem sauberen, feuchten, weichen Tuch. Waschen Sie sich nach Kontakt regelmäßig die Hände. Stellen Sie Ihr Kind dem Arzt vor.
Bei **allergischen Bindehaut-Entzündungen** können Sie die Reizung durch kühle Umschläge lindern. Besprechen Sie die weitere Therapie mit Ihrem Arzt.

Bei **Augen-Verätzungen** sollten Sie das Auge sofort mit viel Wasser ausspülen. Man kann ein Kind auch unter einen sanft laufenden, lauwarmen Wasserhahn halten und das Auge mit zwei Fingern aufhalten. Achten Sie aber darauf, dass das Wasser nicht heiß ist, und stellen Sie Ihr Kind zur Sicherheit dem Arzt vor.

Wann muss mein Kind zum Arzt?

Tritt plötzlich eine Sehstörung wie Schielen auf, müssen Sie Ihr Kind unbedingt zum Arzt bringen. Gleiches gilt für die oben beschriebenen Augenentzündungen, Lidentzündungen und Augenverletzungen.
Bei Kindern von Eltern, die selbst eine Fehlsichtigkeit haben, besteht eine hohe Wahrscheinlichkeit, dass sie auch fehlsichtig sind. Daher ist es sinnvoll, sie spätestens nach dem ersten Lebensjahr einem Augenarzt vorzustellen – auch, wenn sie scheinbar unauffällig sind. Bei Kindern ohne familiäre Belastung und mit scheinbarer Unauffälligkeit der Sehorgane ist das spätestens nach dem zweiten Lebensjahr sinnvoll.

Was tut der Arzt?

Ist das Auge oder das Augenlid entzündet, kann die Gabe von antiallergischen oder antibiotischen Augentropfen oder Salben notwendig werden.
Sollte ein verengter Tränengang-Kanal bis ins zweite Lebenshalbjahr bestehen bleiben, dann wird der Kinderarzt Ihr Kind zum Augenarzt schicken. Dieser wird den Tränengang-Kanal gegebenenfalls in Kurznarkose mit einer kleinen Sonde weiten.
Bei den meisten Erkrankungen des Auges ist die Hilfe eines Augenarztes nötig –zum Beispiel, wenn Ihr Kind schielt, schlecht sieht, eine Augenentzündung, eine Augenverletzung oder eine sonstige Augenerkrankung hat.

Wann muss mein Kind ins Krankenhaus?

Erreichen Sie bei Verletzungen des Auges keinen Augenarzt, dann nehmen Sie Kontakt zur nächsten Augenklinik auf. Ansonsten muss ein Kind in der Regel nur zu Spezialuntersuchungen oder Augenoperationen ins Krankenhaus.

Was Sie sonst noch wissen sollten

Über das Auge nimmt der Mensch optische Reize wahr, die über Nerven zum Gehirn transportiert und dort gespeichert werden. Die Aufnahme und Weiter-

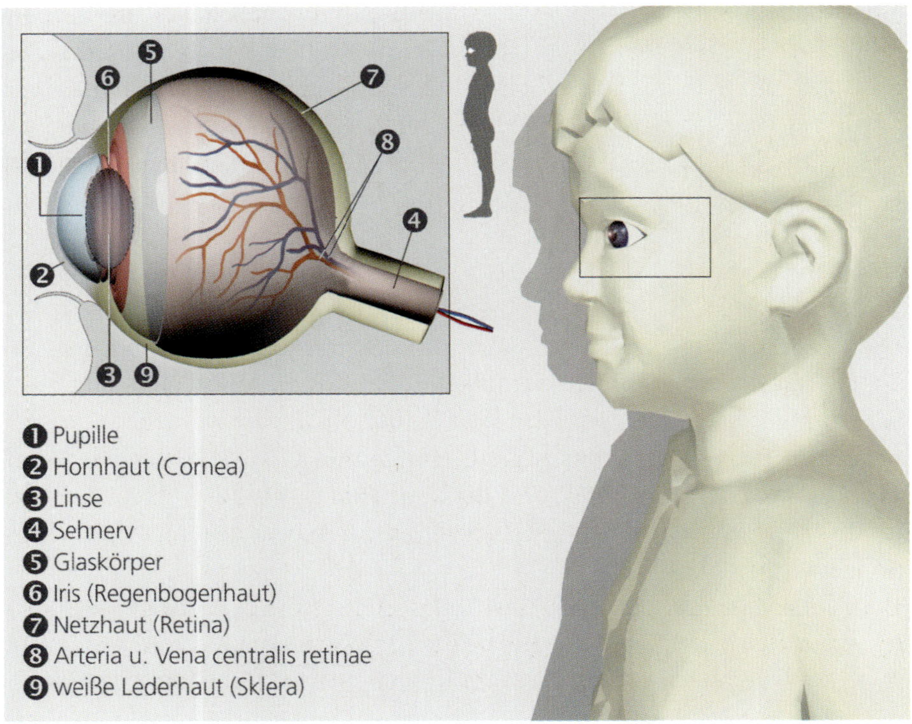

Abb. 1: Das Auge

Wissenswertes

Die häufigsten Sehfehler

- **Weitsichtigkeit**:
  Die Nahsicht ist schlecht, aber die Weitsicht ist gut.
- **Kurzsichtigkeit:**
  Die Fernsicht ist schlecht, aber die Nahsicht ist gut.
- **Hornhautverkrümmung** (Astigmatismus):
  Gegenstände werden verzerrt im Auge abgebildet.
- **Schielen** (Strabismus):
  Das Zusammenspiel der Augenmuskeln ist gestört. Infolgedessen wird in einem Auge die Sehkraft beeinträchtigt.
- **Scheinschielen:**
  Durch eine breite Nasenwurzel sieht es nur so aus, als schiele das Kind.

leitung dieser Reize kann in verschiedenen Bereichen gestört sein. Meist ist es das Auge selbst, das in seinem Aufbau verändert ist, was zu einer Störung der Sehfähigkeit führt.

Die optische Reizung der Sehnerven ist für die Entwicklung des Sehens unverzichtbar. Wird ein Auge in der Säuglings- und Kleinkindzeit zu wenig beansprucht, dann lässt seine Sehkraft rasch nach, und die Sehfähigkeit verkümmert unwiederbringlich. Ein Beispiel ist das Schielen, bei dem ein Auge mit der Zeit die Führung des Sehens übernimmt, während das andere als Sehorgan seine Funktion verliert. Aus diesen Gründen ist es wichtig, Sehfehler – wie Kurzsichtigkeit, Weitsichtigkeit, Hornhaut-Verkrümmung und minimales Schielen – rechtzeitig zu erkennen und eine entsprechende Therapie einzuleiten.

Bauchschmerzen

Was hat mein Kind?

Wenn Ihr Kind Bauchschmerzen hat, kann das ganz harmlos sein. Gerade Kleinkinder sagen oft „*Mein Bauch tut weh*", weil sie häufig noch nicht bestimmen können, woher der Schmerz eigentlich kommt. So können sich hinter Bauchschmerzen Erkrankungen anderer Körperbereiche, wie eine eitrige Mandel-Entzündung oder eine beginnende Lungen-Entzündung, verbergen. Auf jeden Fall sollten Sie die Bauchschmerzen Ihres Kindes ernst nehmen. Denn es kann sich auch einmal um eine akute ernste organische Erkrankung handeln, die rasch behandelt werden muss – wie etwa eine Blinddarm-Entzündung.

Was kann ich tun?

Klagt Ihr Kind über Bauchschmerzen, fragen Sie es, wo es weh tut. Hat es vielleicht nur Muskelkater vom Husten? Je näher die Schmerzen am Bauchnabel sind, umso harmloser sind sie – vor allem, wenn es keine Begleitsymptome gibt. Fragen Sie Ihr Kind auch, wann es zuletzt auf der Toilette war. Fühlen Sie, ob es vielleicht eine erhöhte Temperatur hat.
Machen Sie ihm eine Wärmflasche oder wärmen Sie ihm den Bauch mit

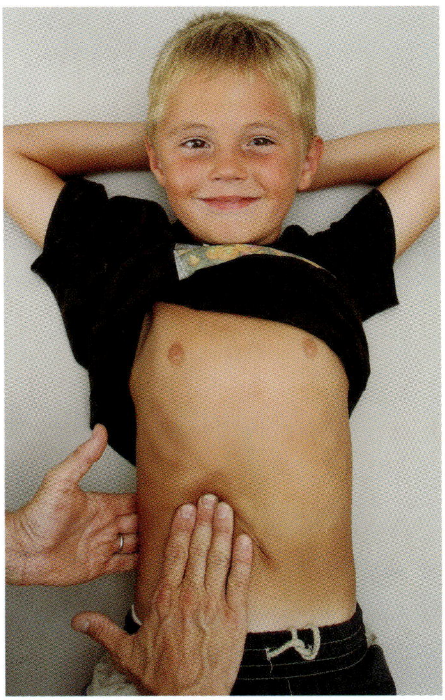

Bauchschmerzen: „Wo tut's denn weh?"

Ihren Händen. Wenn Ihr Kind die Wärme als angenehm empfindet, spricht das eher gegen eine entzündliche Erkrankung. Je weiter die Schmerzen vom Nabel entfernt sind, je länger sie anhalten oder sogar zunehmen, desto wahrscheinlicher wird eine Erkrankung im Bauchraum.

Wann muss mein Kind zum Arzt?

Beruhigt sich Ihr Kind nicht, wehrt es Ihre Maßnahmen ab oder hat es Fieber, dann gehen Sie zu Ihrem Kinderarzt.
Geben Sie Ihrem Kind bis zur Diagnosestellung nichts mehr zu essen und zu trinken. Denn es könnte ja eine Operation nötig werden, bei der man einige Stunden zuvor nüchtern sein sollte – wie zum Beispiel bei einer Blinddarm-Entzündung.
Geben Sie Ihrem Kind bitte kein Schmerzmittel, weil damit Erkrankungen verschleiert werden könnten und so eine richtige Diagnose erschwert wird.

Was tut der Arzt?

Der Arzt wird Sie nach dem Verlauf der Erkrankung fragen und Ihr Kind untersuchen – falls erforderlich auch Blut und Urin. Eventuell wird eine Ultraschall-Untersuchung durchgeführt. So kann Ihr Arzt sich schnell ein Bild über die Schwere und die möglichen Ursachen machen. Gelegentlich muss er auch weitere diagnostische Schritte durchführen. Sobald Klarheit besteht, werden entsprechende Therapie-Maßnahmen eingeleitet.

Wann muss mein Kind ins Krankenhaus?

Bei unklaren oder schwerwiegenden Erkrankungen des Bauchraumes ist eine stationäre Aufnahme ins Krankenhaus zur weiteren Abklärung und Therapie erforderlich.

Was Sie sonst noch wissen sollten

Oft sind Bauchschmerzen sogenannte „funktionelle“ Bauchschmerzen. Das heißt: Man findet keine körperliche Ursache. Bei chronischen Bauchschmerzen, die etwa 15% aller Kinder bis zum siebten Lebensjahr einmal haben, findet man nur in 5% der Fälle eine Ursache. Gerade bei chronischen Bauchschmerzen empfiehlt sich neben der gründlichen Untersuchung und Abklärung durch den Arzt das Anlegen eines „Schmerztagebuchs“, damit Zusammenhänge – wie mit Essgewohnheiten oder psychischen Belastungen (Schule, Ängste, familiäre Belastungen) – leichter erkannt werden können.

Altersabhängigkeit von Bauchschmerzen

Je nach Alter sind die Ursachen für akute Baucherkrankungen unterschiedlich. Sehen Sie hier die häufigeren Ursachen für akute Bauchschmerzen:

Alter	Mögliche Erkrankung
Neugeborenen-Periode	Drei-Monats-Kolik, Fehlbildung im Magen-Darm-Trakt
Säuglings- und Kleinkindzeit	Drei-Monats-Kolik, Durchfall-Erkrankung, Verstopfung (Obstipation), Fehlbildung im Magen-Darm-Kanal, Darmeinstülpung (Invagination)
Kleinkind- und Schulkindzeit, Jugendliche	Durchfall-Erkrankung, Verstopfung (Obstipation), Harnwegsinfekt, Halsentzündung mit mangelnder Kalorienaufnahme, Lungenentzündung, Blinddarm-Entzündung, Chronische Darmentzündung

Bauchschmerzen und ihre Ursachen

Hier finden Sie einige Beispiele für Erkrankungen, die mit Bauchschmerzen zusammenhängen können.

Beurteilung nach folgenden Gesichtspunkten	Befund	Mögliche Diagnose (eine Auswahl)
Beginn	Akut	Verstopfung (Obstipation), Blinddarmentzündung, Blähungen, Darmeinstülpung
	Chronisch	Selten eine organische Ursache
Lokalisation	Um den Bauchnabel	Selten eine organische Ursache
	In der Peripherie	Nieren, Blinddarm
Schmerzcharakter	Kolikartig	Nierenerkrankungen, Darmeinstülpung (Invagination), Durchfall, Gallenblasen-Erkrankungen, Darmverschluss (Ileus)
	Dumpf	Blähungen, extrem selten Tumor
Bauchschmerzen in Verbindung mit sonstigen Symptomen	Husten	Lungenentzündung
	Halsschmerzen	Angina
	Brennen beim Wasserlassen	Harnwegsinfekt
	Fieber, Schmerzen im rechten Unterbauch	Blinddarm-Entzündung

Bein- und Fuß-Fehlstellungen

Was hat mein Kind?

Säuglinge haben bis zum Ende des ersten Lebensjahres in der Regel eine beidseitige *O-Beinstellung*, die sich im zweiten Lebensjahr in eine *X-Beinstellung* verändert. Sie bildet sich bis zum sechsten Lebensjahr allmählich zurück und bleibt nur in einigen Fällen bestehen. Dabei kann auch familiäre Veranlagung eine Rolle spielen.

Beim *Innendrehgang* liegt meist eine vorübergehende Fehlstellung durch eine zu starke Einwärtsdrehung des Oberschenkels vor, so dass die Kinder

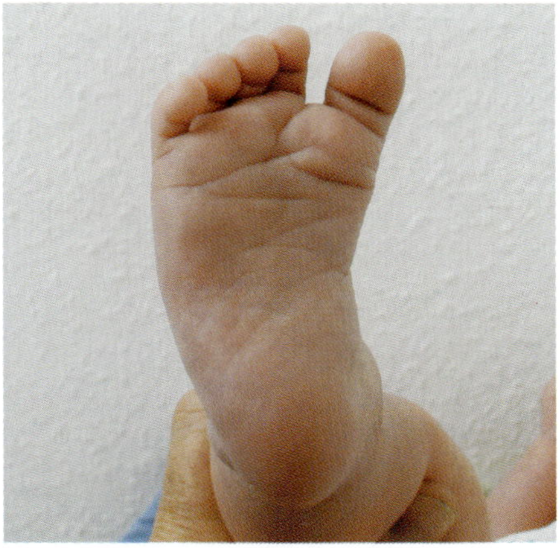

*Sichelfuß:
Fehlstellung des Fußgewölbes*

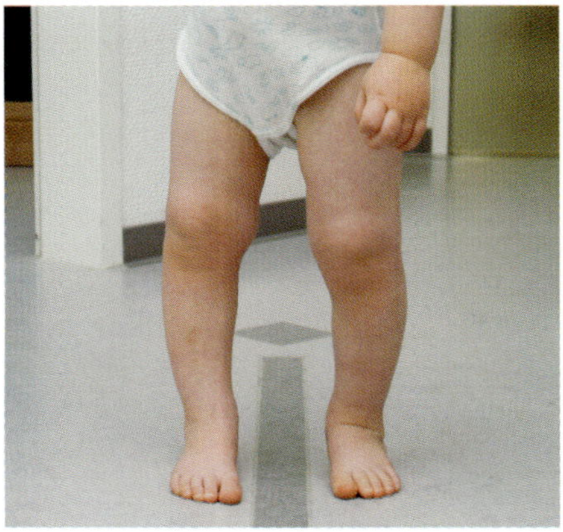

*O-Beinstellung:
In den ersten beiden Lebensjahren*

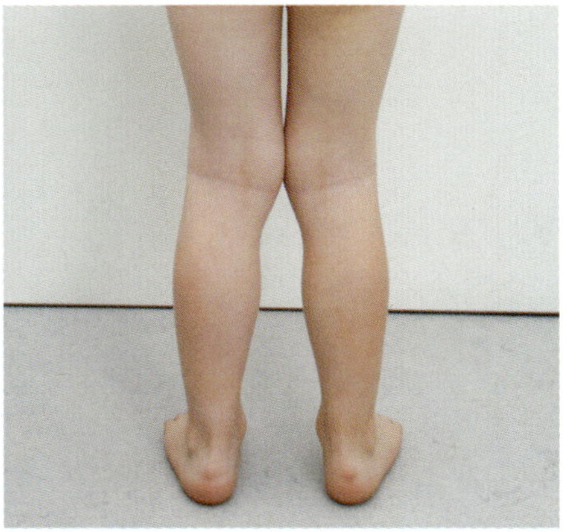

*X-Beinstellung:
Zweites bis sechstes Lebensjahr*

mit nach innen gedrehten Füssen laufen und häufiger stolpern. Das wird besonders auffällig, wenn sie ihre ersten Schuhe haben und ihre Füße beim Gehen nicht genügend heben.

Beinlängen-Differenzen zeigen sich in einem Beckenschiefstand mit einer leichten seitlichen Verbiegung der unteren Wirbelsäule. Oft stehen dabei die Schulterblätter verschieden hoch. Fast drei Viertel der Bevölkerung haben eine leichte Beinlängen-Differenz.

Angeborener Klumpfuß und *angeborener Plattfuß* sind selten, bereits bei der Geburt auffällig und müssen rasch therapiert werden, um eine größtmögliche Funktionsfähigkeit zu erreichen.

Sichelfuß, Hackenfuß und *Knick-Senkfuß* sind Fehlstellungen des Fußgewölbes. Beim Sichelfuß ist der Vorfuß wie eine Sichel nach innen gedreht. Beim Hackenfuß kann der Fuß nicht genügend in Richtung Fußsohle bewegt werden. Bei Knick-Senkfüßen besteht eine vermehrte Abflachung der Fußgewölbe mit einer x-förmigen Stellung der Fußgelenke.

Wissenswertes

Die wichtigsten Bein- und Fuß-Fehlstellungen

- O-Beine und X-Beine
- Innendrehgang (Innenrotationsgang)
- Beinlängen-Differenzen
- Angeborener Klumpfuß und angeborener Plattfuß
- Sichelfuß, Hackenfuß und Knick-Senkfuß

Was kann ich tun?

Bei *Beinlängen-Differenzen* sollten Sie besonders auf die Wirbelsäule Ihres Kindes achten. Durch eine Absatz-Erhöhung der Schuhe kann eine Beinlängen-Differenz ausgeglichen werden. Hier wird der Orthopäde Sie beraten.

Sichel- und Hackenfüße verbessern sich in den ersten Lebensmonaten durch die Spontanbewegungen Ihres Kindes. Durch Fußmassage können Sie diese Entwicklung fördern. Ihr Arzt wird Ihnen die entsprechende Technik zeigen.

Beim *Knick-Senkfuß* können Sie durch Fußgymnastik eine Verbesserung der

Stellung erreichen. Gehen im Zehen- oder Fersengang oder Greifspiele mit den Zehen sind leicht durchzuführen.
Achten Sie auf eine ausgewogene Ernährung Ihres Kindes. Übergewicht kann zu Fehlstellungen der Beine führen.
Babyfüße entwickeln sich am besten ohne Schuhe. Wenn Ihr Kind laufen kann, achten Sie auf gutes Schuhwerk. Denn jedes Kind hat sein eigenes Fußgewölbe. Es sollte deshalb nicht die Schuhe der älteren Geschwister auftragen.

Wann muss mein Kind zum Arzt?

Gehen Sie mit Ihrem Kind zum Arzt, wenn ...

- eine der oben genannten Fehlstellungen besteht
- Ihr Kind ein auffälliges Laufbild hat oder es verspätet laufen lernt

Was tut der Arzt?

Bei übermäßigen Beinfehlstellungen kann eine Röntgen-Aufnahme nötig werden, um den Grad der Fehlstellung genau festzustellen. Operative Korrekturen sind normalerweise nicht erforderlich.
Sehr selten können Nerven- und Muskelerkrankungen Fußfehlstellungen verursachen. Ihr Kinderarzt wird sich dann mit einem Kinderneurologen in Verbindung setzen.
Der angeborene Klumpfuß und Plattfuß wird nach der Geburt rasch einem Orthopäden zur Therapie vorgestellt. Bei Sichelfuß, Hackenfuß und Knick-Senkfuß reichen krankengymnastische Maßnahmen meist aus.

Wann muss mein Kind ins Krankenhaus?

Nur im Rahmen einer chirurgischen Korrektur kann es nötig sein, Ihr Kind im Krankenhaus behandeln zu lassen.

Blähungen

Was hat mein Kind?

Blähungen können in jedem Alter quälend und unangenehm sein. Je kleiner allerdings ein Kind ist, desto weniger kann es äußern, wo es ihm weh tut. Wenn Ihr Baby schreit, kann es manchmal an Blähungen liegen. Ein Blähbauch führt zu Unruhe. Häufig ziehen die Säuglinge dabei ihre Beinchen an.

Blähungen entstehen ...

- durch Luftschlucken bei hastigem Trinken
- durch übermäßige Gasbildung bei Magen-Darm-Infekten oder einer bakteriellen Fehlbesiedlung
- nach Gabe bestimmter Antibiotika
- nach Aufnahme bestimmter Nahrungsmittel

Gelegentlich kann auch eine Milchzucker-Unverträglichkeit die Ursache für Blähungen und Völlegefühl sein.

Was kann ich tun?

Achten Sie bei der Nahrungsaufnahme Ihres Säuglings auf eine ruhige Atmosphäre. Lassen Sie ihn genug „bäuern", damit die Luft erst gar nicht in den Darm gelangt.
Durch eine Bauchmassage im Uhrzeigersinn oder einen feuchten Bauchwickel mit einem nasswarmen Waschlappen über etwa 15 Minuten können Sie versuchen, Ihrem Kind etwas Erleichterung zu verschaffen.

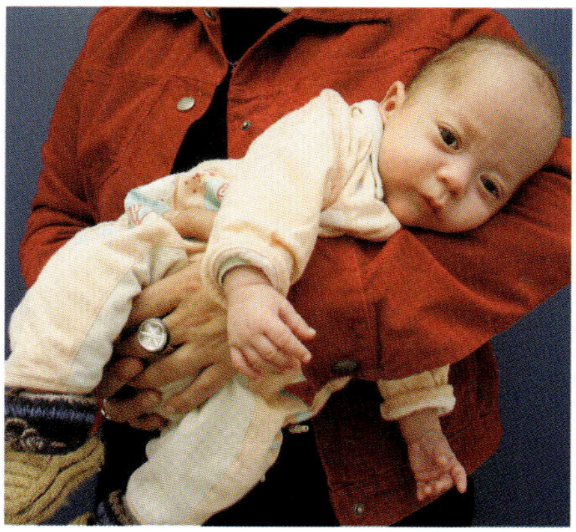

Fliegergriff: Entspannungs-Hilfe

Auch ein warmes Bad oder ein häufiger Lagewechsel (Bauchlage, Tragen, Fliegergriff, etc.) können Blähungen lösen (siehe auch Kapitel 2: Selbsthilfe-Maßnahmen).

Wann muss mein Kind zum Arzt?

Sind die Blähungen sehr belastend oder sprechen Schmerzzustände nicht eindeutig für Blähungen, dann sollten Sie mit Ihrem Kind zum Arzt gehen.

Was tut der Arzt?

Durch eine gründliche Untersuchung wird er andere Ursachen für den Blähbauch ausschließen, Ihnen zu verschiedenen Verhaltensweisen raten und gegebenenfalls ein Medikament zur Vermeidung der Blähungen verordnen.

Wann muss mein Kind ins Krankenhaus?

Eine Krankenhauseinweisung ist nur erforderlich, wenn bei einem Blähbauch der Verdacht auf einen Darmverschluss oder eine andere schwerwiegende Ursache besteht.

Blässe

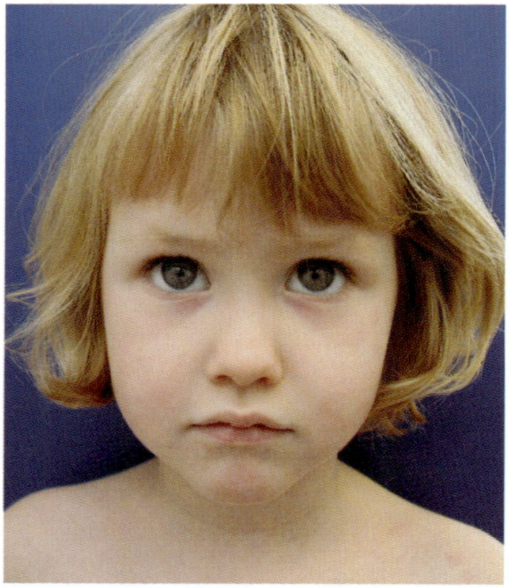

Blässe:
Wer blass ist, muss nicht krank sein

Was hat mein Kind?

Wenn Ihr Kind sehr blass ist, muss es deshalb noch nicht krank sein. Viele Menschen haben eine blasse Hautfarbe. Das fällt besonders im Winter auf, wenn wir nicht soviel an der Sonne sind. Kinder bekommen normalerweise schnell wieder eine gesunde Gesichtsfarbe, wenn sie an der frischen Luft sind und sich bewegen. Das fördert nämlich die Durchblutung der Gesichtshaut.
Aber auch durch Übermüdung, wenig Schlaf, seelische Belastungen, während oder nach einer Erkrankung kann ein Kind blass aussehen.
Bleibt Ihr Kind über längere Zeit blass, so kann das auch ein Zeichen für eine Blutarmut, eine Bluterkrankung, für Herz- und Kreislaufprobleme oder eine andere chronische Erkrankung sein. Diese Ursachen für Blässe sind allerdings selten.

Was kann ich tun?

Beobachten Sie Ihr Kind. Ist es blass, aber ansonsten quicklebendig? Oder ist es ständig müde, schnell abgeschlagen und wirkt es krank?
Achten Sie bei Ihrem Kind auf die Farbe am Nagelbett, der Lippen und der Innenseite der unteren Augenlider. Sind die auch besonders blass, spricht das für eine Blutarmut.

Ist das nicht der Fall und wirkt Ihr Kind fit, liegt wahrscheinlich eine „Scheinblässe“ vor.
Auf jeden Fall können Sie durch mehr Bewegung, eine ausgewogene Ernährung und ausreichend Schlaf dafür sorgen, dass die Durchblutung Ihres Kindes gefördert wird.

Wissenswertes

Zeichen einer Blutarmut

- Blässe
- Müdigkeit
- Abgeschlagenheit

Wann muss mein Kind zum Arzt?

Stellen Sie Ihr blasses Kind einem Arzt vor, wenn …

- Ihr Kind dauerhaft müde und schlapp ist
- es häufig Nasenbluten hat
- Blutergüsse auftreten, wo Sie keine erwarten
- Lymphknoten tastbar sind
- Sie Anzeichen für Herz- oder Kreislaufprobleme entdecken – wie schwache Belastbarkeit, schneller Puls und rasche Ermüdbarkeit
- Anzeichen für eine chronische Erkrankung vorliegen – wie ständiger Husten oder chronische Durchfälle
- Sie unsicher sind

Was tut der Arzt?

Neben einer körperlichen Untersuchung überprüft Ihr Kinderarzt die Blutwerte. So lassen sich eine Blutarmut (Anämie), aber auch andere Blut-Erkrankungen ausschließen.
In seltenen Fällen kann auch eine bösartige Erkrankung hinter einer andauernden Blässe stecken. Dann sind weitere Untersuchungen notwendig.
Häufig ist das Kind aber trotz Blässe fit, und der Kinderarzt findet keine weiteren Auffälligkeiten. Dann spricht er von einer „Scheinblässe“ Ihres Kindes.

Wann muss mein Kind ins Krankenhaus?

Kommen zur Blässe weitere Krankheitszeichen hinzu (Fieber, Schmerzen, Schwäche), ist unter Umständen eine Krankenhaus-Einweisung zur Abklärung notwendig.

Blutiger Urin

Was hat mein Kind?

Rote Verfärbungen des Urins deuten auf Blut-Beimengungen hin, wobei die Blutungsquelle in der Niere, in der Blase und manchmal auch in der Harnröhre liegen kann.
Häufige Ursachen sind Blasenentzündungen (Zystitis) mit Beschwerden im Unterbauch oder Entzündungen im Genitalbereich der Mädchen. Selten sind es Nierenerkrankungen – wie eine Entzündung des Filterapparates (Glomerulonephritis) oder des Nierenbeckens (Pyelonephritis). Sehr selten verbirgt sich hinter einem blutigen Urin ein Nierentumor. Kolikartige Schmerzen können auch einmal durch Nierensteine verursacht werden.

Was kann ich tun?

Nehmen Sie eine Urinprobe Ihres Kindes. Bei Säuglingen und Kleinkindern gibt es dafür entsprechende Klebebeutel in der Apotheke oder bei Ihrem Arzt. Entfernen Sie dafür sämtliche Cremes von der Haut im Genitalbereich, da sonst der Beutel nicht klebt.
Ist Ihr Kind älter und kann es seine Blase bewusst entleeren, fangen Sie Mittelstrahl-Urin auf und bringen ihn schnell zum Arzt. Mittelstrahl-Urin gewinnen Sie, indem Sie beim Wasserlassen das saubere Auffangtöpfchen nicht sofort in den Strahl halten.

Wissenswertes

Blutiger Urin kann vorliegen bei …

- einem Harnwegsinfekt
- Nierenerkrankungen
- einer Entzündung im Genitalbereich bei Mädchen (Vulvitis)
- einem Nierentumor

Wann muss mein Kind zum Arzt?

Blutbeimengungen im Urin oder eine rötliche Verfärbung müssen immer vom Arzt abgeklärt werden.

Was tut der Arzt?

Der Arzt nimmt eine genaue Untersuchung des Urins vor und sucht nach der Blutungsursache. Er wird eine Ultraschall-Untersuchung der Nieren durchführen, den Blutdruck und das Blut kontrollieren. Dabei stellt er oft eine Blasenentzündung fest, die als weitere Symptome „häufiges Harnlassen" und „Brennen beim Wasserlassen" aufweist.

Wann muss mein Kind ins Krankenhaus?

Die Ursache für einen blutigen Urin wird gelegentlich im Krankenhaus abgeklärt. So ist bei unklaren oder problematischen Erkrankungen wie einer Glomerulonephritis, einem Nierentumor oder Steinleiden eine Einweisung in eine Kinderklinik oder die Vorstellung in einer Nieren- oder kinderurologischen Ambulanz erforderlich.

Brennen beim Wasserlassen

Was hat mein Kind?

Brennen beim Wasserlassen (Dysurie) entsteht durch eine Entzündung der äußeren Geschlechtsorgane, Harnröhre, Blase oder Niere. Über die Harnröhre können von außen Bakterien in die Blase und von dort in die Niere hoch wandern. Da die Harnröhre der Mädchen kurz ist und Anus, Harnröhre und Scheide nahe beieinander liegen, geschieht das bei ihnen häufiger als bei Jungen. Auch eine Entzündung des weiblichen äußeren Genitals (Vulvitis) kann neben leichten Schmerzen und Juckreiz ein Brennen beim Wasserlassen verursachen.

Brennen beim Wasserlassen entsteht durch eine ...
- Harnröhren-Entzündung
- Entzündung im Genitalbereich bei Mädchen (Vulvitis)
- Blasenentzündung
- Nierenentzündung

Was kann ich tun?

Ist Ihr Kind im Genitalbereich rot, machen Sie ihm ein Bad mit Kamillenextrakt, Kamillen-Tee oder gerbenden Substanzen wie Tannosynth und Tannolact. Trocknen Sie es vorsichtig ab. Fangen Sie Mittelstrahl-Urin auf und lassen Sie ihn nach der Abnahme sofort vom Arzt untersuchen. Mittelstrahl-Urin gewinnen Sie, indem Sie beim Wasserlassen das saubere Auffangtöpfchen nicht sofort in den Strahl halten.

Wann muss mein Kind zum Arzt?

Da Brennen beim Wasserlassen ein Hinweis auf eine Infektion der Harnwege ist, sollten Sie das immer vom Arzt abklären lassen.

Was tut der Arzt?

Er wird durch die Urinuntersuchung feststellen, ob eine Entzündung der Harnwege vorliegt und sie entsprechend behandeln. Gegebenfalls wird er eine Ultraschall-Untersuchung (Sonografie) der Harnwege durchführen.

Wann muss mein Kind ins Krankenhaus?

Eine Einweisung ins Krankenhaus ist in der Regel nicht erforderlich.

Brust(korb)-Schmerzen

Was hat mein Kind?

Schmerzen im Brustbereich können vom Rippenfell, vom Brustkorb, von der Wirbelsäule, vom Herzen oder der Speiseröhre kommen. Zum Beispiel können Prellungen am Brustkorb und auch das Tragen schwerer Lasten Brustschmerzen verursachen. Manchmal findet man keinen eindeutigen Grund für die Brustschmerzen.

Was kann ich tun?

Wenn Ihr Kind Schmerzen im Brustbereich hat, achten Sie auf die Dauer, den Schmerzcharakter, die Schmerzstärke und auf Zusatzsymptome wie Fieber, Atembeschwerden und die Belastungsfähigkeit des Kindes.

Wann muss mein Kind zum Arzt?

Brustschmerzen Ihres Kindes sollten Sie durch Ihren Arzt abklären lassen. Bei Brustschmerzen mit Atemnot muss das umgehend geschehen.

Was tut der Arzt?

Er wird Ihr Kind untersuchen und gegebenenfalls Blutuntersuchungen und Röntgenuntersuchungen veranlassen. Zur Abklärung von Herzbeschwerden wird er vielleicht ein EKG oder eine Ultraschall-Untersuchung durchführen. Bei Verdacht auf einen Rippenbruch wird er Ihr Kind zum Röntgen oder zum Chirurgen überweisen. Bei Brustschmerzen und Atemnot wird er Ihr Kind sofort ins Krankenhaus schicken.

Wann muss mein Kind ins Krankenhaus?

Bei Brustschmerzen, die mit Atemnot verbunden sind, und bei Brustverletzungen ist ein Krankenhaus-Aufenthalt erforderlich.

Brustdrüsen-Schwellungen

Was hat mein Kind?

Manchmal fragen sich Eltern, ob ihr Kind vorzeitig oder verspätet in die Pubertät eintritt oder ob seine Geschlechtsentwicklung normal oder nicht normal verläuft.
Besonders die Brustdrüsen-Schwellung bei Jungen verunsichert und belastet den Jugendlichen und Eltern gleichermaßen. Aber auch bei kleineren Kindern kann es zu einer – fast immer harmlosen und vorübergehenden – Schwellung der Brustdrüsen kommen. Ursache ist in der Regel eine übermäßige Empfindlichkeit des Brustdrüsenkörpers auf Hormone.

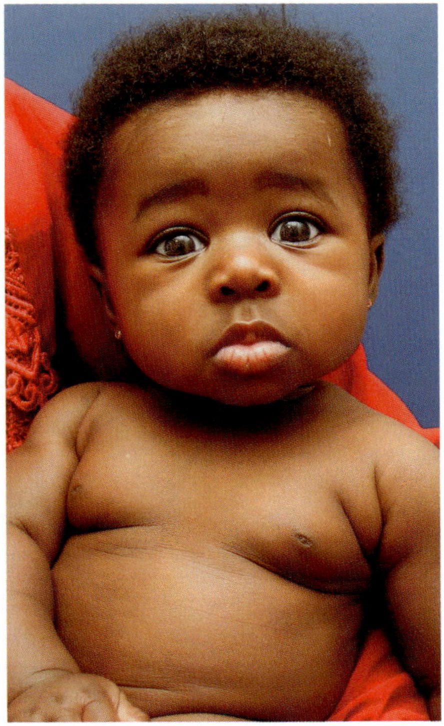

Brustdrüsen-Schwellung: Kein Grund zur Beunruhigung

Folgende auffällige Brustdrüsen-Schwellungen gibt es:

- **Brustdrüsen-Schwellung beim Neugeborenen** *(Neugeborenen-Gynäkomastie)*: Sie kommt bei vielen Neugeborenen vor und bildet sich innerhalb von Monaten zurück. Gelegentlich ist dies mit einem harmlosen, leichten Sekretaustritt, der sogenannten Hexenmilch, verbunden.
- **Vorzeitige Brustdrüsen-Schwellung beim Mädchen** *(Prämature Thelarche)*: Das ist eine vorzeitige Brustdrüsen-Schwellung beim Mädchen vor dem achten Lebensjahr ohne weitere Zeichen einer Pubertäts-Entwicklung.

Sie beginnt häufig schon im ersten bis zweiten Lebensjahr, bleibt meist bestehen und ist in der Regel harmlos, wenn keine anderen Auffälligkeiten wie schnelles Wachstum oder Genitalbehaarung auftreten.

- **Brustdrüsen-Schwellung in der Pubertät beim Jungen** *(Pubertäts-Gynäkomastie)*: Während der Pubertät reagiert auch die männliche Brustdrüse sehr sensibel auf Hormone, so dass es über Monate zu einem leichten Anschwellen des Brustdrüsenkörpers kommt. Das ist harmlos und verschwindet innerhalb von ein bis zwei Jahren wieder.

Was kann ich tun?

Achten Sie bei der vorzeitigen Brustdrüsen-Schwellung beim Mädchen auf weitere Pubertätsmerkmale. Jungen mit einer pubertären Brustdrüsen-Schwellung sind häufig seelisch belastet und haben Sorgen, dass sie nicht normal sind. Sie meiden Sport und Schwimmen. Beruhigen Sie Ihren Sohn und erklären Sie ihm, dass das eine vorübergehende pubertäre Entwicklungsphase ist.

Wann muss mein Kind zum Arzt?

Gehen Sie mit Ihrem Kind zum Arzt, wenn …

- Sie bei Ihrer Tochter eine vorzeitige Brustdrüsen-Schwellung feststellen, weil das auch mal ein Hinweis auf eine hormonelle Störung sein kann
- bei Ihrer Tochter neben der vorzeitigen Brustdrüsen-Schwellung weitere Merkmale der Geschlechtsentwicklung wie Schambehaarung auftreten
- Brustdrüsen-Schwellungen zunehmen, Schmerzen auftreten oder sich die Haut um die Brustwarze rötet oder dunkel verfärbt
- Kopf- oder Bauchschmerzen dazu kommen

Was tut der Arzt?

Gelegentlich werden zur Abklärung anderer Ursachen eine Blutuntersuchung und weitere Untersuchungen wie Ultraschall oder Röntgen nötig. Ansonsten wird Ihr Arzt Sie und Ihr Kind über die Harmlosigkeit aufklären.
Gravierende Störungen der Pubertäts-Entwicklung werden meist in Zusammenarbeit mit einer Hormon-Ambulanz gelöst.

Wann muss mein Kind ins Krankenhaus?

Ein Krankenhaus-Aufenthalt wegen einer Brustdrüsen-Schwellung ist in aller Regel nicht nötig.

Drei-Monats-Koliken

Was hat mein Kind?

Unruhe und anfallsartiges Schreien mit Anziehen der Beine lassen im frühen Säuglingsalter an die Drei-Monats-Koliken denken. Sie können ein großes Problem für Eltern und ihr Kind sein, zumal sie häufig abends und nachts auftreten. In der Regel klingen die Koliken nach dem dritten Lebensmonat wieder ab (Drei-Monats-Koliken). Bei Erstgeborenen und bei Jungen sind sie häufiger anzutreffen.
Viele Theorien sind über die Ursache der Koliken aufgestellt worden. Eine einzige, wirklich schlüssige Erklärung gibt es nicht. So werden häufig Blähungen und Nahrungs-Unverträglichkeiten vermutet. Aber auch exzessives Schreien und eine daraus folgende elterliche Verunsicherung, Überforderung oder Angst, sowie ein leicht irritierbarer Darm oder eine gereizte Speiseröhre durch Zurückfließen von Spreisebrei aus dem Magen können Ursachen für die Drei-Monats-Koliken sein.

Was kann ich tun?

Stillen Sie Ihr Kind möglichst lange und achten Sie dabei auf eine ruhige Atmosphäre. Wenn es sehr hastig trinkt, dann machen Sie auch mal eine Pause, damit beim Trinken nicht zu viel Luft in Magen und Darm gelangt.
Nehmen Sie Ihr Kind auf den Arm, schmusen und reden Sie mit ihm. Es braucht Ihre Zuwendung.
Allein die Strukturierung des Tagesablaufs kann für Sie schon sehr hilfreich sein. Lesen Sie dazu das Thema „Schreibabys“ in diesem Kapitel.

Wann muss mein Kind zum Arzt?

Sollte Ihr Kind unerklärbar schreien oder leiden, gehen Sie zu Ihrem Kinderarzt. Rufen Sie Hilfe, sobald Sie das Gefühl haben, der Situation nicht mehr gewachsen zu sein. Geben Sie Ihre Wut oder Verzweiflung ruhig zu. Fremde Unterstützung kann in solchen Momenten sehr entlasten.
Wenn der Bauch Ihres Babys aufgetrieben ist, Ihr Kind sich erbricht oder Sie Blut im Stuhl finden, müssen Sie sofort zum Arzt gehen.

Was tut der Arzt?

Der Kinderarzt wird organische Ursachen – zum Beispiel eine Kuhmilch-Unverträglichkeit, eine Störung in der Darmtätigkeit und neurologische Reifungsstörungen – abklären und ausschließen.
Eventuell wird er mit Ihnen Ihre Ernährung besprechen, um herauszufinden, welche Nahrungsmittel Ihr Kind nicht verträgt.

Wann muss mein Kind ins Krankenhaus?

Wegen der so genannten Drei-Monats-Koliken muss Ihr Kind nicht ins Krankenhaus. Es sei denn, Ihr Arzt findet eine organische Störung, die eine Abklärung oder stationäre Behandlung in der Klinik erfordert.

Durchfall

Was hat mein Kind?

Durchfall-Erkrankungen stellen im Kindesalter ein großes Problem dar. Besonders Säuglinge und Kleinkinder können durch einen akuten Durchfall stark gefährdet sein. Stuhlgang „wie Wasser“, sehr häufige Stuhlfrequenzen (sechs- bis zehnmal pro Tag) und Durchfall in Verbindung mit Erbrechen können zu einem lebensbedrohlichen Flüssigkeitsverlust führen. Über 10% Gewichtsverlust können für ein Kind schnell lebensgefährlich werden.
Ein Kind kann auch bereits bei wenigen Durchfällen bedroht sein – nämlich dann, wenn vor Durchfallbeginn schon viel Körperwasser in den Darm ausgeschieden wurde. Blutbeimengungen im Stuhl deuten auf eine bakterielle Darmerkrankung hin.
Es gibt akuten (kurzzeitigen) Durchfall und chronischen Durchfall (Dauer über vier Wochen).
Akuter Durchfall hat meist infektiöse Ursachen. Zu unterscheiden sind *Virusinfektionen* von *bakteriellen Infektionen*. Häufig verlaufen bakterielle Durchfälle schwerer und haben Blutbeimengungen im Stuhl.
Chronischer Durchfall ist selten und kann je nach Alter die verschiedensten Ursachen haben.
Häufig gedeihen Kleinkinder trotz wiederkehrendem Durchfall gut. Organisch sind keine Störungen nachweisbar. In diesen Fällen spricht man von einem leicht empfindlichen oder leicht irritierbaren Dickdarm. Als Ursache werden Störungen im Nervensystems des Darms vermutet (Colon irritabile, „toddlers diarrhea“)
Gestillte Säuglinge können sieben mal am Tag, aber auch alle sieben Tage einmal Stuhlgang haben. Wenn ein Kind trotz häufigem weichem Stuhlgang gut zunimmt, kann es an der hohen Trinkmenge liegen.

Was kann ich tun?

Achten Sie auf Reinlichkeit – und waschen Sie sich zum eigenen Schutz und zur Verhinderung einer Übertragung von Keimen auf andere regelmäßig die Hände.

Flüssigkeits-Verlust erkennen

So erkennen Sie die Zeichen eines schweren und akuten Flüssigkeits-Verlustes:

- Bei einem **leichten Flüssigkeits-Verlust** (Verlust an Körpergewicht unter 5 %) haben die Kinder kaum Symptome.
- Bei einem **mittleren Flüssigkeits-Verlust** (Verlust an Körpergewicht 5–10 %) werden die Schleimhäute trocken, die Hautspannung vermindert sich, die Augen und die Fontanelle beim Säugling sind etwas eingesunken.
- Bei einem **schweren Flüssigkeits-Verlust** (Verlust an Körpergewicht über 10 %) sind die Kinder in einem schlechten Allgemeinzustand, apathisch und haben kalte Arme und Beine. Ihre Haut und die Schleimhäute sind trocken, die Hautspannung ist vermindert und die Hautfalten bleiben beim Anheben stehen. Augen und beim Säugling die Fontanelle sind eingesunken.

Tipps und Hinweise

Zurück zur normalen Ernährung

- **Beim gestillten Säugling** wird durchgehend gestillt. Gegebenenfalls erhält der Säugling zusätzlich eine Elektrolytlösung.
- **Beim nicht gestillten Säugling** unter sieben Monaten wird Milchnahrung, etwa Säuglings-Anfangs-Nahrung, zunächst mit abgekochten Wasser 1:2 bis 1:1 verdünnt, dann in höherer Konzentration bis zur empfohlenen normalen Konzentration gegeben.
- **Bei Kindern ab dem 7. Monat** werden bei schwerer Erkrankung anfangs verdünnte Milchnahrung, ansonsten unverdünnte Milchnahrung und Kohlenhydrat-Produkte gegeben (wie geriebener Apfel, Bananen, Möhren- und Kartoffelpüree, Reis, Zwieback).

Flüssigkeits-Zufuhr sichern

Hat Ihr Kind nur einige wenige Male Durchfall, kein Fieber und geht es Ihrem Kind ansonsten gut, dann versuchen Sie, über genügend Flüssigkeits-Zufuhr die Ernährung wieder aufzubauen. Das bedeutet zunächst, viel zu trinken. Das ist der erste und wichtigste Schritt bei der Behandlung von Durchfall. Bei guter Besserung wird mit der Wiederaufnahme der Nahrung begonnen.
Bieten Sie Ihrem Kind die ersten Mahlzeiten nach einer Durchfall-Erkrankung in kleinen Schlucken oder löffelweise an. Die Umstellung auf Normalkost sollte dann zügig innerhalb einiger Tage erfolgen.

Wann muss mein Kind zum Arzt?

Liegen Zeichen eines akuten mittleren oder schweren Durchfalls vor – verbunden mit Gewichts-Verlust und evtl. sogar Erbrechen – nehmen Sie sofort Kontakt mit Ihrem Arzt auf. Auch ein Kind mit chronischem Durchfall muss vom Arzt untersucht werden.

Was tut der Arzt?

Seine Maßnahmen hängen von der Schwere der Erkrankung ab. Er wird Ihnen entsprechende Empfehlungen für den Nahrungsaufbau geben oder bei bedrohlichem Zustand Ihr Kind sofort in eine Klinik einweisen. In schweren Fällen kann er auch bereits in der Praxis eine Tropf-Infusion über eine Vene anlegen. Bei einem schweren akuten Durchfall werden seine ersten diagnostischen Schritte Blut- und Stuhl-Untersuchungen sein, bei chronischen Darmerkrankungen kann das Untersuchungs-Programm bis zu Röntgen-Untersuchungen und endoskopischen Maßnahmen, also Darmspiegelungen, erweitert werden.
Medikamente sind bei Durchfall-Erkrankungen im Kindesalter bis auf Elektrolytlösungen nicht nötig. Bei schweren bakteriellen Darmerkrankungen mit star-

ker Allgemeinsymptomatik, besonders in der Säuglingsperiode, kann eine antibiotische Therapie erforderlich werden. Darüber entscheidet Ihr Kinderarzt.

Wann muss mein Kind ins Krankenhaus?

Bei der Gefahr des Austrocknens (Gewichtsverlust über 10%) sind Infusionen nötig, so dass dann ein Einweisung in die Klinik notwendig werden kann. Kinder erholen sich aber sehr schnell wieder. Ein Aufenthalt ist meist nur über wenige Tage erforderlich.

Was Sie sonst noch wissen sollten

Wie Durchfall entsteht

Der Durchfall ist eine gesteigerte Flüssigkeitsabsonderung über die Schleimhaut in den Darm. Wenn sich die Darmschleimhaut entzündet, vermindert sich die funktionstüchtige Schleimhaut-Oberfläche, und es stehen weniger Verdauungsenzyme zur Verfügung. So wird die Aufnahme von Flüssigkeit und Nahrungsbestandteilen in das Blutsystem verringert. Der Körper erleidet einen Verlust an Wasser, Salzen, Flüssigkeit und Nahrung.

Wissenswertes

Die häufigsten Ursachen für einen chronischen Durchfall

- **Bis zum 4. Lebensmonat:** Kuhmilch-Allergie
- **Bis zum 3. Lebensjahr:**
  - Durchfall nach einem Darminfekt (postinfektiöser Durchfall)
  - Sprue (Zöliakie)
  - Colon irritabile („toddlers diarrhea")
  - Psychosomatische Ursachen
- **Ab dem 3. Lebensjahr:**
  - Durchfall nach einem Darminfekt (postinfektiöser Durchfall)
  - Sprue (Zöliakie)
  - Psychosomatische Ursachen
  - Colon irritabile („toddlers diarrhea")
  - Selten entzündliche Darmerkrankungen

Einkoten

Was hat mein Kind?

Wenn ein Kind jenseits des vierten Lebensjahres noch einkotet, nennt man das Enkopresis. Es gibt eine *primäre Enkopresis*, wenn das Kind nie sauber war und eine *sekundäre Enkopresis*, wenn ein Kind nach der abgeschlossenen Sauberkeits-Entwicklung erneut in die Hose macht. Eine Enkopresis ist auch für Eltern belastend, weil sie oft das Gefühl haben, versagt zu haben.
Manche Kinder mit einer *primären* Enkopresis sind in dieser Hinsicht entwicklungsverzögert und noch nicht fähig, sauber zu werden.
Bei einer *sekundären* Enkopresis können seelische Belastungen der Auslöser sein. Das Kind ist häufig angepasst und drückt versteckte Aggressionen aus. Manche Kinder fallen auf eine frühere Entwicklungs-Stufe zurück, wenn sie zum Beispiel ein Geschwisterkind bekommen.
Ungefähr 1% der Einschulungskinder koten noch ein. Einkoten geschieht häufig tagsüber. Einige Kinder verstecken ihre verschmutzte Kleidung, andere reagieren kaum auf ihre Beschwerden und machen den Eindruck, als ob sie das alles nicht angehe.

Ist die Enkopresis Folge einer anhaltenden Verstopfung, wird sie als *„Überlauf-Enkopresis“* bezeichnet. Diese Verstopfung kann verursacht werden durch

- Probleme beim Sauberwerden
- Schmerzhafte Stuhl-Entleerungen durch Einrisse am After und anschließendes Zurückhalten des Stuhls
- Zu wenig ballaststoffreiche Ernährung
- Psychische Ursachen
- Medikamente

Was kann ich tun?

- Machen Sie sich keine Selbstvorwürfe und wecken Sie keine Schuldgefühle bei Ihrem Kind.
- Beugen Sie einer Verstopfung vor (siehe Kapitel „Verstopfungen“).
- Reden Sie nicht im Beisein Ihres Kindes mit anderen Personen über das Problem.
- Machen Sie das Problem nicht fortwährend zum Thema.

Wann muss mein Kind zum Arzt?

Gehen Sie mit Ihrem Kind zum Arzt, wenn Einkoten nach dem vierten Lebensjahr besteht oder neu auftritt.

Was tut der Arzt?

Ihr Arzt wird zunächst abklären, ob hinter dem Einkoten eine körperliche Ursache liegt. Dazu kann eine Darmuntersuchung nötig sein.
Sofern er dafür keinen Anhalt findet, wird er mit Ihnen über eine Nahrungsumstellung und ein entsprechendes Toilettentraining sprechen.
Eine Verstopfung wird er möglicherweise mit Medikamenten behandeln.
Außerdem wird er mit Ihnen nach psychischen Ursachen forschen. Dann können aufklärende Gespräche, verhaltenstherapeutische und entspannungstherapeutische Maßnahmen helfen.

Wann muss mein Kind ins Krankenhaus?

Bei einer nicht behebbaren Verstopfung kann ein Krankenhausaufenthalt zu Darmausräumung oder zur diagnostischen Abklärung nötig werden.

Einnässen

Was hat mein Kind?

Unter Einnässen (Enuresis) versteht man eine unabsichtliche Blasenentleerung nach dem fünften Lebensjahr. Die meisten Kinder werden in der Regel im zweiten bis vierten Lebensjahr trocken. Bis dahin lernen Kinder die kontrollierte Stuhlentleerung und Urinentleerung.
Allerdings nässen nachts im Alter von sechs Jahren noch 6 bis 10%, im Alter von zehn Jahren noch 3% der Kinder und im Alter von 18 Jahren noch 1% der Jugendlichen ein.

Was kann ich tun?

Seien Sie nicht besorgt, wenn Ihr Kind mit vier Jahren noch nicht trocken ist. Häufig hat im familiären Umfeld (Vater, Mutter, Onkel, Tante) auch jemand länger „eingenässt“. Wenn Ihr Kind dann nicht trocken wird, lassen Sie es von einem Kinderarzt auf körperliche Gründe dafür untersuchen.
Wie auch beim Einkoten ist es wichtig zu unterscheiden, ob Ihr Kind schon eine Zeit lang trocken war und plötzlich wieder einnässt.
War Ihr Kind bereits trocken und nässt plötzlich wieder ein, dann überlegen Sie, ob im eigenen Umfeld irgendwelche psychischen Auslöser dazu geführt haben können.
Um die Ursachen für das Einnässen herauszufinden, können Sie gemeinsam mit Ihrem Kind einen Einnässkalender führen. Jeden Abend besprechen Sie mit Ihrem Kind, wie der Tag aus seiner Sicht war: War es ein „Normaltag“ oder ein „Belastungstag“? Und dann beobachten und notieren Sie, wie die Nacht danach wird: Trocken oder nass? So bekommen Sie langsam aber sicher die Ursachen für das Einnässen heraus und können gezielt etwas dagegen tun.
Üben Sie keinen Druck auf Ihr Kind aus und loben Sie es, wenn Besserung eintritt. Belohnen Sie großzügig, aber vermeiden Sie Bestrafungen.

Wann muss mein Kind zum Arzt?

Gehen Sie mit Ihrem Kind zum Arzt, wenn …

- es noch nach dem 5. Lebensjahr einnässt
- der Urin ständig aus der Harnröhre träufelt
- es erneut einnässt und ein Brennen beim Wasserlassen verspürt
- es erneut einnässt, vermehrt trinkt und viel Urin produziert

Was tut der Arzt?

Er wird eine Urinuntersuchung durchführen, um einen Harnwegsinfekt oder selten einen Diabetes mellitus auszuschließen. Fehlbildungen oder Funktionsstörungen können durch Ultraschall, Röntgen-Darstellung und eine Untersuchung des Harnflusses (Uroflowmetrie) dargestellt werden.
Er wird sich nach seelischen Belastungen bei Ihrem Kind oder in der Familie erkundigen. Liegen keine organischen Ursachen vor, wird er Sie ausführlich aufklären und Ihnen verhaltenstherapeutische Maßnahmen empfehlen.
In schwereren Fällen kann Ihr Arzt eine elektrische Hilfe verordnen, das „Klingel-Höschen“. Hier ist in der Windel ein elektrischer Kontakt eingebaut. Nässt das Kind ein, entsteht ein Alarmton, wovon es aufwacht. So lernt es bald, diese Weckaktionen zu vermeiden, indem es nicht mehr einnässt.
Sehr selten wird eine medikamentöse Therapie nötig.
So lässt sich das Problem in der Regel lösen – vorausgesetzt, Ihr Kind hat einen Leidensdruck. Die spontane Heilungsrate bei der Enuresis – also ohne therapeutische Maßnahmen – beträgt 5 bis 10% pro Jahr.

Wann muss mein Kind ins Krankenhaus?

Die Röntgen-Diagnostik wird häufig als ambulante Untersuchung in einer Kinderklinik durchgeführt. Bei gestörten Harn-Abflusswegen kann eine Operation nötig werden.

Was Sie sonst noch wissen sollten

Die Ursachen des Einnässens

- **Familiär bedingt:**
  Enge Familienmitglieder haben auch lange eingenässt
- **Organisch bedingt:**
  – Harnabfluss-Störungen
  – Fehlbildungen
  – Neurologische Probleme
  – Schwäche im Zusammenspiel der Blasen-Muskulatur
- Psychische Ursachen oder geistige Behinderung

Während bei Kindern, die von Anfang an nicht trocken werden, auch mal eine körperliche Ursache vorliegt, sind bei den sekundär auftretenden Einnässern psychische Ursachen häufig. Dabei kann es um die Konkurrenz eines neuen Geschwisterkindes gehen, es kann sich auch um ganz alltägliche Machtspiele innerhalb der Familie handeln. Allerdings kann Ihr Kind auch ein Trauma signalisieren – wie zum Beispiel die Trennung seiner Eltern oder sogar einen sexuellen Missbrauch. Kinder „weinen“ dann mit der Blase.
Aber auch ein Harnwegsinfekt oder eine beginnende Zuckerkrankheit kann einmal die Ursache für ein erneutes Einnässen sein.

Ausführliche Informationen zum Einnässen und zum Einkoten finden Sie in dem Buch *„Wie Kinder sauber werden können“* von Gabriele Haug-Schnabel.

Entwicklungs-Verzögerungen

Was hat mein Kind?

Jedes Kind hat bei seiner Entwicklung einen eigenen Rhythmus. Dabei kann es in einigen Bereichen sehr rasch lernen, in anderen vielleicht noch gar nicht. Die typischen Entwicklungs-Schritte eines Kindes finden Sie im Kapitel 3. Nicht alle Leistungs-Bereiche entwickeln sich gleich schnell. Allerdings sind später alle Teilbereiche für ein zielgerichtetes Handeln nötig. Man unterscheidet die Sinneswahrnehmungen (Hören, Sehen, Tasten, Riechen und Schmecken), motorische Fertigkeiten (Greifen, Sprechen, Stehen etc.) und geistige Fähigkeiten (Denken, Konzentrieren, Merken etc.).

Abweichungen von der normalen Entwicklung bei Kindern – wie etwa ein nicht altersgerechtes Bewegungsmuster, eine ausgeprägte Ungeschicklichkeit oder eine Sprachentwicklungs-Verzögerung – fallen in der Regel bei den Vorsorge-Untersuchungen beim Kinderarzt auf.

Was kann ich tun?

Wenn sich im Säuglings- oder Kleinkindalter Entwicklungs-Verzögerungen herausstellen, können Fehlentwicklungen durch Fördermaßnahmen frühzeitig positiv beeinflusst werden. Dabei ist besonders die Mitarbeit der Eltern erforderlich. Zwei Stunden Förderung in der Woche haben keinen

Tipps und Hinweise

So können Sie die Selbständigkeit Ihres Kindes fördern

- Verzichten Sie auf Wippe oder Gehfrei
- Vermeiden Sie eine Reizüberflutung durch zu viel Spielzeug oder Fernsehen
- Gönnen Sie Ihrem Kind Zeit, damit es sich mit sich selbst beschäftigen kann
- Lassen Sie sich viel Zeit für die Pflege und die Ernährung
- Lassen Sie ihm Zeit, Neues zu lernen und neu Erlerntes auszuprobieren.

Effekt, wenn das Erlernte nicht zu Hause geübt und ständig trainiert wird. Deshalb ist die enge Zusammenarbeit zwischen dem Therapeuten und den Eltern sehr wichtig. Sie können zum Beispiel zu Hause die Körperbewegung und die Selbständigkeit Ihres Kindes fördern.
Entwicklungs-Verzögerungen dürfen aber nicht nur isoliert gesehen werden. Das Kind muss in seiner Gesamtheit betrachtet werden. Wichtig dabei ist, Ihr Kind durch Ihre Förderung nicht zu überfordern. Viele Schritte brauchen Zeit und damit Geduld. Lassen Sie sich vor allem nicht auf einen Leistungs-Wettbewerb mit anderen Müttern ein – nach dem Motto: *„Mein Kind kann aber schon …“.*

Wann muss mein Kind zum Arzt?

Beobachten Sie, ob Ihr Kind sich in einem bestimmten Bereich nicht zeitgerecht entwickelt, und sprechen Sie Ihren Kinderarzt bei den Vorsorge-Untersuchungen darauf an.

Was tut der Arzt?

Der Kinderarzt wird Ihr Kind mit Hilfe von Entwicklungstests untersuchen. Sollten leichte Auffälligkeiten vorliegen, wird er sie nach einer bestimmten Zeit kontrollieren. Bleiben sie bestehen, wird er Ihnen zu Fördermaßnahmen raten. Das können zum Beispiel Krankengymnastik, Ergotherapie oder Sprachtherapie sein – je nach dem, welche Entwicklungs-Verzögerung Ihr Kind hat. (Mehr darüber im Kapitel 3 unter „Fördermaßnahmen im Kindesalter“).
Bei schwierigen Fragestellungen wird er Ihr Kind an ein neuropädiatrisches oder sozialpädiatrisches Zentrum überweisen. Solche Zentren beschäftigen sich besonders mit Entwicklungs-Störungen von Kindern.

Wann muss mein Kind ins Krankenhaus?

Eine Einweisung in ein Krankenhaus ist in seltenen Fällen zur Abklärung einer Entwicklungs-Verzögerung erforderlich.

Was Sie sonst noch wissen sollten

Geistige Behinderung

Die Diagnose „Geistige Behinderung“ ist schwerwiegend. Bei einer solchen Diagnose müssen Eltern von der Vorstellung Abschied nehmen, dass ihr Kind ein normales Leben führen wird. Es bedarf eines hohen Kraftaufwandes von Eltern und Gesellschaft, damit die Kinder ihren Fähigkeiten nach optimal in die Umgebung integriert werden.
Geistige Behinderung bedeutet unterdurchschnittliche intellektuelle Fähigkeiten, die während der kindlichen Entwicklung auftreten und offensichtlich werden. Geistige Behinderungen werden in leicht, mäßig und schwer unterteilt und durch Intelligenztests ermittelt. Statistisch kann man davon ausgehen, dass etwa 1% bis 1,5% der Drei- bis Siebenjährigen eine leichte geistige Behinderung haben.

Ursachen einer geistigen Behinderung können sein:

- Familiäre Ursachen (Blutsverwandschaft, Vererbung)
- Risiken in der Schwangerschaft
  (Infektionen, Komplikationen, Medikamente, Alkohol, usw.)
- Geburtstrauma
  (extreme Frühgeburt, gravierender und langanhaltender Sauerstoffmangel vor, während und nach Geburt, nachgeburtliche schwere Komplikationen)

Oft ist aber eine Ursache für die geistige Behinderung nicht ermittelbar.

Erbrechen

Was hat mein Kind?

Erbrechen kann je nach dem Alter Ihres Kindes unterschiedliche Ursachen haben. Meist steckt ein Magen-Darm-Infekt dahinter. Erbrechen kann aber auch ausgelöst werden durch …

- eine Kopfprellung
- eine Stoffwechsel-Entgleisung
- eine Reizung der Hirnhäute
- eine Drucksteigerung im Gehirn

Je nach Krankheitsursache treten neben dem Erbrechen zusätzliche Symptome wie Fieber, Durchfall oder Kopfschmerzen auf.
Falls Ihr Kind nur einige Male erbricht und Durchfall hat, macht es wahrscheinlich einen Magen-Darm-Infekt durch. Dabei handelt es sich häufig um einen Virusinfekt, der je nach Sitz des Erregers nur zu Erbrechen, zu Durchfall oder zu beidem führt.

Was kann ich tun?

Wenn Sie den Eindruck haben, dass Ihr Kind Fieber hat, überprüfen Sie die Körpertemperatur und achten Sie auf Durchfall, Bauchschmerzen und Kopfschmerzen.
Bieten Sie ihm häufig in kleinen Schlucken Tee mit ein wenig Traubenzucker, Stilles Wasser oder eine Elektrolytlösung an, die Sie in der Apotheke bekommen. Anschließend können Sie mit leichter Kost die Nahrung aufbauen.

Wann muss mein Kind zum Arzt?

Ihren Kinderarzt sollten Sie zu Rate ziehen, wenn …

- Ihr Kind krank wirkt
- das Erbrechen nicht innerhalb einiger Stunden aufhört
- Ihr Kind außerdem Fieber *und* Kopfschmerzen hat (siehe in diesem Kapitel: „Kopfschmerzen")
- Ihr Kind Erbrechen und Bauchschmerzen hat
- das Erbrechen immer wiederkehrt – und das besonders nachts oder morgens nüchtern
- wenn Sie unsicher sind

Bei akutem oftmaligen Erbrechen ist eine Abklärung durch Ihren Arzt dringend erforderlich.

Was tut der Arzt?

Der Arzt wird je nach Befund Medikamente gegen Erbrechen und/oder Durchfall einsetzen. Er informiert Sie über die richtige Nahrung. Je nach Schwere der Erkrankung wird er Ihr Kind zur stationären Behandlung ins Krankenhaus einweisen.

Wann muss mein Kind ins Krankenhaus?

Sollte der Verdacht auf eine schwere Erkrankung wie etwa eine Hirnhaut-Entzündung (Meningitis) bestehen, ist eine stationäre Aufnahme dringend und unverzüglich erforderlich.

Was Sie sonst noch wissen sollten

Erbrechen kann je nach dem Alter Ihres Kindes unterschiedliche Ursachen haben. So ist gerade in der Neugeborenenzeit ständiges Erbrechen ein Symptom für eine Fehlbildung im Magen-Darm-Kanal. Das *Spucken* vieler Säuglinge hat nichts mit *Erbrechen* zu tun. Säuglinge lassen ihre Nahrung oft wieder aus dem Mund herauslaufen, wenn sie übersättigt sind oder der Übergangsbereich von der Speiseröhre zum Magen unvollständig schließt.
Der Satz „*Speikinder sind Gedeihkinder*“ gilt für das frühe Säuglingsalter – und dann eben auch nur bei guter Gewichtszunahme.

Mögliche Ursachen für Erbrechen und folgende Begleitsymptome können sein:

Akutes Erbrechen und …	Mögliche Ursachen
Durchfall	Magen-Darm-Infekt
Bauchschmerzen	Magen-Darm-Infekt Blinddarm-Entzündung
Kopfschmerzen	Infekt Migräne Schädelprellung Hirnhaut-Entzündung (Meningitis) Akuter Hirndruck (Hirntumor)
Fieber	Grippaler Infekt Magen-Darm-Infekt Hirnhaut-Entzündung

Ess-Störungen

Was hat mein Kind?

Ess- und Appetit-Störungen im Kleinkindalter sind nicht selten und haben keinen Zusammenhang zu der später in der Pubertät auftretenden Magersucht. Kleinkinder reagieren sehr sensibel auf das Verhalten ihrer Eltern. „Essen müssen, essen dürfen, essen wollen“ – das ist ein ideales Kampffeld zur Überprüfung von Machtstrukturen. Kinder entdecken dort die Reizbarkeit ihrer Eltern und können durch Verweigerung immense Aufmerksamkeit erwecken.
Wenn Ihr Kind häufig zwischen den Mahlzeiten isst, ohne dass Sie davon wissen, kann das zu einer *scheinbaren* Ess- und Appetit-Störung führen – genauso wie der stark wechselnde Kalorienbedarf zwischen den Wachstumsschüben.
Die Magersucht (Anorexia nervosa) tritt überwiegend im vorpubertären und pubertären Alter, hauptsächlich bei Mädchen auf und ist durch eine übermäßige Gewichtsabnahme mit der Verweigerung und evtl. dem Erbrechen von Nahrung gekennzeichnet. Die Jugendlichen haben eine sogenannte „Körper-Schema-Störung“ und die überbewertete Idee, zu dick zu sein. Gleichzeitig nehmen sie nicht wahr, dass sie zu dünn sind.
Die Ursachen liegen in einer Reifungskrise, wobei die Kinder ihr Erwachsenwerden nicht annehmen. Auch lehnen sie die Zeichen ihrer sexuellen Reifung ab oder sind durch lebensgeschichtliche Ereignisse belastet. Der äußerliche Einfluss durch Modetrends verstärkt für jugendliche Mädchen die Gefahr, an einer Anorexie zu erkranken. Jungen haben ein 30-fach geringeres Risiko für eine Anorexie.
Die Bulimie ist eine Ess-Störung, bei der die Betroffenen mit einer anfallsartigen Sucht essen und sich anschließend wieder erbrechen. Die Angst dick zu werden und das schlechte Gewissen nach einer Essattacke bringen vorwiegend jugendliche Mädchen dazu, heimlich ein Erbrechen auszulösen. Häufig besteht eine Magersucht in der Vorgeschichte.

Was kann ich tun?

Wichtig ist, dass Sie bei allen Formen von Ess- oder Appetit-Störungen keinen Zwang auf Ihr Kind ausüben. Achten Sie auf eine harmonische Atmosphäre beim Essen. Sie ist genauso wichtig wie das Essen selbst.
Beobachten Sie die Gewichts- und Wachstumskurve (siehe „Wachstums-Störungen“) Ihres Kindes. Sie finden sie auch im Vorsorge-Heft. Für Kinder über fünf Jahre gibt es entsprechende Kurven. Auch die Bestimmung des BMI (siehe „Gewichts-Probleme“) kann Ihnen helfen, den Ernährungszustand Ihres Kindes zu beurteilen. So können Sie ganz leicht selbst sehen, ob Ihr Kind normal wächst und gedeiht. Entwickelt sich Ihr Kind entlang seiner eigenen Gewichts- und Wachstumskurve, sind schwerwiegende körperliche Ursachen nicht anzunehmen.
Reagieren Sie früh genug, wenn Sie bei Ihrer Tochter eine Ess-Störung vermuten – und nehmen Sie kompetente Hilfe in Anspruch.

Wann muss mein Kind zum Arzt?

Akute Ess-Störungen oder einen akuten Appetitmangel sollten Sie zunächst selbst beobachten. Vom Arzt müssen sie abgeklärt werden, wenn …

- sie länger andauern
- Ihr Kind nicht zunimmt oder sogar abnimmt
- Ihr Kind krank ist oder verändert wirkt

Was tut der Arzt?

Nach dem Ausschluss von organischen Störungen wird Ihr Arzt Sie über die altersgemäße, richtige Ernährung, über den Tagesablauf mit seinen Mahlzeiten und über die normalen Verhaltensweisen eines Kindes beim Essen aufklären.

Bei Verdacht auf eine Magersucht oder Bulimie ist eine intensive psychologische, psychotherapeutische und medizinische Betreuung durch Fachkräfte erforderlich. Hier wird Ihr Arzt Sie beraten.

Wann muss mein Kind ins Krankenhaus?

Bei schweren Fällen der Magersucht sind stationäre Maßnahmen in einer Klinik unumgänglich.

Ausführliche Informationen finden Sie in dem Buch *„Jedes Kind kann richtig essen“* von Annette Kast-Zahn und Hartmut Morgenroth.

Fieber

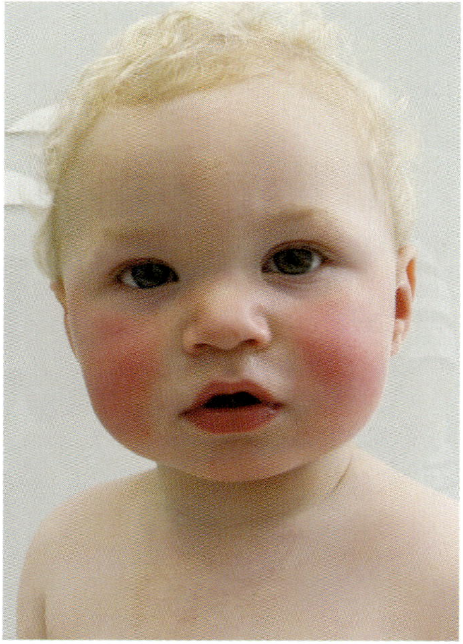

Fieber:
Alarmzeichen des Körpers

Was hat mein Kind?

Fieber ist eine häufige Reaktion des Körpers. Als Fieber gilt eine länger anhaltende Erhöhung der Körpertemperatur über 38° C.
Fieber ist keine Krankheit, sondern eine Körperreaktion. Wie der Schmerz ist Fieber ein Alarmzeichen des Körpers, dass etwas nicht in Ordnung ist. Meist ist es ein Signal dafür, dass der Körper sich mit Krankheitserregern auseinandersetzt. Bei höheren Temperaturen wird die Vermehrung von Krankheitserregern gebremst.
Natürlich kann die Körpertemperatur auch durch viel Bewegung und sportliche Aktivitäten gesteigert werden. Allerdings wird diese Temperatur-Erhöhung durch die Muskelarbeit und die dabei entstehende Wärme verursacht und nicht – wie beim Fieber – durch eine Veränderung der zentralen Steuerung der Körpertemperatur.
Hat ein Kind Fieber, so ist es nicht immer leicht festzustellen, warum das so ist und ob sich eine schwerere Erkrankung dahinter verbirgt. Die Höhe des Fiebers sagt auch nicht immer etwas über die Ernsthaftigkeit der Erkrankung aus. Die Temperatur kann im Po (rektal), im Mund (sublingual), in der Achselhöhle (axillär) und im Ohr gemessen werden. Sie liegt in der Achsel ca. 0,5°C unter der Rektaltemperatur. Die sublinguale Temperatur ist ebenfalls 0,3 bis 0,5°C tiefer als rektal. Die Temperatur im Ohr entspricht am ehesten der Körpertemperatur, die Messung dort ist aber häufig mit Fehlern verbunden.

Was kann ich tun?

Die Empfehlungen, ab welcher Temperatur das Fieber gesenkt werden *soll* und ab welcher Temperatur das Fieber gesenkt werden *muss*, sind uneinheitlich. Herzgesunde Kinder vertragen Temperaturen unter 40°C ohne Probleme. Sinnvoll erscheint es, bei Temperaturen über 39,5° fiebersenkende Maßnahmen einzuleiten.
Nach einer Erkrankung mit Fieber sollten Sie Ihr Kind nicht zu früh in den Kindergarten bringen oder zur Schule schicken. Ein fieberfreier Tag zu Hause ist angebracht.

Nicht-medikamentöse Maßnahmen

Ein fieberndes Kind sollte viel trinken. Wenn es keinen Appetit hat, ist das für ein paar Tage in Ordnung. Die Räume müssen ausreichend gelüftet werden. Solange Ihr Kind nicht friert, sollte es nicht zu warm angezogen und zugedeckt werden.
Außerdem können Sie das Fieber je nach Alter Ihres Kindes durch folgende Maßnahmen senken, wenn die „Aufheizphase" vorbei ist. Arme und Beine müssen warm und gut durchblutet sein.

- Wadenwickel
- Kaltabwaschungen
- Abkühlungsbad
- Lindenblütentee

Anleitungen dazu finden Sie in Kapitel 2 unter dem Stichwort „Fieber".

Tipps und Hinweise

Was Sie beim Fiebermessen beachten sollten

- Messen Sie zum Vergleich immer am selben Messort (Ohr, Mund, Achsel, Po)
- Verwenden Sie stets die gleiche Thermometerart (digitales oder Quecksilber-Thermometer)
- Achten Sie auf die korrekte Lage des Thermometers
- Achten Sie auf die notwendige Hygiene
- Messen Sie nicht sofort nach Aktivitäten (Spiel und Sport)
- Lassen Sie Ihr Kleinkind nie beim Fiebermessen allein
- Abendliche Messungen liegen um etwa 0,5°C höher

Medikamentöse Maßnahmen

Zur Fiebersenkung bei Kindern eignen sich am besten Präparate mit den Wirkstoffen Paracetamol und Ibuprofen in der altersentsprechenden Dosierung. Bei Kindern unter 14 Jahren sollte Acetylsalicylsäure (ASS, Aspirin®) nicht gegeben werden, da in diesem Alter im Zusammenhang mit Virusinfekten schwere Nebenwirkungen beschrieben wurden (Reye-Syndrom). Die medikamentöse Therapie sollten Sie allerdings immer mit Ihrem Arzt absprechen.
Bei Kindern, die zu Fieberkrämpfen neigen, sollten Sie bis zum sechsten Lebensjahr versuchen, das Fieber schon ab 38,5 °C zu senken. Da Fieberkrämpfe allerdings meist während des ersten Fieberanstiegs auftreten, kommen sie überraschend. Für ein frühes Fiebersenken ist es dann oft schon zu spät.

Wann muss mein Kind zum Arzt?

Prinzipiell gilt:

- **Säuglinge unter vier Monate**
  Hat ein Säugling unter vier Monate über 38°C Temperatur, sollte er unbedingt einem Arzt vorgestellt werden. Es kann sich immer eine schwere Erkrankung, zum Beispiel eine Blutvergiftung (Sepsis) dahinter verbergen. Dabei wird der Körper mit Erregern überschwemmt, was zu einer folgenschweren Erkrankung führt.
- **Säuglinge über vier Monate**
  Über vier Monate alte Säuglinge haben meist harmlose Virusinfekte der oberen und unteren Atemwege, die von Fieber begleitet sind. Hier klingt die Temperatur in der Regel nach drei Tagen ab. Trotzdem sollten Sie mit Ihrem Kind zum Arzt gehen.
- Treten bei einer fieberhaften Erkrankung eine Verschlechterung oder gleichzeitig weitere Krankheits-Zeichen (etwa ein Hautausschlag) auf, dann sollten Sie **immer** einen Arzt zu Rate zu ziehen, damit er frühzeitig entsprechende Maßnahmen ergreifen kann.

Wann Sie mit Ihrem Kind bei Fieber zum Kinderarzt gehen sollten

Alter des Kindes	Rasche Vorstellung beim Kinderarzt
Unter vier Monate	Wenn die Temperatur über 38°C steigt
Über vier Monate	Wenn die Temperatur ohne weitere Krankheitszeichen über 39°C steigt
	Wenn Fieber ohne eindeutige Symptome über einen Tag lang anhält
	Bei Fieber mit den **Begleitsymptomen**: Ohrenschmerzen Halsschmerzen Starker Husten oder Atembeschwerden Hautausschlag Brennen beim Wasserlassen Bauchschmerzen Erbrechen Durchfall Kopfschmerzen Wesensveränderung Keine Lust zu trinken Ausgeprägtes Kranksein Knochen- und Gelenkschmerzen

Fiebernde Säuglinge und Kinder mit den Symptomen Hautblutungen, Wesensveränderung, starke Kopf- und Nackenschmerzen, Atemnot oder Kinder, die einen schwerkranken Eindruck machen, sind sofort einem Arzt vorzustellen.

Was tut der Arzt?

Durch eine gründliche körperliche Untersuchung findet er in der Regel die Ursache, warum Ihr Kind fiebert. Zusätzliche Blut- und Urin-Untersuchungen können ihm dabei helfen.

Wann muss mein Kind ins Krankenhaus?

Schwere Erkrankungen wie eine Meningitis (Hirnhaut-Entzündung), anhaltende, unklare fieberhafte Erkrankungen, Temperaturen über 41 °C und Fieber bei Säuglingen in den ersten beiden Lebensmonaten müssen stationär im Krankenhaus abgeklärt und behandelt werden.

Der besondere Fall

Der dreijährige **Hendrik** wachte eines morgens quengelig mit Fieber von 39.3°C auf. Da zu dieser Zeit im Kindergarten die Grippe grassierte, dachte die Mutter, dass es jetzt auch ihn „erwischt" hat. Sie ließ ihn im Bett und umsorgte ihn liebevoll. Als sich am nächsten Tag eine Bindehaut-Entzündung dazugesellte, brachte sie ihn zum Kinderarzt. Dieser äußerte erst mal den Verdacht auf einen Virusinfekt. Er empfahl ihr, Hendrik Ruhe zu gönnen, auf genügend Flüssigkeitszufuhr zu achten, das Fieber ab 39,5°C medikamentös zu senken und sich wieder zu melden, falls sein Zustand sich nicht bessern oder gar verschlechtern sollte.
Als in den nächsten Tagen zusätzlich ein Hautausschlag, eine lackartige Himbeerzunge und rissige Lippen auftraten, vermutete die Mutter, Hendrik habe jetzt Scharlach. Der Kinderarzt untersuchte Hendrik noch einmal und fand Lymphknoten-Schwellungen am Hals.

Anhaltendes Fieber über vier Tage mit den entsprechenden zusätzlichen Auffälligkeiten ließen ihn an das seltene **Kawasaki-Syndrom** denken. Die Ursache für diese Erkrankung ist noch nicht ganz geklärt, aber da sich im Verlauf auch die Herzkranzgefäße vorübergehend entzünden können, wurde für Hendrik eine stationäre Beobachtung und eine entsprechende antientzündliche Therapie erforderlich. Inzwischen ist Hendrik vier Jahre alt, gesund und belastungsfähig. Er war mehrfach zu Kontrolluntersuchungen seines Herzens bei einem Kardiologen. Das Kawasaki-Syndrom ist folgenlos abgeheilt.

Gelbsucht

Was hat mein Kind?

Durch eine leichte Unreife ihrer Leber werden viele Neugeborene in den ersten Lebenstagen gelb. Bei gestillten Kindern kann das über Wochen anhalten, ist aber in der Regel kein großes Problem.
Bei einer übermäßigen oder verlängerten Neugeborenen-Gelbsucht können auch einmal eine Blutgruppen-Unverträglichkeit der Eltern oder eine Stoffwechsel- oder Hormonstörung die Ursache sein. Werden die Stühle Ihres Neugeborenen weißlich-grau, deutet das auf eine Verengung oder einen Verschluss in den Gallenwegen hin.
Wenn sich bei Ihrem älteren Kind oder Jugendlichen die Augen gelb färben, der Stuhlgang weißlich-grau und der Harn dunkel wird, ist das in der Regel ein Hinweis auf eine Leberentzündung (meist Hepatitis A).
Man kann eine Gelbsucht bereits im Weiß der Augen erkennen, bevor die ganze Haut sich zu färben beginnt. Ist nur die Haut gelblich, die Augen aber weiß, handelt es sich häufig um Karotin-Ablagerungen bei Kindern, die viel Möhren essen.

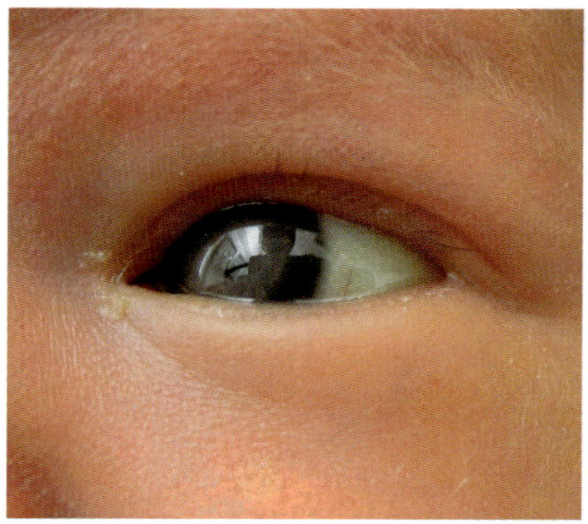

Gelbsucht (Ikterus): Gelbes Auge, gelbe Haut

Was kann ich tun?

Hat Ihr Neugeborenes eine übermäßige Gelbsucht, wird diese sofort nach der Geburt in der Klinik behandelt und verschwindet meist nach wenigen Tagen. Gegen Hepatitis A und B können Sie Ihr Kind durch eine Impfung schützen.

Wann muss mein Kind zum Arzt?

In den ersten Lebenstagen ist eine leichte Gelbfärbung bei Neugeborenen normal. Kinderkrankenschwestern, Hebammen und Kinderärzte sehen mit ihrer Erfahrung, wie ausgeprägt diese Gelbsucht ist und ob eventuell eine Blutuntersuchung nötig wird.
Überschreitet die Gelbfärbung bestimmte Grenzwerte, muss die Ursache genauer erforscht werden.
Hält eine Neugeborenen-Gelbsucht über zwei bis drei Wochen an, sollten Sie Ihren Kinderarzt aufsuchen.
Wenn ältere Kinder oder Jugendliche plötzlich Zeichen einer Gelbsucht haben, kann das auf eine Virus-Hepatitis hinweisen. Sie sind dann auch meist sehr schlapp, ihnen ist übel oder sie erbrechen sich und haben keinen Appetit. Stellen Sie Ihr Kind dem Arzt vor.
Bei einer Virus-Hepatitis besprechen Sie mit Ihrem Arzt die notwendigen Hygiene-Maßnahmen.

Was tut der Arzt?

Ihr Arzt wird je nach dem Alter Ihres Kindes und seiner Diagnose unterschiedlich vorgehen. Die Therapiemöglichkeiten einer ausgeprägten Neugeborenen-Gelbsucht sind Flüssigkeitszufuhr durch Trinken oder eine Infusion und Bestrahlung mit Licht einer bestimmten Wellenlänge durch ein spezielles Gerät (Fototherapie). Dieses UV-Licht bewirkt eine Veränderung des gelben Blutfarbstoffes in der Haut, so dass er besser ausgeschieden werden kann.
Bei älteren Kindern wird Ihr Arzt durch Blutuntersuchungen abklären, woher die Gelbsucht kommt. Sollte eine Virus-Hepatitis vorliegen, so ist die wichtigste Maßnahme die Ruhe. In schweren Fällen wird er Ihr Kind ins Krankenhaus einweisen.

Wann muss mein Kind ins Krankenhaus?

Bei einer verstärkten Neugeborenen-Gelbsucht werden Infusionen und die Fototherapie normalerweise sofort nach der Geburt im Krankenhaus durchgeführt.

Bei unklarer Gelbsucht und in schweren Fällen einer Leberentzündung ist ein Krankenhaus-Aufenthalt erforderlich. Dort erfolgen dann die diagnostischen und therapeutischen Maßnahmen. Bei einer Virus-Hepatitis gibt es allerdings keine ursächliche Therapie. Man muss in Ruhe den Heilungsverlauf abwarten.

Gelenk-Schwellungen
Gelenk- und Knochen-Schmerzen

Was hat mein Kind?

Gelenk-Schmerzen, Gelenk-Schwellungen und Knochen-Schmerzen sind ernstzunehmende Symptome. Häufig sind es zwar banale Ursachen wie Überlastungen, Bänderdehnungen und Prellungen, die Schmerzen verursachen. Aber es können sich auch schwerwiegende Ursachen dahinter verbergen.
Treten Beinschmerzen immer mal wieder vor dem Einschlafen oder im Schlaf auf, so dass Ihr Kind davon aufwacht, dann handelt es sich meist um sogenannte Wachstums-Schmerzen. Ihr Kind ist beim Aufwachen am nächsten Morgen wieder beschwerdefrei.
Doch Vorsicht: Die Diagnose „Wachstums-Schmerzen“ ist eine Ausschluss-Diagnose. Das heißt: Zuerst müssen andere, ernste Ursachen für die Schmerzen ausgeschlossen werden.

Mögliche Ursachen für Gelenk-Schwellungen, Gelenk-Schmerzen und Knochen-Schmerzen

Häufig
- Verletzungen, Prellungen, Blutergüsse
- Fehl- und Über-Belastung
- „Hüftschnupfen“ (Coxitis fugax)
- Wachstums-Schmerzen

Selten
- Infekt-begleitende Gelenk-Entzündungen
- eitrige Gelenk- oder Knochen-Entzündung

- dauerhafte Gelenk-Entzündung (chronische Arthritis, Rheuma)
- Immunerkrankungen, Blut-Erkrankungen oder Gerinnungs-Störungen
- Durchblutungs-Störungen (Morbus Perthes)
- Tumor-Erkrankungen
- Begleitreaktion einer Tumor-Erkrankung

Was kann ich tun?

Versuchen Sie zu unterscheiden, ob Ihr Kind eventuell Knochen- oder Gelenk-Schmerzen mit Muskel-Schmerzen oder Bänderdehnungen bzw. –zerrungen verwechselt.
Verstauchungen und Bänderdehnungen, besonders im Fußgelenk-Bereich (Schmerzen, Schwellung, Rötung nach Umknicken) sollten bis zur ärztlichen Versorgung gekühlt werden, um die Ausdehnung eines entstehenden Blutergusses zu vermindern.
Tun Sie Schmerzen, die regelmäßig wiederkehren, nicht einfach als Wachstums-Schmerzen ab.

Wann muss mein Kind zum Arzt?

Hat Ihr Kind nach einer Verletzung, Überbelastung oder Überdehnung eine Gelenk-Schwellung (evtl. mit Schmerzen), dann stellen Sie es dem Arzt vor.
Gehen Sie auch mit Ihrem Kind zum Arzt, wenn wiederholt Schmerzen im Knochen, in einem oder mehreren Gelenken auftreten oder Ihr Kind folgende Beschwerden hat:

- Humpeln oder Bewegungs-Einschränkung in einem oder mehreren Gelenken
- Überwärmung oder Schwellung in einem oder mehreren Gelenken
- Fieber, das die Knochen-Schmerzen begleitet

Was tut der Arzt?

Nach Verstauchungen und Bänderdehnungen wird der Arzt Ihr Kind auf einen Bänderriss hin untersuchen. Dazu ist eventuell auch eine Röntgenaufnahme erforderlich. Die Therapie bedeutet Ruhigstellung der betroffenen Extremität und falls nötig, eine Behandlung mit Schmerzmitteln.
Zur Abklärung von Gelenk-Schmerzen, Gelenk-Schwellungen und Knochen-Schmerzen sind neben einer gründlichen Anamnese, Untersuchung und der Erhebung von Laborwerten häufig radiologische Untersuchungen (Röntgen, Szintigramm, CT, MRT) erforderlich. Erst dann wird Ihr Arzt über das weitere therapeutische Vorgehen wie einer antientzündlichen oder antibiotischen Therapie entscheiden.

Wann muss mein Kind ins Krankenhaus?

Häufig müssen Gelenk- und Knochenerkrankungen stationär abgeklärt und behandelt werden. Dies erfolgt in der Regel in einer Kinderklinik, Orthopädischen Klinik oder Rheuma-Klinik in Zusammenarbeit mit Ihrem Kinderarzt.

Was Sie sonst noch wissen sollten

Der **„Hüftschnupfen“** (Coxitis fugax) ist eine flüchtige Gelenk-Entzündung mitunter nach einem entfernt gelegenen, bereits abgelaufenen Virusinfekt (etwa ein Rachen-Infekt). Dabei besteht für einige Tage eine schmerzhafte Bewegungs-Einschränkung in der Hüfte.
Wachstums-Schmerzen sind häufig, aber immer nur dann zu vermuten, wenn andere Ursachen für Knochen-Schmerzen ausgeschlossen sind.
Infekt-begleitende Gelenk-Entzündungen können als Begleit- oder Folgereaktion von anderen Infekten im Körper entstehen. Das ist beispielsweise bei viralen Infekten, bei bakteriellen Darmentzündungen, nach einem Zeckenbiss durch Borrelien und nach Streptokokken-Infekten der Gruppe A (Poststrepto-

kokken-Arthritis und rheumatisches Fieber) der Fall. Das gefürchtete *rheumatische Fieber* (Gelenk-Entzündung, Herz-Entzündung, Fieber und weitere Symptome) als Folge einer nichtbehandelten eitrigen Mandel-Entzündung tritt zum Glück extrem selten auf.

Eine **eitrige Gelenk-Entzündung** (bakterielle Arthritis) entsteht meist über das Blut oder im Rahmen einer Knochen-Entzündung. Das Gelenk ist überwärmt, geschwollen und stark schmerzhaft. Sie kommt aber selten vor.

Eine **dauerhafte Gelenk-Entzündung** (chronische Arthritis, Rheuma) ist durch ihre Dauer über mindestens sechs Wochen definiert. Die häufigste Form ist die jugendliche chronische Arthritis, die nach sechs Monaten in eine Oligoarthritis (Beteiligung von weniger als fünf Gelenken) oder eine Polyarthritis (Beteiligung von fünf oder mehr Gelenken) unterteilt wird. Ursachen sind autoimmunologische Prozesse im Körper, wobei der Körper sein Immunsystem gegen sich selbst richtet. Betroffen sind dabei nicht immer nur die Gelenke, sondern auch mal die Augen (Uveitis) und das Herz.

Sehr selten tritt eine **Knochen-Entzündung** auf. Meist gelangen Bakterien über das Blut dorthin. Betroffen sind häufig die langen Röhrenknochen, besonders die Beine. Von dort kann sich die Entzündung auf die benachbarten Gelenke ausdehnen. Die Symptome einer Knochen-Entzündung können beim Säugling oder Kleinkind anfänglich in Fieber ohne eindeutige Ursache bestehen. Anschließend tritt dann eine Berührungs-Empfindlichkeit, Rötung und Schwellung des betroffenen Knochens auf. Ältere Kinder zeigen allerdings schon früher Beschwerden in dem betroffenen Knochen an.

Manche Immunstörungen, Blut-Erkrankungen und Gerinnungs-Störungen können Einblutungen in Gelenke zur Folge haben.

Im Hüftgelenk, Knie und Fersenbein kann eine Durchblutungs-Störung zu Abbauprozessen führen, was eine Zerstörung und einen Umbau des Knochen-Gewebes zur Folge haben kann. Besonders das Hüftgelenk (Morbus Perthes) ist gefährdet. Jungen im Alter von drei bis acht Jahren sind vorwiegend betroffen. In einem solchen Fall muss die Hüfte längere Zeit geschont oder sogar durch eine Schiene entlastet werden. Gegebenfalls ist ein operativer Eingriff nötig. Am Knie und an der Ferse heilen diese Durchblutungs-Störungen durch Schonung in der Regel folgenlos aus.

Gelenknahe **Knochen-Tumoren** sind sehr selten.
Knochen-Schmerzen können ein Frühsymptom einer **Tumor-Erkrankung** (Leukämie) sein.

Der typische Fall

Die fünfjährige **Kim** hatte morgens nach dem Aufstehen Schmerzen im rechten Bein. Sie humpelte ein wenig. Fieber hatte sie nicht. Über den Tag veränderten die Beschwerden sich nicht. Weil es ihr am nächsten Vormittag nicht besser ging, entschloss sich der Vater, Kim dem Kinderarzt vorzustellen.
Aus der Krankengeschichte wurde ersichtlich, dass Kim zwei Wochen vorher einen leichten grippalen Infekt hatte. Bei der körperlichen Untersuchung konnte der Kinderarzt außer einer schmerzhaften Bewegungs-Einschränkung im rechten Hüftgelenk keine auffälligen Befunde erheben. Auch im Blutbild waren keine Entzündungszeichen nachzuweisen. Es erfolgte eine Überweisung zum Orthopäden.
Dort wurde durch die Hüft-Sonografie Flüssigkeit im Hüftgelenksspalt nachgewiesen und der Verdacht auf einen **Hüftschnupfen** (Coxitis fugax) geäußert, was sich dann durch den kurzen Verlauf der Erkrankung bestätigte. Unter Ruhe klangen die Beschwerden nach einigen Tagen ohne Therapie folgenlos ab.

Gewichts-Probleme

Was hat mein Kind?

Der Ernährungszustand Ihres Kindes wird durch das Gewicht in Bezug zur Körpergröße bestimmt. Entscheidend ist das Maß, in dem Ihr Kind wächst und zunimmt. Häufig machen sich Eltern Sorgen darüber, sie erfüllten ihre Aufgaben nicht genügend, wenn ihr Kind nicht gedeiht oder nicht zunimmt. Wenn der Kinderarzt aber die Längen- und Gewichtsdaten genau überprüft, sind die Kinder dann meist im altersentsprechenden Normbereich.
In den ersten Lebenstagen ist eine Gewichtsabnahme von bis zu 10% normal. Die meisten Babys nehmen ab dem fünften Lebenstag wieder zu und haben am 10. bis 14. Tag ihr Geburtsgewicht wieder erreicht. Jetzt beginnt eine Phase, in der sich das Gewicht Ihres Kindes bis zum Abschluss seines Wachstums kontinuierlich steigert.
Wenn das Zunehmen oder Wachsen unerklärlich aufhört oder gesteigert ist, muss das untersucht und abgeklärt werden.

Was kann ich tun?

Achten Sie auf die Größe und das Gewicht Ihres Kindes. Wiegen und messen Sie Ihr Kind auch mal außerhalb der Vorsorge-Untersuchungen.
Sorgen Sie für eine altersgerechte und ausgewogene Ernährung für Ihr Kind. Seien Sie ein Vorbild. Wenn Sie also selbst zu viel, zu schnell oder zu fett essen, wird Ihr Kind sich bald danach richten. Auch eine harmonische Atmosphäre beim Essen ohne Zwang ist für das Gedeihen Ihres Kindes wichtig.
Achten Sie auf genügend Bewegung.

Wann muss mein Kind zum Arzt?

Gehen Sie zum Kinderarzt, falls Ihr Kind aufhört zuzunehmen oder gar an Gewicht verliert, oder wenn es an Gewicht zunimmt ohne dabei entsprechend zu wachsen.

Was tut der Arzt?

Er wird an Hand von Wachstumstabellen das Gewicht und Längenwachstum Ihres Kindes überprüfen. Handelt es sich um einen unerklärlichen Gewichtsverlust, wird er nach körperlichen Ursachen suchen. Ihr Arzt wird Ihnen Empfehlungen für eine ausgewogene Ernährung geben.
Für übergewichtige Kinder besteht ein erhöhtes Risiko, später an Folge-Erkrankungen zu leiden, wie zum Beispiel Diabetes mellitus. Deshalb wir Ihr Arzt Ihnen helfen, eine geeignete Diät- und Bewegungstherapie zu wählen, falls Ihr Kind übergewichtig ist. Besonders zu empfehlen sind dazu die Broschüren aus dem Forschungsinstitut für Kinderernährung Dortmund www.fke-do.de

Wann muss mein Kind ins Krankenhaus?

Nur bei extremen Gewichtsproblemen ist eine stationäre Abklärung oder Behandlung notwendig.

Was Sie sonst noch wissen sollten

Die Unterscheidung, ob Ihr Kind unter-, normal- oder übergewichtig ist, wird durch die Messung des BMI (Body-mass-Index) getroffen. Der BMI ist ein rechnerischer Wert, bei dem das Körpergewicht (KG) in Kilogramm durch das Quadrat der Körperlänge (KL) in Meter geteilt wird:
BMI = KG (kg) : KL x KL (m).

Beispiel zur Berechnung des Body-mass-Index

Ein 15jähriges Mädchen wiegt 55 kg und ist 1,65 m groß.
Rechnung: 55 ÷ (1,65 x 1,65) = 20,2
Der BMI beträgt 20,2.
Für sein Alter ist das Mädchen normalgewichtig.

Der BMI ist mit entsprechenden Tabellen leicht ermittelbar. Er ist alters- und geschlechtsabhängig. Für Deutschland liegen die folgenden Standardkurven vor. Eine Perzentilenkurve kennzeichnet dabei den Wert, unterhalb dessen eine bestimmt Menge der untersuchten Gruppe liegt. Wenn also Ihr Kind einen BMI-Wert auf der P25-Kurve hat, liegen die BMI-Werte von 25% aller Kinder unterhalb und von 75% aller Kinder oberhalb dieses Wertes. Werte über der P90-Linie (P=Perzentile) gelten dabei als übergewichtig, Werte unter der P10-Linie als untergewichtig.

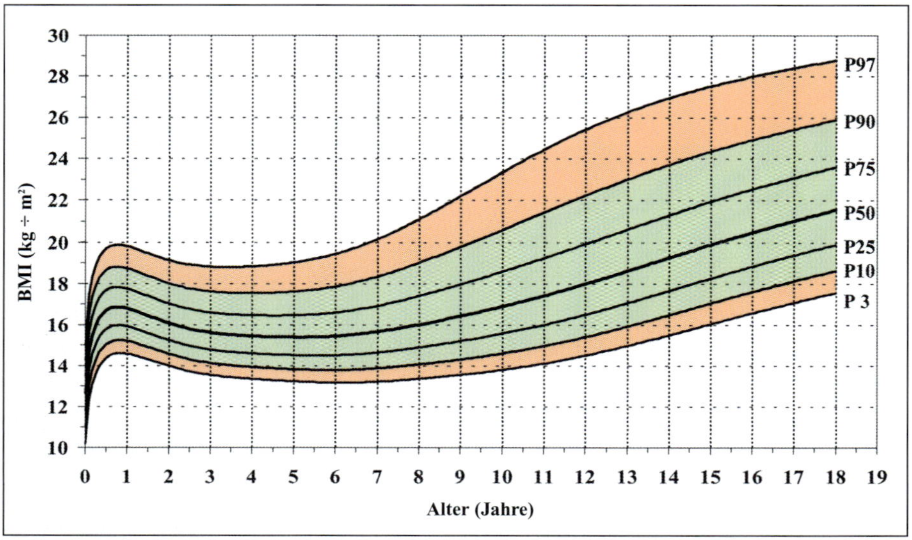

Abb. 2: BMI-Kurve bei Jungen

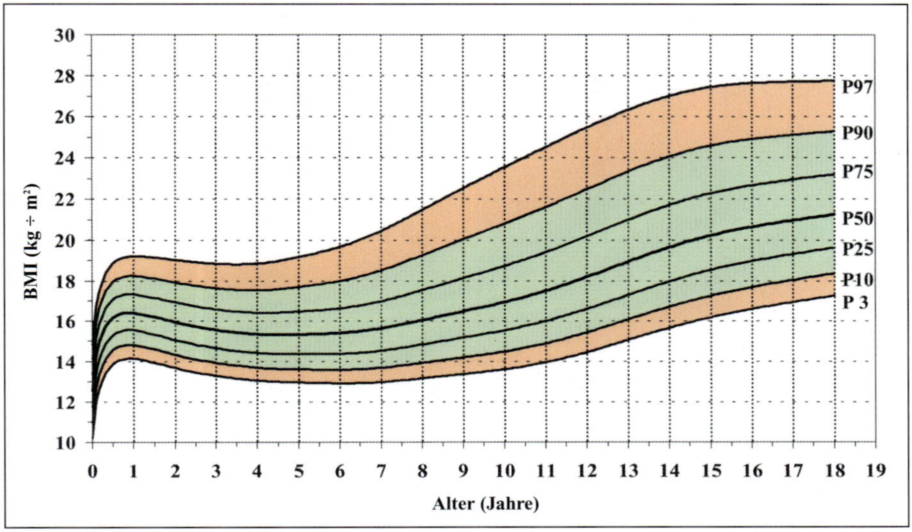

Abb. 3: BMI-Kurve bei Mädchen

Quelle: Perzentilen für den Body-mass-Index für das Kindes- und Jugendalter unter Heranziehung verschiedener deutscher Stichproben nach Kromeyer-Hauschild K, Wabitsch M, Kunze D, et al.: Monatsschrift Kinderheilkunde 2001; 149: 807-818

Übergewicht

Übergewicht entsteht in der Regel durch eine übermäßige Zunahme an Fettmasse (Adipositas). Fett gilt als wichtiger Energieträger und Energiespeicher, der besonders zu Hungerzeiten gebraucht wird. Aufgenommene Nahrung speichert der Mensch als Energie, die er bei Bedarf freisetzt. Verbraucht der Mensch mehr Kalorien, als er einnimmt, verbrennt er erst die Kohlehydratspeicher, dann die Eiweißspeicher und zuletzt die Fettspeicher.
Derzeit geht man davon aus, dass jeder Mensch seinen eigenen „Fettsollwert" hat, um den sich unter normalen Bedingungen sein Fettgehalt einpendelt. Es gibt von Natur aus korpulente und weniger korpulente Menschen. Das ist ge-

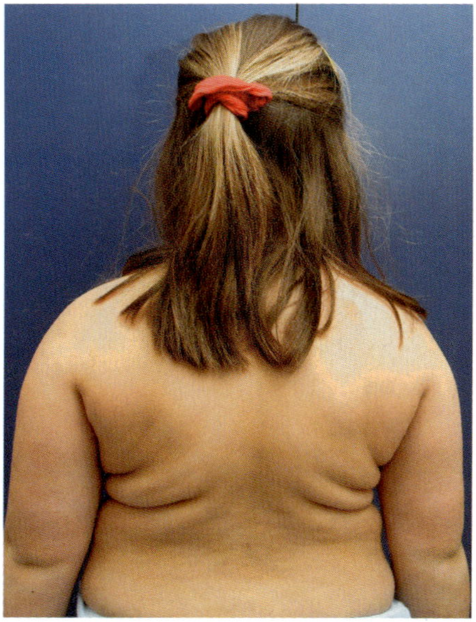

Adipositas:
Zu viel Fett macht fett

Wissenswertes

Die wichtigsten „Dickmacher“ für Kinder

- Bewegungsmangel (Fernsehen, Computerspiele etc.)
- Fetthaltige Nahrung (Chips, Hamburger, Pommes frites, Süßigkeiten etc.)
- Kalorienhaltige Getränke (Limo, Cola etc.)

netisch fixiert und wird zum Teil vererbt. Dieser Fettsollwert wird allerdings bei vielen Menschen durch fehlerhafte Nahrungsaufnahme und verminderten Kalorienverbrauch überschritten. Nur in weniger als 5% der Fälle findet man eine organische Ursache.

- 10 bis 15% der Bevölkerung sind zu dick.
- Der Fettanteil in der Nahrung beträgt häufig über 30%.
- Ist ein Elternteil zu dick und ihr Kind mit acht bis neun Jahren ebenfalls, besteht eine große Wahrscheinlichkeit, dass es dick bleibt.
- Stillen vermindert die Gefahr, dass das Kind später dick wird.
- Schlankheitsmittel und Diäten führen später meist zu einer weiteren Gewichtszunahme.
- Abnehmen lässt sich nur durch eine Änderung der Essgewohnheiten erreichen – mit Verminderung der Fettzufuhr auf unter 30% und erhöhtem Kalorienverbrauch (körperliche Aktivität, Sport).

Untergewicht

Untergewicht bedeutet ein zu geringes Gewicht für eine bestimmte Körperlänge.

Ursachen für Untergewicht

- Die Kalorienmenge der aufgenommenen Nahrung ist zu gering. Das kann durch Mangel an Nahrung oder durch eine falsch zusammengestellte Nahrung bedingt sein. Auch organische Erkrankungen oder psychische Gründe (Magersucht) können zu einer verminderten Nahrungsaufnahme führen.
- Die aufgenommene Nahrung wird vermehrt erbrochen. Das kann an einem gastro-oesophagealem Reflux oder einem Magenpförtnerkrampf liegen (siehe Kapitel 5, „Verdauungs-Störungen“).
- Die Nahrung wird nicht genügend verwertet, wie bei einigen Erkrankungen des Darmes, der Leber und der Bauchspeicheldrüse.
- Bei einer normalen Menge aufgenommener Kalorien ist ein erhöhter Kalorienverbrauch vorhanden, wie bei einer Schilddrüsen-Überfunktion.

Die Magersucht (Anorexia nervosa) – ebenfalls eine Ursache für Untergewicht in der Pubertät – wird im Kapitel „Ess-Störungen“ behandelt.

Haarausfall

Was hat mein Kind?

Haare gehören wie die Nägel zur Haut und gelten als „Hautanhangsgebilde". Haare werden gebildet und abgestoßen. Haarausfall entsteht, wenn mehr Haare ausfallen als nachgebildet werden. Haarausfall kann am ganzen Kopf vorliegen oder aber auch nur an vereinzelten Stellen. Mitunter kommt es zu einem kreisrunden Haarausfall (Alopezia areata). Die Ursachen für kreisrunden Haarausfall werden in einer Störung des Immunsystems vermutet.

Ursachen für einen vermehrten Verlust von Haaren können sein:

- „Liegeglatze" beim Säugling
- Verlust durch vermehrten Zug an den Haaren (Zöpfe)
- Zwanghaftes Haare ausreißen (Trichotillomanie)
- Pilzinfektionen
- Schuppenflechte
- Medikamente
- Stress nach schweren Erkrankungen

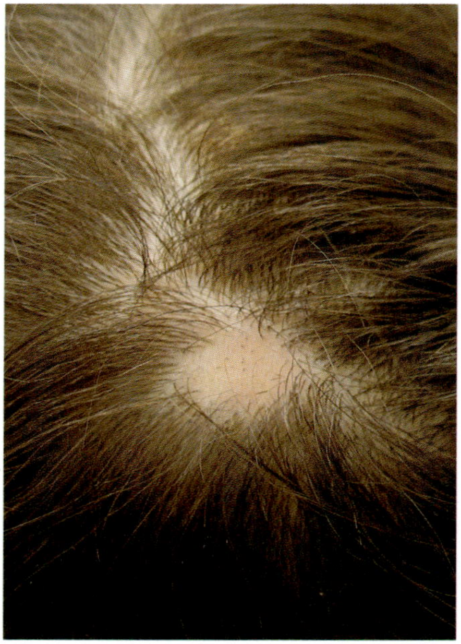

Haarausfall: Störung des Immunsystems?

Was kann ich tun?

Überprüfen Sie, ob wirklich ein vermehrter Verlust an Haaren vorliegt. Bedenken Sie, dass man bei langen Haaren eher den Eindruck eines vermehrten Haarausfalls bekommt. Bedenken Sie auch, dass bei täglicher Haarwäsche der tägliche Haarverlust ungefähr gleich, bei wöchentlicher Wäsche aber der Haarverlust am Tag der Haarwäsche besonders hoch ist.

Wann muss mein Kind zum Arzt?

Ein Ausfall von 70 bis 100 Haaren täglich gilt als normal. Bleibt der Eindruck eines vermehrten Haarausfalls, dann stellen Sie Ihr Kind dem Arzt vor.

Was tut der Arzt?

Der Arzt wird bei einem kreisrunden Haarausfall versuchen, ihn mit Salben zu stoppen. Er wird einige organische Ursachen für Haarausfall ausschließen und vielleicht durch einen Hautarzt ein Trichogramm anfertigen lassen. Ein Trichogramm ist eine mikroskopische Untersuchung der Haarwurzeln.

Wann muss mein Kind ins Krankenhaus?

Wegen eines Haarausfalls muss Ihr Kind nur selten zur diagnostischen Abklärung ins Krankenhaus.

Halsschmerzen

Was hat mein Kind?

Meist führen Virusinfekte, dazu, dass das Schlucken schmerzhaft ist. Die Lymphknoten im Kieferwinkel schwellen dabei gelegentlich an, und die Gaumensegel, der Rachen und die Rachenhinterwand sind mehr als sonst gerötet. Manchmal entzünden sich zusätzlich die Mandeln (Angina tonsillaris) und bilden Beläge. Je älter die Kinder werden, desto häufiger sind es Bakterien, die diese Beläge verursachen.
Im Kleinkind-Alter schwellen die Mandeln häufig um ein Mehrfaches an, weil sie mit Abwehrvorgängen beschäftigt sind. Diese Schwellung kann sich allmählich von selbst wieder zurückbilden, so dass meistens keine Maßnahmen nötig werden.
Während der Sommerzeit kommen bei Kindern manchmal kleinere Epidemien von Herpangina vor. Dabei entstehen am Gaumen kleine Bläschen, verbunden mit Fieber, Hals- und Kopfschmerzen. Eine Herpangina wird durch Coxsackie-A-Viren verursacht, ist schmerzhaft, aber harmlos und braucht bis auf Schmerzstillung keine besondere Therapie.
Ein Racheninfekt ist meist virusbedingt. Mandelentzündungen können durch Viren und häufig auch durch Streptokokken verursacht werden.
Die Seitenstränge liegen seitlich an der Rachenhinterwand und entzünden sich häufiger, wenn die Mandeln entfernt worden sind.
Die gefährliche Epiglottitis – verbunden mit Speichelfluss, einer kloßigen Sprache und schwerem Kranksein – ist extrem selten.

Was kann ich tun?

Hat Ihr Kind nur ein leichtes Halskratzen ohne Rachenrötung und Fieber, können Sie ihm mit Halswickeln und Pflanzentees Linderung verschaffen. Eine Zusammenstellung von Tees und Wickeln finden Sie in Kapitel 2.

Wann muss mein Kind zum Arzt?

Verschwindet ein leichtes Halskratzen durch die „Hausmittel" nicht oder sind Sie unsicher, dann gehen Sie mit Ihrem Kind zum Arzt und lassen das abklären. Hat Ihr Kind Halsschmerzen, Fieber und eine starke Rötung des Gaumens oder der Mandeln oder hat es Mundgeruch, dann stellen Sie es dem Arzt vor.

Wissenswertes

Halsschmerzen werden verursacht durch ...

- Entzündungen des Rachens (Racheninfekt = Pharyngitis)
- Entzündungen der Mandeln (Angina tonsillaris) mit möglicher Abszessbildung
- Entzündungen der Seitenstränge (Seitenstrang-Angina)
- Fremdkörper und Verätzungen
- Kehldeckelentzündung (Epiglottitis).

Was tut der Arzt?

Der Kinderarzt kann durch einen Rachenabstrich Streptokokken als eine bakterielle Ursache nachweisen oder ausschließen. Je nach Befund wird er zusätzlich Blutwerte erheben und, falls nötig, eine antibiotische Therapie empfehlen. Wenn Ihr Kind jedes Jahr mehrere Mandelentzündungen hat, empfiehlt Ihr Arzt evtl. eine Mandelentfernung (Entscheidungshilfen für einen solchen Schritt finden Sie in Kapitel 5 unter „Hals-Nasen-Ohren-Erkrankungen").

Wann muss mein Kind ins Krankenhaus?

Bei einer Abszessbildung der Mandeln oder im Bereich der Mandeln ist eine chirurgische Eröffnung nötig. Das kann mit einem kurzen stationären Aufenthalt in einer HNO-Abteilung verbunden sein.
Sehr selten kann die Nahrungsaufnahme etwa durch eine Verätzung so behindert sein, dass eine stationäre Aufnahme nötig wird.
Die Kehldeckel-Entzündung (Epiglottitis) ist ein absoluter Notfall.

Haltungs-Störungen

Was hat mein Kind?

Rückenschmerzen können durch Haltungs-Störungen ausgelöst werden. Es gibt korrigierbare und fixierte Haltungs-Störungen.

Haltungs-Schwächen sind korrigierbare Fehlhaltungen der Wirbelsäule, die meist im Schulalter auftreten:

- Rundrücken
- Flachrücken
- Hohlrundrücken

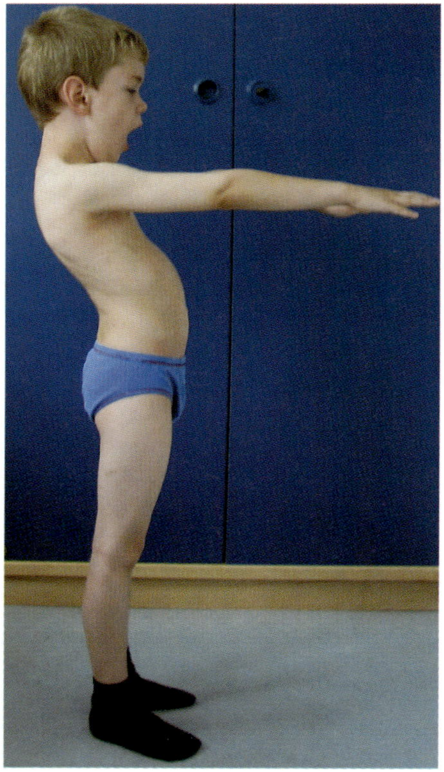

Hohlrundrücken: Korrigierbare Fehlhaltung

Nicht korrigierbar sind fixierte Fehlhaltungen der Wirbelsäule:

- **Skoliosen** sind fixierte seitliche Verkrümmungen der Wirbelsäule. 5% der Normalbevölkerung haben eine Skoliose, überwiegend sind es Mädchen.
- **Kyphosen** sind fixierte Krümmungen der Wirbelsäule zum Rücken (Buckel). Eine leichte Kyphose im Bereich der Brustwirbelsäule und eine leichte Lordose (Krümmung nach vorn) im Bereich der Hals- und Lendenwirbelsäule sind normal.
- Die **Trichterbrust** ist eine häufige angeborene Brustkorb-Veränderung. Sie ist durch eine Einwölbung des Brustbeins gekennzeichnet und findet sich oft auch bei anderen Familienmitgliedern. Sehr selten ist sie ein Hinweis auf eine schwere Bindegewebs-Erkrankung, das Marfan-Syndrom.

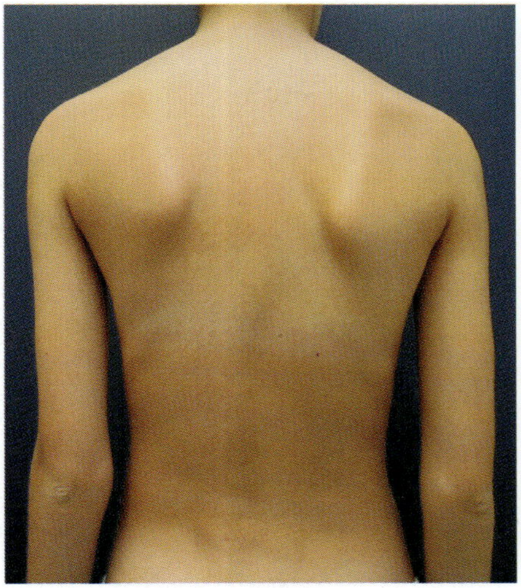

Skoliose (stehend)

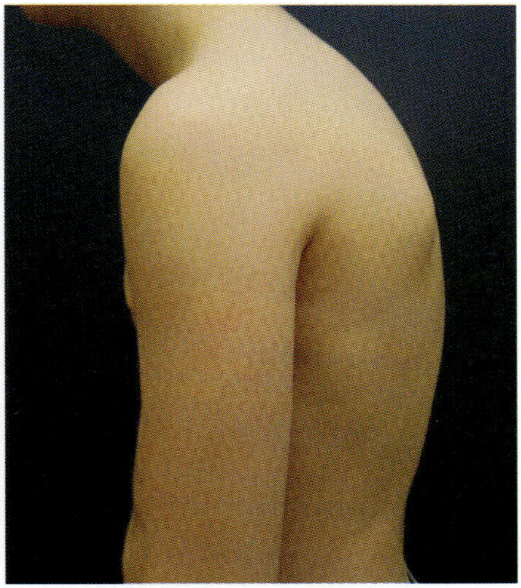

Kyphose

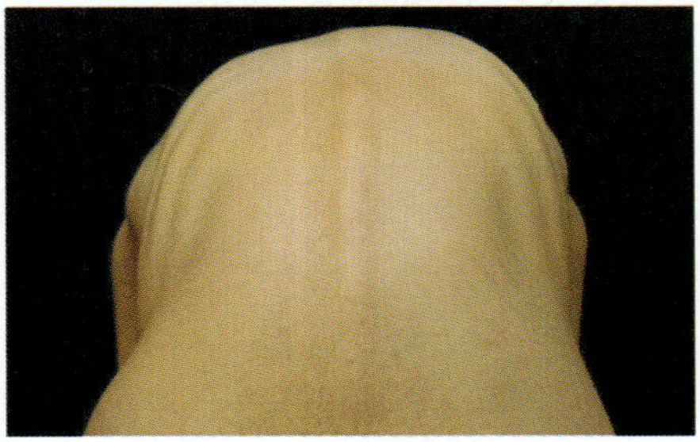

Skoliose (vorgebeugt)

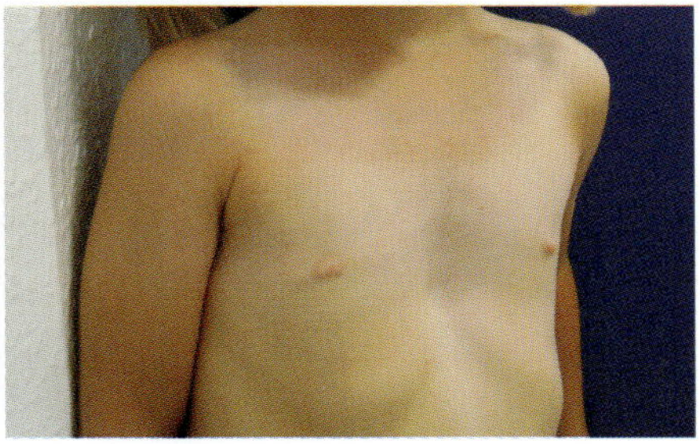

Trichterbrust

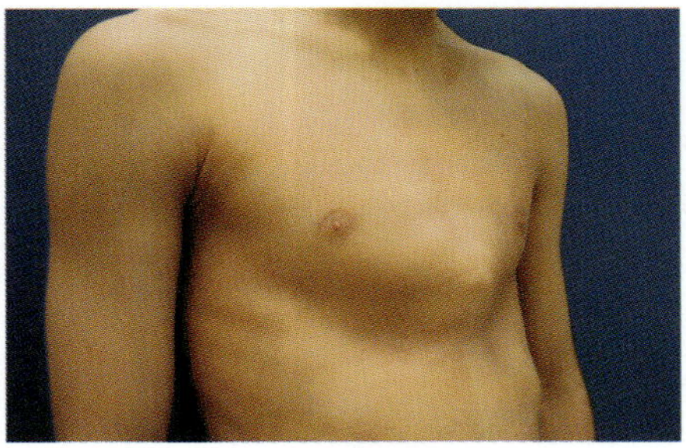

- Die **Kielbrust** ist eine Vorwölbung des Brustbeins. Sofern ein Kind keine weiteren Symptome zeigt, ist sie ohne weitere Bedeutung.

Kielbrust

Was kann ich tun?

Achten Sie auf die Haltung Ihres Kindes. Häufig bleiben Fehlhaltungen und Verkrümmungen der Wirbelsäule lange Zeit unerkannt, weil man dem Rücken zu wenig Beachtung schenkt. Animieren Sie Ihr Kind, viel Sport zu treiben. Haltungs-Schwächen können durch sportliche Betätigung und gegebenenfalls krankengymnastische Unterstützung verbessert werden. Besonders geeignet sind Sportarten wie Schwimmen, Leichtathletik und Ballsportarten. Um unsportlichen Kindern nicht die Motivation zu nehmen, sollten sie ohne erhöhten Leistungsdruck Sport treiben dürfen. Hier ist auch ein gezieltes Muskelaufbau-Training unter Anleitung sinnvoll. Engmaschige Kontrollen sind nötig, um eine Fixierung zu vermeiden und Ihr Kind vor einem dauerhaften Schaden zu bewahren.
Um Haltungs-Schäden durch Sitzen vorzubeugen, sollten Sie bei Ihrem Kind auf die richtige Sitzhöhe achten. Hier kann auch ein Sitzball für die Aktivierung der Muskulatur sehr gut sein, weil dadurch ständig neue Muskelgruppen aktiviert werden.

Wann muss mein Kind zum Arzt?

Wenn Sie den Eindruck haben, dass sich Ihr Kind schlecht hält oder Sie jemand auf die schlechte Haltung Ihres Kindes aufmerksam macht, dann stellen Sie es dem Arzt vor.

Was tut der Arzt?

Bei einer Haltungs-Schwäche wird er Ihrem Kind zu mehr sportlicher Aktivität, einer gezielten Rückenschulung oder Krankengymnastik raten.
Bei Verkrümmungen der Wirbelsäule wird er Ihr Kind dem Orthopäden vorstellen. Häufig kann die Verschlechterung einer fixierten Fehlhaltung durch gezielte Krankengymnastik und manchmal durch vorübergehendes Tragen ei-

nes Korsetts aufgehalten werden. Fixierte Fehlhaltungen können sich besonders in der Pubertät verschlechtern, so dass dann eine operative Korrektur notwendig wird.
Bei einer Trichterbrust wird Ihr Arzt eventuell eine Röntgenaufnahme, eine Herzuntersuchung und eine Lungenfunktionsprüfung durchführen lassen, um das Ausmaß festzustellen. Er wird zu Sport raten, um die Muskulatur und die Organe zu stärken. Trichter- und Kielbrust sind in der Regel kein Operationsgrund.

Wann muss mein Kind ins Krankenhaus?

Fixierte Verkrümmungen der Wirbelsäule können sich trotz allem Bemühen in der Pubertät verstärken. Gelegentlich wird eine Operation in einer Fachklinik erforderlich.

Was Sie sonst noch wissen sollten

Auch wenn ein Knochen sehr hart und unflexibel erscheint, befindet sich sein Gewebe in einem ständigen Umbauvorgang, dessen Belastungen sich die Zellen sehr gut anpassen. Das bleibt ein Leben lang so. Das Knochenwachstum wird im Wesentlichen durch Hormone gesteuert. Trotzdem beeinflusst auch die Muskelspannung, die durch unsere Körperhaltung vorgegeben wird, die Knochenentwicklung.
Unsere Körperhaltung sagt meistens auch etwas über unsere innere Haltung aus. Im Laufe der Entwicklung von Kindern spielt auch der Einfluss der sozialen Gruppen – Sportverein, Clique, Vorbilder – eine Rolle für die Haltung. Manchmal gilt es einfach als „cool“ oder „lässig“, nicht gerade zu stehen oder zu sitzen.

Haut-Ausschlag

Was hat mein Kind?

Viele Erkrankungen sind durch einen Haut-Ausschlag gekennzeichnet oder mit einem Ausschlag verbunden. Die Zuordnung zu einer Krankheit fällt häufig nicht leicht, weil neben dem Ausschlag auch andere Dinge wichtig sind – etwa das Alter des Kindes, die Stelle des Ausschlags und zusätzliche Symptome wie Fieber. Ein Ausschlag, der mit Fieber verbunden ist, weist auf eine Infektionskrankheit hin.
Zur Beschreibung eines Haut-Ausschlages werden die Begriffe Fleck (Makel), Knötchen (Papel), Bläschen (Vesikel), Eiterbläschen (Pustel), Hautröte (Erythem), Quaddel (Urtica), Schuppe (Squama), punktförmige Hautblutung (Petechie) oder kleinflächige Hautblutung (Ekchymose) verwendet.
Natürlich gibt es auch Mischformen, wie etwa Flecken mit Knötchen oder großflächige Rötungen mit Schuppung.
Damit Sie sich ein besseres Bild machen können, sehen Sie hier einige typische Beispiele:

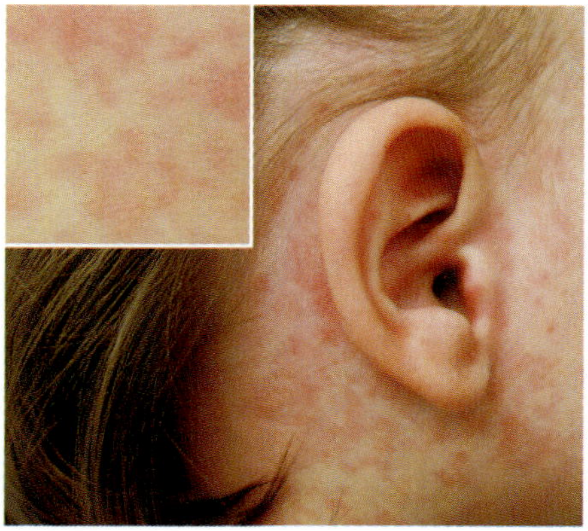

Fleck (Makel)
bei Masern-Ausschlag

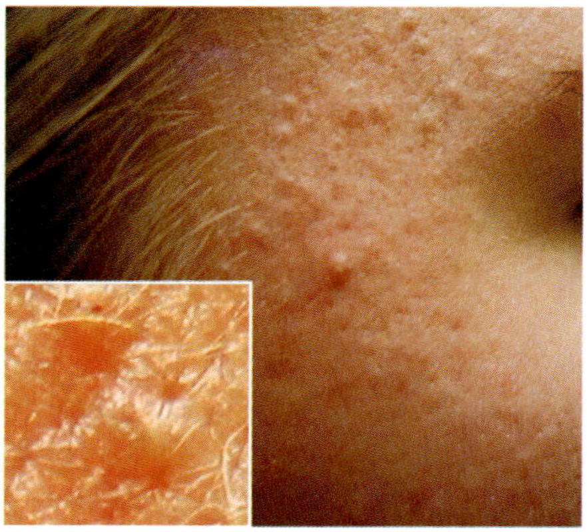

Knötchen (Papel)
bei Akne

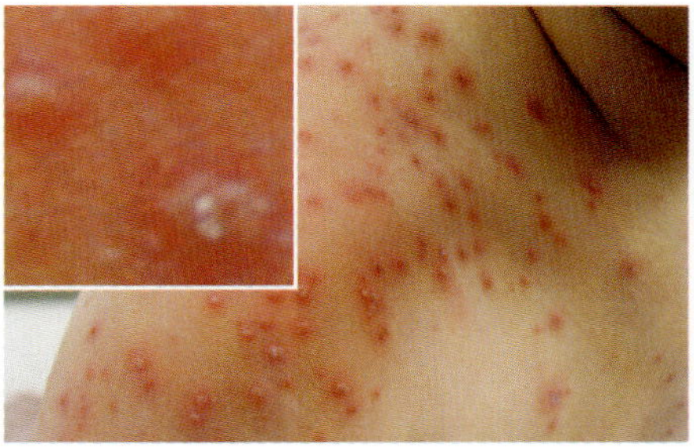

Bläschen (Vesikel) bei Windpocken

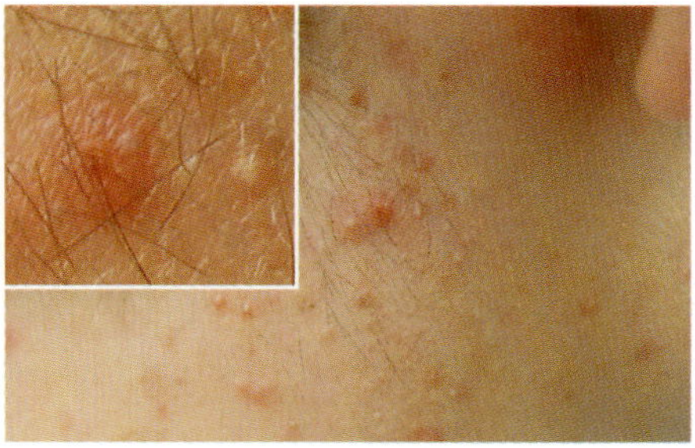

Eiterbläschen (Pustel) bei Akne

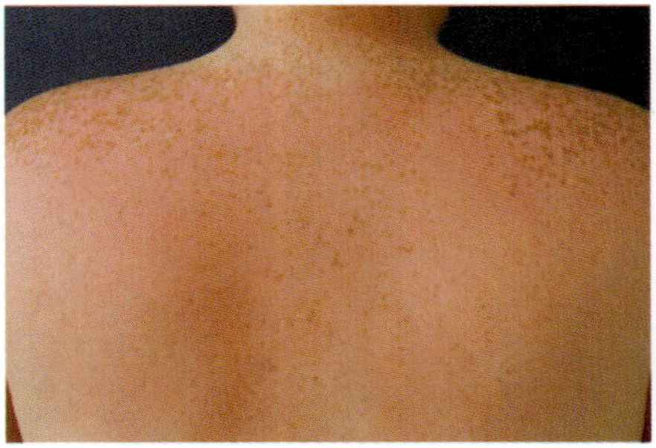

Hautröte (Erythem) bei Sonnenbrand

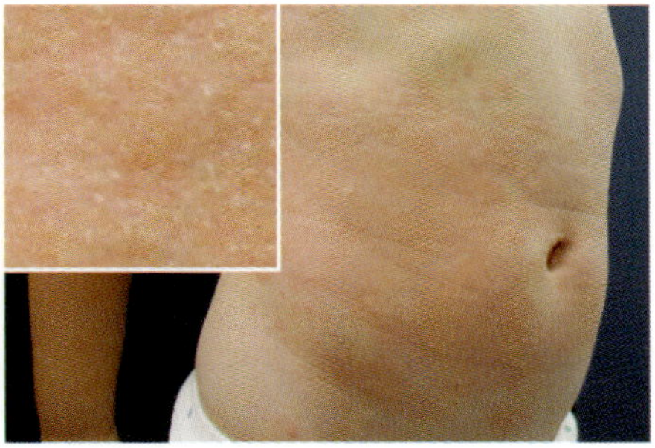

Quaddel (Urtica) bei Urticaria

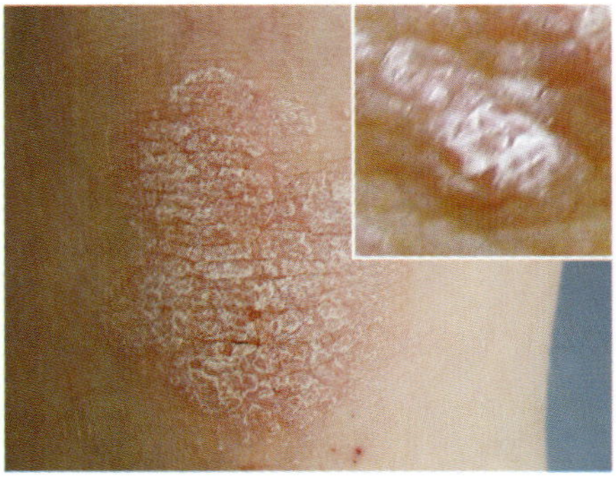

Schuppe (Squama) bei Psoriasis

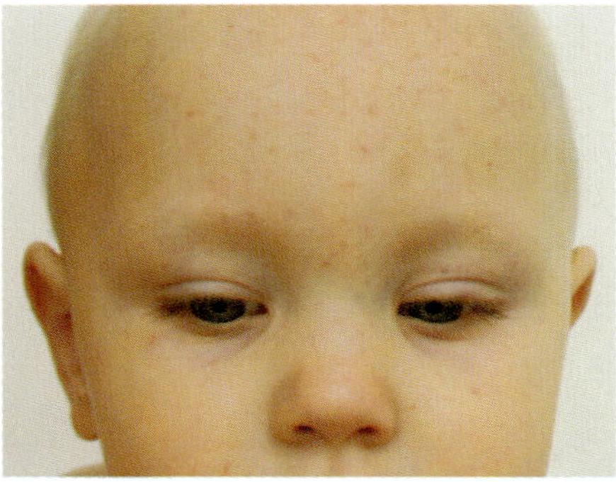

Punktförmige Hautblutung (Petechie)

Was kann ich tun?

Versuchen Sie den Ausschlag zu beschreiben und messen Sie Fieber. Hier sind einige wichtige Hinweise zur richtigen Einordnung des Ausschlags.

Ansteckende oder nicht ansteckende Erkrankung?

Um den Ausschlag einer Erkrankung zuordnen zu können und die Frage zu beantworten, ob es sich um eine ansteckende Erkrankung handelt oder nicht, sind folgende Informationen wichtig:
- Das Alter des Kindes
- Liegen Fieber oder andere Symptome vor?
- Wo ist der Haut-Ausschlag zuerst aufgetreten?
- Ist es eine akute oder eine chronische Haut-Veränderung?

Alter des Kindes

Im ersten Lebenshalbjahr treten infektiöse Ausschläge selten auf, weil der Säugling über die Mutter durch den Nestschutz einige Monate lang gegen viele Infektions-Krankheiten geschützt ist.

Beispiele für Ausschläge im ersten Lebenshalbjahr, die nicht ansteckend sind:
- Neugeborenen-Exanthem
- Neugeborenen-Akne
- Seborrhoische Dermatitis
- Neurodermitis

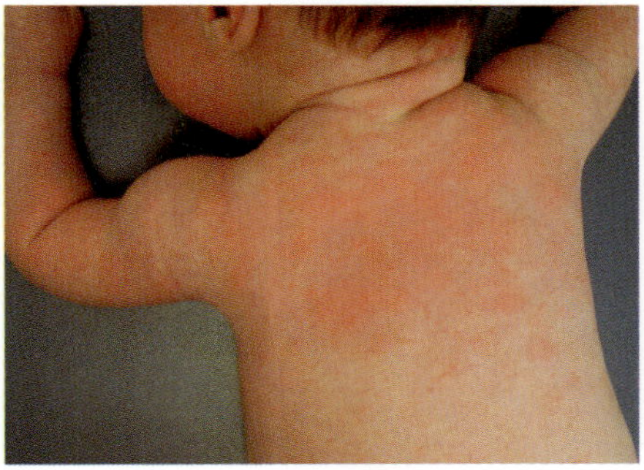

Neugeborenen-Exanthem:
Nicht ansteckend

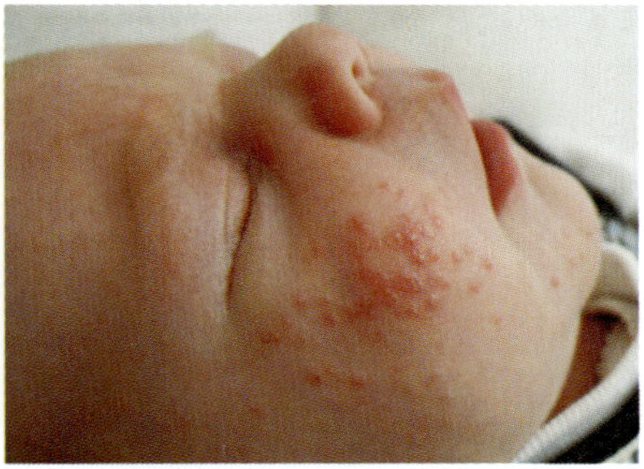

Neugeborenen-Akne:
Nicht ansteckend

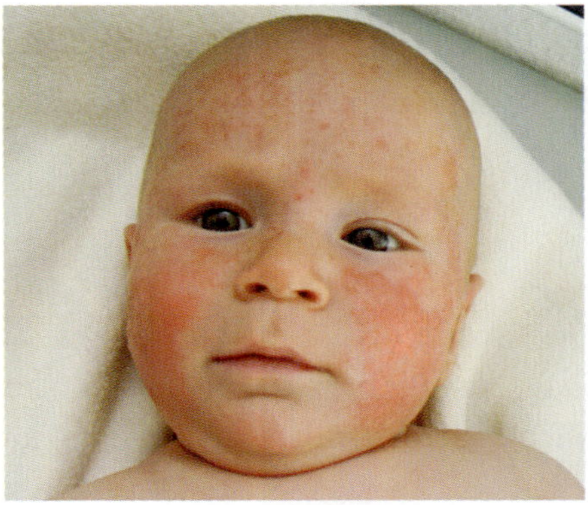

Seborrhoische Dermatitis:
Nicht ansteckend

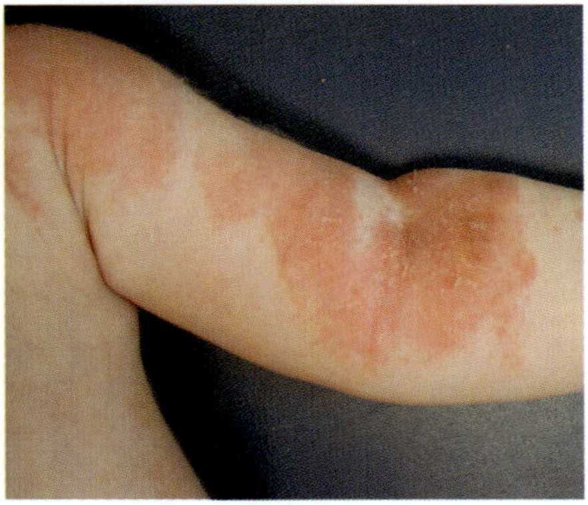

Neurodermitis:
Nicht ansteckend

Haut-Ausschlag und Fieber oder andere Symptome?

Ein wichtiges Begleitsymptom bei Erkrankungen mit Ausschlag ist Fieber. So deutet etwa ein großfleckiger Ausschlag mit hohem Fieber auf Masern hin, eine großflächige Rötung im Schulterbereich ohne Fieber im Sommer auf einen Sonnenbrand und ein mittelfleckiger Ausschlag, der nach drei Tagen hohen Fiebers erkennbar wird, auf Drei-Tage-Fieber.

Im Folgenden finden Sie einige Erkrankungen mit typischen Haut-Veränderungen:

Nicht ansteckende Ausschläge ohne Fieber

- Nesselsucht (Urticaria)
- Medikamentös ausgelöster Haut-Ausschlag
- Sonnenbrand
- Hitzepickel (Miliaria)
- Schuppenröschen-Flechte (Pityriasis rosea)

Ansteckende Ausschläge ohne Fieber

- Impetigo (Eiter- oder Krusten-Flechte)
- Krätze
- Herpesbläschen
- Gürtelrose
- Pilz-Infektionen
- Hand-Mund-Fuß-Krankheit

Ansteckende Ausschläge mit Fieber

- Windpocken
- Scharlach
- Masern
- Röteln
- Meningokokken-Erkrankung

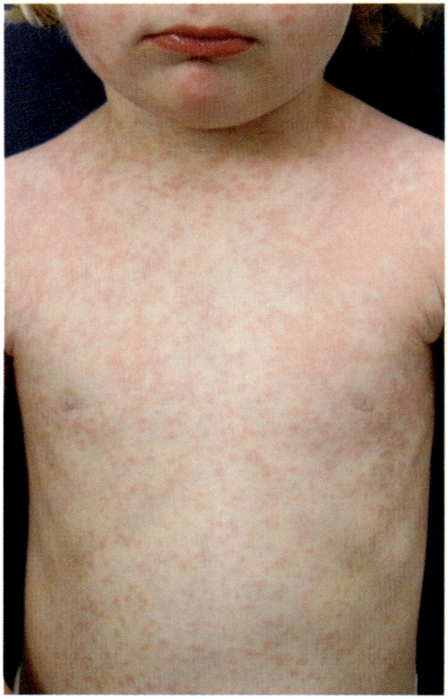

Arzneimittel-Exanthem: Nicht ansteckend

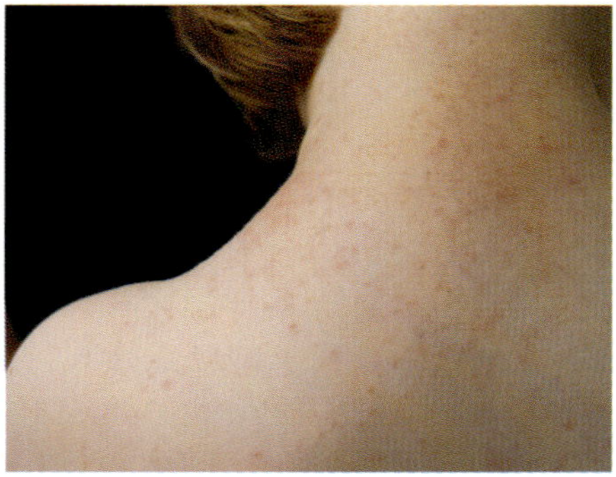

Hitzepickel: Nicht ansteckend

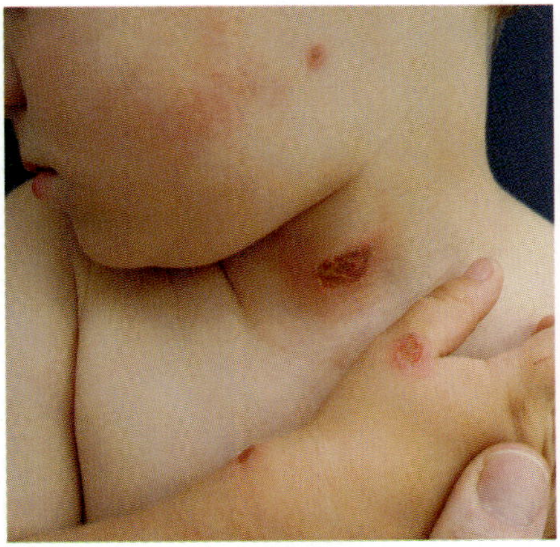

Impetigo:
Ansteckend

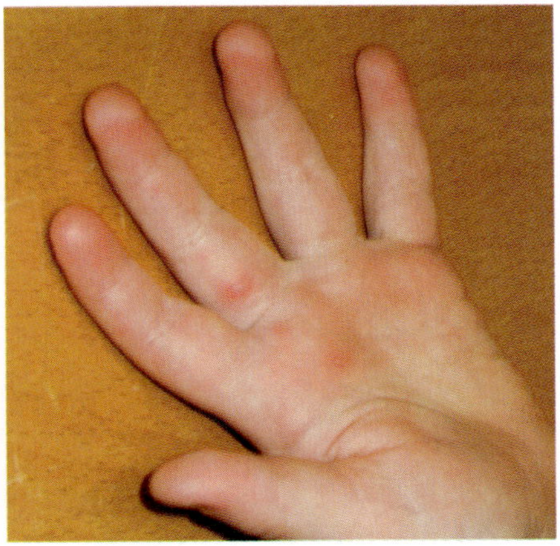

Hand-Mund-Fuß-Krankheit:
Ansteckend

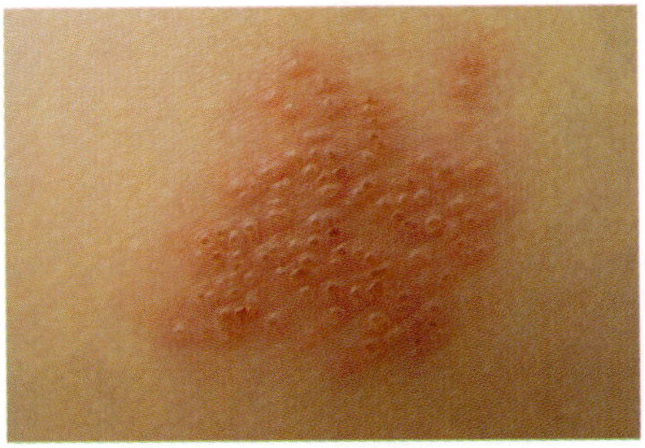

Gürtelrose:
Ansteckend

Wo ist der Haut-Ausschlag?

Haut-Veränderungen an den Streckseiten der Gelenke findet man eher bei einer *Schuppenflechte*, in den Beugeseiten mehr bei einer *Neurodermitis*.
Ein feinfleckiger, fast sandpapierartiger Ausschlag, besonders in der Leiste, der mit Halsschmerzen und Fieber verbunden ist, weist auf *Scharlach* hin.
Ausschläge am gesamten Stamm und den Extremitäten können durch eine *Viruserkrankung* hervorgerufen sein.

Akute oder chronische Haut-Veränderungen?

Zu einer weiteren Klassifizierung von Haut-Erkrankungen dient natürlich die Dauer der Erkrankung. Chronische Haut-Veränderungen bestehen über Wochen, Monate oder Jahre, so wie es bei der Neurodermitis oder der Schuppenflechte vorkommt. Sie sind in der Regel nicht ansteckend. Demgegenüber entstehen besonders Virus-Ausschläge rasch, wie zum Beispiel bei Windpocken, die den Körper innerhalb von Stunden mit Bläschen übersäen können.
Tritt ein Ausschlag akut auf, ist es für Sie nicht leicht, ihn einzuordnen. Von daher ist die Vorstellung beim Arzt häufig unumgänglich.
Bei chronischen Hauterkrankungen wie bei einer Neurodermitis sind die Eltern meist durch ihren Arzt gut über die Ursachen, die Pflege und die erforderliche Salbentherapie informiert, so dass sie sich selbst helfen können.
Hat Ihr Kind nur einen einfachen Sonnenbrand, können Sie ihm mit kühlenden Umschlägen Linderung verschaffen.

Wann muss mein Kind zum Arzt?

Wenn Ihr Kind einen leichten Sonnenbrand oder Hitzepickel hat, brauchen Sie keinen Arzt. Wenn Sie aber nicht sicher sind, um welche Art von Ausschlag es sich handelt und was Sie dagegen tun können, dann ziehen Sie auf jeden Fall Ihren Arzt zu Rate. Sagen Sie ihm alles, was Sie beobachtet haben (z.B. Fieber, Juckreiz etc.). Das erleichtert ihm die richtige Zuordnung des Ausschlags zu einem Krankheitsbild.

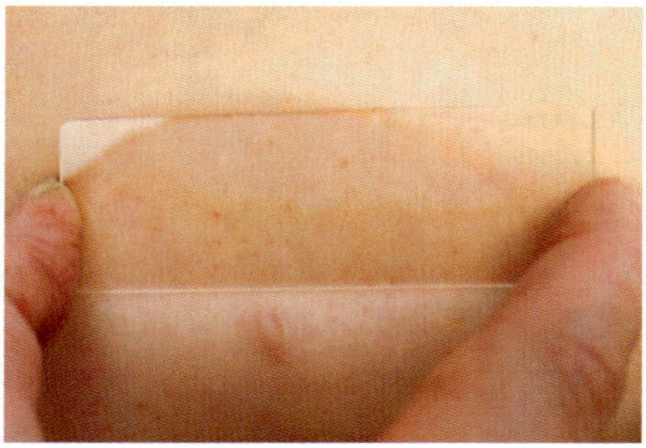

Einblutungen (Petechien): Bleiben auch unter Druck sichtbar

Auf jeden Fall sollten Sie **sofort** mit Ihrem **Arzt** Kontakt aufnehmen, wenn Sie Einblutungen in die Haut feststellen. Erkrankungen mit solchen Einblutungen können nämlich sehr gefährlich werden. Einblutungen (Pe-

techien, Ekchymosen) können Sie von harmlosen Hautrötungen unterscheiden, indem Sie eine Glasfläche (zum Beispiel ein Brillenglas oder die Seite eines Wasserglases) auf die gerötete Stelle drücken (siehe Foto). Eine Hautrötung verschwindet kurzfristig durch den Druck. Die Einblutung bleibt sichtbar.
Da die Ursache von Einblutungen für Ihr Kind lebensbedrohlich werden kann, ist eine schnelle Abklärung durch einen Arzt erforderlich. Petechien entstehen nämlich nicht nur bei bakteriellen Erkrankungen, die in der Regel mit Fieber verbunden sind, oder bei Blut-Erkrankungen, sondern auch durch übermäßigen Druck beim Schreien und Pressen oder eine vorübergehende Gefäß-Überempfindlichkeit.

Was tut der Arzt?

Er wird Ihr Kind untersuchen und dabei die Krankheitsgeschichte und die Begleitsymptome einbeziehen. Manchmal ist es aber auch für Ihren Arzt schwierig, den Ausschlag sofort einer Erkrankung zuzuordnen. Es kann nämlich einige Tage dauern, bis der Ausschlag für eine Erkrankung typisch wird. Auch gibt es zum Beispiel viele unspezifische Virus-Ausschläge, die den Röteln sehr ähnlich sind, aber keine Röteln sind.

Wissenswertes

Wie Einblutungen (Petechien) entstehen können

- Drucksteigerung im Kopf (Schreien, Pressen beim Erbrechen)
- Virus-Infekte
- Nach Infekten (z. B. Purpura Schönlein-Henoch, siehe unten)
- Meningokokken-Erkrankung
- Verminderung der Blutplättchen

Nach der Diagnose wird Ihr Arzt die Grundkrankheit behandeln (z.B. Scharlach) oder geeignete Salben oder Cremes gegen den Ausschlag vorschlagen. Häufig wird er Sie aber auch über die Harmlosigkeit aufklären und keine Therapie einleiten. Denn viele Ausschläge gehen auch von selbst wieder zurück. Beim Auftreten von Einblutungen (Petechien) wird Ihr Arzt die Ursache abklären und Ihr Kind bei Verdacht auf eine Meningokokken-Erkrankung sofort ins Krankenhaus schicken.

Wann muss mein Kind ins Krankenhaus?

Besonders bei ernsten Erkrankungen, wie zum Beispiel einer Meningokokken-Erkrankung oder einer ausgeprägten Herpes-Infektion bei Neurodermitis ist eine stationäre Behandlung dringend erforderlich. Eine Meningokokken-Erkrankung muss unverzüglich intensiv-medizinisch behandelt werden, weil Lebensgefahr droht.

Was Sie sonst noch wissen sollten

- Haut-Ausschläge unter dem sechsten Lebensmonat sind selten ansteckend.
- Ein Haut-Ausschlag und Fieber deuten auf eine Infektionskrankheit hin.
- In jedem Alter sind Fieber und Einblutungen in der Haut Hinweise auf die sehr ernste Meningokokken-Erkrankung.

Purpura Schönlein-Henoch (Vasculitis allergica)

Die Purpura Schönlein-Henoch ist eine Immunerkrankung, bei der es im Anschluss an einen Infekt zu einer Brüchigkeit der kleinen Gefäße kommt. Dies äußert sich in kleinen und größeren Einblutungen (Purpura) an Haut, Schleimhaut und inneren Organen. Meist sind die unteren Extremitäten befallen, da dort die Gefäße mehr belastet sind. Durch Einblutungen an Gelenken, Darm und Nieren kann es zu Problemen kommen.
Immunerkrankungen sind dadurch gekennzeichnet, dass sich die Abwehrfunktion des Körpers durch sogenannte Auto-Antikörper gegen sich selbst richtet. Das geschieht zum Beispiel bei einer chronischen Arthritis oder wie hier bei bestimmten Entzündungsprozessen an den Blutgefäßen.

Therapie:
In der Regel reicht Bettruhe bis zum Abklingen der Symptome aus, und es tritt eine vollständige Heilung ein.

Herzklopfen · Herzrasen

Was hat mein Kind?

Der Rhythmus unseres Herzschlages passt sich normalerweise der Belastung an, die an unseren Körper gestellt wird. Körperliche Belastung und Aufregung lassen unser Herz schneller schlagen, Ruhe und Entspannung haben einen langsameren Herzschlag zur Folge.
Kinder haben mehr als Erwachsene eine atemabhängige Herzfrequenz. So beschleunigt der Puls nach tiefem Einatmen. Und er verlangsamt sich beim Ausatmen spürbar. Die normalen Herzfrequenzen sind bei Säuglingen und Kindern höher als bei Erwachsenen.
Störungen des Herzrhythmus treten im Kindesalter selten auf. Wenn ein Säugling plötzlich auffallend ruhig und blass ist, kann es sich um anfallsartiges Herzjagen handeln. Diese Kinder können dann einen Pulsschlag von über 200 Schlägen pro Minute haben.
Fehlregulationen des Kreislaufs treten besonders im jugendlichen Alter auf, wenn Ihr Kind schnell wächst. Dabei kommt es bei einer Lageänderung – wie etwa vom Liegen zum Stehen – zu einem Versacken des Blutes in die Beine. Weil das Gehirn dann nicht schnell genug wieder ausreichend mit Sauerstoff versorgt wird, kann einem leicht schwindlig werden oder sogar eine kurze Bewusstlosigkeit auftreten.

Was kann ich tun?

Wenn Sie einen unregelmäßigen Puls fühlen, achten Sie auf Atemabhängigkeit. Eine Beschleunigung des Herzschlages nach tiefem Einatmen und eine Verlangsamung beim Ausatmen ist normal.
Wenn Ihr Kind plötzlich auffallend blass und ruhig ist, dann versuchen Sie die Herzfrequenz zu bestimmen. Den Pulsschlag können Sie beim Säugling am besten an der Innenseite der Oberarme und bei älteren Kindern im Kieferwin-

kel oder am Handgelenk überprüfen (siehe Kapitel 6: „Notfälle im Kindesalter").
Ist die Herzfrequenz sehr hoch und kaum zählbar (über 200 Schläge/min), dann geben Sie Ihrem Kind als Sofortmaßnahme etwas Sprudel zu trinken. Die Luft des Sprudels kann vom Magen aus gegen das Herz drücken und so unter Umständen das anfallsartige Herzjagen unterbrechen. Bringen Sie Ihr Kind aber trotzdem sofort zum Arzt oder ins Krankenhaus.
Sollte Ihr Kind wegen Herzrhythmus-Störungen Medikamente einnehmen müssen, achten Sie darauf, dass es sie regelmäßig einnimmt. Auch der Einnahme-Rhythmus ist wichtig.
Bei einer Kreislauf-Labilität Ihres Kindes können regelmäßige sportliche Betätigung oder Wechselduschen mit warmem und kaltem Wasser Abhilfe schaffen. Der letzte Guss sollte dann aber kalt sein.

Wann muss mein Kind zum Arzt?

Falls sich ein schneller oder sehr unregelmäßiger Puls Ihres Kindes nicht beruhigt oder wenn andere Krankheits-Zeichen dazu kommen, wenden Sie sich an Ihren Kinderarzt.

Was tut der Arzt?

Zur gezielten Untersuchung von Herzrhythmus-Störungen dienen das EKG, Langzeit-EKG, Blut-Untersuchungen, eine Röntgenaufnahme des Brustkorbes und gegebenenfalls eine Ultraschall-Untersuchung des Herzens.
Werden Herzrhythmus-Störungen nachgewiesen, können sie durch die Gabe bestimmter Medikamente gebessert werden oder zum Verschwinden gebracht werden.
Bei einer Kreislauf-Labilität können Medikamente die nervliche Versorgung der Blutgefäße beeinflussen und stabilisieren.

Wann muss mein Kind ins Krankenhaus?

Liegt ein WPW-Syndrom (anfallsartiges Herzjagen) vor, ist eine stationäre Behandlung und häufig eine medikamentöse Langzeit-Therapie nötig. Auch andere schwere Rhythmus-Störungen müssen häufig im Krankenhaus abgeklärt und medikamentös eingestellt werden.
Herzschrittmacher müssen nur sehr selten nach Herzoperationen oder bei schweren Störungen des Reizleitungs-Systems eingesetzt werden. Heute werden im Jugendalter einige Herzrhythmus-Störungen auch schon mittels Hochfrequenz-Katheterablation behoben. Das ist eine elektrische Verödung des Bezirks, der den Herzrhythmus stört.

Herzschmerzen · Herzstiche

Was hat mein Kind?

Herzschmerzen sind im Kindesalter häufig harmlos. Besonders Jugendliche klagen gelegentlich über Herzstiche, die kurz andauern und bedrohlich erscheinen. Sie können auch plötzlich beim Ein- oder Ausatmen auftreten und verschwinden nach einigen Atemzügen, spätestens nach einigen Minuten von ganz allein.
Die Ursache ist nicht eindeutig geklärt. Trotz eingehender Untersuchungen findet man meist keinen erklärbaren Grund für diese kurzfristigen Beschwerden. Sehr selten können sich hinter Herzschmerzen Fehlbildungen der Herzkranzgefäße oder Herzrhythmus-Störungen verbergen. Schmerzen in der Brust oder knöchernem Brustkorb werden manchmal als Herzschmerzen fehlgedeutet.
Auch können Belastungen der Wirbelsäule anscheinend Herzschmerzen auslösen – zum Beispiel nach anstrengendem Sport oder, nachdem Ihr jugendliches Kind viel getragen hat.

Was kann ich tun?

Beruhigen Sie Ihr Kind und messen Sie seinen Puls. Achten Sie dabei auch auf die Regelmäßigkeit des Herzschlags.
Wegen möglicher Fehlhaltungen der Hals- oder Brustwirbelsäule achten Sie darauf, dass Ihr Kind einen angemessenen Stuhl und Tisch für seine Hausaufgaben hat. Überprüfen Sie den Tornister bzw. Rucksack Ihres Kindes. Viele Kinder tragen viel zu schwere Sachen, was sich belastend auf die Wirbelsäule auswirken und so zu scheinbaren Herzschmerzen führen kann.

Wann muss mein Kind zum Arzt?

Sollte der Puls sehr schnell oder unregelmäßig sein, die Beschwerden anhalten oder unter Belastung stärker werden, dann stellen Sie Ihr Kind umgehend einem Arzt vor. Sind die Beschwerden nur kurzfristig, sollten Sie einen baldigen Untersuchungstermin für Ihr Kind bei Ihrem Arzt ausmachen.

Was tut der Arzt?

Er wird Ihr Kind untersuchen und möglicherweise ein EKG machen und eine Blutuntersuchung durchführen. Bestehen Unklarheiten bei der Diagnose, wird er Ihr Kind bei einem Kinderkardiologen zu einer erweiterten Diagnostik vorstellen.

Wann muss mein Kind ins Krankenhaus?

Sofern keine schweren Herzfehler entdeckt werden, ist eine Einweisung ins Krankenhaus in der Regel nicht erforderlich.

Hoden-Erkrankungen

Was hat mein Kind?

Im Laufe der Entwicklung des Kindes im Mutterleib „wandern" beim Jungen die Hoden aus dem Bauchraum in den Hodensack. Das ist notwendig, weil der Hoden für seine Entwicklung und zur Spermien-Produktion eine etwas kühlere Temperatur braucht, als der Bauchraum sie ihm bietet. Die „Wanderung" (Descensus) sollte bis zum Ende des zweiten Lebensjahres abgeschlossen sein. Ist diese Wanderung nicht vollständig und befindet sich der Hoden noch in Leiste oder Bauchraum spricht man von einem **Hoden-Hochstand**. Bei einem **Pendelhoden** liegt der Hoden mal in der Leiste, mal im Hodensack.
Ein Hoden kann von sich aus zu klein und nicht gut entwickelt sein.
Schwellungen, eventuell verbunden mit Schmerzen, treten meist bei einem **Wasserbruch** (Hydrocele) oder Leistenbruch auf. Bei einem Wasserbruch besteht noch eine direkte Verbindung zwischen Hoden und Bauchraum, so dass sich die Umgebung des Hodens mit Flüssigkeit aus dem Bauchraum füllt.
Beim **Leistenbruch** schiebt sich Bauchfell in den Leistenkanal und möglicherweise bis in den Hodensack. Hierdurch kann sich auch einmal eine Darmschlinge dorthin drücken, was ein schnelles Eingreifen erfordert (Zurückdrängen der Darmschlinge oder Operation).

Starke Schmerzen sind verbunden mit einer Hoden-Torsion, Hydatiden-Torsion, Hoden-Entzündung und Hoden-Prellung.

- Wird der Hodensack rot und rasch zunehmend druckempfindlich und hat Ihr Sohn Schmerzen, so deutet das auf eine Hodenstiel-Drehung (**Hoden-Torsion**). Dabei dreht sich der Hoden um den Samenstrang und die Blutgefäße, wodurch seine eigene Blutzufuhr unterbunden wird. Dies kann zum Absterben des Hodens führen.
- Weiterhin kann sich ein Anhängsel am Hoden drehen (**Hydatiden-Torsion**). Sie ist nicht so gefährlich wie eine Hoden-Torsion, aber auch nicht sofort eindeutig zu erkennen.

- Eine **Entzündung** der Hoden (Orchitis) durch eine Infektion kann sogar zur Unfruchtbarkeit führen. Dazu kommt es ganz selten als Folge einer Mumpserkrankung jenseits des Kindesalters.
- **Hoden-Prellungen** sind sehr schmerzhaft und häufig Sportunfälle.

Was kann ich tun?

Achten Sie auf die Lage der Hoden und bedenken Sie, dass bei unerklärlichem Schreien, Bauchschmerzen oder Hodenschmerzen auch einmal eine akute Hoden-Erkrankung dahinter stecken kann.

Wann muss mein Kind zum Arzt?

Sprechen Sie Ihren Arzt an, wenn die Hoden nicht oder nicht immer im Hodensack sind.
Fällt Ihnen eine schmerzlose **Schwellung** am Hoden oder Hodensack auf, dann stellen Sie Ihr Kind dem Arzt vor. Ist diese mit einer **Rötung** oder **Schmerzen** verbunden, muss das **umgehend** geschehen. Es könnte sich um eine Hoden-Torsion handeln, die dann sofort operiert werden muss.
Auch eine Hoden-Prellung sollten Sie umgehend dem Arzt zeigen.

Was tut der Arzt?

Da ein Hodenhochstand möglichst bis zum Ende des zweiten Lebensjahres beseitigt sein sollte, wird er versuchen, das Hinabgleiten des Hodens in den Hodensack durch eine Hormontherapie zu fördern, oder Ihr Kind einem Kinderchirurgen oder Urologen vorstellen, der die Hoden durch eine Operation im Hodensack fixiert.
Bei einem Wasserbruch wird er Ihnen eine Kontrolluntersuchung empfehlen. Denn Wasserbrüche bilden sich meist von allein zurück.

Bei einem Leistenbruch wird er Ihr Kind zu einem Kinderchirurgen überweisen.
Bei unklaren Schwellungen, Schmerzen oder Rötungen im Hodenbereich wird er Ihr Kind umgehend zur Abklärung im Krankenhaus vorstellen. Denn eine Hoden-Torsion sollte innerhalb von wenigen Stunden diagnostiziert und operiert werden.

Wann muss mein Kind ins Krankenhaus?

Hoden-Hochstände und Leistenbrüche können je nach Befund ambulant oder stationär operiert werden.
Unklare Hoden-Schwellungen müssen meist operativ abgeklärt werden, um eine Hoden-Torsion auszuschließen.
Auch eine Hoden-Prellung muss gelegentlich operiert werden, weil ein starker Bluterguss den Hoden schädigen kann.

Hörstörungen

Was hat mein Kind?

Das Hören ist die wichtigste Sinneswahrnehmung, um sprechen zu lernen. Es ist damit eine entscheidende Voraussetzung zur späteren Kommunikation. Störungen der Hörfunktion haben für betroffene Menschen also weitreichende Folgen. Statistisch gesehen kommt eins von tausend Kindern mit einer schweren Hörstörung zur Welt.

Kinder ohne Hörstörungen durchlaufen folgende Entwicklungs-Schritte:

- **In den ersten beiden Monaten:**
  Ein Kind erschrickt plötzlich bei lauten Geräuschen und beruhigt sich bei Zuspruch durch die Eltern. Es erzeugt undifferenzierte Geräusche wie Lachen, Gurgeln und Gurren.
- **Mit 3 bis 4 Monaten:**
  Das Kind wendet die Augen und den Kopf zur Schallquelle hin. Es hat jetzt ein stimmhaftes Lachen, Brabbeln. Es reagiert auf die Stimme der Eltern und nimmt seine Umwelt bewusst wahr.
- **Mit 6 bis 10 Monaten:**
  Es reagiert auf Musik und hört genau hin. Es versucht, zweisilbige Laute zu bilden und beginnt, häufig benutzte Wörter wie „nein" zu verstehen.
- **Mit 10 bis 12 Monaten:**
  Ein Kind reagiert auf leises Ansprechen aus einem Meter Entfernung. Einfache Klänge und Wörter werden imitiert. Es zeigt auf Gegenstände und Personen, wenn es dazu aufgefordert wird. Es reagiert auf Verbote.

- **Mit 2 Jahren:**
  Anweisungen, die in das Ohr geflüstert werden, werden befolgt. Es reagiert, wenn es aus einem anderem Raum gerufen wird. Es spricht in Zweiwortsätzen. Es wippt im Rhythmus bei Musik.

Eine Hörstörung erkennen Sie daran, dass Ihr Kind einen dieser Entwicklungs-Schritte nicht oder nur sehr verzögert erreicht.

Was kann ich tun?

Überprüfen Sie laufend die Hörfähigkeit Ihres Kindes anhand der oben genannten Entwicklungs-Schritte.
Wenn Ihr Kind schon älter ist, achten Sie darauf, ob es zum Beispiel den Fernseher übermäßig laut stellt oder nur wenig auf seine Umwelt reagiert. Beides kann ein Hinweis auf eine Hörstörung sein.

Wann muss mein Kind zum Arzt?

Wenn Sie feststellen, dass die Hörfähigkeit Ihres Kind nicht der normalen Entwicklung entspricht, gehen Sie mit ihm zum Kinderarzt. Ebenso, wenn Ihr Kind Ihnen durch sein Verhalten andere Anhaltspunkte gibt, dass es vielleicht schlecht hört.

Was tut der Arzt?

Bei einer Hörstörung wird Ihr Kinderarzt sich mit einem HNO-Arzt in Verbindung setzen. Der HNO-Arzt wird die Hörstörung abklären und Maßnahmen ergreifen, um das Hörvermögen zu verbessern.

Liegt beim Kind eine Schall-Leitungsstörung vor, dann kann der Defekt meist durch eine Operation behoben werden. So wird bei einem Paukenerguss für einige Zeit eine Paukendrainage durch ein kleines Röhrchen vorgenommen. Das wird ambulant in einer HNO-Praxis oder im Krankenhaus durchgeführt.
Bei schweren Hörstörungen ist eine frühzeitige Versorgung mit Hörgeräten wichtig, um die Hörfähigkeit und die Sprachentwicklung des Kindes angemessen zu fördern. Bei einer Taubheit kann der Einbau einer künstlichen Hörschnecke, eines sogenannten Cochlea-Implantats, helfen, wenn der Eingriff frühzeitig eingeleitet wird. Cochlea-Implantate sind Systeme, die das Ohr ersetzen und die aufgenommene Sprache an das Gehirn weitersenden. Bei früh implantierten Systemen können damit heute viele der hörgeschädigten Kinder die Regelschule besuchen. Das war früher undenkbar.

Wissenswertes

Risikofaktoren für eine Hörstörung

- Einnahme bestimmter Medikamente (z. B. bestimmte Antibiotika)
- Infektionen der Mutter während der Schwangerschaft
- Erkrankungen der Mutter während der Geburt, die intensivmedizinische Maßnahmen nach sich ziehen
- Ein Geburtsgewicht unter 1.500 g
- Eine bekannte familiäre Schwerhörigkeit

Diese Faktoren erhöhen die Wahrscheinlichkeit für eine Hörstörung eines Kindes um ein Mehrfaches.

Andere Ursachen für Hörstörungen

- Fremdkörper (Ohrenschmalz) im Gehörgang
- Mittelohr-Entzündungen
- Paukenergüsse
- Tubenfunktions-Störungen
- Polypen
- Fehl- und Neubildungen

Wann muss mein Kind ins Krankenhaus?

Bei komplizierteren Eingriffen – wie einem Defekt am Trommelfell oder der Versorgung mit einem Cochlea-Implantat – wird Ihr Kind im Krankenhaus versorgt.

Was Sie sonst noch wissen sollten

Das Hören ist ein sehr komplexer Vorgang, an dem das äußere Ohr, das Trommelfell, das Mittelohr – mit der Knochenkette Hammer, Amboss und Steigbügel – das Innenohr, die Hörnerven, die Hirnstammregion und bestimmte Areale der Hirnoberfläche beteiligt sind. Je nach Lokalisation der Störung spricht man von einer …

- Schall-Leitungsstörung (Hammer, Amboss, Steigbügel)
- Schall-Empfindungsstörung (Innenohr)
- hörbedingten (auditiven) Verarbeitungs- und Wahrnehmungs-Störung (Gehirn)

Ausführliche Informationen finden Sie in dem Buch *„RAT & TAT – Hörgeschädigte Kinder“* von Sylvia Schneider.

Husten

Was hat mein Kind?

Husten ist ein sehr häufiges Symptom im Kindesalter und in seinem Schweregrad nicht immer sofort einzuordnen. Das Husten ist ein normaler Reflex, der die Atemwege mechanisch reinigt. Die häufigste Ursache sind leichte, harmlose Reizungen der Atemwege. Husten bereitet Eltern allerdings oft schnell Sorgen.

Schon die Art, wie ein Husten klingt, und zusätzliche Begleitsymptome können Ihnen Hinweise auf die Ursache des Hustens geben.

Hat Ihr Kind zugleich Fieber und ist es kurzatmig, liegt der Verdacht nahe, dass es sich um eine Lungenentzündung handelt. Hat Ihr Kind einen bellenden Husten, kann ein Krupp-Husten vorliegen. Hat Ihr Kind Schwierigkeiten beim Ausatmen mit giemenden, verlängerten Atemgeräuschen, handelt es sich wahrscheinlich um asthmatische Beschwerden.

Tipps und Hinweise

Auf folgende Begleitsymptome sollten Sie besonders achten:

- Allgemeines körperliches Befinden
- Fieber
- Luftnot
- Atemgeräusche (pfeifende Atmung = „Giemen“)
- Atemfrequenz
- Hautfarbe

Akuter oder chronischer Husten?

Ein Husten kann akut oder chronisch sein.

- Der **akute Husten** dauert in der Regel ein bis zwei Wochen und verschwindet dann langsam. Meist wird er durch virale Infekte, aber auch durch Schadstoffbelastung (z.B. Passiv-Rauchen), Allergien oder bakterielle Infekte verursacht. Allerdings können Infekte gehäuft aufeinander folgen, so dass der Eindruck eines chronischen Hustens entsteht.

- Von einem **chronischen Husten** spricht man, wenn ein und derselbe Husten länger als vier Wochen anhält. Häufigere Ursachen können dabei sein: permanente Infekte im Kindergarten-Alter, Schadstoffbelastung, Asthma, ein überempfindliches Bronchialsystem oder eine mechanische Atembehinderung durch Gaumen- oder Rachenmandeln.

Was kann ich tun?

Wenn Ihr Kind ab dem Kleinkindalter Husten hat, ohne dabei krank zu wirken, handelt es sich meistens um einen Virus-Infekt. Hier können Sie auf die Selbsthilfe-Maßnahmen in Kapitel 2 zurückgreifen.

Allgemeine Maßnahmen bei Husten

- **Flüssigkeits-Zufuhr**
  Wichtig ist, dass Ihr Kind genügend trinkt. Hier bietet sich besonders warme Flüssigkeit wie Tee an. Flüssigkeit hat einen positiven Einfluss auf die Sekretbildung und die Ablösung von zähem Schleim.
- **Frischluft**
  Achten Sie auf genug Frischluft und nicht überwärmte Räume. Sorgen Sie für eine rauchfreie Wohnung.
- **Umschläge**
  Umschläge und Wickel wirken durch eine Überwärmung. So sorgen Sie für eine bessere Durchblutung der Haut und der Schleimhäute. Eine Zusammenstellung von Tees, Wickeln etc. finden Sie im Kapitel 2.
- **Klopfmassagen**
  Abklopf- und Lagerungstechniken nach Anweisung des Arztes sind bei zäher und übermäßiger Schleimproduktion zur Lockerung sinnvoll.

- **Inhalationen**
  Wasserdampf fördert die Durchblutung der Schleimhäute und wirkt dadurch besonders in den oberen Atemwegen schleimlösend. Seien Sie aber bei Inhalationen mit heißem Wasserdampf vorsichtig und lassen Sie dabei Ihr Kind wegen der Verbrühungsgefahr nie allein. Stellen Sie den Inhaliertopf am besten in ein Waschbecken. Dann kann er nicht umkippen oder herunterfallen.

Wann muss mein Kind zum Arzt?

Gehen Sie mit Ihrem Kind zum Arzt, wenn …

- Ihr Säugling in den ersten Lebensmonaten Husten hat
- der Husten über eine Woche lang anhält
- Ihr Kind einen zunehmend kranken Eindruck macht, Fieber bekommt oder eine Kurzatmigkeit entwickelt
- beim Husten eitriger Schleim und Fieber auftreten und sich der Allgemeinzustand verschlechtert. Dann kann eine stärkere Bronchitis oder eine Lungenentzündung drohen.
- Ihr Kind plötzlich zu husten anfängt, weil es etwas verschluckt hat. Dann könnte ein Fremdkörper in den Atemwegen sitzen. Hat es zusätzlich Luftnot, rufen Sie umgehend den **Notarzt.**
- Ihr Kind einen Bellhusten und eventuell dazu Luftnot hat
- Ihr Kind asthmatische Beschwerden mit einer verlängerten Ausatmung und eventuell dazu giemende Atemgeräusche hat

Was tut der Arzt?

Die Krankengeschichte, die Dauer, die Begleitsymptome und der Husten-Charakter weisen den Arzt in der Regel auf die Ursache hin.

Bei einem normalen Husten wird er Ihnen empfehlen, ruhig abzuwarten. Sind die Beschwerden quälend, so wird er versuchen, durch Medikamente Linderung zu verschaffen.
Bei Unklarheiten wird Ihr Arzt neben der körperlichen Untersuchung weitere diagnostische Maßnahmen – wie Blut-Untersuchungen, Röntgen-Untersuchungen, Allergie-Tests usw. – durchführen. Welche diagnostischen Maßnahmen erforderlich sind, hängt vom Alter des Kindes, und von der Schwere der Erkrankung ab.

Medikamente bei Husten

Zwei Gruppen von Hustenmitteln stehen Ihrem Arzt zur Verfügung: die Schleimlöser (Sekretolytika) und die Hustenstiller (Hustensedativa). Hustenstiller haben den Nachteil, dass der normale Hustenreflex unterdrückt wird und dadurch der Schleim länger in den Atemwegen bleibt.
Falls eine Verschlechterung eintritt und sich eine schwere Bronchitis oder eine Lungenentzündung entwickelt, muss unter Umständen ein Antibiotikum eingesetzt werden.
Sind zusätzlich asthmatische Beschwerden vorhanden, dann wird die Therapie durch Inhalationen mit entsprechenden Medikamenten ergänzt, zum Beispiel durch ein Aerosol mit bronchialerweiternden Substanzen.

Wann muss mein Kind ins Krankenhaus?

Eine stationäre Behandlung ist erforderlich bei …

- Husten mit akuter Luftnot, der nicht durch ambulante Maßnahmen zu beheben ist
- eingeatmeten Fremdkörpern
- kleinen Säuglingen mit Lungenentzündungen
- größeren Kindern mit schwer verlaufenden Lungenentzündungen

Was Sie sonst noch wissen sollten

Kleine Gegenstände, auch kleine Spielzeugartikel, sollten wegen der Einatmungsgefahr für Säuglinge und Kleinkinder *nicht erreichbar* sein. Das gilt auch für kleine Nahrungsmittel wie Erdnüsse, harte Apfel- oder ungekochte Möhrenstücke, Pistazienkerne und Popcorn.
Puder sollten Sie als Pflegemittel *nicht benutzen*, weil er bei unsachgemäßer Verwendung eingeatmet werden kann. Das kann eine Lungenentzündung Ihres Kindes nach sich ziehen.

Sehen Sie hier die häufigsten Hustentypen und ihre Ursachen.

Hustentypen und ihre Ursachen

Hustentyp	Mögliche Erkrankung
Bell-Husten	Krupp, Luftröhren-Entzündung
Stakkato-Husten	Keuchhusten
Anhusten oder Hüsteln	Rippenfell-Entzündung, Lungenentzündung
Giemender Husten mit verlängerter Ausatmungsphase	Asthma Asthmoide Bronchitis
Trockener oder feuchter Husten	Bronchitis mit weniger oder mehr Sekretmenge

Wie Husten ausgelöst wird

Durch äußere Reize oder Entzündungen der Schleimhäute im Mund-, Nasen- und Rachenraum und Bronchialtrakt werden Nervenendigungen (Hustenrezeptoren) aktiviert, die mit dem Hustenzentrum im Gehirn verbunden sind. Von dort wird ein tiefes Einatmen ausgelöst. Die Luftröhre wird durch die Stimm-

ritze verschlossen, die Atemmuskulatur wird angespannt – und durch plötzliches Öffnen der Stimmritze wird die Luft mit hoher Geschwindigkeit herausdrückt.
Durch diesen Vorgang werden Schleim und kleine Fremdkörper explosionsartig aus den Atemwegen herausbefördert. Hustenrezeptoren gibt es auch im Kehlkopfbereich, am Rippenfell und im äußeren Gehörgang. Daher muss man zum Beispiel auch husten, wenn man mit Wattestäbchen ins Ohr kommt.

Infekt-Anfälligkeit

Was hat mein Kind?

Das Abwehrsystem von Säuglingen und Kleinkindern ist am Anfang noch nicht ausgereift. Gegen viele Erreger haben sie noch keinen spezifischen Schutz, weil sie mit diesen Erregern noch nicht in Kontakt gekommen sind. Erst nach dem ersten Kontakt mit einem Erreger bilden sich entsprechende Abwehrstoffe und schützen das Kind vor einer erneuten Infektion.
Ob eine Häufung von Infekten bei einem Kind noch normal ist oder nicht, ist nicht leicht zu entscheiden. Eine grobe Richtlinie: Bei Kleinkindern gelten bis zu acht, bei Schulkindern bis zu sechs Infekte pro Jahr als normal. Eine erhöhte Infekt-Anfälligkeit kann durch lokale Ursachen – wie eine Abwehrschwäche an den Mandeln und Erkrankungen der Lunge – oder durch systemische Ursachen, wie angeborene oder erworbene Immundefekte, bedingt sein.
Wenn Ihr Kind gut gedeiht, die Infekte nicht schwer verlaufen und zwischen den Infekten kurze infektfreie Intervalle hat, spricht das gegen eine Immunstörung Ihres Kindes.
In der Kindergartenzeit können Infekte durch die intensive Ansteckungs-Möglichkeit vorübergehend sehr häufig werden.

Was kann ich tun?

So können Sie die Abwehrkräfte Ihres Kindes stärken und es vor Infekten schützen:

- Länger als vier Monate voll zu stillen, kann vor Darminfektionen und Mittelohr-Entzündungen schützen.
- Das Passiv-Rauchen zu vermeiden, bewirkt eine Senkung der Infekthäufigkeit um 30 %.
- Impfungen gehören zu den wichtigsten und sichersten Maßnahmen zum Schutz vor Infektionskrankheiten.

- Sportliche Betätigung, eine gesunde Ernährung, Kneipp-Anwendungen, Kalt- und Warmbäder oder -Duschen und Sauna-Gänge haben einen deutlichen gesundheitsfördernden Effekt und sind bei einem älteren Kind zu empfehlen.

Wann muss mein Kind zum Arzt?

Wenn Sie den Eindruck haben, dass Ihr Kind zu oft Infekte hat, sollten Sie Ihren Arzt aufsuchen, damit er feststellen kann, ob eine krankhafte Infekt-Anfälligkeit vorliegt.

Was tut der Arzt?

Ihr Arzt wird Ihnen erklären, dass das häufige Auftreten von Infekten in der Regel harmlos ist und dass es keine Möglichkeit gibt, diese Häufigkeit durch Medikamente zu vermindern.
Durch eine genaue Erhebung der Krankengeschichte und eine gründliche körperliche Untersuchung kann der Arzt meistens eine *normale* Infekthäufung von einer *krankhaften* Infekt-Anfälligkeit unterscheiden.
Bei einer übermäßigen Infekt-Anfälligkeit wird er sowohl nach lokalen als auch nach systemischen Ursachen – wie etwa einer Mukoviszidose oder einem Immundefekt – suchen. Gegebenenfalls wird er sich mit einer Spezial-Ambulanz in Verbindung setzen.

Wann muss mein Kind ins Krankenhaus?

Nur bei unklaren Befunden muss Ihr Kind zur stationären Abklärung.

Insektenstiche · Zeckenbiss

Was hat mein Kind?

Zum Glück sind *Insektenstiche* in unseren Gegenden meist harmlos – anders als in den Tropen oder Subtropen, wo durch sie gefährliche Krankheitserreger wie die Malaria übertragen werden. Stiche von Mücken, Fliegen oder Bremsen sind unangenehm, weil sie jucken oder weh tun. Wespen-, Bienen- oder Hornissenstiche können dann schnell gefährlich werden, wenn in Mund oder Rachen gestochen wird. Dann schwellen die Schleimhäute an. Dadurch wird die Atmung behindert, und es kann rasch zu Luftnot kommen.
Durch einen *Zeckenbiss* können Borrelien in den Körper gelangen und noch nach Wochen eine flächenhafte Rötung entstehen lassen. Andere Spätfolgen sind Müdigkeit und Abgeschlagenheit, Nerven-, Gehirn-, Herz- und Gelenk-Entzündungen.
Besonders problematisch sind *Insektengift-Allergien*, weil sie zu einer allergischen Allgemeinreaktion des Körpers führen können, die für einen Menschen sehr rasch gefährlich werden kann. Hier ist eine sofortige Therapie nötig.

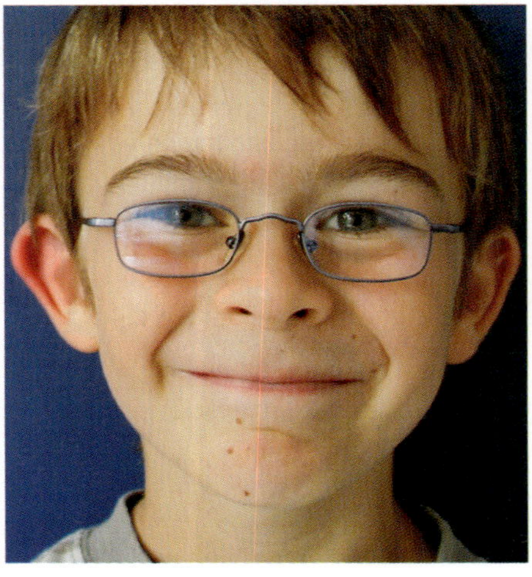

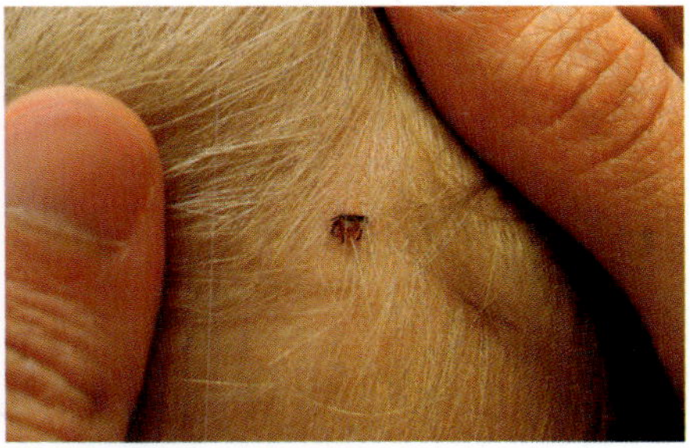

Zeckenbiss:
Kleiner Biss – oft große Folgen

Mückenstich (am rechten Ohr):
Meist harmlos, aber unangenehm

Was kann ich tun?

Stiche in Mund oder Rachen kühlen Sie mit einem Eiswürfel, um die Schwellung in Grenzen zu halten. Gleichzeitig rufen Sie sofort den Arzt oder **Notarzt**.

Bei äußerlichen Insektenstichen entfernen Sie den Stachel aus der Einstichstelle, sofern Sie ihn noch erkennen.

Um eine **Zecke** zu entfernen, benutzen Sie am besten eine Zeckenzange oder eine Pinzette, mit der sie dann relativ leicht herauszudrehen ist. Haben Sie keine zur Hand, können Sie durch vorsichtiges kreisrundes Drehen mit einem Finger unter leichtem Druck versuchen, die Zecke zu entfernen. Hierdurch löst sich die Zecke von der Haut. Anschließend sollten Sie die Stelle desinfizieren und noch über Wochen beobachten.

Zeckenzange:
Der richtige Dreh

Den Juckreiz und die Schwellung können Sie mit kühlenden Umschlägen mindern, die Sie auch mit unverdünntem Obstessig tränken können. Auch ein Stück Zwiebel, das man auf die Stichstelle legt und locker durch Waschlappen, Handtuch, Verband oder Pflaster befestigt, kann die Schwellung und den Juckreiz mindern. Kühlpads gibt es in Apotheken. Antihistaminhaltige Salben oder Cremes, die den Juckreiz stillen sollen, sollten Sie nicht anwenden. Sie haben eher kühlenden Effekt und können Allergien auslösen.

Die Zecke:
Überträger von Krankheiten

Insekten-Abwehrmittel sind für Kinder unter zwei Jahren ungeeignet,

manche sogar im ganzen Kindesalter. Wegen möglicher Nebenwirkungen sollten sie sehr zurückhaltend angewendet werden.
Ein Wespen- oder Bienen-Allergiker sollte stets mit ausreichenden Medikamenten versehen sein (Cortison, Antihistaminikum, Adrenalin-Spray).

Wann muss mein Kind zum Arzt?

Treten nach einem Insektenstich Symptome wie Schwellungen der Haut, der Lippen und Zunge, Atemprobleme und Kreislaufprobleme auf, dann rufen Sie den **Notarzt**. Es könnte sich um einen Schock bei einer Insektengift-Allergie handeln.
Stiche in Mund oder Rachen müssen umgehend medizinisch versorgt werden. Nehmen Sie sofort Kontakt mit dem Arzt oder **Notarzt** auf.
Geht eine Schwellung nach einem Stich nicht zurück, wird sie warm oder vergrößert sie sich, dann gehen Sie mit Ihrem Kind zum Arzt. Es könnte eine Infektion vorliegen.

Tipps und Hinweise

Wie Sie Insektenstichen vorbeugen können

- Langärmelige, nicht zu bunte Kleidung tragen
- Auf Wiesen nicht barfuss gehen
- Vorsicht bei Abfallkörben
- Vorsicht mit Süßigkeiten, Kuchen etc., besonders im Freien
- Dosengetränke nur mit einem Strohhalm trinken
- Sparsam mit Parfüm umgehen
- Nicht nach Insekten schlagen

Was tut der Arzt?

Besteht die Gefahr eines Schocks oder liegt ein Schock vor, wird er entsprechende Hilfsmaßnahmen einleiten. Meist ist das mit einem Krankenhaus-Aufenthalt verbunden.
Bei Schwellungszuständen nach Insektenstichen, die nicht zurückgehen, wird er Ruhe und Kühlung empfehlen. Solche Schwellungen erreichen ihr größtes

Ausmaß nach ein bis zwei Tagen. Erst wenn die Schwellungen über mehrere Tage anhalten und die Gefahr einer Infektion besteht, wird er ein Antibiotikum einsetzen. Außerdem wird er den Tetanus-Schutz Ihres Kindes überprüfen.
Treten nach Insektenstichen übermäßige Reaktionen auf, wird er Ihr Kind auf eine Insektengift-Allergie überprüfen und eventuell eine Hyposensibilisierung einleiten. Dadurch kann die allergische Empfindlichkeit Ihres Kindes gesenkt werden.
Kinder mit einer bekannten Wespen- oder Bienenstich-Allergie werden stets mit ausreichenden Medikamenten ausgestattet. Hierzu dient ein **Notfall-Set,** bestehend aus Cortison, Antihistaminikum und Adrenalin-Spray. Ihr Arzt wird Ihnen die Anwendung des Sets genau erklären.
Im Falle eines Zeckenbisses mit einer Borrelien-Infektion ist eine vorübergehende antibiotische Behandlung notwendig.

Wann muss mein Kind ins Krankenhaus?

Besteht durch einen Insektenstich die Gefahr eines Schocks oder liegt ein Schock vor, wird ein Kind zu Stabilisierung von Atmung und Kreislauf im Krankenhaus behandelt.

Juckreiz

Was hat mein Kind?

Der Juckreiz ist meist eine Begleitreaktion einer Erkrankung. Juckreiz kann an nur einer Stelle (lokalisiert), aber auch überall (generalisiert) auftreten. Er kann auch Ausdruck seelischer Verspannungen sein. Seine Ursachen sind:

- Hautempfindlichkeit
- Neurodermitis
- Insektenstiche
- Infektionskrankheiten
- Pilzinfektion
- Krätze
- Kopfläuse
- Wurmerkrankungen
- Nesselsucht
- Lebererkrankungen

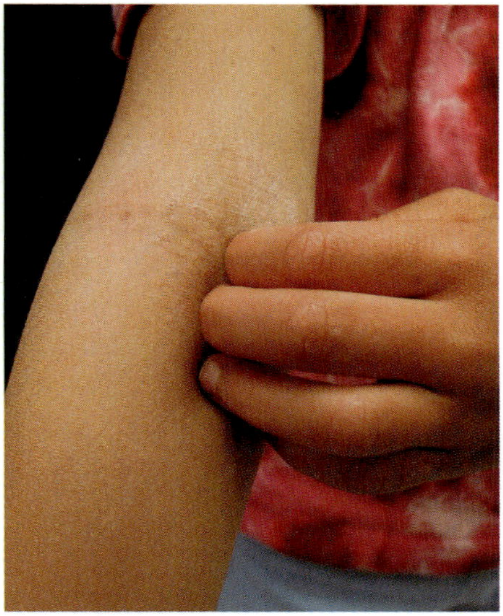

Juckreiz:
Begleitreaktion von Erkrankungen

Was kann ich tun?

- Hat Ihr Kind eine **trockene Haut**, pflegen Sie es mit Salbe oder einer Lotion.
- Ist die Haut durch eine **Neurodermitis** stärker entzündet, machen Sie Tee-Umschläge oder Umschläge mit gerbenden Lösungen. Hilft das nicht, besprechen Sie weitere therapeutische Möglichkeiten mit Ihrem Arzt.
- Juckreiz bei **Insektenstichen** können Sie mit kühlenden Umschlägen mindern.

Wann muss mein Kind zum Arzt?

Stellen Sie Ihr Kind dem Arzt vor, wenn …

- an der Haut rote, manchmal randbetont schuppige Veränderungen auftreten, die jucken. Das ist verdächtig auf eine **Pilzinfektion**.
- Ihr Kind Kratzspuren mit kleinen knötchenförmigen Veränderungen hat. Die sind verdächtig auf **Krätze**.
- die Kopfhaut juckt und Sie in den Haaren **Läuse** oder **Nissen** finden.
- sich Ihr Kind im Analbereich juckt und das besonders nachts. Es könnten Würmer sein.
- ein **quaddelartiger Hautausschlag** (Nesselsucht) an wechselnden Stellen auftritt.
- bei einer **Nesselsucht** weitere allergische Krankheits-Zeichen – wie Kratzen im Hals, Luftnot, Kribbeln an Händen und Füßen oder Kreislaufprobleme – auftreten. Sie sollten dann umgehend einen Arzt oder das Krankenhaus aufsuchen, weil sich so ein **Schock** ankündigen kann. Das Krankheitsbild kann dann bedrohlich verlaufen.
- Ihr Kind außer dem Juckreiz gelb gefärbte Augen und einen farblosen Stuhl hat. Dann sollten Sie an eine **Gelbsucht** (Hepatits A) denken.

Was tut der Arzt?

Nach Abklärung der Ursache werden entsprechende Verhaltenweisen und medikamentöse Maßnahmen besprochen und eingeleitet. Bei Infektionskrankheiten (zum Beispiel Windpocken) wird Ihr Arzt Ihrem Kind eine entsprechende Lotion und juckreizstillende Medikamente verschreiben.

Wann muss mein Kind ins Krankenhaus?

In der Regel nur bei einer starken Nesselsucht, die mit weiteren Symptomen – wie Luftnot, Kratzen im Hals oder Kreislaufproblemen – verbunden ist.

Knochenbrüche

Was hat mein Kind?

Es gibt geschlossene und offene Brüche (Frakturen). Geschlossene Brüche sind häufig tastbar. Man sieht auch eine Schwellung oder Abknickung. Das Kind hat Schmerzen, besonders bei Bewegung oder Druck auf den betroffenen Körperteil. Offene Brüche sind sichtbar, weil der Knochen die Haut durchstoßen hat. Es besteht die Gefahr, dass Krankheitserreger in die Wunde eindringen und zu einer Infektion führen.

Was kann ich tun?

Die Erstmaßnahme bei einem Verdacht auf einen Knochenbruch ist eine rasche Ruhigstellung der Extremität. Wenn Ihr Kind sich ansonsten wohl fühlt, bringen Sie es zu Ihrem Kinderarzt, zum Chirurgen oder ins Krankenhaus. Achten Sie auf den Kreislauf Ihres Kindes. Wenn es blass oder apathisch wird, informieren Sie sofort den Rettungsdienst, oder bringen Sie Ihr Kind schnell zum Krankenhaus.

Wann muss mein Kind zum Arzt?

Bei einem Knochenbruch muss Ihr Kind immer sofort zum Arzt. Auch, wenn Sie nur vermuten, dass es ein Knochenbruch ist, bringen Sie Ihr Kind sicherheitshalber zum Arzt.

Was tut der Arzt?

Bei Verdacht auf eine Fraktur wird Ihr Arzt den Bereich schienen und Ihr Kind zum Chirurgen oder ins Krankenhaus überweisen, weil immer eine Röntgenaufnahme zur Klärung nötig ist. Je nach Situation wird der Bruch geschient, eingegipst oder operiert.
Die durchschnittliche Heilungsdauer von Brüchen beträgt zwei bis sechs Wochen – je nachdem, wie alt das Kind ist und wo der Bruch ist. Je jünger ein Kind ist, desto schneller heilt der Bruch.

Wann muss mein Kind ins Krankenhaus?

Komplizierte Brüche, die eine operative Korrektur notwendig machen, werden im Krankenhaus versorgt.

Koordinations-Störungen Ungeschicklichkeit

Was hat mein Kind?

Die Fähigkeit, ihre Arme und Beine koordiniert zu bewegen, muss sich bei Kindern erst entwickeln und ist nicht sofort vorhanden. Deshalb sollten Sie wissen, was ein Kind schon können sollte oder noch nicht zu können braucht (siehe Kapitel 3: Entwicklungs-Schritte).
Die Überprüfung der motorischen Fähigkeiten – wie etwa Greifen, Laufen, Hüpfen, Seiltänzergang, Einbeinhüpfen und Seitwärtshüpfen – gibt gute Anhaltspunkte. Sie wird besonders bei den Vorsorge-Untersuchungen beim Kinderarzt durchgeführt.
Bei einer motorischen Koordinations-Störung liegt eine Störung im Zusammenspiel der Muskeln vor, so dass eine Bewegung nicht so glatt verläuft, wie sie sein sollte. Die Ursachen können neben einer Schädigung des Gehirns vor, während oder nach der Geburt auch Stoffwechsel-Erkrankungen, Entzündungen, Unfälle und Fehlbildungen sein.
Liegen keine eindeutigen Auffälligkeiten von Seiten des Nervensystems vor und ist das Kind in seinen Bewegungen ungeschickt und plump, wird das als motorische Ungeschicklichkeit oder umschriebene motorische Entwicklungs-Störung bezeichnet.
Häufig sind Koordinations-Störungen mit Aufmerksamkeits-Störungen und Sprachentwicklungs-Störungen kombiniert (siehe auch A·D·S).

Zeichen einer motorischen Ungeschicklichkeit

- Verspätetes Aufrichten und Laufen
- Grobmotorische Ungeschicklichkeit wie häufiges Hinfallen
- Feinmotorische Ungeschicklichkeit beim Malen, Basteln, Schreiben

Was kann ich tun?

Geben Sie Ihrem Kind genügend Bewegungsmöglichkeit. So kann es auf natürliche Weise seine körperlichen Fertigkeiten schulen.
Wenn Sie die Entwicklung Ihres Kindes beobachten, können Sie Zeichen einer motorischen Ungeschicklichkeit daran erkennen, dass Ihr Kind sich verspätet aufrichtet oder erst spät Laufen lernt. Weitere Hinweise zeigen sich, wenn Ihr Kind durch grobmotorische Ungeschicklichkeit wie häufiges Hinfallen auffällt. Feinmotorische Ungeschicklichkeit entdeckt man zum Beispiel beim Malen, Basteln oder Schreiben.

Wann muss mein Kind zum Arzt

Haben Sie den Eindruck oder die Sorge, dass Ihr Kind motorisch nicht normal entwickelt ist, dann stellen Sie es dem Arzt vor. Für Ihren Arzt ist es aber auch wichtig zu wissen, wie die motorische Entwicklung von Mutter und Vater des Kindes verlaufen ist.

Was tut der Arzt?

Wenn nur eine motorische Koordinations-Störung vorliegt, so kann man mit Hilfe von Krankengymnastik, Ergotherapie oder psychomotorischer Therapie eine Verbesserung erreichen. Damit können auch psychische Spätschäden verhindert werden, die möglicherweise dadurch entstehen können, dass sich Ihr Kind in seine Umgebung nicht richtig eingebunden fühlt.
Fühlen sich Kinder jedoch durch ihre Ungeschicklichkeit nicht benachteiligt, sind sie lebensfroh und fördern sie sich selbst durch sportliche Aktivitäten, dann kann auf eine zusätzliche Krankengymnastik ganz verzichtet werden.
Sollten neben der Koordinations-Störung noch andere Beeinträchtigungen bestehen, wird Ihr Arzt eine ausführliche Diagnostik einleiten.

Wann muss mein Kind ins Krankenhaus?

Eine Behandlung von Koordinations-Störungen im Krankenhaus ist in der Regel nicht erforderlich.

Was Sie sonst noch wissen sollten

Zerebrale Kinderlähmung (Infantile Zerebralparese)

Wenn das Gehirn vor, während oder nach der Geburt geschädigt wird, kann es zu bleibenden Veränderungen der Muskelspannung (Muskeltonus) und zu einem gestörten Zusammenspiel der verschiedenen Muskelgruppen kommen. Eine Verkrampfung (Spastik) mit Funktions-Einschränkungen der betroffenen Extremitäten ist die Folge.
Es können bleibende Behinderungen unterschiedlichen Ausmaßes entstehen. Schwere Fälle einer infantilen Zerebralparese fallen schon rasch nach der Geburt auf. Bei leichteren Formen kann das auch erst im zweiten Lebenshalbjahr geschehen.

Therapie:
Die Therapie besteht aus einer Krankengymnastik auf neurophysiologischer Grundlage. Hier wird versucht, durch eine Förderung der motorischen Fertigkeiten im Rahmen der vorhandenen Möglichkeiten das Ausmaß der Schäden zu mindern.
Wenn weitere Beeinträchtigungen vorliegen, dann ist eine intensive Zusammenarbeit von Ergotherapie, Sprachtherapie, Krankengymnastik und dem betreuenden Arzt wichtig. In einigen Fällen kann durch die Gabe von Botulinum-Toxin für einige Zeit eine Verminderung der Spastik erreicht werden.

Kopfschmerzen

Was hat mein Kind?

Erst ab dem späten Kleinkindalter werden Kopfschmerzen von Kindern geäußert. Bis dahin ist es relativ schwierig, Erkrankungen zu erkennen, die im Kopf ablaufen oder bei denen der Kopf mitbetroffen ist. Man ist auf indirekte Zeichen einer solchen Erkrankung angewiesen.
Diese indirekten Zeichen können Fieber, Erbrechen, schrilles Schreien, eine Nackensteifigkeit und eine Teilnahmslosigkeit (Apathie) bis hin zur Bewusstlosigkeit sein.

Wissenswertes

Indirekte Zeichen für eine Erkrankung im Kopf

Akut
- Fieber
- Erbrechen
- Schrilles Schreien
- Gespannte Fontanelle
- Berührungsempfindlichkeit
- Nackensteifigkeit
- Apathie, Bewusstlosigkeit

Eher chronisch
- Wiederkehrendes nächtliches Erbrechen
- Sehstörungen
- Gangunsicherheit
- Krampfanfälle

Typische Kopfschmerzen im Kindesalter

- Spannungs-Kopfschmerz
- Migräne
- Symptomatische Kopfschmerzen

Spannungs-Kopfschmerzen sind häufig im Stirnbereich angesiedelt und werden meist durch Stress, Wetterfühligkeit, Kreislauf-Labilität und Schlafmangel ausgelöst. Im Schulalter neigen 50% der Kinder gelegentlich zu Spannungskopfschmerzen.
Die *Migräne* dagegen ist seltener. Sie ist charakterisiert durch einen anfallsartigen, pulsierenden und manchmal einseitigen Kopfschmerz, der auch oft von Übelkeit begleitet ist.

Symptomatische Kopfschmerzen treten begleitend bei anderen Erkrankungen auf und müssen besonders beachtet werden. Denn es kann sich auch einmal eine schwerwiegende Erkrankung dahinter verbergen:

- *Virus-Infekte* lösen Fieber, Schnupfen, Husten und Kopfschmerzen aus.
- *Schädelprellungen* können für einige Stunden zu Kopfschmerzen und Erbrechen führen.
- *Nasennebenhöhlen-Entzündungen* verursachen eine nasale Sprache und Schmerzen an der Stirn, besonders beim Bücken nach vorn.
- *Ohrentzündungen* können seitliche Kopfschmerzen auslösen.
- *Muskelverspannungen* durch eine schlechte Sitzhaltung strahlen Schmerzen in den Nacken und Hinterkopfbereich aus.
- *Fehlsichtigkeit* verursacht Kopfschmerzen durch die Überanstrengung der Augen, besonders zum Nachmittag hin.
- *Hirnhaut- oder Gehirn-Entzündungen* sind begleitet von Fieber, Nackensteifigkeit, Kopfschmerzen, Bewusstseins-Störungen und gelegentlich Einblutungen in die Haut.
- Ein *Hirntumor* oder *Hirnabszess* zeigt sich neben – besonders nächtlichem oder morgendlichem – Kopfschmerz und Erbrechen durch Gleichgewichts-Störungen, Benommenheit und Sehstörungen.
- *Hirnblutungen* sind geprägt von einem akuten vernichtendem Kopfschmerz.

Was kann ich tun?

Bei *akuten Kopfschmerzen* überprüfen Sie, ob Ihr Kind Fieber hat. Beachten Sie zusätzlich die oben genannten indirekten akuten Zeichen für Erkrankungen im Kopf und die möglichen Ursachen für Kopfschmerzen. Nehmen Sie Kontakt mit Ihrem Arzt auf.
Hat Ihr Kind nur einen *leichten Stirnkopfschmerz* ohne Fieber, dann handelt es sich am ehesten um Spannungs-Kopfschmerzen. Fragen Sie zur Sicherheit Ihren Arzt.
Wenn Ihr Kind *immer wiederkehrende Kopfschmerzen* hat – wie Migräne –

dann legen Sie zusätzlich ein Schmerzprotokoll an. Schreiben Sie auf, wie sich die Kopfschmerzen Ihres Kindes im Tagesverlauf darstellen. Versuchen Sie, die Kopfschmerzen zu lindern, indem Sie Ihrem Kind in einem abgedunkelten Raum Ruhe und Schlaf gönnen, die Stirn mit Kaltwasserumschlägen kühlen oder (bei älteren Kindern) mit Pfefferminzöl einreiben. Kreislauftraining, Entspannungsübungen und Lernen, mit Stress umzugehen, vermindern die Häufigkeit von Migräne-Attacken und den Tablettenverbrauch. Nehmen Sie zur Abklärung Kontakt zu Ihrem Arzt auf.

Wichtig: Geben Sie Ihrem Kind bitte nicht unkritisch Schmerzmittel. Sie könnten eine ernsthafte Erkrankung verschleiern oder Ihr Kind an Schmerzmittel gewöhnen.

Wann muss mein Kind zum Arzt?

Gehen Sie mit Ihrem Kind zum Arzt, wenn ...

- Ihr Kind eine Schädelprellung erlitten hat und die Kopfschmerzen innerhalb weniger Stunden nicht abnehmen, sondern eventuell sogar zunehmen
- Ihr Kind Fieber und Kopfschmerzen und möglicherweise Hauteinblutungen hat
- Sie indirekte Zeichen für eine Erkrankung im Kopf feststellen
- Ihr Kind Migräne-Attacken hat
- Ihr Kind ständig wiederkehrende Kopfschmerzen hat
- Ihr Kind unklare Kopfschmerzen oder Hinweise auf eine der obengenannten Ursachen für symptomatische Kopfschmerzen hat

Was tut der Arzt?

Er wird die genaue Krankheits-Geschichte erfragen und Ihr Kind körperlich untersuchen. Manchmal sind dann weitere diagnostische Maßnahmen nötig – zum Beispiel eine Vorstellung beim Augen- und/oder HNO-Arzt, ein EEG oder eine Kernspin-Tomographie. Bei Spannungs-Kopfschmerzen und Migräne wird Ihr Arzt schmerzstillende Medikamente und entsprechende Verhaltensweisen empfehlen.

Wann muss mein Kind ins Krankenhaus?

Bei Unklarheiten oder dem Verdacht auf eine schwere Erkrankung, wie eine Meningitis oder einen Hirntumor, wird Ihr Arzt Ihr Kind zur weiteren Diagnostik ins Krankenhaus einweisen.
Im Krankenhaus erfolgen die weitere Abklärung der Erkrankung und die entsprechende Therapie. Die Diagnostik kann je nach dem Krankheitsbild aus Blut-Untersuchungen, einer Untersuchung des Nervenwassers (Liquor), einer Augen-Untersuchung, einem EEG oder einer Kernspin-Tomografie bestehen.

Krampfanfälle

Was hat mein Kind?

In unserem Gehirn laufen ständig elektrische Vorgänge ab. Sie dienen der Weiterleitung von Informationen. Bei einem Krampfanfall kommt es zu einer plötzlichen Funktionsstörung des Gehirns, wobei sich in größeren Arealen des Gehirns elektrische Impulse gleichzeitig entladen. Je nach Ort der Funktionsstörung kann es sich dabei um Anfälle handeln, die sich über den ganzen Körper ausdehnen oder aber nur lokalisiert ablaufen.
Meist ist ein Krampfanfall durch Fieber bedingt. Fieberkrämpfe sind nicht selten. Etwa jedes 30. Kind erleidet in seinem Leben einen Fieberkrampf, der für die Beteiligten ein extrem stressiges Ereignis ist. Häufig nehmen sie nicht wahr, dass es sich „nur" um einen Fieberkrampf handelt. Denn das Fieber wird meist nicht bemerkt. Erst wenn das Kind im Krankenhaus ist, wird festgestellt, dass es eine Temperatur von 39°C und mehr hat.

Bei einem Krampfanfall zuckt ein Kind häufig mit Armen und Beinen oder spannt sie an, ist blau, atmet nur sehr unregelmäßig, verdreht die Augen und ist nicht ansprechbar. Fieberkrämpfe von einer Dauer bis zu 15 Minuten können häufig als harmlos eingestuft werden. Eltern jedoch sind in größter Sorge, ihrem Kind könne jetzt etwas Ernsthaftes passieren.

Wissenswertes

So sehen Zeichen eines Krampfanfalls aus

- Plötzliche Bewusstlosigkeit
- Atemstörung
- Blaufärbung der Haut
- Verdrehen der Augen
- Zucken oder Anspannen einer, mehrerer oder aller Extremitäten
- Einnässen, Einkoten
- Schaum vor dem Mund
- Eventuell Fieber (Es wird häufig nicht wahrgenommen)

Was kann ich tun?

Da ein Krampfanfall plötzlich auftritt, ist er ein extrem belastendes Ereignis. Trotzdem sollten Sie versuchen, *ruhig zu bleiben*. Schließen Sie als erstes aus, dass Ihr Kind einen Fremdkörper verschluckt hat und deswegen nach Luft ringt. Legen Sie Ihr Kind *auf die Seite* und informieren Sie sofort den Rettungsdienst. Versuchen Sie, den *Anfall* genau zu *beobachten*. Achten Sie auf die Dauer des Anfalls und ob Ihr Kind mit beiden Armen und beiden Beinen krampft. Das kann ein wichtiger Hinweis für Sanitäter und Arzt sein.
Falls Sie ein *krampflösendes Klistier* oder *krampflösendes Zäpfchen* zu Hause haben, geben Sie es wie angegeben. In der Regel hört ein Krampfanfall nach einigen Minuten auf.
Sind solche Anfälle mehrfach aufgetreten und ist der Ablauf des Anfalls bekannt, dann gehen Eltern oder betreuende Personen mit einer solchen Situation ruhiger um. Sie sollten sich aber immer professionelle Hilfe hinzu holen.

Tipps und Hinweise

Erstmaßnahmen bei einem Krampfanfall

- Seitenlagerung
- Rettungsdienst informieren
- Ruhe bewahren und Anfall beobachten: Sind beide Arme und beide Beine betroffen?
- Anfallsdauer registrieren.
  Bei Dauer von über zwei Minuten krampflösendes Klistier einsetzen oder krampflösendes Zäpfchen geben

Wann muss mein Kind zum Arzt?

Bei einem ersten Krampfanfall müssen Sie immer den Arzt oder Notarzt informieren. Denn Sie wissen nie, wie lange der Krampfanfall dauern wird.
Ist bei Ihrem Kind eine Epilepsie bekannt und sind Sie mit dem Umgang vertraut, sollten Sie das jeweilige Vorgehen mit Ihrem Arzt absprechen.

Was tut der Arzt?

Beim Eintreffen von Arzt oder Rettungsdienst ist der Anfall meist wieder vorbei. Ansonsten wird der Anfall mit einem krampflösenden Mittel zum Stillstand gebracht.
Bei einem ersten Krampfanfall mit und ohne Fieber wird er Ihr Kind in der Regel ins Krankenhaus einweisen.
Sollten schon mehrfach Krampfanfälle aufgetreten sein, wird der Arzt unter Umständen auf eine Einweisung ins Krankenhaus verzichten und Kontakt zu der betreuenden Spezial-Ambulanz aufnehmen.

Wann muss mein Kind ins Krankenhaus?

Besonders bei einem ersten Krampfanfall mit und ohne Fieber ist eine genaue Abklärung im Krankenhaus sinnvoll, denn dort kann durch Untersuchungen rasch die Ursache des Krampfanfalls festgestellt (z.B. Fieberkrampf, Meningitis, beginnendes Anfallsleiden, Tumor) und – falls erforderlich – eine Therapie eingeleitet werden.

Was Sie sonst noch wissen sollten

Anfälle im Kindesalter sind ernst zu nehmende Zustände, bedürfen einer sofortigen Therapie und einer raschen diagnostischen Abklärung. Anfälle gehen nicht immer vom Gehirn aus. Zu klären ist also die Frage, ob es sich um einen epileptischen oder nicht-epileptischen Anfall handelt und ob sich aus dem Anfall eventuell eine Epilepsie entwickeln kann. Besonders bei epileptischen Anfällen ist die Zusammenarbeit zwischen dem behandelndem Kinderarzt und einem dafür ausgebildeten Spezialisten wichtig.

Epilepsie, epileptische Anfälle, epileptische Gelegenheitskrämpfe

Die Epilepsie (Fallsucht) ist der Oberbegriff für Anfallsleiden. Von Epilepsie spricht man, wenn epileptische Anfälle mit ihrer lokalen (teilweise) oder generalisierten (vollständigen) Funktionsstörung des Gehirns ohne erkennbare Auslöser *wiederkehrend* auftreten.
Davon zu unterscheiden sind epileptische Gelegenheitskrämpfe wie Fieberkrämpfe oder Anfälle im Rahmen von Infektionskrankheiten oder Unterzuckerungen.

Nicht-epileptische Anfälle

Bei den nicht-epileptischen Anfällen handelt es sich um scheinbare Anfälle, die nicht durch eine Funktionsstörung des Gehirns verursacht werden – z. B. respiratorische Affektkrämpfe („Wegschreien"), Nachtangst (Pavor nocturnus), Ohnmacht und Tics. Psychogene Anfälle sind „vorgetäuschte" epileptische Anfälle und für einen Unerfahrenen häufig nicht zu erkennen.

Tics

Tics sind plötzlich auftretende, unwillkürliche und nicht beeinflussbare Zuckungen an einer oder verschiedenen Körperregionen. Sie können Ausdruck einer seelischen Anspannung sein und sind häufig mit anderen psychischen Auffälligkeiten verbunden. Tics äußern sich zum Beispiel durch vermehrtes Zwinkern, anfallsartiges Räuspern, ein Zucken der Halsmuskulatur, Grimassieren, Durchschütteln des Körpers, vertieftes Luftholen oder in schweren Fällen auch durch Lautäußerungen. Je nach Schwere reicht die therapeutische Palette von einer Aufklärung über verhaltenstherapeutische Maßnahmen bin zu dem Versuch einer medikamentösen Therapie.

Der typische Fall

Die zweijährige **Linda** wurde nachmittags von ihrem Vater betreut, einem angehenden Internisten. Linda war bisher stets gesund gewesen, aber an diesem speziellen Nachmittag ein wenig quengelig. Plötzlich hörte der Vater, der sich im selben Zimmer befand, dass Linda komische Geräusche von sich gab.

Als er sich umdrehte, lag Linda verkrampft am Boden, verdrehte die Augen, rang nach Luft, wurde leicht blau, war nicht ansprechbar und fing an, mit Armen und Beinen zu zucken. Voller Panik ergriff der Vater seine Tochter, rannte mit ihr zum Auto und brachte sie in die nahe gelegene Kinderklinik. Dort war die Attacke vorbei.

Linda wachte auf, war aber ein wenig abwesend. Die Frage der Kinderkrankenschwester, ob Linda Fieber habe, verneinte der Vater. Die rektale Temperaturmessung ergab jedoch zum Erstaunen des Vaters 39°C. Linda hatte ihren ersten und einzigen Fieberkrampf erlitten. Ihre weitere Entwicklung war problemlos. Der Vater, sonst mit Notfällen vertraut, berichtete, dass er noch nie so konfus gewesen sei wie beim Anblick seiner krampfenden Tochter.

Lähmungen

Was hat mein Kind?

Manchmal hat ein Kind kurzfristig den Eindruck, sein Arm sei eingeschlafen, gefühllos oder lahm, wenn es auf ihm unglücklich gelegen ist und Nerven und Blutgefäße abgedrückt worden sind. Diese Beschwerden bestehen maximal wenige Minuten, verschwinden dann wieder und sind harmlos.
Sehr selten kommen plötzliche Lähmungen von Körperteilen vor. So kann eine Migräne kurzfristige Lähmungserscheinungen hervorrufen. Ein Hirninfarkt im Kindesalter hat meist seine Ursache in einem sehr zähflüssigen Blut oder einem Herzfehler. Sehr selten können auch jugendliche Mädchen und junge Frauen einen Hirninfarkt erleiden. Denn die Kombination der Pille mit Rauchen ist ein Risikofaktor dafür.
Selten sind geburtsbedingte Armlähmungen (Plexus-Paresen) oder spastische Lähmungen durch Sauerstoff-Mangelsituationen – vor während oder nach der Geburt. Spastische Lähmungen werden in der Regel im ersten Lebenshalbjahr auffällig.
Die Kinderlähmung als infektiöse Ursache einer Lähmung gibt es derzeit in Europa nicht mehr.

Was kann ich tun?

Tritt akut eine Lähmung auf, müssen Sie sofort Kontakt mit Ihrem Arzt aufnehmen.

Wann muss mein Kind zum Arzt?

Sofort, wenn Sie eine Lähmung vermuten oder erkennen.

Was tut der Arzt?

Bei einer akuten Lähmung wird der Arzt Ihr Kind umgehend ins Krankenhaus einweisen. Eine genaue Abklärung nach infektiösen oder nicht infektiösen Ursachen, nach einer Durchblutungs-Störung bis zum Hirninfarkt ist dringend erforderlich.
Bei einer geburtsbedingten Armlähmung (Plexus-Parese) oder spastischen Lähmung durch Sauerstoff-Mangelsituationen wird er eine gezielte Krankengymnastik verordnen, die zu Hause geübt und intensiv durchgeführt werden muss.

Wann muss mein Kind ins Krankenhaus?

Wenn eine akute Lähmung vorliegt, müssen Diagnostik und Behandlung schnell eingeleitet werden, um Spätschäden zu vermeiden oder gering zu halten.

Was Sie sonst noch wissen sollten

Die Chassaignac-Lähmung

Bei kleinen Kindern kann im Ellenbogen-Gelenk die Verbindung zwischen Unterarm und Oberarm gelockert werden, wenn man beim Spielen oder Hochheben am Arm zieht. Dabei rutscht das Ende der Speiche (Radiusköpfchen) aus seiner Verbindung mit dem Oberarm. Es entsteht plötzlich eine schmerzhafte Bewegungs-Einschränkung, so dass das Kind kaum greifen oder den Arm hochheben kann.
Man nennt das Ausrenken *Chassaignac-Lähmung* oder Luxation des Ellenbogengelenks. Durch das Wachstum der Knochen passiert das später nicht mehr.

Zeichen eines ausgekugelten Ellenbogen-Gelenks

Nach plötzlichem Zug am Arm kommt es zu …
- Schmerzen
- Schonhaltung
- keinem festen Griff

Vermeiden Sie also, Ihr Kind an den Händen oder Unterarmen hochzuheben. Wenn man sein Kind plötzlich am Arm zieht oder wenn Sie es an den Armen hochheben, kann das schon ausreichen, um den Arm auszurenken. Am besten, Sie heben es unter den Armen und greifen um die Brust, um es hochzuheben. Sollte einmal das Ellenbogen-Gelenk ausgekugelt sein, dann wird der Arzt das schnell beheben, wenn er mit der Einrenktechnik vertraut ist. Sie werden sehen, dass Ihr Kind bereits nach wenigen Minuten seinen Arm wieder schmerzfrei bewegen kann und sich verhält, als ob nichts geschehen sei.
Bei einem unklaren Unfallhergang wird Ihr Arzt ansonsten zuerst ein Röntgenbild anfordern.

Leistenbruch

Was hat mein Kind?

Ein Leistenbruch ist ein tastbarer, praller Wulst, meist oberhalb der Leiste. Er entsteht durch einen Vorfall des Bauchfells durch den Leistenkanal, wenn die Bauchmuskulatur nicht stabil genug ist. Leistenbrüche können in jedem Alter auftreten.

Was kann ich tun?

Wenn Ihr Säugling unerklärlich weint oder schreit, schauen Sie nach einer Verdickung oberhalb der Leiste. Beruhigen Sie Ihr Kind und setzen Sie es in ein warmes Bad. Durch die Entspannung gleitet ein Leistenbruch häufig zurück.

Wann muss mein Kind zum Arzt?

Entdecken Sie einen Leistenbruch, dann stellen Sie Ihr Kind dem Arzt vor. Das muss rasch erfolgen, wenn der Leistenbruch prall und derb ist und nicht zurückzudrängen ist.

Was tut der Arzt?

Ist der Leistenbruch „eingeklemmt", wird er versuchen, die Einklemmung zu lösen. Gelingt das nicht, wird er Ihr Kind sofort in eine kinderchirurgische Abteilung einweisen. Ansonsten kann eine Leistenbruch-Operation in Ruhe geplant und auch ambulant durchgeführt werden.

Lese-/Rechtschreib-/ Rechenschwäche

Was hat mein Kind?

In unserer Gesellschaft sind Lesen, Schreiben und Rechnen wichtige Voraussetzungen, um im normalen Alltag zurecht zu kommen. Eine Lese-, Rechtschreib- oder Rechenschwäche bei normaler Intelligenz ist für die Entwicklung eines Kindes deshalb sehr beeinträchtigend. So fühlen sich viele Kinder infolge ihrer Störung von ihren Eltern und in der Schule nicht ernst genommen. Sie reagieren mit Mangel an Leistungsmotivation, mit Ängsten, depressiven Verstimmungen und psychosomatischen Beschwerden.
Eine Lese-Rechtschreib-Schwäche wird als Legasthenie und eine Rechenschwäche als Dyskalkulie bezeichnet. Sie gelten als Teil-Leistungsschwächen.

Was kann ich tun?

Sie können schon im Vorschulalter erkennen, ob Ihr Kind später in der Schule Probleme mit dem Schreiben und Lesen bekommen wird.
Die Sprache wird über das Ohr gelernt. Achten Sie darauf, ob Ihr Kind Reime nachsprechen kann. Fragen Sie, ob es bei den Rhythmus-Spielen im Kindergarten die Silben richtig mitklatschen kann. Wenn nicht, kann es später zu Lese- und Rechtschreib-Problemen kommen.
Auch eine verzögerte Sprachentwicklung ist ein Zeichen für eine sich entwickelnde Legasthenie. Fördern Sie die Sprachentwicklung Ihres Kindes, indem Sie mit ihm Reime üben, Wort- und Silbenspiele spielen. Wenn sich nichts bessert, warten Sie nicht, bis Ihr Kind in der Schule ist, sondern holen sich professionelle Hilfe bei Ihrem Kinderarzt, bei Logopäden oder Lerntherapeuten.
Wenn bei Ihrem Kind eine Teil-Leistungsschwäche festgestellt wird, akzeptieren Sie das – und motivieren Sie Ihr Kind, an einem Förderungs-Programm

teilzunehmen. Besonders eine Legasthenie kann dadurch schon vor Schulbeginn deutlich vermindert werden.
Wenn Ihr Kind in der Schule Schwierigkeiten mit Lesen, Schreiben und Rechnen hat, lassen Sie möglichst einen Lerntherapeuten mit ihm arbeiten. Das ist effektiver, vermeidet die ständigen Querelen bei den Hausaufgaben und erhält Ihr gutes Verhältnis zu Ihrem Kind. Versuchen Sie, das Selbstbewusstsein Ihres Kindes zu fördern, in dem Sie ihm helfen, zu seinem Problem zu stehen.

Wann muss mein Kind zum Arzt?

Wenn Sie selbst, die Erzieherin oder LehrerIn vermuten, dass Ihr Kind Probleme mit dem Sprechen, Reimen und Silbenklatschen hat, sich nichts merken kann oder ihm Schreiben und Rechnen schwer fallen, dann nehmen Sie Kontakt mit Ihrem Kinderarzt auf. Er weiß in der Regel, wo Sie in Ihrer Gegend Hilfe für Ihr Kind bekommen können, falls es nötig ist.

Was tut der Arzt?

Die Defizite eines Kindes mit einer Lese-Rechtschreib- oder Rechenschwäche können vom Arzt, Psychologen oder Pädagogen durch Testverfahren genau abgeklärt werden. So kann eine gezielte Therapie Ihrem Kind helfen, sich seinen Fähigkeit entsprechend zu entwickeln und im Leben zurechtzufinden.

Wann muss mein Kind ins Krankenhaus?

Eine Behandlung im Krankenhaus ist bei einer Lese-, Rechtschreib- oder Rechenschwäche nicht erforderlich.

Ausführliche Informationen finden Sie in dem Buch *„Neue Strategien gegen Legasthenie“* von Petra Küspert.

Lidschwellungen

Was hat mein Kind?

Das Lidgewebe des Auges ist sehr locker. Daher kommt es bei Reizungen rasch zu einseitigen oder auch beidseitigen Schwellungen des Ober- oder Unterlids.

Die Ursachen können entzündlich sein, wie bei Bindehaut-Entzündungen, Nasennebenhöhlen-Entzündungen oder als Begleitreaktionen bei einem Infekt. Lidschwellungen können auch allergisch, durch Insektenstiche, Fremdkörper oder durch eine Verletzung bedingt sein.

In seltenen Fällen kann auch eine Nierenerkrankung dahinterstecken. Gelegentlich kann sich hinter einer Oberlidschwellung eine bakterielle Entzündung der Augenhöhle verbergen.

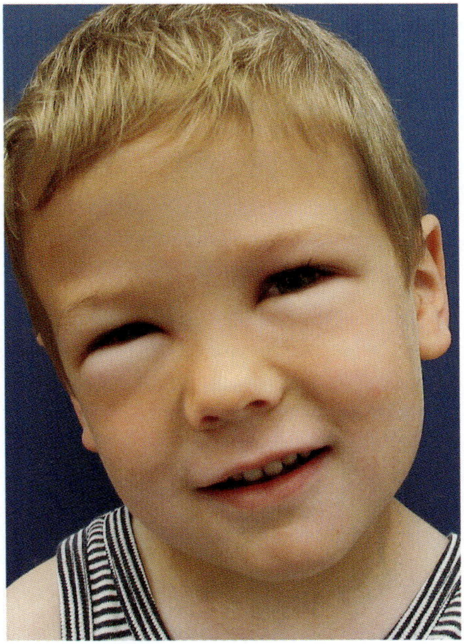

Beidseitige Lidschwellung: Am besten sofort zum Arzt

Was kann ich tun?

Bei einer Schwellung durch Prellung oder durch einen Insektenstich können Sie Ihrem Kind durch kühlende Umschläge Linderung verschaffen.

Wissenswertes

Ursachen für eine Lidschwellung

Häufige Ursachen
- Bindehaut-Entzündungen (allergisch, infektiös)
- Insektenstiche
- Gesichts-Prellungen
- Virus-Infekte (etwa Pfeiffer'sches Drüsenfieber)
- Fremdkörper (z.B. Sand)

Seltene Ursachen
- Nasennebenhöhlen-Entzündungen
- Nierenerkrankungen
- Entzündungen der Augenhöhle (Orbital-Phlegmone)

Wann muss mein Kind zum Arzt?

Weil sich hinter Lidschwellungen auch einige seltene Erkrankungen verbergen können, ist eine Vorstellung beim Kinderarzt unumgänglich.

Was tut der Arzt?

Nach der Untersuchung wird der Kinderarzt Ihrem Kind bei Entzündungen oder Allergien antiallergische oder antibakterielle Augentropfen verordnen. Bei einem Fremdkörperverdacht wird er versuchen, den Fremdkörper herauszuspülen oder Ihr Kind zum Augenarzt überweisen.

Bei dem Verdacht auf eine Nierenerkrankung wird er den Urin Ihres Kindes auf seinen Eiweißgehalt und gegebenenfalls das Blut untersuchen. Hat Ihr Kind eine Orbital-Phlegmone, wird er es zur weiteren Diagnostik und Therapie ins Krankenhaus schicken.

Wann muss mein Kind ins Krankenhaus?

Bei der seltenen Orbital-Phlegmone ist dringend eine antibiotische Therapie nötig, die im Krankenhaus durchgeführt wird. Gegebenfalls muss die Entzündung chirurgisch eröffnet werden.

Lymphknoten-Schwellungen

Was hat mein Kind?

Lymphknoten sind Zentren, in denen Abwehrvorgänge des Körpers stattfinden. Sie sind durch Lymphbahnen verbunden und versorgen bestimmte Regionen des Körpers. Der Lymphfluss geht von der Peripherie in Richtung Brustkorb. So schwellen bei Rachenentzündungen die Lymphknoten im Kieferwinkel an oder bei Verletzungen im Beinbereich die Leisten-Lymphknoten. Kinder haben häufig Schwellungen der Lymphknoten.

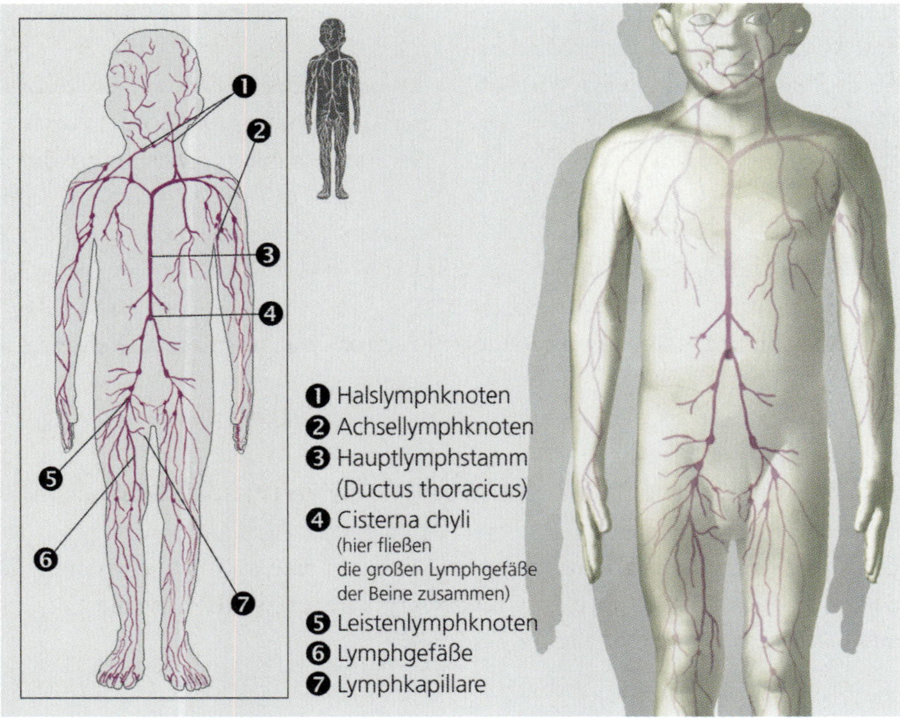

Abb. 4: Die Lymphbahnen des Körpers

Man unterscheidet zwischen *lokalisierten* Lymphknoten-Schwellungen – die zum Beispiel nur im Halsbereich auftreten – und *generalisierten* Schwellungen am ganzen Körper.
Beispiele für *lokalisierte* Lymphknoten-Schwellungen sind eine Mandelentzündung (Angina), ein Abszess, Infekte der oberen Luftwege oder Entzündungen der Haut. Selten können bösartige Erkrankungen dahinter stecken.
Die *generalisierten* Lymphknoten-Schwellungen sind meist virusbedingt. Selten sind rheumatische oder bösartige Erkrankungen die Ursache.

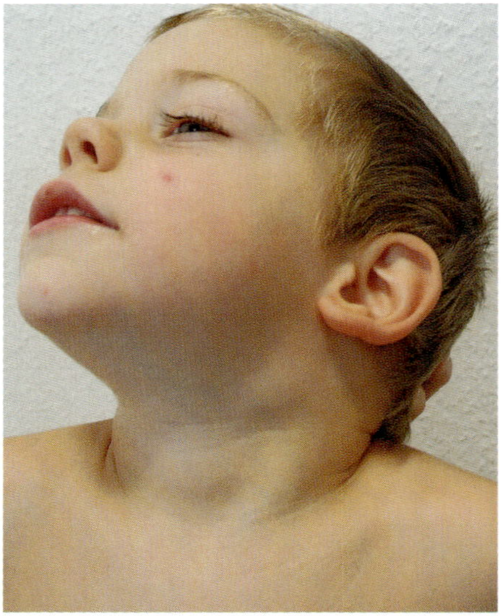

Lymphknoten-Schwellung: Bei Kindern häufig, meist harmlos

Was kann ich tun?

Hat Ihr Kind im Rahmen eines Infektes Schwellungen im Kieferwinkel und Halsbereich, ist das nicht beunruhigend, solange sie sich nicht röten und zu einem Abszess werden. Außer der Behandlung des Infektes sind keine Maßnahmen erforderlich.
Entzündungen an der Haut können auch zu leichten, gelegentlich auch mal schmerzhaften Lymphknoten-Schwellungen führen. Schauen Sie sich auf jeden Fall die Hautentzündung genau an.

Wann muss mein Kind zum Arzt?

Gehen Sie mit Ihrem Kind zum Arzt, wenn …

- eine Wunde stark entzündet ist
- ein Lymphknoten stark anschwillt, sich rötet und schmerzt
- mehrere Lymphknoten miteinander verbacken sind
- die Lymphknoten-Schwellung keinen eindeutigen Grund hat
- Ihr Kind krank wirkt

Lymphknoten-Schwellungen ohne eindeutige Ursache sind genau abzuklären, damit nicht eine bösartige Erkrankung übersehen wird.

Was tut der Arzt?

Neben einer gründlichen Untersuchung muss gelegentlich eine Blutuntersuchung durchgeführt werden. Selten ist eine operative Lymphknoten-Entfernung mit einer feingeweblichen Untersuchung (Biopsie) nötig.

Wann muss mein Kind ins Krankenhaus?

In der Regel ist eine Einweisung nicht erforderlich, eventuell zur Abklärung bei Verdacht auf eine Krebserkrankung. Bei vereiterten Lymphknoten sind manchmal eine Antibiotika-Gabe über die Vene (Tropf-Infusion) oder auch eine chirurgische Eröffnung nicht zu umgehen.

Der typische Fall

Der zehnjährige **Heiko** ist ein begeisterter Fußballspieler. Nach einem Training klagte er zunehmend über Halsschmerzen, Schluckstörungen und ein allgemeines Krankheitsgefühl. Heiko bekam Fieber, und die Lymphknoten im Halsbereich schwollen allmählich an. Seine Mutter versuchte, ihm durch Bettruhe, einen Halswickel und etwas Salbeitee Linderung zu verschaffen. Da der Zustand nach zwei Tagen unverändert war, ging sie mit Heiko zum Kinderarzt.

Beläge auf den vergrößerten Mandeln begründeten seine Empfehlung, ein Antibiotikum einzusetzen. Falls Heikos Zustand sich jedoch in zwei Tagen nicht bessern sollte, müsse Heiko zu einer Blutuntersuchung wiederkommen. Trotz regelmäßiger Medikamenten-Einnahme wurde Heiko kränker.

Die Blutuntersuchung ergab die Diagnose Pfeiffer'sches Drüsenfieber (Mononukleose) mit einer leichten Leberentzündung, die bei dieser Erkrankung gelegentlich auftreten kann. Da es sich um eine Viruserkrankung handelt, wurde das Antibiotikum abgesetzt und weiter Ruhe verordnet. Durch die Leberbeteiligung erholte sich Heiko allerdings nur allmählich. Sportliche Aktivitäten wurden für einige Wochen untersagt. Heiko wurde gesund und spielt jetzt wieder mit Begeisterung Fußball.

Mund-Entzündungen

Was hat mein Kind?

Entzündungen im Mund stören beim Essen und Trinken und können sehr unangenehme Schmerzen verursachen. Häufig bilden sich kleine, schmerzhafte Schleimhaut-Defekte, sogenannte *Aphthen*, besonders an der Zunge und im Wangenbereich. Diese Aphthen entstehen durch einen fortwährenden Reiz oder durch eine Virus-Infektion (Herpes simplex-Viren, Coxsackie-Viren). Selten kann die Neigung zur Bildung von Aphthen auch vererbt sein.

Auch ein Pilzbefall im Mund (*Mundsoor*) kann Schwierigkeiten bei der Nahrungsaufnahme bereiten. Hier entstehen weißliche, nicht abkratzbare Beläge auf der Zunge und der Wangenschleimhaut.

Bei einer *Mundfäule* (Stomatitis aphthosa) sind die gesamte Mundhöhle und das Zahnfleisch über fünf bis zehn Tage entzündet. Häufig ist das mit leichtem Zahnfleischbluten und

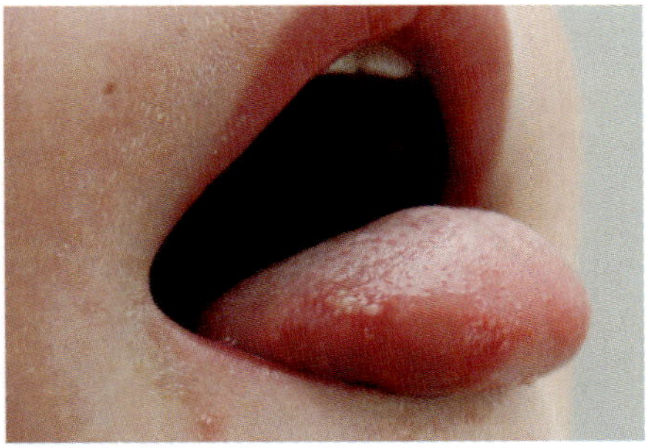

Aphthen:
Klein, aber schmerzhaft

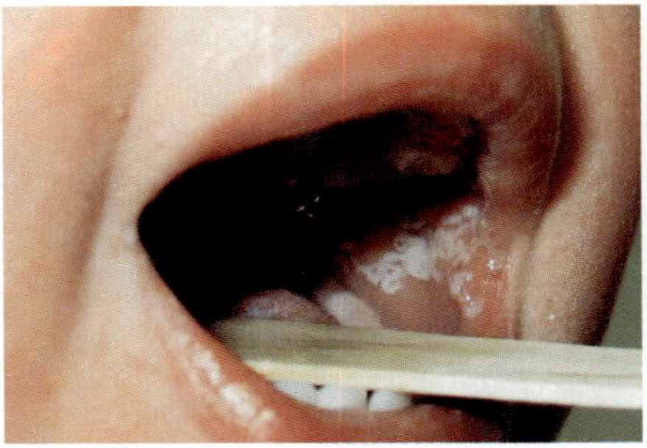

Mundsoor:
Pilz, der beim Essen stören kann

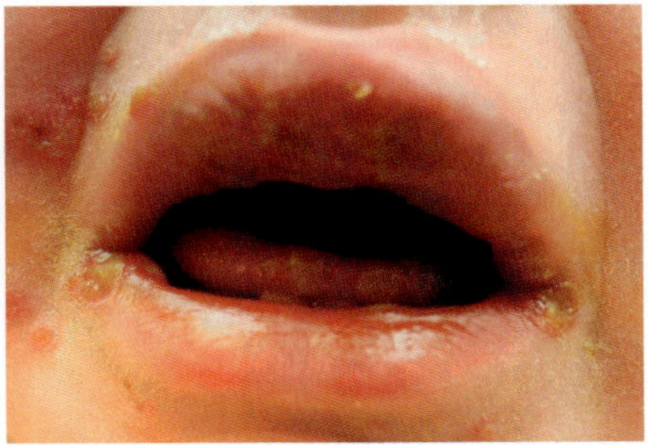

Mundfäule:
Gesamte Mundhöhle entzündet

Fieber verbunden. Das Hauptproblem in diesen Tagen ist die Nahrungsverweigerung, weil das Essen dann einfach weh tut. Je kleiner die Kinder sind, desto schwieriger ist es, ihnen genügend Flüssigkeit einzuflößen.
Kleine Verletzungen in den Mundwinkeln bei hautempfindlichen Kindern, andauernde Feuchtigkeit, Nahrungsreste und bakterielle Besiedlung führen zu schmerzhaften *Mundwinkel-Einrissen* (Faulecken, Mundwinkel-Rhagaden).
Ungenügende Reinigung des Mundes und der Zähne und Nahrungsreste in den Nischen um die Mandeln sind meist die Ursache für morgendlichen *Mundgeruch*. Seltener sind Störungen im Magenbereich zu finden.

Was kann ich tun?

Achten Sie darauf, dass Ihr Kind genügend trinkt. Eine Mundfäule klingt innerhalb einiger Tage von selbst ab. Spülungen mit kühlem Kamillentee können Linderung verschaffen.
Regelmäßige Säuberung nach dem Essen, Pflege mit Pasten oder schleimhautverträglichen Salben bringen Mundwinkel-Rhagaden zum Abheilen.
Regelmäßige, mehrmalige tägliche Reinigung mit Bürste und mit Zahnseide kann Mundgeruch vermeiden.

Wann muss mein Kind zum Arzt?

Gehen Sie mit Ihrem Kind zum Arzt, wenn es …

- Defekte in der Mundschleimhaut hat und krank wirkt
- weiße, nicht abwischbare Beläge im Mund hat
- eine Mundfäule hat, dabei fiebert und nicht genügend trinkt

Was tut der Arzt?

Er wird schmerzstillende Salben oder Gele verordnen und so die Ernährung Ihres Kindes erleichtern. Denn es wichtig, dass Ihr Kind genügend trinkt.
Bei einem Mundsoor wird er Ihrem Kind ein pilzhemmendes Gel oder eine entsprechende Suspension verordnen.

Wann muss mein Kind ins Krankenhaus?

Sollte die Ernährung über den Mund nicht möglich sein, so ist in seltenen Fällen kurzfristig eine Ernährung über eine Magensonde oder die Vene im Krankenhaus notwendig.

Muskel-Schmerzen

Was hat mein Kind?

Muskel-Schmerzen treten häufig nach einer übermäßigen, ungewohnten körperlichen Belastung in Form eines Muskelkaters oder einer Muskelzerrung auf. Bei einer Muskelzerrung wird ein Muskel punktuell überlastet, was zu zunehmenden Schmerzen bei Belastung führt.
Im Rahmen von grippalen Infekten sind Muskel-Schmerzen meist mit Fieber verbunden. Gelegentlich haben Kinder nächtliche Bein- oder Muskelschmerzen. Häufig werden sie als „Wachstums-Schmerzen" gedeutet. Sie sollten aber, wenn sie länger anhalten oder ständig wiederkehren, genauer untersucht und abgeklärt werden.
Sehr selten können auch Entzündungen der Muskeln, Gelenke und Knochen Muskel-Schmerzen verursachen.

Was kann ich tun?

Hat Ihr Kind einen Muskelkater, dann schonen Sie es und machen Sie ihm ein warmes Bad. Bei einer Muskelzerrung sollte Ihr Kind einige Tage bis auf leichte Dehnübungen ganz auf sportliche Aktivitäten verzichten.
Muskelkater und Muskelzerrungen lassen sich durch richtiges Aufwärmen vor dem Sport und ein gut dosiertes Aufbautraining vermeiden. Klären Sie Ihr Kind über das richtige Verhalten beim Sport und während des Trainings auf.

Wann muss mein Kind zum Arzt?

Glieder- und Muskel-Schmerzen, die mit Fieber verbunden sind, sind häufig die ersten Anzeichen eines grippalen Infektes. Wirkt Ihr Kind krank oder bleiben die Beschwerden über mehrere Tage hinweg bestehen, dann nehmen Sie Kontakt mit Ihrem Arzt auf.
Bei nächtlichen Beinschmerzen oder Schmerzen immer in der selben Region sollten Sie mit Ihrem Kind zum Arzt gehen.

Was tut der Arzt?

Er wird die Ursache der Muskel-Schmerzen durch eine Untersuchung abklären und nötigenfalls weiterführende Untersuchungen durchführen, um Ihr Kind dann gezielt behandeln zu können.

Wann muss mein Kind ins Krankenhaus?

Bei unklaren und anhaltenden Muskel-Schmerzen kann zur Abklärung ein stationärer Aufenthalt nötig sein.

Muskel-Schwäche

Was hat mein Kind?

Der Körperbau von Menschen kann sehr unterschiedlich sein. Das ist genetisch bedingt. So gibt es muskulöse, schlanke, kräftige oder zarte Menschen. Das ist normal. Hat allerdings ein Neugeborenes eine sehr schwache Muskelkraft, oder fällt eine zunehmende Muskel-Schwäche im Laufe der Entwicklung auf, dann ist das ein sehr ernst zu nehmendes Symptom.
Je nach Typ der Erkrankung fallen die Kinder schon als Neugeborene oder Säuglinge durch eine ausgeprägte Muskel-Schwäche und Lähmungs-Erscheinungen auf. Die Muskel-Schwäche bewirkt, dass das Kind verspätet Laufen lernt und sich seine Muskeln bis zur körperlichen Behinderung abbauen.
Das Symptom „Muskel-Schwäche" ist sehr selten, und die Zuordnung zu einer Erkrankung ist in der Regel schwierig. Meist sind es neuromuskuläre Erkrankungen. Sie sind genetisch bedingt und spielen sich im Übergangsbereich von Nerv und Muskel oder im Muskel ab. Bei vielen neuromuskulären Erkrankungen ist die Lebenserwartung derzeit noch eingeschränkt.

Was kann ich tun?

Achten Sie auf folgende Zeichen, die auf eine Muskel-Schwäche hinweisen:

- Eine Saug- und Schluckschwäche beim Neugeborenen
- Eine Bewegungsarmut und eine schlaffe Muskel-Spannung beim Neugeborenen oder Säugling
- Verspätetes freies Sitzen oder kein freies Sitzen, Gehen oder Laufen beim Kleinkind
- Auffälliges Gehen – wie Watschelgang oder Zehenspitzengang – und abstehende Schulterblätter beim älteren Kind
- Auffällige Tagesschwankungen in der Muskelkraft (Morgens noch normal, abends können die Arme kaum gehoben werden – oder umgekehrt)

- Rückentwicklung der motorischen Fähigkeiten und der Muskelkraft bei Kindern oder Jugendlichen

Wann muss mein Kind zum Arzt?

Wenn Sie eines der obengenannten Zeichen von Muskelschwäche bei Ihrem Kind erkennen, dann gehen Sie unbedingt mit ihm zum Arzt.

Was tut der Arzt?

Ihr Arzt wird Ihr Kind gründlich untersuchen und Ihnen wahrscheinlich folgende Fragen stellen:

- *„Wie ist der Verlauf der Beschwerden?“*
  - Schleichende Verschlechterung
  - Akut aufgetreten
  - Im Tagesverlauf abnehmend oder zunehmend
- *„Gibt es ähnliche Erkrankungen in der Familie oder bei den Verwandten?“*
- *„Wie sind die Muskelspannung und die Muskelkraft in den verschiedenen Muskelpartien?“*
- *„Welche Muskelpartien sind betroffen?“*

Falls nötig, wird er weitere Untersuchungen (Blut, Urin, Ultraschall der Muskulatur, Messung der Nerven-Leitgeschwindigkeit, Muskelbiopsie) anordnen und eventuell den Kontakt mit einer Spezialambulanz aufnehmen.

Wann muss mein Kind ins Krankenhaus?

Meist wird eine Muskel-Schwäche stationär abgeklärt, und von dort werden die entsprechenden Therapie-Maßnahmen eingeleitet.

Nabel-Probleme

Was hat mein Kind?

Über die Nabelschnur und den Mutterkuchen (Plazenta) ist das Ungeborene mit der Mutter verbunden und erhält darüber alle wichtigen Nährstoffe und Sauerstoff zum Wachsen. Nach der Entbindung ist der Nabel kurzfristig eine „Schwachstelle", da über ihn eine Infektion des Neugeborenen stattfinden kann.

Nabelinfektion

Eine Rötung des Nabelbereiches mit Eiterbildung kann zu tiefer gelegenen Entzündungen führen.

Nässender Nabel

Nässt der Nabel noch zwei Wochen nach der Geburt oder ist er feucht, kann ein **Nabelgranulom** vorliegen. Beim Nabelgranulom handelt es sich um „wildes Fleisch" im Bereich des Nabels von etwa Erbsengröße. Extrem selten sind Verbindungsgänge zwischen Nabel und Darm oder Nabel und Blase (Nabelfisteln).

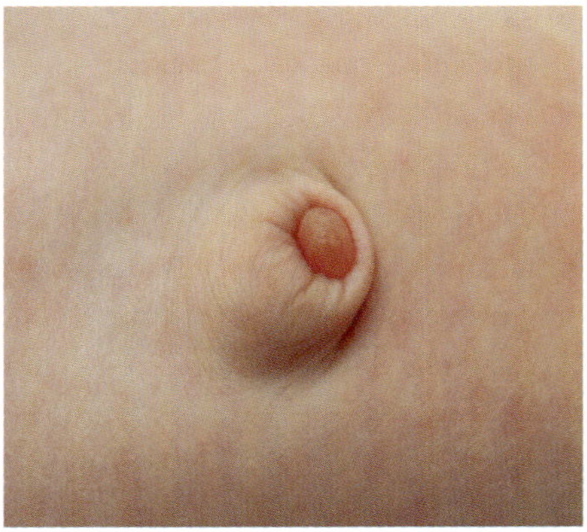

Nabelgranulom:
„Wildes Fleisch" in Erbsengröße

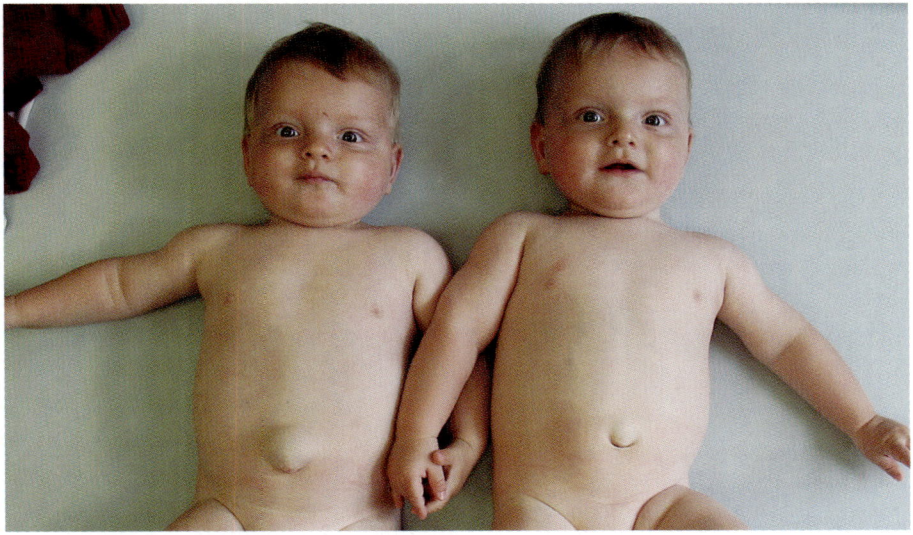

Nabelbruch: Wächst sich meist aus

Nabelbruch

Mit dem Durchtritt der Nabelschnur durch den Nabelbereich entsteht eine Lücke, die im Säuglingsalter noch nicht die Festigkeit der übrigen Bauchdecke besitzt.
So ist es möglich, dass sich gelegentlich ein fingerkuppengroßer Nabelbruch entwickelt. Allerdings wird die Lücke durch das Wachstum des Kindes immer kleiner und verschwindet häufig bis zum fünften Lebensjahr.

Was kann ich tun?

Tägliches Reinigen mit sauberem Wasser und sauberen Händen reicht in der Regel zur Nabelpflege aus. Spätestens zwei Wochen nach der Geburt ist der Nabelschnurrest vertrocknet und abgefallen, wenn er möglichst trocken gehalten wurde.

Wann muss mein Kind zum Arzt?

Stellen Sie Ihr Kind beim Arzt vor, wenn …
- der Nabel sich rötet
- der Nabel zwei Wochen nach der Entbindung noch Feuchtigkeit oder Blut absondert
- ein Nabelbruch sehr ausgeprägt ist

Was tut der Arzt?

Er wird bei …
- einer **Nabelinfektion** eventuell eine antibiotische Therapie einleiten, um ein Ausdehnen in den Bauchraum zu verhindern
- einem **nässenden Nabel** überprüfen, ob möglicherweise eine Fistel vorliegt
- einem **Nabelgranulom** den Nabel ätzen und so zur Abheilung bringen
- einem sehr großen **Nabelbruch** Ihr Kind zu einer Kinderchirurgie weiter überweisen

Wann muss mein Kind ins Krankenhaus?

Fisteln, sehr große Nabelbrüche oder Nabelbrüche, die sich nicht im Laufe der ersten Lebensjahre zurückbilden, müssen operiert werden.

Nasenbluten

Was hat mein Kind?

Nasenbluten kommt bei Kindern oft vor. Häufig ist es die Folge einer äußeren Verletzung, etwa eines Sturzes oder Schlags beim Spielen oder beim Sport. Auch durch Nasenbohren oder bei einem Schnupfen kann es mal zu Nasenbluten kommen. Das Nasenbluten wird dann durch die entzündete Schleimhaut verursacht, wodurch ein kleines Gefäß in der Nase platzen kann.
In der Winterzeit trocknen unsere Nasenschleimhäute durch die warme Zimmertemperatur besonders leicht aus und werden empfindlich. Bei kleinen Kindern kann auch mal ein Fremdkörper in der Nase die Ursache der Blutung sein. Manchmal gibt es aber gar keinen genauen Grund – und schon beim Naseputzen oder Niesen kann ein kleines Blutgefäß bersten.

Was kann ich tun?

Bewahren Sie Ruhe.
Bei einer starken Blutung sollte Ihr Kind mit erhobenem Kopf über einem Waschbecken sitzen oder stehen, damit das Blut gut abfließen kann.
Drücken Sie die Nase Ihres Kindes mit Ihrem Daumen und Zeigefinger fest zu und lassen Sie es durch den Mund atmen. Falls das nicht ausreicht, dann führen Sie einen mit abschwellenden Nasentropfen getränkten Wattebausch in das Nasenloch und wiederholen das Zudrücken.
Legen Sie ihm einen Eisbeutel oder kalten Waschlappen in den Nacken. Dadurch verengen sich die Blutgefäße, und die Blutung nimmt ab. Wenn die Blutung aufgehört hat, sollte Ihr Kind sich nicht schnäuzen oder in der Nase bohren.

Wann muss mein Kind zum Arzt?

Stellen Sie Ihr Kind dem Arzt vor, wenn …

- die Blutung nicht innerhalb einer halben Stunde zum Stillstand kommt
- es sich um sehr starkes oder immer wiederkehrendes Nasenbluten handelt
- Nasenbluten nach einer starken Kopfprellung oder Verletzung auftritt

Was tut der Arzt?

Er wird versuchen, das Nasenbluten durch eine Tamponade zum Stillstand zu bringen. Dazu ist häufig die Hilfe eines HNO-Arztes nötig. Wenn das nicht ausreicht, kann der HNO-Arzt bei älteren Kindern die blutenden Gefäße veröden. Falls ein Fremdkörper in der Nase ist, entfernt er ihn.
Gegebenenfalls wird Ihr Arzt den Blutdruck kontrollieren, durch eine Blutuntersuchung eine Gerinnungsstörung oder eine Erkrankung des Blutes ausschließen und bei Verletzungen eine Röntgen-Untersuchung durchführen lassen.
Obwohl wiederkehrendes Nasenbluten fast immer harmlos ist, wird er Ihr Kind auch einmal zum HNO-Arzt überweisen, damit überprüft wird, ob die Nasenwege in Ordnung sind und keine andere Erkrankung dahinter steckt.

Wann muss mein Kind ins Krankenhaus?

Sollten Hinweise für eine Schädelfraktur vorliegen, wird Ihr Kind im Krankenhaus versorgt.

Ohnmacht

Was hat mein Kind?

Wenn der Blutdruck plötzlich absackt, wird das Gehirn nicht mehr ausreichend durchblutet. Das Kind wird blass und ihm wird schwindelig. Manchmal bildet sich Schweiß auf der Stirn, es bekommt Flimmern vor den Augen und fällt schließlich bewusstlos um (Kollaps, Synkope). Diese Bewusstlosigkeit dauert nur kurz. Denn durch das Liegen bekommt das Gehirn rasch wieder Blut und damit Sauerstoff. Das Kind wird wieder wach und ist verwundert, was geschehen ist.
Besonders betroffen von solchen Ohnmachtsanfällen sind Jugendliche mit einem labilen, unbeständigen Kreislauf beim Aufstehen oder längerem Stehen. Aber auch ängstliche Menschen können schon bei einer Blutabnahme oder einer Spritze in Ohnmacht fallen, wenn ihnen das Blut durch eine Fehlregulation der Gefäße förmlich „versackt."
Selten kann eine Ohnmacht durch eine Herzerkrankung oder einen Krampfanfall ausgelöst werden.

Was kann ich tun?

Wichtig ist, dass möglichst schnell wieder Blut zum Gehirn fließt. Dazu legen Sie das ohnmächtige Kind auf den Rücken und heben ihm die Beine an.
Das Kind wird dann meist sehr schnell wieder zu Bewusstsein kommen. Achten Sie darauf, dass es sich beim Fallen nicht verletzt hat. Fragen Sie es, ob es Schmerzen hat. Es sollte sich dann erst mal hinsetzen. Wenn es wieder rosig im Gesicht ist, kann es vorsichtig aufstehen.
Jugendlichen können bei einem labilem Kreislauf kreislaufaktivierende Maßnahmen wie warmes und kaltes Duschen helfen.

Wann muss mein Kind zum Arzt?

Wenn Ihr Kind nicht gleich wieder zu sich kommt, legen Sie es in die Stabile Seitenlage und rufen Sie den **Notarzt** an. Achten Sie auf Puls und Atmung. Wenn Ihr Kind einen Ohnmachtsanfall hatte, sollten Sie es auf jeden Fall ärztlich untersuchen lassen, um eine ernstere Erkrankung auszuschließen.

Was tut der Arzt?

Der Arzt wird nach der Ursache der Ohnmacht suchen, den Blutdruck Ihres Kindes kontrollieren und seinen Puls messen. Mit dem *Schellong*-Test wird das einige Male im Sitzen und im Stehen gemacht und so eine Kreislauflabilität ausgeschlossen oder nachgewiesen. Diagnostisch ist auch ein EKG und EEG erforderlich, um andere Ursachen eines Ohnmachtsanfalls auszuschließen.
Bei der häufigen orthostatischen Dysregulation im Jugendalter wird der Arzt Ihrem Kind Training und Abhärtungs-Maßnahmen aufzeigen.
Sofern er andere, schwerere Gründe für den Kollaps findet – wie zum Beispiel ein Anfallsleiden oder Herzrhythmus-Störung – wird er die Grunderkrankung behandeln.

Wann muss mein Kind ins Krankenhaus?

Nur wenn das kollabierte Kind nicht gleich wieder zu sich kommt, wird es vom Notarzt behandelt oder direkt ins Krankenhaus gebracht. Sollte die Atmung aussetzen, sind Wiederbelebungs-Maßnahmen nötig (siehe Kapitel 6 „Notfälle im Kindesalter“).

Ohrenschmerzen

Was hat mein Kind?

Plötzlich auftretende Ohrenschmerzen (Otalgie) sind meist der Ausdruck einer akuten Mittelohr-Entzündung (Otitis media). Mitunter handelt es sich auch um eine Entzündung des äußeren Gehörganges (Otitis externa). Wichtig ist es, den Schmerz zu stillen und abzuklären, ob die Entzündung eitrig oder bakteriell ist.

Wie Sie eine Mittelohr-Entzündung erkennen können

Ist Ihr Kind noch zu klein, um Ohrenschmerzen zu äußern, dann drücken Sie vorsichtig auf das Ohr im Übergangsbereich zur Backe. Zeigt Ihr Kind eine schmerzhafte Abwehrbewegung (*Tragus-Druckschmerz*), liegt der Verdacht auf eine Mittelohr-Entzündung nahe.

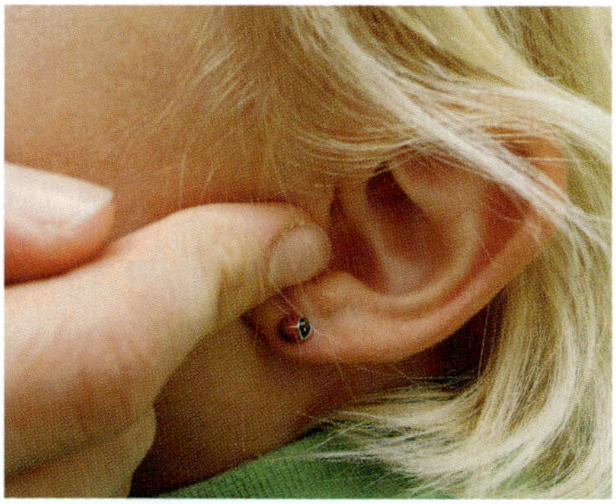

Tragus-Druckschmerz: Schmerzreaktion auslösen

Was kann ich tun?

In erster Linie ist es wichtig, den quälenden Schmerz zu bekämpfen.
Sollte die Schmerzstillung durch Hausmittel wie Zwiebelwickel, aufsteigendes Fußbad oder Nasentropfen (siehe Kapitel 3) nicht zügig gelingen, dann können Sie Ihrem Kind ein Schmerzmittel in altersentsprechender Dosierung (Paracetamol-Zäpfchen, Paracetamol-Saft, Ibuprofen-Saft) auch ohne eine

ärztliche Begutachtung geben, damit Ihr Kind erst einmal von seinen Schmerzen befreit wird. Nehmen Sie dann aber Kontakt zum Arzt auf.

Wann muss mein Kind zum Arzt?

Wenn Ihr Kind Ohrenschmerzen hat, sollten Sie es grundsätzlich Ihrem Arzt vorstellen. Denn er kann abklären, wie schwerwiegend die Entzündung ist.

Was tut der Arzt?

Er entscheidet nach seiner Untersuchung, ob weitere Maßnahmen wie eine antibiotische Therapie sofort nötig sind oder noch abgewartet werden kann, weil es sich auch um eine virusbedingte Infektion des Mittelohrs handeln kann.

Wann muss mein Kind ins Krankenhaus?

In der Regel ist eine Einweisung nicht erforderlich. Nur beim Verdacht einer weiteren Ausbreitung der Mittelohr-Entzündung in Richtung Knochen oder Gehirn kann sie notwendig werden.

Was Sie sonst noch wissen sollten

Eine Mittelohr-Entzündung muss nicht nur wegen ihrer Schmerzen ernst genommen werden. Sehr seltene Komplikationen von Mittelohr-Entzündungen können sein:

- Hörstörungen
- Knochen-Entzündungen
- Gehirn-Abszesse

Pigment-Störungen

Was hat mein Kind?

Unsere Haut hat die Fähigkeit, sich gegen Sonnenstrahlen zu schützen, indem sie das dunkle Pigment Melanin bildet. Durch die Sonneneinstrahlung wird diese Fähigkeit aktiviert – und wir werden braun.

Allerdings ist genetisch festgelegt, wie stark unsere Pigmentierungs-Fähigkeit ist. So gibt es hellhäutige, lichtempfindliche Menschen, die bei Sonneneinstrahlung rasch einen Sonnenbrand bekommen, und dunkelhäutige, die weniger empfindlich sind. Kinder gehören zu der Gruppe der empfindlichsten Hauttypen. Sie müssen deshalb besonders vor Sonneneinstrahlung geschützt werden.

Eine vermehrte bräunliche Pigmentierung wird als Hyperpigmentierung bezeichnet. So etwas gibt es beispielweise nach einem Insektenstich oder Abszess im Narbenbereich. Großflächige oder am ganzen Körper auftretende Hyperpigmentierungen sind selten.

Einzelne weißliche Hautstellen (*Hypopigmentierungen*) können verschiedene Gründe haben – zum Beispiel entzündliche Erkrankungen der Haut. Sie stellen meist kein großes Problem dar und fallen besonders zur Sommerzeit auf, wenn sich die umgebende Haut braun färbt. Die *Weißfleckenkrankheit* (Vitiligo) ist eine harmlose, lokal auftretende Hypopigmentierung der Haut und tritt meist ab dem Jugendalter auf.

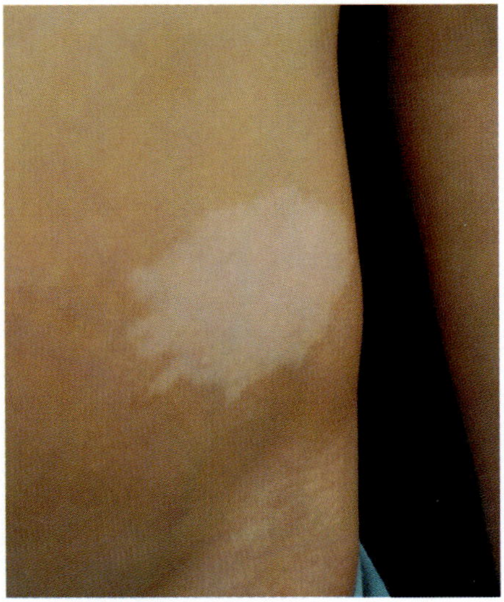

Pigmentmangel: Örtlich begrenzt und harmlos

Häufig haben Kinder Pigmentflecken (*Muttermale*), die je nach ihrer Art

und Lage beobachtet werden müssen. Großflächige bräunliche Pigmentflecken nennt man *Café-au-lait-Flecken*, weil sie wie ein Kaffeefleck aussehen.
Der *Mongolenfleck* ist eine harmlose flächenhafte dunkle Pigmentvermehrung am unteren Rücken.

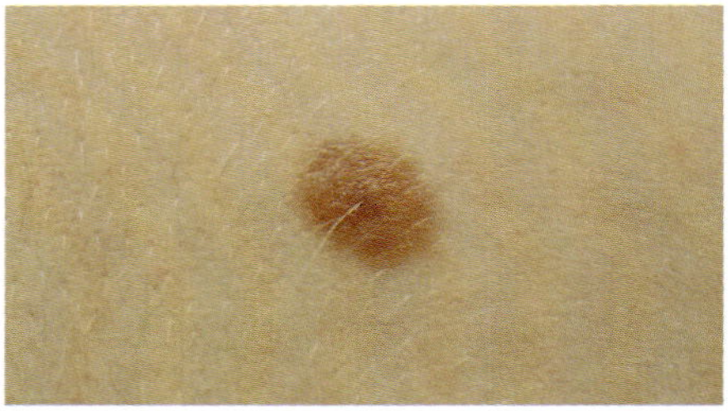

Muttermal: Kleiner Pigmentfleck, der beobachtet werden muss

Was kann ich tun?

Schützen Sie Ihr Kind vor übermäßiger Sonneneinstrahlung.

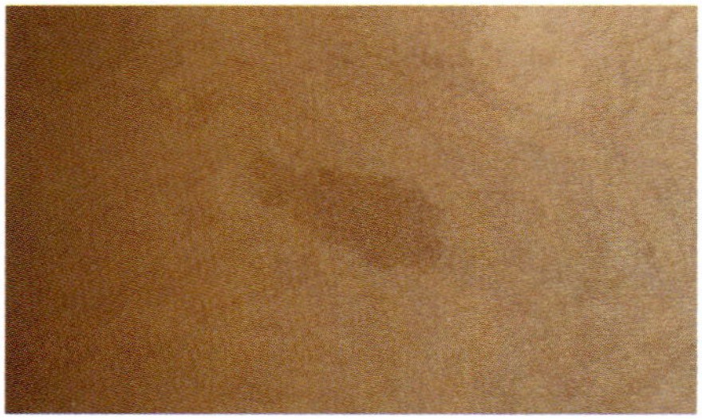

Café-au-lait-Fleck: Sieht aus wie ein Kaffeefleck

Empfehlungen für den Umgang mit der Sonne

- Kleidung ist der beste Sonnenschutz.
- Im Hochsommer sollte Ihr Kind während der UV-intensiven Mittagszeit keine Aktivitäten im Freien unternehmen und Schutz im Schatten suchen.
- Bei Aktivitäten im Freien sollten Sie geeignete Sonnenschutzmittel mit einem Lichtschutzfaktor 15 bis 25 verwenden. Cremen Sie Ihr Kind möglichst eine halbe bis eine Stunde vorher ein.

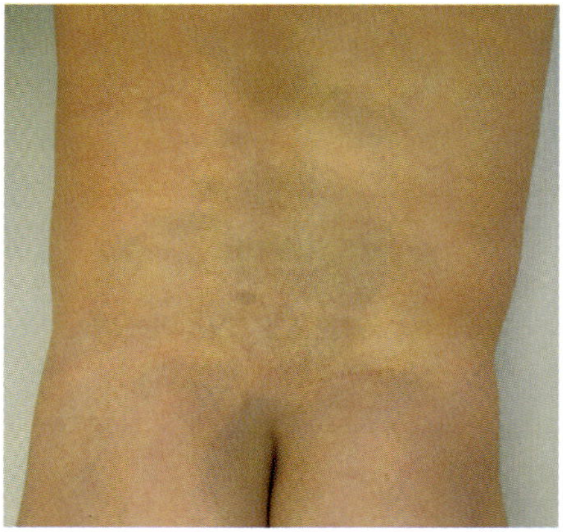

Mongolen-Fleck: Harmlose Pigment-Vermehrung

Wann muss mein Kind zum Arzt?

Verändern sich Pigmentflecken oder fangen sie an zu bluten, dann nehmen Sie möglichst rasch Kontakt mit Ihrem Arzt auf. Auch ausgeprägte Hypopigmentierungen sollten von einem Arzt abgeklärt werden.
Hat Ihr Kind mehr als sechs Café-au-lait-Flecken, so sollten weitere Untersuchungen erfolgen, da dann auch im Körperinneren zusätzlich knötchenförmige Veränderungen auftreten können. Diese Erkrankung wird als Neurofibromatose bezeichnet und ist sehr selten.

Was tut der Arzt?

Der Arzt wird Ihr Kind untersuchen, Sie in der Regel über die Harmlosigkeit aufklären und Ihnen entsprechende Maßnahmen zum Sonnenschutz empfehlen.
Die Entfernung eines atypischen und damit gefährlichen Pigmentflecks ist im Kindesalter selten notwendig.
Sollten selten einmal ausgeprägte und unklare Pigmentstörungen auftreten, wird Ihr Arzt weiterführende Stoffwechsel-Untersuchungen durchführen und gegebenenfalls Ihr Kind in eine Spezialabteilung oder zum Hautarzt schicken.

Wann muss mein Kind ins Krankenhaus?

Eine Einweisung ins Krankenhaus ist bei Hautfärbungen in der Regel nicht erforderlich.

Prellungen · Blutergüsse

Was hat mein Kind?

Prellungen sind häufig und relativ harmlos. Kinder erleiden Prellungen meist am Kopf, an den Beinen und Armen, seltener am Brustkorb oder Bauch.
Prellungen verursachen durch Gefäßeinrisse meist einen Bluterguss (Hämatom). Solche Blutergüsse können an der Körperoberfläche oder im Körper auftreten. Dabei schwillt die Region an und verfärbt sich blau bis violett. Wenn das Blut dann abgebaut wird, verändert sich die Farbe innerhalb einiger Tage von blau zu grün und dann zu gelb.
Je nachdem, wo die Prellung ist, kann es allerdings auch zu Verletzungen kommen – zum Beispiel an den Nieren, der Milz oder der Leber. Prellungen am Brustkorb können Rippenbrüche zur Folge haben – wie bei einem Autounfall durch falsch angelegte Sicherheitsgurte.
Nach Schädelprellungen (Contusio) kann es durch eine Reizung des Gleichgewichts-Organs im Innenohr zum Erbrechen kommen. Bei einer Gehirnerschütterung (Commotio) ist das wesentliche Symptom eine kurzzeitige Bewusstlosigkeit, oder dass ein Kind sich nicht mehr an das Ereignis erinnert. Häufig ist ihm danach über einige Stunden übel. Es erbricht sich, ist müde und hat Kopfschmerzen.

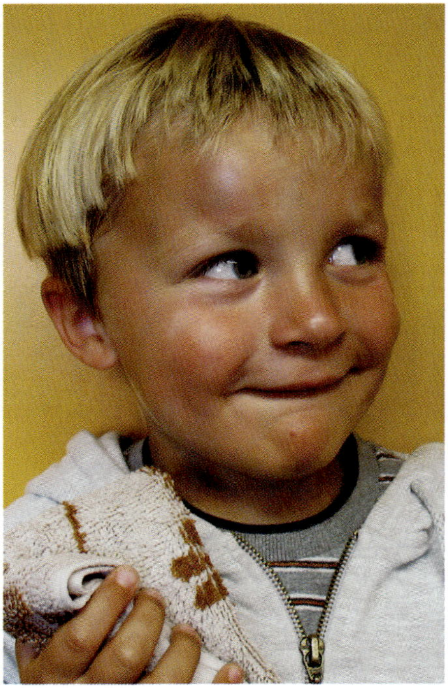

Beule am Kopf:
Erstmaßnahme: Kalter Waschlappen

Extrem selten sind Blutungen im Kopf durch Einrisse von Gefäßen, die das Gehirn umgeben. Sie können noch Stunden und Tage nach dem Ereignis auftreten. Kopfschmerzen, Schläfrigkeit, Erbrechen, Sehstörungen und Wesensveränderungen sind die Hauptsymptome.

Was kann ich tun?

Beruhigen Sie Ihr Kind, nehmen Sie es auf den Schoß oder legen Sie es hin. Als Erstmaßnahme können Sie die Schwellung mit kalten Waschlappen, eingepackten Eispacks oder Eiswürfeln kühlen. Dabei lässt der Schmerz nach, und Ihr Kind beruhigt sich.
Bei einer Gehirnerschütterung ist es wichtig, dass sich Ihr Kind für einige Tage ruhig verhält und keine Belastungen hat. Beobachten Sie Ihr Kind. Es kann sein, dass neue Symptome wie Kopfschmerzen, Schläfrigkeit, Erbrechen, Sehstörungen und Wesensveränderungen noch nach Tagen auftreten.

Wann muss mein Kind zum Arzt?

Bringen Sie Ihr Kind zum Arzt, wenn …

- es am Kopf eine sichtbare Prellmarke mit Schwellung hat
- es sich nach einer Schädelprellung gehäuft erbricht
- nach einer Schädelprellung oder Gehirnerschütterung auch noch nach Tagen Beschwerden wie Müdigkeit, Kopfschmerzen, Erbrechen, Sehstörungen oder Wesensveränderungen auftreten
- es eine Gehirnerschütterung mit kurzzeitiger Bewusstlosigkeit erlitten hat
- Sie den Verdacht auf einen Schädelbruch haben
- Ihr Kind nach Prellungen am Körper zunehmende Schmerzen hat

Ist Ihr Kind durch eine schwere Kopfverletzung bewusstlos, dann rufen Sie sofort den **Notarzt**.

Was tut der Arzt?

Bei einer Prellung am Körper wird er untersuchen, ob innere Organe betroffen sind (Nieren, Milz, Leber etc.).
Bei einer Schädelprellung ohne Erbrechen wird er Ihnen entsprechende Verhaltensweisen empfehlen. Gegebenenfalls wird er eine Röntgen-Untersuchung machen lassen, um einen Schädelbruch auszuschließen.
Erbricht sich Ihr Kind nach einer Schädelprellung gehäuft oder hat der Arzt den Verdacht auf eine Gehirnerschütterung, wird er es in der Regel kurzfristig im Krankenhaus überwachen lassen.

Wann muss mein Kind ins Krankenhaus?

Nach einer Schädelprellung mit Auffälligkeiten (Schläfrigkeit, Erbrechen, Sehstörungen und Wesensveränderungen) oder nach einer starken Gehirnerschütterung sollte Ihr Kind zumindest über 24 Stunden überwacht werden.
Bei anhaltenden neurologischen Auffälligkeiten oder Bewusstseinsstörungen wird eine Gehirnblutung ausgeschlossen oder nachgewiesen – durch ein Computer- oder Kernspin-Tomogramm (CT, MRT). Die Klinikärzte entscheiden dann über weitere Maßnahmen.

Rückenschmerzen

Was hat mein Kind?

Rückenschmerzen treten besonders im Jugendalter auf und können sowohl von der Wirbelsäule als auch von der umgebenden Muskulatur ausgehen.

Ursachen für Rückenschmerzen können sein:
- Zerrungen, Prellungen, Muskelverspannungen, Nervenreizungen
- Haltungsschwächen, Fehlstellungen, Schonhaltungen, Beinlängen-Differenzen
- Harnwegsinfekte und grippale Infekte mit Muskelschmerzen
- Entzündliche Erkrankungen wie Rheuma (selten)
- Leukämie (extrem selten)

Trotz intensiver Diagnostik findet man in 15 bis 20% der Fälle keine organische Ursache für Rückenschmerzen, so dass auch einmal psychosomatische Gründe vorliegen können.

Was kann ich tun?

Lassen Sie sich von Ihrem Kind genau zeigen, wo es weh tut. Und erkundigen Sie sich, ob nicht eine Prellung oder eine übermäßige Bewegung oder Belastung vorausgegangen ist. Sagen Sie Ihrem Kind in diesem Fall, dass es sich für einige Tage schonen soll.
Überprüfen Sie, ob bei Ihrem Kind nicht durch fehlerhaftes Sitzen – zum Beispiel während der Hausaufgaben – die Wirbelsäule überlastet wird.

Wann muss mein Kind zum Arzt?

Anhaltende Rückenschmerzen sollten Sie von Ihrem Arzt abklären lassen.

Was tut der Arzt?

Er wird Ihr Kind untersuchen und gegebenenfalls Urin und Blutwerte überprüfen. Bei unklaren Befunden oder Fehlstellungen wird er mit einem Orthopäden, Radiologen oder Onkologen Kontakt aufnehmen.

Wann muss mein Kind ins Krankenhaus?

Nur bei schwer wiegenden Befunden sind stationäre Maßnahmen erforderlich.

Was Sie sonst noch wissen sollten

Auch Wachstums-Störungen wie die *Scheuermann*-Krankheit können besonders im Jugendalter Beschwerden machen. Sie tritt meist bei 11- bis 13-jährigen Jungen an der Grenze vom Wirbelkörper zur Bandscheibe auf und geht mit einer Fehlhaltung (Kyphose und Skoliose), Bewegungseinschränkung und Rückenschmerzen einher.
Bei der *Scheuermann*-Krankheit sind Krankengymnastik, bei starkem Befund sogar eine apparative Versorgung (Korsett) oder eine operative Korrektur erforderlich.

Schiefhals

Was hat mein Kind?

Im Kleinkind- und Jugendalter kann es zu einer plötzlich auftretenden Verspannung der seitlichen Nackenmuskulatur kommen. Ein Drehen des Kopfes ist nur zu einer Seite möglich. Das Beugen und Strecken der Halswirbelsäule ist leicht beeinträchtigt. Es liegt kein Fieber vor. Die Ursachen für einen akuten Schiefhals sind nicht eindeutig geklärt. Leichte Reizungen der Halswirbelsäulen-Gelenke, wenn man sich verlegen hat, und ein Zusammenhang zur kindlichen Migräne werden als Ursachen vermutet.

Was kann ich tun?

Legen Sie Ihrem Kind einen wärmenden Schal aus Wolle oder Seide an und gehen Sie mit Ihm zum Arzt.

Wann muss mein Kind zum Arzt?

Stellen Sie Ihr Kind dem Arzt vor, wenn es Schmerzen im Nacken- oder Halsbereich hat und diese besonders mit Nackensteife und Fieber verbunden sind.

Was tut der Arzt?

Der Arzt wird eine Ohrentzündung und eine Hirnhautentzündung (Meningitis) ausschließen. Er wird Ihnen Wärme und schmerzstillende Medikamente für Ihr Kind empfehlen. Das bringt in einigen Stunden bis wenigen Tagen Beschwerdefreiheit. Ein Einrenken ist nicht erforderlich. Wiederholen sich solche Schmerzattacken, wird er weitere diagnostische Schritte einleiten.

Schielen

Was hat mein Kind?

Ein gut funktionierendes Zusammenspiel beider Augen ermöglicht uns ein räumliches Sehen. Dazu ist allerdings die intakte Sehkraft beider Augen nötig. Diese Sehkraft entwickelt sich in den ersten Lebensjahren und wird durch Reize gefördert.
Stehen die Augen in dieser Zeit nicht parallel, wird ein Auge mehr gereizt als das andere. Es übernimmt die Führung beim Sehen, während das andere Auge an Sehfähigkeit verliert. Gerade in den ersten Lebensjahren ist also auf die Stellung der Augen besonders zu achten.
Häufig können Säuglinge in den ersten Lebensmonaten ihre Augenmuskeln noch nicht gut koordinieren, so dass sie phasenweise schielen. Dieses gelegentliche Schielen ist normal.

Was kann ich tun?

Beobachten Sie die Stellung der Augen Ihres Kindes. Häufig fallen den Eltern Fehlstellungen der Augen nicht auf, weil sie ständig mit ihrem Kind zusammen sind. Wenn Sie jemand auf ein mögliches Schielen hinweist, dann lassen Sie das vom Arzt überprüfen.

Wann muss mein Kind zum Arzt?

Im frühen Säuglingsalter ist gelegentliches Schielen häufig und normal. Bleibt es bestehen, gehen Sie mit Ihrem Kind zum Kinder- oder Augenarzt.
Auch wenn Ihr Kind älter ist: Wenn Sie den Eindruck haben, dass es schielt, ist zur Sicherheit eine Abklärung durch den Augenarzt sinnvoll.

Eine Vorstellung beim Kinder- oder Augenarzt ist rasch erforderlich, wenn ein Schielen plötzlich auftritt. Hier kann nämlich auch einmal eine Erkrankung im Gehirn die Ursache sein.

Was tut der Arzt?

Der Kinderarzt wird Ihr Kind nach einer ersten Abklärung zum Augenarzt überweisen, der die Augen genauer überprüfen wird. Das Ziel seiner Behandlung ist es, die Sehkraft beim schielenden Auge zu fördern. Hierzu ist entweder eine Brille erforderlich, oder das gesunde Auge wird zeitweise abgeklebt.

Wann muss mein Kind ins Krankenhaus?

Nur zu operativen Eingriffen oder manchmal zur Abklärung einer organischen Störung, wenn das Schielen neu aufgetreten ist, muss Ihr Kind im Krankenhaus behandelt werden. Gelegentlich ist eine Schiel-Operation nötig, bei der die Augenmuskeln verlängert oder verkürzt werden.

Was Sie sonst noch wissen sollten

Es gibt verschiedene Arten des Schielens:

- **Begleitschielen:** Die Augen können einwärts oder auswärts schielen. Der Schielwinkel bleibt in allen Blickrichtungen gleich.
- **Lähmungsschielen:** Die Ursache ist eine Augenmuskel-Lähmung. Das Schielen nimmt in bestimmten Blickwinkeln zu.
- **Scheinschielen:** Es wird durch eine breite Nasenwurzel vorgetäuscht.

Schlafstörungen

Was hat mein Kind?

Schlafprobleme bei Säuglingen sind für junge Familien ein zentrales Problem. Durch die nächtlichen Störungen entsteht bei den Eltern eine Unzufriedenheit. Sie sind übermüdet und frustriert.
Besonders nach der Geburt des ersten Kindes müssen sich die Eltern an einen neuen Rhythmus gewöhnen. Dabei haben sie häufig falsche Vorstellungen davon, wie sich das Schlafbedürfnis und die Schlafdauer in den ersten Lebensmonaten ihres Kindes ändert.
Außerdem ist das Schlafbedürfnis von Säuglingen, Kindern und Erwachsenen individuell sehr unterschiedlich. So brauchen zum Beispiel manche Säuglinge 17 Stunden, andere nur 11 Stunden Schlaf pro Tag.
Säuglinge haben eine eigene innere Uhr für ihren Schlaf-Wach-Rhythmus. Der passt sich erst allmählich an die Schlaf- und Wachphasen der Eltern an. Schon mit sechs Monaten läuft der Schlaf ähnlich ab wie beim Erwachsenen. Das Kind kann durchschlafen und braucht nachts nicht mehr zu trinken. Vorausgesetzt, es hat vorher gelernt, allein ohne die Hilfe der Eltern einzuschlafen. Denn zwischen Tiefschlaf und Traumschlaf wacht das Kind immer wieder kurz auf, um festzustellen, ob alles stimmt.

Wissenswertes

Durchschnittliche Schlafdauer

1. Lebenswoche	16-17 Std.
3 Monate	15 Std.
12 Monate	14 Std.
2 Jahre	13 Std.

Wenn Ihr Kind gewohnt ist, an Ihrer Brust, mit seinem Fläschchen oder auf dem Arm einzuschlafen, dann erwartet es diese Einschlafhilfen auch nachts. Wenn es aber abends allein einschlafen kann, dann kann es auch wieder allein einschlafen, wenn es nachts wach wird.

Was kann ich tun?

Beim Säugling:

- Am besten legen Sie Ihr Baby immer auf den Rücken. Damit können Sie dem plötzlichen Kindstod vorbeugen.
- Legen Sie Ihr Baby in der Nacht immer nach jeder Mahlzeit in sein Bettchen zurück. Wickeln Sie es nur, wenn es nötig ist. Nachts sollten Sie nicht mit Ihrem Kind spielen, damit es den Unterschied zwischen Tag und Nacht besser lernt.
- Legen Sie sich selbst nach dem letzten Stillen oder Füttern hin. Dann haben Sie ein paar Stunden Ruhe, bevor Ihr Kind wieder hungrig wird und Sie weckt.
- Fangen Sie frühzeitig an, Ihr Kind immer öfter wach ins Bett zu legen. Sobald es gelernt hat, in den Schlaf zu finden, wird es nachts gut durchschlafen.
- Sorgen Sie schon früh (etwa nach dem ersten Vierteljahr) für regelmäßige Schlaf- und Essenszeiten.

Beim Säugling und später:

- Achten Sie auf ein schönes und möglichst gleiches Abendritual. Aber trennen Sie das Abend-Ritual vom Ins-Bett-Legen: Damit Ihr Kind lernt, allein einzuschlafen. Denn nur dann kann es gut durchschlafen.
- Geben Sie Ihrem Kind auf keinen Fall Medikamente, auch keine „Pseudo-Medikamente".
- Hat Ihr Kind Ein- und Durchschlafstörungen oder Alpträume, dann sprechen Sie mit ihm und beruhigen es. Überlegen Sie auch, ob es vielleicht seelischen Belastungen ausgesetzt ist.
- Bei schwereren Schlafstörungen Ihres Kindes kann Ihnen durch Beratungen, weiterführende Literatur und Verhaltenstraining geholfen werden.

Wann muss mein Kind zum Arzt?

Wenn Sie mit den Schlafproblemen Ihr Kindes nicht klarkommen, dann gehen Sie mit ihm zum Arzt.

Was tut der Arzt?

Der Arzt wird Ihr Kind sorgfältig untersuchen, um körperliche Ursachen oder seelische Ursachen auszuschließen. Er kann Ihnen auch Tipps geben, wie die Nächte für Sie und Ihr Kind wieder ruhiger werden können.

Wann muss mein Kind ins Krankenhaus?

Wegen Schlafstörungen muss ein Kind nicht ins Krankenhaus.

Ausführliche Informationen finden Sie in dem Buch *„Jedes Kind kann schlafen lernen“* von Annette Kast-Zahn und Hartmut Morgenroth.

Schnupfen

Was hat mein Kind?

Unsere Nasengänge sind mit einer Schleimhaut und Flimmerhärchen ausgekleidet. Sie stellen die erste Abwehrbarriere gegen Viren, Bakterien, Schmutz und Zigarettenrauch dar. Die Flimmerhärchen transportieren die durch die Nasenschleimhaut eingeschleimten Fremdstoffe in Richtung Nasenausgang. Wir merken das als Schnupfen oder Borken in der Nase.
Ist unsere Nase sehr trocken, funktionieren die Abwehrvorgänge nicht, und eine Infektion kann sich eher ausbreiten. Meist wird ein Schnupfen durch Viren verursacht und bedeutet häufig den Anfang eines Infektes der oberen Luftwege.
Besonders beim Säugling kann ein Schnupfen quälend sein, weil er engere Atemwege hat und fast ausschließlich durch die Nase atmet.
In der Regel dauert ein Schnupfen nur wenige Tage. Hält ein Schnupfen lange an, dann können auch einmal eine Allergie, eine Nasennebenhöhlen-Entzündung, Polypen oder ein Fremdkörper in der Nase (Erbse, Spielzeugteil) die Ursache sein.

Was kann ich tun?

- Achten Sie auf genügend frische Luft und eine rauchfreie Wohnung. Die Raumluft können Sie durch nasse Tücher anfeuchten, damit die Nasenwege nicht austrocknen. (Beachten Sie auch die Empfehlungen in Kapitel 2).
- Bieten Sie Ihrem Kind viel Flüssigkeit an.
- Bei einem Schnupfen können Sie die Nasenwege mit Kochsalztropfen frei spülen. Wenn Sie noch stillen, können Sie das auch mit Muttermilch versuchen. Das hat eine örtliche antientzündliche Wirkung.
- Abschwellende Nasentropfen sollen nur kurzfristig gegeben werden, weil sie die Nasenschleimhaut austrocknen können.

- Benutzen Sie Vaseline für die Oberlippe und die Nasenlöcher, um Rötungen und Reizungen der Haut zu vermeiden.
- Nase putzen: Kleine Kinder schnäuzen häufig mit viel Kraft und atmen ebenso heftig wieder durch die Nase ein. Dadurch kann das Sekret in Richtung Mittelohr getrieben werden, was eine Mittelohr-Entzündung zur Folge haben kann. Besser ist es, wenn Sie Ihrem Kleinkind beim Schnäuzen jeweils ein Nasenloch zuhalten, bis es das Naseputzen beherrscht.

Wichtig:
Säuglinge müssen beim Trinken das Saugen, Atmen und Schlucken gleichzeitig koordinieren. Sie sind daher durch einen Schnupfen besonders beeinträchtigt.

Wann muss mein Kind zum Arzt?

Hat Ihr Kind ständig Schnupfen oder hält ein eitriger Schnupfen an, dann stellen Sie Ihr Kind dem Arzt vor.

Was tut der Arzt?

Besteht der Verdacht auf eine Allergie, wird Ihr Arzt einen Allergietest durchführen. Bei einem chronischen Schnupfen wird er auch einen HNO-Arzt zu Rate ziehen.

Wann muss mein Kind ins Krankenhaus?

Bei einem Schnupfen ist ein Krankenhaus-Aufenthalt in aller Regel nicht erforderlich.

Schreibabys

Was hat mein Kind?

Schreien ist für jedes Baby ein normales Verhalten. Es ist nicht nur ein Ausdruck von Schmerz oder Hunger. Säuglinge schreien auch aus Frust oder weil sie uns was sagen wollen, sich aber nicht verstanden fühlen. Eltern sind anfangs sehr verunsichert, aber mit der Zeit hören sie, ob es sich um ein Schreien aus Schmerz, aus Hunger oder aus Frust handelt.
Manche Säuglinge schreien sehr viel, und der Arzt findet keine eindeutige körperliche Ursache. Hier kann es sich um ein „Schreibaby" handeln. „Schreibabys" haben keine besondere Krankheit. Sie schreien auf die gleiche Art wie andere Babys – nur länger.
„Schreibabys" hören normalerweise mit etwa drei Monaten von selbst auf, exzessiv zu schreien. Das hat aber nichts mit den so genannten Drei-Monats-Koliken zu tun. Denn das exzessive Schreien wird nicht durch Magen-Darm-Störungen verursacht. Nur bei höchstens 5% der Babys finden sich organische Gründe als Ursache für das Schreien.
Besonders aufmerksam sollten Sie reagieren, wenn Ihr sonst so zufriedenes und ruhiges Baby plötzlich anfängt zu schreien. Denn dahinter kann sich auch einmal eine akute organische Erkrankung verbergen.

Was kann ich tun?

Es gibt kein „Patentrezept". Mit der Zeit finden Sie heraus, was Ihr Baby Ihnen sagen will, wenn es schreit. Wichtiger als jede Methode sind Zeit und Ruhe. Gewöhnen Sie Ihr Kind an bestimmte Abläufe. Vermeiden Sie ständiges Wechseln und immer neues Ausprobieren anderer Methoden. Ein ruhiger Umgang ohne Hektik ist eine wesentliche Voraussetzung für den Erfolg. Vor allem aber: Vermitteln Sie Ihrem Kind das Gefühl von Nähe und Geborgenheit. Damit stillen Sie seinen „sozialen Hunger" – den Hunger nach Mami und Papa.

Beruhigende Maßnahmen:

- Tragen und sanftes Wiegen. Ein „Säugling“ ist auch ein „Tragling“.
- Gehen Sie mit Ihrem Kind spazieren.
- Machen Sie ihm ein warmes Bad.
- Auch eine Bauchmassage kann sehr gut tun.

Organische Ursachen des Schreiens können Sie mit diesen Maßnahmen entdecken oder ausschließen:

- Bieten Sie Ihrem Kind etwas zu trinken an.
- Messen Sie seine Temperatur.
- Achten Sie auf die Verdauung.
- Untersuchen Sie seine Haut auf Ausschlag.
- Ist der Bauch gebläht?
- Gibt es Zeichen für einen Leistenbruch?
- Ist der Po wund?
- Drücken Sie auf die Hautfalte am Eingang des Ohres. Bei einer Mittelohr-Entzündung ist das sehr schmerzhaft (Tragus-Druckschmerz).

Wann muss mein Kind zum Arzt?

Bei allen Unklarheiten sollten Sie ärztlichen Rat hinzuziehen. An einigen Kinderkliniken gibt es spezielle Ambulanzen für Schreibabys. Sie haben Konzepte entwickelt, die den Umgang mit Schreibabys erleichtern und den Eltern zeigen, wie sie die Kommunikation mit ihrem Baby verbessern können.

Was tut der Arzt?

Ihr Kinderarzt wird mit Ihnen nach der Ursache des Schreiens suchen. Er muss organische Ursachen – wie zum Beispiel eine Kuhmilch-Unverträglichkeit, eine Störung in der Darmperistaltik und neurologische Reifungsstörungen – abklären und ausschließen. Die Störung von Reifungs- und Anpassungsprozessen oder eine noch nicht eingespielte Mutter-Kind-Beziehung können beim Säugling Unruhe bewirken. Ihr Arzt steht Ihnen dabei beratend zur Seite.

Wann muss mein Kind ins Krankenhaus?

Bei unklarem und anhaltendem Schreien, vor allem in Kombination mit weiteren Krankheitszeichen wie Fieber oder blutigen Stühlen, ist eine stationäre Aufnahme erforderlich.

Was Sie sonst noch wissen sollten

Empfehlungen zum Umgang mit Schreibabys

Was muss ich tun?	Wie erreiche ich das?
Reizminderung schaffen	Schaffen Sie gemeinsame Ruhephasen am Tag, wie z. B. durch – ein abgedunkeltes Zimmer – ruhige Musik – sanftes Wiegen auf dem Arm – beruhigendes Summen – Zureden oder Singen
Übermüdung vermeiden	Bringen Sie Ihr Kind regelmäßig nach 1 bis 1½ Stunden Wachzeit allmählich zur Ruhe und frühzeitig zum Schlafen.

Was muss ich tun?	Wie erreiche ich das?
Regelmäßigkeit üben	Handeln Sie nach dem Rhythmus – Aufwachen – Stillen/Fläschchen – Wachphase – Schlafen
Wachphasen nutzen	Nutzen Sie die Zeit zu entspannenden Zwiegesprächen, Spielen und Anregungen. Achten Sie auf die Selbstbeschäftigung Ihres Kindes.
Kritische Schreistunden am Tag oder Abend umgehen	Überbrücken Sie die Phasen zum Beispiel durch spazieren fahren oder gehen etc..
Pausen für mich einlegen	Wenn Sie selbst stark angespannt oder erschöpft sind, legen Sie Ihr Kind hin oder geben Sie es einer vertrauten Person. Sie müssen sich erst selbst entspannen. Erst dann können Sie auch Ihr Kind beruhigen. Ihr Kind hat ein Recht auf eine ausgeruhte Mutter.

Diese Empfehlungen basieren auf den Erkenntnissen und Empfehlungen der „Münchner Sprechstunde für Schreibabies“.

Ausführliche Informationen finden Sie in dem Buch *„Was sagt mir mein Baby, wenn es schreit?“* von Joachim Bensel.

Schwindel

Was hat mein Kind?

Um unser Gleichgewicht halten zu können, brauchen wir eine feine Abstimmung unserer Muskeln. Die geschieht in unserem Gehirn, wo die ankommenden Reize aus dem Gleichgewichtsorgan im Ohr, von unseren Augen und unserer Muskulatur aufeinander abgestimmt werden. Störungen im Gleichgewichtsorgan oder Beeinträchtigungen beim Sehen können diese Abstimmung erschweren und zu einem gestörten Raumempfinden führen, das man dann Schwindel nennt.

Vor allem Ohrentzündungen, aber auch Herz- und Kreislaufprobleme, Durchblutungs-Störungen im Gehirn, Medikamente und Hirnerkrankungen können Schwindel auslösen. Eine häufige und banale Ursache für Schwindel ist, wenn Kinder das Autofahren nicht vertragen.

Selten können auch Kleinkinder das Symptom Schwindel haben, aber meist nicht äußern. Sie reagieren dann mit Blässe, sind ängstlich, torkelig, legen sich hin, suchen Halt an einem Erwachsenen und haben manchmal ein horizontales Augenzittern (Nystagmus). Man nennt das den „gutartigen Schwindel des Kindes- und Jugendalters“, weil er im Laufe der Zeit ohne Probleme verschwindet. Einige Kinder entwickeln anschließend allerdings eine Migräne.

Was kann ich tun?

Bei älteren Kindern, die das Symptom des Schwindels meist gut beschreiben können, fragen Sie Ihr Kind Folgendes und notieren Sie es sich:

- Welche Aktionen sind dem Schwindel (Belastungen, Medikamenteinnahme, etc.) vorausgegangen?
- Wie waren die Beschwerden? Bestanden Kreislaufsymptome wie Flimmern oder Schwarzwerden vor den Augen, veränderter Herzschlag oder eine Leere im Kopf?

- Hat der Schwindel eine Richtung gehabt („*Es hat sich immer nach rechts gedreht*“)?
- Wie lange hat der Schwindel etwa gedauert ?

Die Antworten können wichtige Informationen für Ihren Arzt sein.
Hat Ihr Kind eine Schwindel-Attacke, dann beruhigen Sie es, setzen oder legen es hin oder nehmen Sie es auf den Arm und warten, bis die Attacke vorbei ist.

Wann muss mein Kind zum Arzt?

Nehmen Sie bei Schwindel-Attacken immer Kontakt mit Ihrem Arzt auf.

Was tut der Arzt?

Er wird Sie nach dem Hergang und den dabei aufgetretenen Beschwerden fragen. Er wird Ihr Kind gründlich untersuchen und es gegebenenfalls an einen Kinderkardiologen, einen Kinderneurologen, Augen- oder einen HNO-Arzt überweisen.

Wann muss mein Kind ins Krankenhaus?

In schweren Fällen, zum Beispiel bei einen Hirntumor, kann es nötig werden, die Ursachen des Schwindels im Krankenhaus zu behandeln. Das ist aber sehr selten.

Sprachstörungen

Was hat mein Kind?

Sprechen zu lernen ist für den Menschen elementar wichtig (siehe Kapitel 3: Sprachentwicklung). Sprachstörungen können die seelische, schulische und soziale Entwicklung stark hemmen. Im Durchschnitt sprechen Mädchen etwas eher als Jungen. Die Sprachentwicklung wird durch viele Faktoren beeinflusst. Zum Beispiel ist die Sprachentwicklung massiv gefährdet, wenn ein Kind schlecht hört. Natürlich ist auch der richtige Umgang mit dem Kind, das die Sprache lernen soll, wichtig für die Entwicklung seiner Sprachfähigkeiten. Viele Kinder haben gar nicht mehr genügend sprachliche Anregungen.

Manche Kinder stottern vorübergehend, wenn ihr Sprachvermögen noch hinter ihrem schnelleren Gedankengang hinterherhinkt. Man nennt das Entwicklungs-Stottern.

Wissenswertes

Häufige Sprach- und Sprechstörungen bei Kindern

- Stottern
- Verdrehen von Buchstaben (Dyslalie)
- Fehlerhafte Grammatik (Dysgrammatismus)

Was kann ich tun?

Wenn Ihr Kind zu stottern anfängt, kann das bedeuten, dass seine Gedanken schneller sind, als es sie äußern kann. Reden Sie dann langsam mit Ihrem Kind – und bringen Sie es mit Geduld dazu, seine Gedanken vollständig zu Ende zu sprechen. Fallen Sie ihm nicht in Wort und korrigieren Sie es nicht übermäßig. Das erzeugt Hemmungen, die das Stottern verstärken können.

Geben Sie Ihrem Kind genügend Anregungen, seine Sprache zu erlernen. Lesen Sie ihm Geschichten vor und lassen Sie es selbst welche erzählen. Fernsehen ist kein Sprachtraining. Setzen Sie Ihr Kind nicht unnötig unter Druck. Manche Kinder hören lieber erst mal zu, bevor sie sich äußern, oder sind stiller und zurückhaltender im Reden. Das ist besonders bei jungen Geschwisterkindern der Fall.

Wann muss mein Kind zum Arzt?

Ein vorübergehendes Stottern im Kleinkindalteralter wird als Entwicklungs-Stottern bezeichnet. Es muss aber beobachtet und bei Fortbestehen behandelt werden.

Gehen Sie auch zu Ihrem Arzt, wenn …
- Ihr Kind auf Ansprache nicht reagiert
- Ihr Kind einfache Anweisungen nicht versteht oder befolgt
- Ihr Kleinkind nicht anfängt, in Zwei-Wort-Sätzen zu reden
- die Sprache Ihres Kindes sehr schwer zu verstehen ist

Was tut der Arzt?

Ihr Arzt überprüft während der Vorsorge-Untersuchungen regelmäßig die Sprachentwicklung. Dabei ist auch die Überprüfung der Hörfunktion eine wesentliche Voraussetzung. Sollte sich eine Hörstörung zeigen, wird sie von einem HNO-Arzt behandelt.
Wenn es sich um Sprachentwicklungs-Verzögerungen oder Sprachstörungen handelt, wird er eine Sprachtherapie empfehlen.

Wann muss mein Kind ins Krankenhaus?

Bei Fehlbildungen des Hörorgans oder schweren Gaumen-Fehlbildungen kann eine Operation nötig werden.

Stimmungs-Schwankungen

Was hat mein Kind?

Auch Kinder neigen zu kürzeren oder längeren Verstimmungs-Zuständen. Sie können durch äußere Ereignisse verursacht sein, aber auch ohne erkennbaren Anlass auftreten. Solche depressiven Episoden sind je nach Alter des Kindes unterschiedlich und im Kleinkindes-Alter häufig nicht direkt zu erkennen.

Folgende Symptome können in den verschiedenen Altersabschnitten auftreten:

- **Im Kleinkindalter**
  sind diese Kinder ausdrucksarm, sehen traurig aus, sind leicht reizbar, zeigen ein gestörtes Ess- und Schlafverhalten, haben keine Lust zu spielen, lutschen ausgeprägt am Daumen, wackeln häufig mit dem Kopf oder zeigen eine verzögerte Entwicklung.
- **Im Vorschulalter**
  haben diese Kinder einen traurigen Gesichtsausdruck mit eingeschränkter Mimik und Gestik, sind stimmungslabil, zeigen keine freudigen Reaktionen, verhalten sich zurückgezogen, aber auch aggressiv, haben ein vermindertes Interesse an körperlichen Aktivitäten. Manchmal nässen oder koten sie ein oder haben Ess- und Schlafstörungen.
- **Im Schulalter**
  sind diese Kinder traurig und haben das Gefühl, von ihren Eltern nicht genügend beachtet zu werden.
- **Im Pubertäts- und Jugendalter**
  haben diese Jugendlichen Ängste, Konzentrationsmängel, ein Stimmungstief am Morgen, sind teilnahmslos und klagen über verschiedene körperliche Beschwerden.
- **Im jugendlichen Erwachsenenalter**
  haben diese Jugendlichen darüber hinaus übersteigerte Gefühle von Sinnlosigkeit und Schuld mit Selbstvorwürfen oder Selbstzweifeln.

Was kann ich tun?

Wichtig ist es, dass Sie auf diese Symptome bei Ihrem Kind oder Jugendlichen achten. Nehmen Sie die Symptome ernst, denn ab dem Pubertätsalter erhöht sich die Selbstmordgefahr.

Wann muss mein Kind zum Arzt?

Haben Sie das Gefühl, dass Sie keinen Zugang zu Ihrem Kind finden, dann nehmen Sie Kontakt mit Ihrem Arzt auf und schildern Sie ihm Ihre Sorgen.

Was tut der Arzt?

Ihr Arzt wird Ihr Kind untersuchen und mit Ihnen oder dem Jugendlichen selbst über die Probleme sprechen. Eventuell wird er einen Kinderpsychologen oder Kinderpsychiater einschalten.

Wann muss mein Kind ins Krankenhaus?

Nur bei einer schweren Depression mit Selbstmordgefahr ist eine Behandlung in einer Spezialklinik nötig.

Tierbisse

Was hat mein Kind?

Ohne es zu wollen, gehen Kinder häufig unvorsichtig mit Tieren um. So sind Bisse durch Hunde, Katzen, Hamster, Mäuse und andere Tiere nicht selten.

Was kann ich tun?

Machen Sie Ihrem Kind frühzeitig klar, dass ein Tier kein Spielzeug ist, und gewöhnen Sie es an einen liebevollen Umgang mit ihm. Erklären Sie ihm, dass man Tiere besonders beim Fressen nicht stören soll. Vor allem bei fremden Tieren sollte Ihr Kind vorsichtig sein. Ein Kind kann die Aggressivität eines Tieres nicht abschätzen. Allerdings sollten Sie auch nicht übermäßige Ängste vor Tieren schüren.
Wenn Ihr Kind von einem Tier gebissen worden ist, fragen Sie den Besitzer, ob es gegen Tollwut geimpft ist. Wenn Sie nicht wissen, wem das Tier gehört, versuchen Sie, den Besitzer ausfindig zu machen.

Wann muss mein Kind zum Arzt?

Ist Ihr Kind von einem Tier gebissen worden, dann sollten Sie sofort mit ihm zum Arzt gehen, um die Wunde versorgen zu lassen.

Was tut der Arzt?

Er wird die Wunde versorgen oder Ihr Kind zu einem Chirurgen weiterleiten. Tierbisse – auch Menschenbisse – sollten nicht mit einer Naht verschlossen, sondern offen behandelt werden, da eine erhöhte Infektionsgefahr durch Erreger besteht, die in die Wunde gelangen. Außerdem wird der Arzt den Tetanus-Schutz (Impfschutz gegen Wundstarrkrampf) Ihres Kindes überprüfen und gegebenenfalls erneuern. Er wird sich auch nach dem Tollwut-Schutz des Tieres erkundigen.

Wann muss mein Kind ins Krankenhaus?

Wegen einer Bissverletzung kann ein Krankenhaus-Aufenthalt nötig werden.

Was Sie sonst noch wissen sollten

Der Verband für das Deutsche Hundewesen e.V. und der Verein für Deutsche Schäferhunde e.V. empfehlen 12 goldene Regeln im Umgang von Kindern mit Hunden:

- Behandle einen Hund so, wie du selbst behandelt werden möchtest.
- Ein Hund kann noch so lieb aussehen – gehe nicht (ohne zu fragen) zu ihm hin.
- Vermeide alles, was ein Hund als Bedrohung auffassen könnte.
- Schaue einem Hund nicht starr in die Augen.
- Komm nicht in die Schwanznähe, versuche nicht daran zu ziehen und tritt nicht darauf.
- Störe keinen Hund beim Fressen. Versuche unter gar keinen Umständen, ihm sein Futter wegzunehmen.
- Wenn du mit einem Hund spielst, achte darauf, den Zähnen nicht zu nahe zu kommen.
- Versuche nie, raufende Hunde zu trennen.
- Egal, ob du Angst hast oder nicht: Laufe nie – unter gar keinen Umständen – vor einem Hund davon. Denn wenn du läufst, bist du für ihn eine Beute – und er jagt dich.

- Du hast zwei Hände. Der Hund hat nur seine Zähne, um etwas festzuhalten.
- Wenn Du mit einem Hund spielst, achte sicherheitshalber darauf, dass ein Erwachsener in der Nähe ist.
- Kein Hund ist wie ein anderer.

Trotzverhalten

Was hat mein Kind?

Trotzkopf:
Entwicklung zur Selbständigkeit

Kleinkinder neigen häufig zu einer mehr oder weniger ausgeprägten „Trotzphase". Sie fangen an, ihr eigenes „Ich" abzugrenzen und wollen sich aus der totalen Abhängigkeit von ihren Eltern lösen. Das ist ein natürlicher Entwicklungs-Prozess und spricht für die wachsende Selbständigkeit Ihres Kindes.
Dieses „Selbständigkeitsalter" beginnt ab dem zweiten bis dritten Lebensjahr. Ihr Kind fängt an, „*Nein*" zu sagen und „*Will selber machen*". Es entwickelt seine eigene Kompetenz. Die Eltern müssen jetzt lernen, diese Entwicklung zur Selbständigkeit zu akzeptieren und ihr Kind mit seinem Tun zu respektieren.

Was kann ich tun?

Es ist sicher falsch, dieser Entwicklung mit strenger Autorität zu begegnen. Der ständige Kampf um die Machtverhältnisse ist weder für Ihr Kind noch für die Eltern-Kind-Beziehung förderlich. Es darf dabei keine Gewinner oder Verlierer geben.
Versuchen Sie, Ihr Kind als eigene Persönlichkeit zu respektieren. Lassen Sie es aber nicht alles machen, was es will. Setzen Sie klare und logische Grenzen. Vereinbaren Sie klare Spielregeln, mit denen Ihr Kind sich genauso wohlfühlt wie Sie.

Wann muss mein Kind zum Arzt?

Trotzverhalten ist keine Krankheit, die medizinisch behandelt werden muss. Aber wenn Sie Probleme damit haben und Rat brauchen, fragen Sie Ihren Kinderarzt.

Was tut der Arzt?

Ihr Kinderarzt wird Sie über diese typische Entwicklungs-Phase aufklären und Ihnen dadurch helfen, besser mit der neuen Situation klar zu kommen.

Wann muss mein Kind ins Krankenhaus?

Eine Behandlung im Krankenhaus ist nicht erforderlich.

Verhaltens-Störungen

Was hat mein Kind?

Während der normalen Trotzphase im zweiten bis dritten Lebensjahr reagieren viele Kleinkinder mit Wutanfällen und einem oppositionellen Verhalten. Sie brauchen das zwar zur eigenen Abgrenzung, müssen aber auch lernen, ein angemessenes Sozialverhalten zu entwickeln. Das ist normal.

Zeigt ein aber Kind nicht die von der Gesellschaft erwarteten altersentsprechenden Verhaltensweisen, dann spricht man von einer *Verhaltens-Auffälligkeit*. Das kann einerseits an der Umgebung liegen, in der das Kind groß wird, andererseits gibt es Erkrankungen, die ein auffälliges Verhalten beim Kind nach sich ziehen können.

Bei einigen Kindern und Jugendlichen ist das von der Gesellschaft gewünschte *Sozialverhalten* vorübergehend und manchmal auch bleibend gestört. Sie reagieren bei Konflikten mit einer geringen Toleranz und neigen schnell zu aggressivem Verhalten. Selten finden sie die Schuld für diesen Konflikt bei sich selbst.

Auch Kinder mit *Wahrnehmungs-Problemen* haben Störungen in der Aufmerksamkeit, sind zappelig und unruhig. Sie haben öfter Stimmungs-Schwankungen, können schwerer Kontakt zu ihren Altersgenossen aufnehmen und neigen übermäßig zu Ängsten.

Störungen im Sozialverhalten können im Jugend- und Erwachsenenalter schwerwiegende Folgen haben. Daher ist es wichtig, solche Störungen frühzeitig zu erkennen und zu behandeln.

Was kann ich tun?

Ist Ihr Kleinkind noch in der Trotzphase, dann begegnen Sie ihm mit Verständnis und achten Sie auch darauf, dass es seine Grenzen einhält.
Nehmen Sie sich Zeit für Spiele und Gespräche mit Ihrem Kind. Stellen Sie klare, von beiden Seiten akzeptierte Abmachungen her – und seien Sie dann auch konsequent. Gehen Sie ehrlich mit den eigenen Schwächen und Fehlern um.
Versuchen Sie auch, die guten Seiten Ihres Kindes zu sehen und belohnen Sie angemessenes Verhalten mit Zuwendung. Loben Sie Ihr Kind.

Wann muss mein Kind zum Arzt?

Wenn Sie selbst, die ErzieherInnen im Kindergarten oder die LehrerInnen in der Schule Verhaltens-Auffälligkeiten an Ihrem Kind beobachten, dann sprechen Sie mit Ihrem Kinderarzt darüber. Je früher Maßnahmen ergriffen werden, desto weniger problematisch verläuft die weitere Entwicklung.

Was tut der Arzt?

Er wird Ihr Kind auf seine Fähigkeiten (Hören, Sehen, Intellekt) untersuchen und mit Ihnen Strategien entwickeln, durch die Sie positiver auf die Entwicklung Ihres Kindes einwirken können. Oder er wird Kontakte zu Erziehungs-Beratungsstellen, Kinderpsychologen oder Kinderpsychiatern herstellen.

Wann muss mein Kind ins Krankenhaus?

Bei schweren Störungen des Sozialverhaltens und erfolgloser ambulanter kinderpsychiatrischer Behandlung sollten Sie mit Ihrem Arzt über eine stationäre Therapie-Maßnahme nachdenken.

Was Sie sonst noch wissen sollten

Manchmal sind Eltern über das *Daumen-Lutschen*, *Nägel-Beißen* und *Haare-Ausreißen* ihrer Kinder besorgt. Diese Symptome sind auffällige Verhaltensweisen der Kinder, die gelegentlich auf Rückzug-Tendenzen, auf die Suche nach Zuwendung und Zärtlichkeit oder auf Aggressionen hinweisen, die gegen sich selbst gerichtet sind. Gemeinsam mit Ihrem Arzt sollten Sie Ihre Familien-Situation besprechen und nach möglichen Ursachen suchen, um sie dann zu verändern.

Autismus

Beim Autismus, von dem es verschiedene Formen und Schweregrade gibt, handelt es sich um eine schwerwiegende Entwicklungs-Störung, die in den ersten 30 Lebensmonaten beginnt. Autismus ist durch massive Kontaktstörungen und sprachliche, motorische und psychische Auffälligkeiten gekennzeichnet. Die Ursachen sind vielschichtig und wahrscheinlich genetisch und durch komplexe Stoffwechsel-Veränderungen im Gehirn bedingt. Die Therapie erfordert eine gute Zusammenarbeit verschiedener Fachbereiche. Sie ist sehr komplex, schwierig, verlangt viel Erfahrung und kann bei guter Intelligenz und Sprachentwicklung des Kindes relativ erfolgreich sein.

Zeichen für Autismus

- Abwehr von Körperkontakt, Meiden von Blickkontakt
- Schwere Kontakt- und Kommunikations-Störungen
- Eigentümliches Sprechverhalten (Eigensprache, eigentümliches Nachsprechen und anderes)
- Zwanghaftes Verhalten
- Übermäßige Bindung an Gegenstände
- Häufig Intelligenzminderung

Verstopfung

Was hat mein Kind?

Zu seltene Stuhlentleerungen führen zur Ansammlung von Stuhlmengen im Darm. Das kann einem Kind zunehmend Beschwerden machen. Die normale Stuhlfrequenz bei gestillten Säuglingen liegt zwischen siebenmal pro Tag und einmal in sieben Tagen. Bei nicht gestillten Säuglingen und Kleinkindern beträgt die Stuhlfrequenz – je nach Ernährungs-Gewohnheiten – ein- bis zweimal pro Tag bis einmal jeden zweiten Tag. Der Stuhl ist anfangs meist ungeformt und ändert sich in Form und Farbe mit der eingenommenen Nahrung.
Schmerzhafte Stuhlentleerungen durch Einrisse am Anus oder sehr harten Stuhl können zu einer Verstopfung führen. Der Gang aufs Töpfchen oder Klo wird vermieden – und so wachsen die Stuhlmengen weiter an. Kolikartige Schmerzen, besonders im linken Unterbauch, können die Folge sein. Häufig führt das zu solchen Stuhlmengen, dass der Darm „überläuft“ und das Kind es gar nicht merkt, wenn es zum Stuhlschmieren und Einkoten kommt.

Was kann ich tun?

Sie können einer Verstopfung vorbeugen, wenn …

- Sie bei der Sauberkeits-Erziehung Ihres Kindes keinen Zwang ausüben
- Sie Ihr Kind loben, wenn es sauber wird
- der Stuhlgang stimuliert wird. Geben Sie Ihrem Kind ein halbes Glas warmes Wasser auf nüchternen Magen zu trinken
- die Ernährung aus faserreichen Produkten besteht – wie Obst, Gemüse, Vollkornprodukte und Säften
- Sie Süßwaren vermeiden
- Sie Teigwaren und Brotsorten aus feinem Mehl vermeiden
- die Toilette warm und angenehm, zum Beispiel mit Bilderbüchern ausgestattet ist

Wann muss mein Kind zum Arzt?

Entwickelt sich trotzdem eine Verstopfung, dann gehen Sie mit Ihrem Kind zum Arzt.

Was tut der Arzt?

Sein diagnostisches Programm umfasst …

- eine genaue Patientengeschichte. Ihr Arzt erfragt sowohl die Essgewohnheiten, die Häufigkeit und Art des Stuhlgangs, als auch das Erziehungsverhalten der Eltern
- das Erfragen psychischer Ursachen und anderer Grundkrankheiten
- eine gründliche körperliche Untersuchung
- das Abklären von möglichen Stoffwechsel-Erkrankungen

Ihr Arzt wird sie auch über das normale Stuhlverhalten, über Sauberkeits-Entwicklung und -Erziehung und die entsprechende Ernährung aufklären.
Medikamente wie Lactulose oder salinische Mittel sind gelegentlich nötig, um den Stuhlgang in Gang zu bringen. Einläufe oder Mini-Klistiere sollten mit physiologischer Kochsalzlösung und stuhlaufweichenden Substanzen und nicht mit reinem Wasser oder Seifenlösungen durchgeführt werden.
Falls eine Grunderkrankung (etwa eine Schilddrüsen-Unterfunktion) vorliegt, wird Ihr Arzt sie behandeln.

Wann muss mein Kind ins Krankenhaus?

In der Regel ist eine Einweisung nur zur Darmausräumung und zur apparativen Diagnostik (Druckmessung im Darm, Röntgen-Kontrasteinlauf) erforderlich.

Was Sie sonst noch wissen sollten

Häufige Ursachen (95%) für eine Verstopfung
sind funktionelle Störungen wie …

- Fehlernährung
- Zu frühes oder zwanghaftes Sauberkeitstraining
- Psychische Gründe

Seltene Ursachen (5%) für eine Verstopfung
sind organische oder Stoffwechsel-Störungen wie …

- Darmverengungen (Darmstenosen)
- Nicht angelegte Nervenzellen
- Schilddrüsen-Unterfunktion

Wachstums-Störungen

Was hat mein Kind?

Das Wachstum von Kindern ist in den ersten Lebensjahren besonders stark. So verdoppelt sich in den ersten vier Jahren die Körpergröße eines Kindes. Bis zur Pubertät nimmt die Wachstums-Geschwindigkeit kontinuierlich ab, um dann noch einmal kräftig zuzulegen.

Das regelmäßige Messen von Länge und Gewicht Ihres Kindes ist wichtig, um Wachstums-Störungen herauszufinden.

Auch ein normal großes Kind kann eine Wachstums-Störung haben, wenn es unter seiner genetisch festgelegten Körpergröße bleibt. Besonders der Kleinwuchs – mit der Möglichkeit einer verzögerten körperlichen Entwicklung oder einem Wachstumshormon-Mangel – bereitet manchmal diagnostische Schwierigkeiten. Kleinwuchs und Hochwuchs bedürfen daher einer genauen Abklärung.

Wachstums-Unterschied: Die beiden Jungen sind Brüder, wobei der rechte im Bild ca. 1½ Jahre älter ist. Bei ihm besteht ein verzögerter Pubertätsbeginn.

Was kann ich tun?

Zur Abklärung eines Klein- oder Hochwuchses ist neben der genauen Größe des Kindes die Größe der Eltern erforderlich. Aus ihr können Sie grob die zu erwartende Endgröße, die sogenannte *Zielgröße*, Ihres Kindes ermitteln.
Die Formel: Größe der Mutter plus Größe des Vaters (in cm), geteilt durch 2. Bei Jungen wird zu diesem Wert 6,5 cm addiert, bei Mädchen 6,5 cm abgezogen.

Wann muss mein Kind zum Arzt?

Wächst ein Kind nicht entlang seiner Wachstums-Kurve oder verlässt es sie, so können krankhafte Ursachen für das verminderte Wachstum bestehen. Es sind dann verschiedene Grunderkrankungen durch Ihren Arzt abzuklären.

Was tut der Arzt?

Er wird herausfinden, ob es sich um eine Wachstums-Störung handelt, und dann nach der zugrunde liegenden Erkrankung suchen. Dazu sind die Bestimmung des Knochenalters, einige Labor-Untersuchungen – wie die Wachstumshormon-Bestimmung – und die Bestimmung der Wachstums-Geschwindigkeit erforderlich.

Wann muss mein Kind ins Krankenhaus?

Die genaue Diagnostik einer Wachstums-Störung wird mit Hilfe einiger Tests meist im Krankenhaus durchgeführt.

Wahrnehmungs-Störungen

Was hat mein Kind?

Störungen in der Wahrnehmung können Störungen in der sprachlichen, geistigen oder motorischen Entwicklung sein. Aber auch Verhaltens-, Aufmerksamkeits- und Konzentrations-Störungen können Zeichen einer beeinträchtigten Wahrnehmung sein.
Kleinkinder können sich dann beim Vorlesen oder Anschauen von Bilderbüchern nur eingeschränkt konzentrieren, oder sie haben keine Ausdauer beim Malen oder Basteln. Sie sind ungeschickt in ihrer Fein- und Grobmotorik, haben eine verzögerte Sprachentwicklung und können schlecht planvoll spielen. Daraus können sich Verhaltens-Auffälligkeiten entwickeln – wie eine starke Überaktivität und Ablenkbarkeit, eine verminderte Frustrations-Toleranz, häufige Stimmungs-Schwankungen oder eine eingeschränkte soziale Kontaktfähigkeit gegenüber anderen Kindern.

Was kann ich tun?

Nehmen Sie sich Zeit für Ihr Kind. Beobachten Sie seine Entwicklung und freuen Sie sich an dem, was es kann.
Überfluten Sie es nicht mit zu vielen Reizen. Lassen Sie es sich in Ruhe entfalten. Achten Sie aber auch auf mögliche Fehlentwicklungen.

Wann muss mein Kind zum Arzt?

Wenn Sie das Gefühl haben, dass mit Ihrem Kind etwas nicht stimmt, dann nehmen Sie Kontakt mit Ihrem Arzt auf. Nehmen Sie auch Äußerungen von Menschen ernst, die Ihr Kind über viele Stunden am Tag sehen oder betreuen.

Was tut der Arzt?

Er wird Hören, Sehen, Sprache, Intelligenz, Entwicklungsstand und Körperkoordination überprüfen um festzustellen, ob eine Wahrnehmungs-Störung vorliegt. Eventuell nimmt er zur weiteren Abklärung Kontakt mit einem sozialpädiatrischen Zentrum auf.
Die einzig richtige Therapie bei Wahrnehmungs-Störungen gibt es nicht. Ein enger Kontakt zwischen den möglichen therapeutischen Einrichtungen (Krankengymnastik, Sprachtherapie, Ergotherapie, Heilpädagogik, Psychotherapie) und dem betreuendem Arzt ist nötig, um ein solches Kind nicht zu überfordern und ihm optimale Hilfe zukommen zu lassen. Leitlinie muss sein, dass die Kinder lernen, im Leben mit ihren Voraussetzungen so gut wie möglich zurecht zu kommen.

Wann muss mein Kind ins Krankenhaus?

Eine Einweisung ins Krankenhaus ist in aller Regel nicht notwendig.

Wunden

Was hat mein Kind?

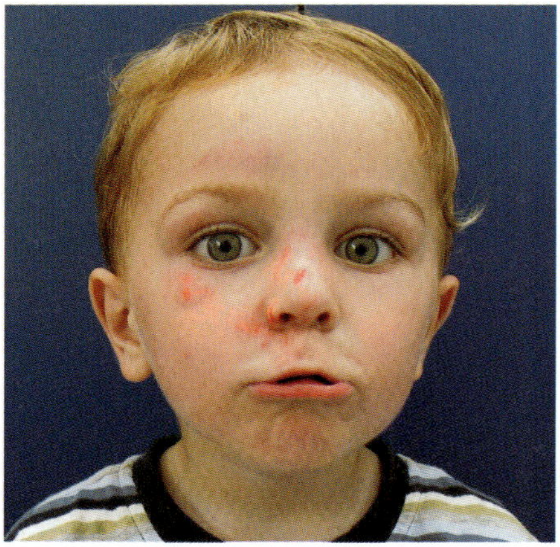

Schürfwunde:
Säubern und abdecken

Kleine Verletzungen sind nicht lebensgefährlich. Verletzungen der Haut durch äußere Einwirkungen, wie Platzwunden oder Abschürfungen, sehen häufig dramatischer aus, als sie sind. Der Blutverlust ist meist gering. Er ist nur hoch, wenn große Blutgefäße verletzt sind.
Durch die Blutung werden Fremdstoffe und Bakterien aus der Wunde herausgespült. Innerhalb einiger Minuten hört die Blutung auf. Das Blut gerinnt, und die Wunde beginnt zu verkleben.

Was kann ich tun?

Säubern Sie die Wunde mit Wasser und decken Sie sie anschließend mit einer sterilen Kompresse oder einem sauberen Stoff-Taschentuch oder Handtuch ab. Handelt es sich um eine kleine Wunde, dann können Sie sie mit einer Desinfektionslösung (z.B. Betaisadona) reinigen und mit einem luftdurchlässigen Pflaster locker verschließen.
Verletzungen großer Blutgefäße durch Messer, Glasscherben oder ähnliches können leicht zu einem großen Blutverlust führen. Besonders gefährdet sind dabei die Extremitäten, weil dort große Blutgefäße relativ nahe an der Oberfläche liegen. Hier ist entschlossenes Handeln und folgendes Vorgehen empfohlen:

- Lagern Sie die Extremität hoch.
- Drücken Sie bei pulsierendem Blutaustritt die Wunde zu. Falls möglich benutzen Sie Handschuhe oder einen sauberen Lappen.
- Legen Sie einen Druckverband an.
- Informieren Sie den **Notarzt** oder bringen Sie Ihr Kind sofort ins Krankenhaus.

Wann muss mein Kind zum Arzt?

Wenn die Wunde groß ist oder auseinander klafft, sollte sie auf jeden Fall vom Arzt versorgt werden.
Eine offene Wunde muss wegen der Infektions-Gefahr in den ersten sechs Stunden nach der Verletzung genäht bzw. geklebt werden.
Lassen Sie den Tetanus-Schutz (Impfschutz gegen Wundstarrkrampf) Ihres Kindes vom Arzt überprüfen.

Was tut der Arzt?

Nach gründlicher Reinigung und Desinfektion wird er die Wunde mit einem Klebeverband oder einer Naht versorgen.
Sofern Ihr Kind noch nicht oder länger nicht gegen Tetanus (Wundstarrkrampf) geimpft worden ist, wird er den Impfschutz auffrischen.

Wann muss mein Kind ins Krankenhaus?

Bei größeren Wunden oder Schnitten kann die Naht auch im Krankenhaus gesetzt werden, weil dort sterile Operationssäle vorbereitet sind und Komplikationen besser behandelt werden können.
Eventuell wird auch eine Röntgenaufnahme der verletzen Extremität gemacht, um einen Knochenbruch auszuschließen.

Zahnschmerzen · Zahnen

Was hat mein Kind?

Im Alter von fünf bis sechs Monaten tritt bei den meisten Kindern der erste Zahn hervor. In der Regel ist es einer der unteren Schneidezähne. Jedoch spielt die Reihenfolge des Zahnens keine Rolle. Auch der Zeitpunkt, ab wann die Zähne kommen, ist sehr variabel. So kommt eins von 2.000 Kindern bereits mit einem Zahn zur Welt, was beim Stillen hinderlich sein kann. Dieser Zahn ist meist locker und sollte daher entfernt werden, damit das Kind sich nicht an ihm verschluckt. Andere Kinder haben am Ende des ersten Lebensjahres noch gar keine Zähne. Auch das ist normal.

Im dritten bis vierten Lebensmonat entdeckt der Säugling mit den Händen seinen Mund als Sinnesorgan für Geschmack und Gespür. Das ist mit einem stärkeren Speicheln verbunden. Diese Hand-Mund-Erfahrung ist für die spätere Sprachentwicklung wichtig, weil die Lippen- und Zungen-Beweglichkeit und somit die Feinmotorik geübt werden. Das wird von den Eltern oft mit dem Zahnen verwechselt. Bis zum dritten Lebensjahr ist die Milchzahnbildung abgeschlossen.

Häufig werden Fieber und Erkrankungen mit dem Zahnen in Verbindung gebracht. Bedenkt man, dass die Kinder in den ersten drei Jahren fast ähnlich viele Infekte durchmachen wie sie Zähne bekommen, dann ist die Wahrscheinlichkeit groß, dass beide Ereignisse zusammenfallen und ein Fieber vorschnell auf das Zahnen geschoben wird.

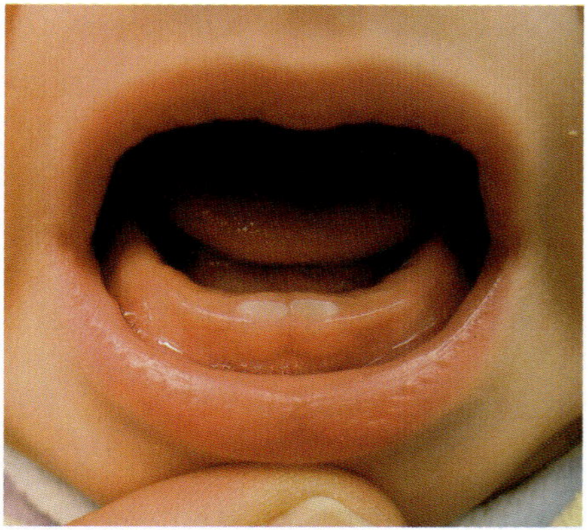

Zahnbildung:
Nach drei Jahren alle Milchzähne

Natürlich sind viele Kinder beim Zahnen etwas quengeliger als sonst, aber mit stärkeren Schmerzen ist das Zah-

nen normalerweise nicht verbunden. Die Erfahrung, körperlich etwas „irritiert“ zu sein, sollte man der psychischen Entwicklung seines Kindes gönnen.
Mit sechs bis sieben Jahren erscheinen die ersten bleibenden Backenzähne, mit sechs bis acht Jahren die ersten bleibenden Schneidezähne. Der Durchbruch der bleibenden Zähne ist bis auf die Weisheitszähne etwa mit 14 Jahren abgeschlossen.

Zahnschmerzen bei Kindern entstehen häufig durch Karies oder bei Zahndurchbruch. Auch kann einmal *entzündetes Zahnfleisch* oder eine *Entzündung des Zahnbettes* dahinter stecken. Meist ist es jedoch die *Karies*, die durch fäulnisauslösende Bakterien den harten Zahnschmelz zerstört und damit Schmerzen an den Zähnen auslöst.

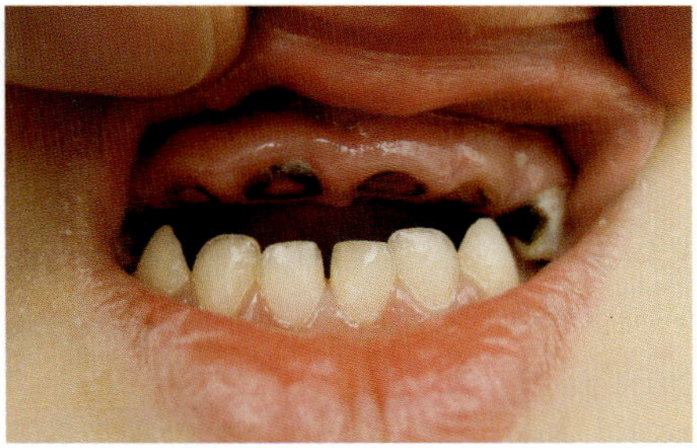

Karies:
Zerstört Zahnschmelz und tut weh

Was kann ich tun?

Akzeptieren Sie eine leichte Unruhe Ihres Kindes beim Zahnen – und greifen Sie nicht vorschnell zu Medikamenten oder Zahnungs-Gel.
Bieten Sie mechanische Zahnungshilfen wie Beißringe an. Sie können das Zahnen erleichtern.
Haben Sie den Eindruck, dass Ihr Kind beim Zahnen leidet, dann bringen Sie es zum Arzt.
Versuchen Sie von vornherein, durch gute Pflege und richtige Ernährung einen Zahnbefall Ihres Kindes mit Karies zu vermeiden.
Achten Sie bei Ihrem Kind auf eine gute Zahnpflege. Beginnen Sie mit der Zahnpflege Ihres Kindes, wenn die ersten vier Milchschneidezähne da sind und Ihr Kind es zulässt. Benutzen Sie dazu eine altersentsprechende Zahnbürste oder ein Wattestäbchen. Auch später braucht Ihr Kind eine altersgerechte Zahnbürste und Zahnpasta.

Mit zwei Jahren sind viele Kinder in ihrer Entwicklung so weit, dass sie nun selbst versuchen, sich die Zähne zu putzen. Technisch sind sie zwar dazu noch nicht in der Lage, aber sie lernen, dass das Zähneputzen zur alltäglichen Pflege gehört. Helfen Sie Ihrem Kind dabei.
Wenn Ihr Kind **Zahnschmerzen** hat, geben Sie ihm Paracetamol in altersentsprechender Dosierung und gehen Sie mit ihm zum Zahnarzt.

Was tut der Arzt?

Er wird Sie über die Probleme des Zahnens aufklären und Ihnen in der Regel von Zahnungs-Gel oder anderen Medikamenten abraten. Bei starken Beschwerden wird er gegebenenfalls schmerzstillende Medikamenten verordnen. Bei Zahnschmerzen wird er Ihr Kind zum Zahnarzt schicken.

Wann muss mein Kind ins Krankenhaus?

Weil es zahnt oder Zahnschmerzen hat, muss ein Kind nicht ins Krankenhaus.

5

Krankheits-Ursachen: Was hinter den Symptomen steckt

In diesem Kapitel erfahren Sie, ...

- welche Krankheits-Ursachen
  für die Symptome verantwortlich sein können,
  die Sie bei Ihrem Kind sehen
- den medizinischen Hintergrund für diese Krankheits-Ursachen
- welche Behandlungs-Möglichkeiten es gibt,
  um die Krankheits-Ursache zu beseitigen

In Kapitel 4 haben Sie die Krankheits-Symptome kennen gelernt, die bei Kindern am häufigsten vorkommen. Sie haben Anleitungen bekommen, was Sie selbst für Ihr Kind tun können, wenn es krank wird. Und Sie haben erfahren, wann es besser ist, zum Arzt zu gehen.
Sie haben auch gesehen, dass nicht hinter jedem Symptom eine ernsthafte schwere Erkrankung steckt. Aber es gibt eine Reihe von Grunderkrankungen, die verschiedene Symptome auslösen können. Diese Krankheits-Ursachen stellen wir Ihnen jetzt vor. Damit Sie wissen, welche Krankheiten hinter den Symptomen stecken können.
Zusätzlich haben wir für Sie Auffälligkeiten zusammengestellt, die häufiger bei Kindern vorkommen.
Die Erkrankungen sind – bis auf die Infektions-Krankheiten – nach Organ-Systemen geordnet und in alphabetischer Reihenfolge aufgeführt.

Atemwegs-Erkrankungen

Über die Atemwege werden die Zufuhr von Sauerstoff und der Abtransport von Kohlendioxid geregelt. Sie bestehen aus Nasen- und Mundhöhle, Rachen, Kehlkopfbereich, Luftröhre, den Bronchien mit ihren kleinen Verästelungen und den Lungenbläschen. Im Bereich der Lungenbläschen findet der Gasaustausch statt, wobei auf Grund der Druckverhältnisse Sauerstoff in die Blutbahn gelangt und Kohlendioxid aus dem Körper entfernt wird.
Atemwegs-Erkrankungen sind meist durch **Husten** gekennzeichnet. Am häufigsten kommen die „banalen" Atemwegs-Erkrankungen vor, bei denen die

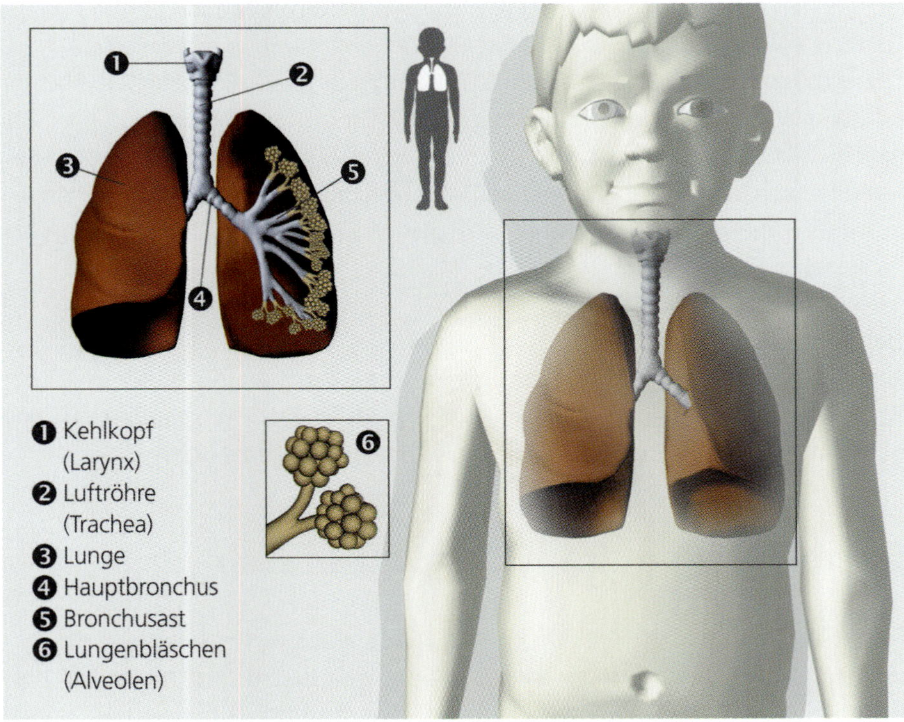

Abb. 5: Die Atemwege

Kinder nur leicht beeinträchtigt sind. Manchmal treten aber auch Erkrankungen der Bronchien, der Lunge und des Kehlkopfes auf. Nur selten liegen Fehlbildungen der Atemwege vor.

Atemwegs-Infekte

Symptome:

- Husten, Schnupfen, Heiserkeit
- Gelegentlich Fieber

Die banalen Atemwegs-Infekte werden in der Regel durch eine Vielzahl verschiedener Viren verursacht, die je nach Typ unterschiedliche Organe (Hals, Rachen, Lunge) befallen und entsprechende Symptome verursachen.
Diese Infekte sind häufig und harmlos. Trotz einer normal angelegten Abwehr erkranken Säuglinge und besonders Kleinkinder bis zu acht mal pro Jahr, was natürlich beunruhigend ist. Allerdings brauchen Kinder diesen Reiz, um „immunologisch kompetent" zu werden. So gibt es auch Hinweise, dass vermehrte Infekte im Kindesalter weniger allergische Lungenerkrankungen im Alter nach sich ziehen.

Behandlung:
Normalerweise reichen Maßnahmen wie Fiebersenkung, Förderung der Schleimproduktion, Flüssigkeitszufuhr und Befreiung der Nasenwege von Schleim aus, um einem Kind in dieser Krankheitsphase zu helfen.

Erkrankungen im Kehlkopfbereich

Erkrankungen im Kehlkopfbereich sind durch erschwertes Einatmen charakterisiert. Dabei gibt es einige Erkrankungen, von denen zwei besonders hervorzuheben sind: **Krupp** und **Kehldeckel-Entzündung** (Epiglottitis).

Krupp (auch Pseudokrupp genannt)

Symptome:

- Akutes Auftreten von bellendem Husten
- Heiserkeit, evtl. leichtes Fieber
- Ziehende Einatmung

Der Krupp – auch Pseudokrupp genannt (früher war der Begriff Krupp für den Diphtherie-Krupp reserviert) – ist eine häufige Erkrankung im Kleinkindalter und wird verursacht durch das Anschwellen der Schleimhaut im und unterhalb des Kehlkopfbereiches, wodurch sich die Atemwege verengen. Er kann durch einen Virusinfekt, aber auch durch empfindliche Atemwege verursacht sein. Er tritt häufig nachts, bevorzugt im Herbst und Winter auf.

Behandlung:

Grundvoraussetzung jeglicher Therapie des Krupps ist die Sicherung der Diagnose und der Ausschluss anderer Erkrankungen, wie zum Beispiel der Kehldeckel-Entzündung.

- Ruhe ausstrahlen
- Maßnahmen wie Fiebersenkung, die Gabe von Nasentropfen und Luftbefeuchtung – wie durch feuchten Wasserdampf im Badezimmer – erleichtern das Atmen und können die Schwere der Erkrankung mindern.
- Als sehr effektiv hat sich die Gabe von Cortison erwiesen (Zäpfchen, aber auch Tabletten oder Saft). Schon nach einer Stunde zeigt sich meist eine Besserung, die wahrscheinlich durch eine Erweiterung der entzündlich veränderten Atemwege bedingt ist.
- Eine Inhalation mit abschwellenden Lösungen oder Sprays kann ebenfalls die Atemtätigkeit verbessern. Das wird in der Regel aber in der Praxis oder im Krankenhaus durchgeführt.

Je nach Schwere der Erkrankung sind folgende Maßnahmen sinnvoll:

- **Leichte Erkrankung**
  Sie ist durch bellenden Husten und Heiserkeit *ohne ziehende Atmung* charakterisiert. Hier genügen die allgemeinen Maßnahmen und eventuell eine einmalige Cortisongabe.
- **Mittelschwere Erkrankung**
  Das Kind hat einen bellenden Husten und Heiserkeit; eine *ziehende Atmung nur bei Aufregung und Unruhe*. In diesem Fall ist die Cortisongabe dringend empfohlen, auch um einen möglichen stationären Aufenthalt im Krankenhaus zu vermeiden. Sollte eine Inhalation mit abschwellenden Medikamenten notwendig sein, ist es sinnvoll, das Kind einige Zeit in der Praxis oder im Krankenhaus zu beobachten.
- **Schwere Erkrankung**
  Bellender Husten, Heiserkeit, *ziehende Atmung und Atemnot auch in Ruhe* sind die charakteristischen Symptome. Hier ist unbedingt eine stationäre Beobachtung und Therapie im Krankenhaus zu empfehlen.

Kehldeckel-Entzündung (Epiglottitis)

Symptome:

- Pfeifendes Ein- und Ausatmungsgeräusch mit kloßiger Sprache
- Speichelfluss und Fieber
- Der für den Krupp-Husten typische Bellhusten fehlt in der Regel.

Die Epiglottitis ist eine hochakute Entzündung des Kehldeckels, die innerhalb weniger Stunden zu einer lebensgefährlichen Erkrankung führt. Die Kinder sind etwa zwei bis fünf Jahre alt, wirken krank und können im Sitzen am leichtesten atmen. Verursacht wird der Zustand durch eine Entzündung mit dem Bakterium Haemophilus influenzae B (HiB), gegen das inzwischen aber die meisten Kinder geimpft sind. Seit der Durchimpfung hat die Epiglottitis glücklicherweise nur noch Seltenheitswert.

Behandlung:
Die Kinder müssen mit ärztlicher Begleitung und ohne viel Stress sofort ins Krankenhaus gebracht und dort mit Antibiotika behandelt und eventuell kurzfristig beatmet werden.

Kehlkopf-Diphtherie

Bei nicht geimpften Menschen kann es durch eine Infektion mit dem Diphtherie-Erreger zu einer Entzündung des Kehlkopfes kommen. Eine Diphtherie-Erkrankung hat eine Sterblichkeitsrate von 25%. Früher sprach man vom „Würgeengel", was die Schwere der Erkrankung verdeutlicht. Eine genaue Beschreibung der Diphtherie finden Sie unter Infektions-Krankheiten.

Asthma

Symptome:
- Husten
- Atemgeräusche beim Ausatmen
- Atemnot

Asthmatische Beschwerden können sich allmählich in der Kleinkindzeit entwickeln. Asthma gilt als die häufigste chronische Erkrankung im Kindesalter. 80% der Kinder haben ihre ersten asthmatischen Beschwerden vor dem zehnten Lebensjahr, mit einem Maximum zwischen dem dritten und fünften Lebensjahr. In Deutschland sind etwa 10% aller Kinder betroffen.

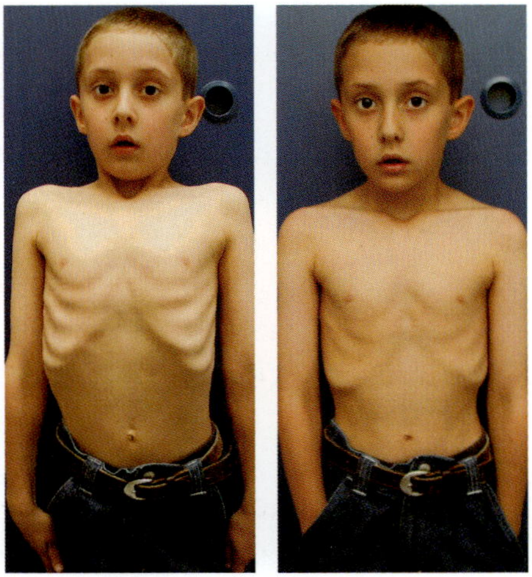

*Asthma:
Einatmen (links) ist leicht.
Ausatmen (rechts) kostet Kraft*

Asthma ist eine chronische Entzündung der unteren Atemwege und Folge einer gesteigerten Überempfindlichkeit auf innere und äußere Reize, was phasenweise oder anhaltend zur Verengung der Bronchien und ihrer Aufzweigungen (Bronchiolen) führt. Hierdurch überbläht sich die Lunge, und die eingeatmete Luft kann nur mit zusätzlicher Kraft wieder ausgeatmet werden. Es entsteht eine verlängerte Ausatmungsphase mit einem gelegentlich pfeifenden Geräusch.
Asthma kann durch Allergien, Infekte oder körperliche Belastungen (Belastungsasthma) ausgelöst werden.
Ein Asthma-Anfall wird je nach seiner Ausprägung in verschiedene Schweregrade eingeteilt.

Die Schweregrade eines Asthma-Anfalls

Leicht (häufig)	Atemnot bei Belastung, keine Einziehungen zwischen den Rippen, mäßige Atemgeräusche
Mittel (manchmal)	Atemnot beim Sprechen, laute Atemgeräusche, Einziehungen zwischen den Rippen
Schwer (selten)	Atemnot in Ruhe, meist laute Atemgeräusche, Einziehungen zwischen den Rippen, sehr unruhig
Sehr schwer (fast nie)	Oft keine Atemgeräusche mehr, ausgeprägte Einziehungen zwischen den Rippen, verwirrt, drohender Atemstillstand

Das therapeutische Vorgehen richtet sich nach der Häufigkeit der asthmatischen Episoden.

Behandlung:
Ist ein Kind als Asthmatiker bekannt, sind die Eltern und das Kind gewöhnlich über solche Probleme informiert und können gut damit umgehen. Anderenfalls sollte man zügig ärztliche Hilfe holen, denn auch ein Asthma-Anfall kann lebensbedrohlich werden. Ein ruhiger und damit beruhigender Umgang mit dem Kind ist besonders wichtig.

In leichten und seltenen Fällen reichen Inhalationen mit Atemwegs-erweiternden Medikamenten, um die Enge der Atemwege zu beseitigen.

Maßnahmen bei einem Asthma-Anfall

Allgemein

- Ruhe bewahren
- Frische Luft und sitzende Haltung
- Lippenbremse
- Schnell ärztliche Hilfe holen, gegebenenfalls in die Klinik fahren

Falls möglich:

- Inhalation von Atemwegs-erweiternden Medikamenten in altersabhängiger Dosierung.

Sind Asthma-Anfälle häufig, dann ist eine gut abgestimmte Dauertherapie nach einem medikamentösen Stufenplan erforderlich. Darüber hinaus ist eine Aufklärung zu einer gesunden Lebensführung sinnvoll. Sie sollte Themen wie passives Rauchen, Hausstaub-Sanierung oder sportliche Aktivitäten umfassen.

Das Therapieziel:

Ein Kind, das zu Asthma neigt, sollte so beraten und gegebenenfalls behandelt werden, dass normale körperliche und sportliche Aktivitäten möglich sind, keine Fehlzeiten in der Schule entstehen und seine Entwicklung nicht beeinträchtigt wird.

Der richtige Umgang mit bronchialerweiternden Medikamenten und gegebenenfalls mit Dauermedikamenten muss geschult werden, um Spätschäden zu vermeiden.

Entzündungen der Luftröhre und der Bronchien

Entzündung der Bronchien (Bronchitis)

Symptome:

- Husten im Anschluss an einen Schnupfen oder eine Halsentzündung
- Schleimige Geräusche über der Lunge
- Gelegentlich Schmerzen hinter dem Brustbein
- Leichtes Fieber möglich

Die akute Luftröhren-Entzündung (Tracheitis) und Bronchien-Entzündung (Bronchitis) – bei gleichzeitigem Befall auch Tracheo-Bronchitis genannt – sind meist die Folge von viralen Besiedlungen der Atemwege. Im Normalfall leiden die Kinder anfangs an einem trockenen Husten, der nach Tagen schleimig wird und nach ein bis zwei Wochen abklingt. Gelegentlich tritt Fieber auf.

Behandlung:
Bei einer unkomplizierten Bronchitis stehen pflegerische Maßnahmen, Ruhe, frische Luft und erhöhte Flüssigkeits-Zufuhr im Vordergrund. Außerdem können Wickel, schleimlösende Tees und schleimlösende Säfte die Genesung fördern. Bei längerem Verlauf oder einer zusätzlichen bakteriellen Besiedlung ist eventuell eine antibiotische Therapie nötig.

Spastische Bronchitis

Symptome:

- Verstärktes und verlängertes Geräusch beim Ausatmen
- Beschleunigte Atmung
- Bei starker Ausprägung Luftnot

Eine Sonderform der Bronchitis ist die *spastische* Bronchitis (oder auch *asthmoide* oder *obstruktive* Bronchitis), die mit ihren pfeifenden Geräuschen ähnliche Symptome wie das Asthma zeigt, da auch hier die kleinen Atemwege verlegt sind. Sie wird durch bestimmte Viren verursacht. Selten ist sie der Vorläufer eines späteren Asthmas. Passives Rauchen kann das Krankheitsbild verstärken. Betroffen sind meist Säuglinge und Kleinkinder.

Behandlung:
Neben pflegenden Maßnahmen sind besonders Inhalationen mit bronchial-erweiternden Medikamenten sinnvoll. Eine beschleunigte Atmung und Luftnot machen häufig einen stationären Aufenthalt im Krankenhaus notwendig, besonders wenn sehr junge Säuglinge betroffen sind.

Chronische Bronchitis

Symptome (über 2 Monate):
- Meist schleimiger Husten, besonders nachts und nach dem Aufstehen
- Selten Fieber

Die chronische Bronchitis ist eine Bronchitis, die über 2 Monate anhält. Häufig vermuten Eltern bei ihren Kindern eine chronische Bronchitis – meist je-

Ursachen für eine chronische Bronchitis

Häufig	Asthma Schadstoffbelastung (passives Rauchen)
Selten	Gastroösophagealer Reflux Mukoviszidose Fremdkörper (Erdnüsse, etc.) Fehlbildungen in den Atemwegen Immunstörungen

doch handelt es sich dabei um eine Aneinanderreihung und Häufung von Virusinfekten. Dann ist es auch mal sinnvoll, den Besuch im Kindergarten über einige Wochen zu unterbrechen. Eine chronische Bronchitis muss gründlich abgeklärt werden (siehe auch Kapitel 4: „Krankheits-Zeichen“).

Behandlung:
Die Therapie besteht in der Behandlung des Grundleidens.

Bronchiolitis des Säugling oder Kleinkindes

Symptome:
- Beschleunigte Atmung, Luftnot, Nasenflügeln
- Husten, pfeifende Ein- und Ausatmung
- Fieber möglich

Die Bronchiolitis des Säugling oder Kleinkindes unter zwei Jahren ist eine Entzündung der kleinen Verästelungen der Lunge. Sie wird meist durch Viren verursacht und tritt eher in den Wintermonaten auf. Diese Kinder sind schwer krank. Die Erkrankung dauert in der Regel ein bis zwei Wochen.

Behandlung:
Kinder mit einer Bronchiolitis müssen im Krankenhaus und dort gegebenenfalls sogar mit Sauerstoff behandelt werden.

Lungenentzündung (Pneumonie)

Symptome:
- Husten und schleimiger Auswurf
- Beschleunigte Atmung, Luftnot
- Bauchschmerzen
- Fieber

Der Übergang von einer Bronchitis zu einer Pneumonie ist fließend. Treten Fieber, ein verstärktes Krankheitsgefühl und eine beschleunigte Atmung auf, so ist der Gedanke an eine Lungenentzündung naheliegend. Pneumonien können herdförmig sein (Herdpneumonie = Bronchopneumonie), einen ganzen Lungenlappen betreffen (Lappenpneumonie = Lobärpneumonie) oder sich im gesamten Lungengewebe ausbreiten (interstitielle Pneumonie).
Je jünger die Kinder sind, desto unspezifischer können die Symptome sein und umso schwerer kann sich der Krankheitsverlauf entwickeln. Bei Säuglingen ist das besonders zu beachten.
Lungenentzündungen sind häufig virusbedingt, also ist ein Antibiotikum nicht immer nötig. Blut-Untersuchungen und der Zustand des Kindes helfen dem Arzt bei der Diagnose. Engmaschige, unter Umständen tägliche Kontroll-Untersuchungen sind gegebenenfalls erforderlich. Denn die Viren können die Schleimhaut so vorschädigen, dass es daraufhin zur Überwucherung mit Bakterien kommt. Dann müssen die therapeutischen Maßnahmen geändert werden.

Behandlung:
Ruhe, genügend Frischluft, viel Flüssigkeit (schleimfördernde Tees), Wickel, schleimlösende Medikamente. Bei einer bakteriellen Lungenentzündung ist ein Antibiotikum erforderlich. Neugeborene und Säuglinge unter vier Monaten sollten stationär im Krankenhaus behandelt werden.

Mukoviszidose (Cystische Fibrose, CF)

Symptome:

- Gedeihstörung mit massigen und fettigen Stühlen
- Häufig Husten mit Lungenentzündungen
- Nasennebenhöhlen-Entzündungen und Nasenpolypen
- Darmverschluss bei Neugeborenen

Die Mukoviszidose (Cystische Fibrose = CF) ist eine angeborene Erkrankung der Atemwege und des Magen-Darm-Kanals und die häufigste angeborene Stoffwechsel-Erkrankung. 1 von 2.000 Neugeborenen ist betroffen. Sie führt zu einer fehlerhaften Zusammensetzung des Schleims und der Verdauungssäfte. Durch die Zähigkeit des Schleims entstehen häufig Bronchitiden oder Lungenentzündungen mit möglicher dauerhafter Schädigung der Lunge. Zudem sind die betroffenen Kinder durch die mangelhafte Nahrungsaufnahme und Nahrungsverarbeitung in ihrer körperlichen Entwicklung beeinträchtigt.
Häufig fällt die Mukoviszidose bereits beim Neugeborenen durch einen Darmverschluss auf, weil das Kindspech (Mekonium) durch seine Zähigkeit nicht entleert werden kann.

Behandlung:

Die Behandlung ist besonders gerichtet auf eine gute körperliche Entwicklung und die Vermeidung von Spätschäden, hauptsächlich an der Lunge. Sie sollte im engen Kontakt mit einem dafür eingerichteten Zentrum erfolgen.

Blut-Erkrankungen

Durch das Blut wird unser Körper mit Nährstoffen und Energieträgern versorgt. Blut besteht aus festen und flüssigen Anteilen. Die festen Bestandteile bestehen aus den drei Zellanteilen Erythrozyten, Leukozyten und Thrombozyten. Die Erythrozyten sind die Träger für den Sauerstoff, die Leukozyten haben Abwehrfunktionen, und die Thrombozyten werden für die Blutgerinnung benötigt.
Erythrozyten, Leukozyten und Thrombozyten werden fortwährend abgebaut und verbraucht. Sie müssen daher ständig nachgebildet werden. Die Bildung erfolgt im Knochenmark und den lymphatischen Organen (z.B. Lymphknoten, Mandeln, Milz, Thymus). Verminderungen und Veränderungen dieser Zellfraktionen haben für unseren Körper weitreichende Folgen.

Erythrozyten

Die Erythrozyten, die „roten Blutkörperchen“, können in ihrer Anzahl oder Größe vermindert sein. In solchen Fällen spricht man von einer Blutarmut (Anämie). Eisenmangel ist dafür eine häufige Ursache. Eisen wird für den Aufbau des roten Blutfarbstoffes benötigt, der als Sauerstoffträger dient. Er ist in den Erythrozyten gelagert. Seltener steckt ein dauerhafter (chronischer) Blutverlust oder eine verminderte Bildung von Erythrozyten hinter einer Anämie. Andere Ursachen für Erythrozyten-Erkrankungen können in einem fehlerhaften Aufbau der Erythrozyten oder in vorzeitigem Auflösen der Erythrozyten (Hämolyse) liegen.

Leukozyten

Die Leukozyten, die weißen Blutkörperchen, sind für Abwehrvorgänge im Körper wichtig. Es gibt bei ihnen Untergruppen, die grob in Granulozyten,

Lymphozyten und Monozyten eingeteilt werden. Bei einer Vermehrung der Leukozyten spricht man von einer Leukozytose, bei Verminderung von Leukopenie. Ursachen für eine Leukozytose sind meist bakterielle Infekte und selten eine krankhafte übermäßige Neubildung von Zellen (beispielsweise Leukämie). Virusinfekte sind häufig mit einer Leukopenie verbunden.

Thrombozyten

Thrombozyten und Gerinnungsfaktoren steuern die Blutgerinnung. Eine Verminderung (Thrombozytopenie) führt zu Blutungsneigung. Thrombozytopenien können durch verringerte Produktion (etwa Knochenmarks-Erkrankungen) oder vermehrten Verbrauch (beispielsweise im Rahmen eines Infektes oder immunologisch bedingt) verursacht sein. Eine Vermehrung von Thrombozyten (Thrombozytose) findet sich häufig im Anschluss an einen Infekt oder Verletzungen.

Genetische Störungen

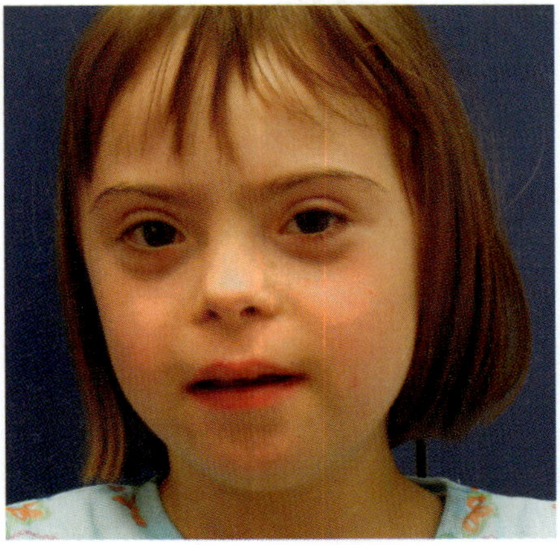

Down-Syndrom:
Erbgut-bedingte Erkrankung

Die Chromosomen sind die Träger des Erbgutes. Eine Vielzahl von seltenen Erkrankungen hat dort ihre Ursache.

Eine bekannte chromosomale Erkrankung ist das *Down-Syndrom* (Häufigkeit 1:700), das auch als **Mongolismus** oder Trisomie 21 bezeichnet wird. Ein auffälliges Gesicht mit einer seitlich ansteigenden Lidachse, flacher Nasenwurzel und großer Zunge, kurze Finger und eine geistige Behinderung verschieden starker Ausprägung sind nur einige charakteristische Zeichen.

Andere Beispiele für chromosomale Störungen sind das *Ullrich-Turner-Syndrom* und das *Klinefelter-Syndrom*.

Das **Ullrich-Turner-Syndrom** kommt nur bei Mädchen vor (Häufigkeit 1:2.500). Hier fehlt ein Geschlechts-Chromosom. Charakteristische Symptome sind Ödembildungen an Händen und Füssen beim Neugeborenen, Kleinwuchs, eine typische Hautfalte am seitlichen Halsrand und ein Ausbleiben der Periode in der Pubertät.

Beim **Klinefelter-Syndrom** besteht ein zusätzliches X-Chromosom. Es kommt nur bei Jungen vor (Häufigkeit 1:1.000) und ist durch einen Hochwuchs mit langen Armen und Beinen und durch eine verzögerte und schwach verlaufende Pubertät mit relativ kleinen Hoden charakterisiert. Das Turner- und das Klinefelter-Syndrom werden häufig erst später entdeckt.

Behandlung:

Medizinische Betreuung, intensive Förderung, Beratung und Unterstützung der Eltern sind die wesentlichen Maßnahmen bei diesen Krankheitsbildern.

Hals-, Nasen- und Ohren-Erkrankungen

Weil Nase und Mund die häufigste Eintrittspforte für Infekte sind, liegen dort spezielle Abwehrzentren wie die Rachen- und Gaumenmandeln. Sie können allerdings so stark anschwellen, dass sie Beschwerden machen. Durch die enge Verbindung von Nase und Ohr über die Tube kommt es oft zu Mittelohr-Entzündungen. Hörstörungen können die Folge sein. Kinder mit Erkrankungen in diesen Bereichen kommen daher sehr häufig in die Kinderarzt-Praxis.

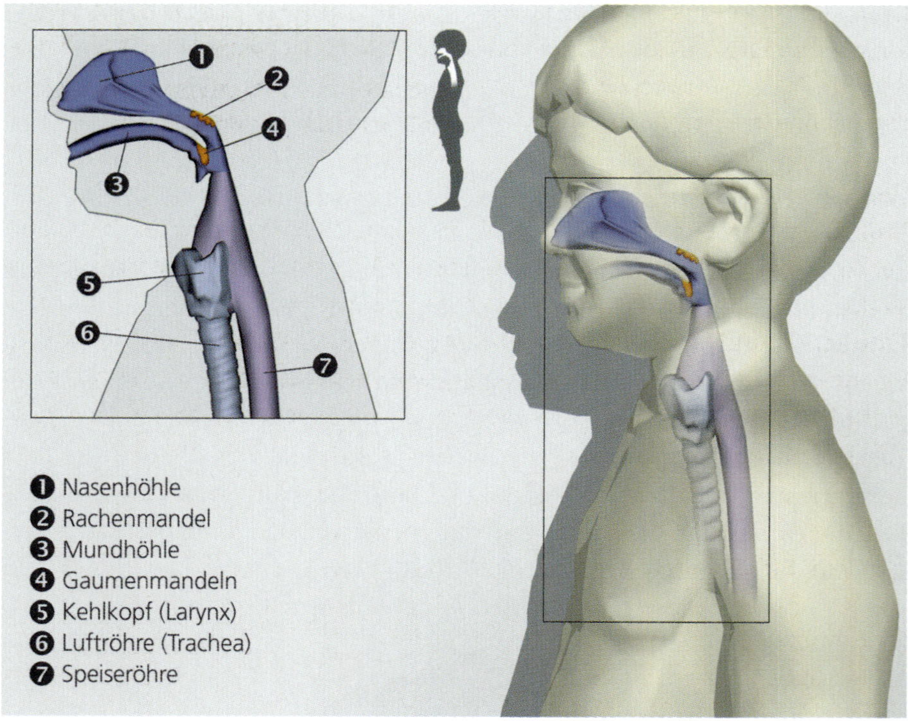

Abb. 6: Der Hals-Nasen-Ohren-Trakt

Mandelentzündung (Tonsillitis)

Symptome:
- Halsschmerzen, Schluckbeschwerden, meist Fieber
- Beläge auf den Mandeln
- Schmerzhafte Kiefer-Lymphknoten-Schwellungen
- Kopf-, Glieder-, Bauchschmerzen

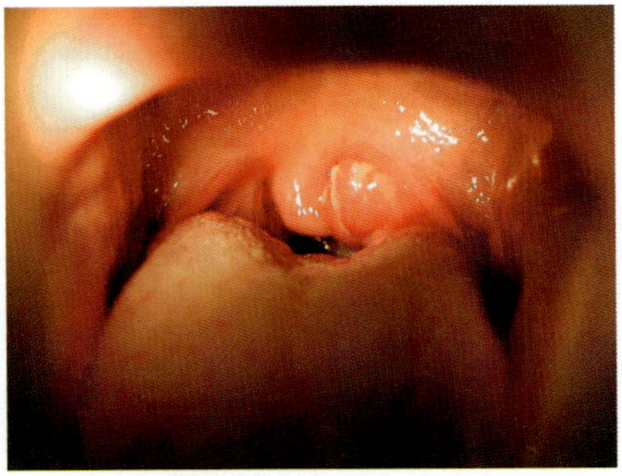
Mandelentzündung: Halsschmerzen, Schluckbeschwerden

Mandelentzündungen sind bakteriell- oder virusbedingt. Danach entscheidet sich die Therapie.
Komplikationen von Mandelentzündungen können lokale Abszessbildungen, Nieren-, Herz- und Gelenkentzündungen sein.

Behandlung:
Halswickel und Pflanzentees (Salbei, Thymian, Efeu, Spitzwegerich) lindern neben schmerzstillenden Medikamenten die Beschwerden. Eine Zusammenstellung von Tees und Wickeln finden Sie im Kapitel 2.
Eine antibiotische Therapie ist nur bei bakteriellen Entzündungen erforderlich. Die Streptokokken-Angina ist im Kindesalter besonders häufig und sollte auf jeden Fall antibiotisch behandelt werden, um Schäden an Herz und Nieren zu vermeiden.

Peritonsillar-Abszess

Symptome:
- Starke Schluckbeschwerden
- Eingeschränkte Mundöffnung
- Schmerzhafte Kiefer-Lymphknoten-Schwellungen

Im Rahmen einer Mandelentzündung kann sich selten einmal ein Abszess um eine Mandel bilden. Hierbei haben die Kinder starke Halsschmerzen und Schluckstörungen, da der weiche Gaumen deutlich geschwollen und vorgewölbt ist.

Behandlung:
Eine hochdosierte antibiotische Therapie und die Eröffnung des Abszesses mit Entfernung der Mandeln sind nötig.

Seitenstrang-Angina

Symptome:
- Halsschmerzen
- Eventuell Fieber

Bei der Seitenstrang-Angina entzünden sich Lymphfollikel an der seitlichen Rachenhinterwand. Das kann sowohl durch Viren als auch durch Bakterien passieren. Seitenstrang-Anginen treten häufiger bei Menschen auf, bei denen die Mandeln entfernt wurden.

Behandlung:
Selbsthilfe-Maßnahmen (siehe Kapitel 2). Eine antibiotische Therapie ist nur bei bakteriellen Entzündungen erforderlich.

Mandelvergrößerung und Polypenvergrößerung

Die Nasenschleimhaut mit ihren Haaren dient zur Filterung, Befeuchtung und Erwärmung der Atemluft. Danach sind die Rachenmandeln (Polypen) und Gaumenmandeln (Tonsillen) die nächsten Auffangstationen für Erreger. Hier werden Abwehrvorgänge in Gang gesetzt, was zur Folge hat, dass diese Bereiche im Kindesalter häufig anschwellen und sich vergrößern. Diese Schwellung kann sich allmählich wieder zurückbilden, so dass meist keine Maßnahmen nötig werden.

Mandelvergrößerung

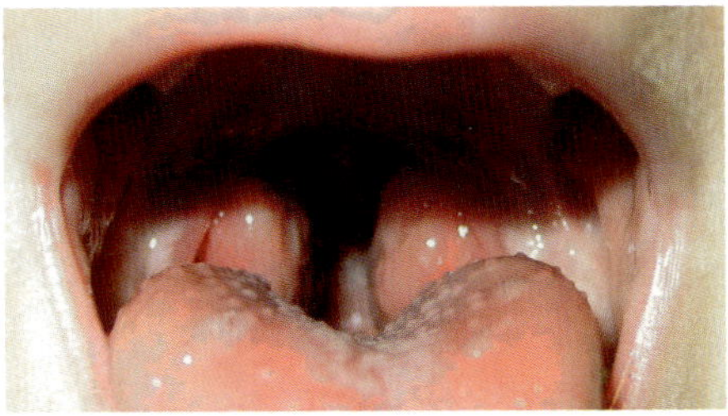

Mandelvergrößerung: Mandeln raus – oder nicht?

Symptome:
- Atem- und Schluckbeschwerden
- Kloßige Sprache

Behandlung:
Nicht selten stellt sich die Frage nach der Entfernung von vergrößerten Mandeln.

Entscheidungshilfen für die Entfernung können sein:
- Häufige eitrige Mandelentzündungen pro Jahr
- Sehr große Mandeln, die einander berühren
- Durch die Größe der Mandeln bedingte Schluckstörungen oder nächtliche Atemstörungen
- Mandelentfernung möglichst nicht im Kleinkindalter, da sie zum Aufbau der körpereigenen Abwehr gebraucht werden

Polypenvergrößerung

Symptome:
- Mundatmung, nächtliches Schnarchen
- Paukenergüsse, Hörstörungen

Polypenvergrößerungen kann man nicht von außen sehen, jedoch ist eine ständige Mundatmung ein indirektes Zeichen dafür.

Vergrößerte Polypen können die Verbindung von der Nase zum Mittelohr verschließen, was zu einer Flüssigkeitsansammlung in diesem Bereich führt. Ein Paukenerguss mit einer Hörstörung ist dann die Folge. Zusätzlich werden die weiter unten liegenden Atemwege (Bronchien, Lunge) durch die Mundatmung stärker belastet, weil die Luft ungereinigt und nicht erwärmt zu ihnen gelangt.

Behandlung:
Eine optimale Schlafumgebung, die Befeuchtung der Nasenwege mit Kochsalzlösung und schleimlösende Säfte können die Atmung erleichtern. Manchmal bilden sich die Polypen von selbst wieder zurück, so dass sie keine Probleme mehr machen.
Falls Hörstörungen mit häufigen Infekten und Schlafstörungen die Folge der Polypen sind, kann eine operative Entfernung nötig werden. Zur Belüftung des Mittelohres wird häufig gleichzeitig ein Paukenröhrchen eingesetzt.

Paukenerguss (Mucosero-Tympanon)

Symptome:
- Wechselnd starke Hörstörung
- „Völlegefühl" im Ohr

Häufig verschließen Polypen den Eingang zum Mittelohr, was die sonst normale Belüftung des Mittelohrs beeinträchtigt. Das führt zu einer Flüssigkeitsansammlung in der Paukenhöhle des Mittelohres und dann zu Entzündungen. Man spricht in diesem Fall von einem Paukenerguss. Er kann eine Hörstörung nach sich ziehen. Paukenergüsse heilen oft von selbst.

Behandlung:
Tritt nach einigen Wochen durch abschwellende Nasentropfen oder Schleimlöser keine Besserung ein, kann der HNO-Arzt durch das Legen eines kleinen Röhrchens am Trommelfell das Mittelohr nach außen für einige Monate kontinuierlich belüften. Meist werden dabei zusätzlich die Polypen entfernt.

Nasennebenhöhlen-Entzündung (Sinusitis)

Symptome:
- Nasale Sprache
- Schmerzen im Bereich der entzündeten Nasennebenhöhle
- Stirnkopfschmerz, besonders beim Bücken nach vorn
- Nächtlicher Husten
- Eventuell Schnupfen und Fieber

Nasennebenhöhlen-Entzündungen sind im Kleinkindalter selten, weil die Nebenhöhlen in dieser Zeit häufig noch verschlossen sind. Treten sie gehäuft auf, kann sich dahinter eine Allergie, eine Mukoviszidose oder eine Immunstörung verbergen. Sehr selten kann eine Nasennebenhöhlen-Entzündung durch Abszessbildung schwer verlaufen.

Behandlung:
Inhalationen mit Kochsalz, eine hohe Luftfeuchtigkeit im Schlafzimmer durch feuchte Tücher, abschwellende Nasentropfen und gegebenenfalls lokale Wärme mit Rotlicht (aus genügendem Abstand) können oft helfen, so dass kein Antibiotikum gebraucht wird. Bessern sich die Symptome nicht oder verschlechtern sie sich gar, ist eine antibiotische Therapie allerdings nötig.

Entzündung des äußeren Gehörgangs (Otitis externa)

Symptome:
- Rötung des Gehörgangs
- Schmerzen
- Juckreiz

Entzündungen im äußeren Gehörgang können durch Bakterien, Viren, Fremdkörper oder Verletzungen bei der Reinigung mit Wattestäbchen entstehen.

Behandlung:
Ohrreinigung, dann Gabe von lokal antientzündlichen Tropfen oder Einlegen eines kleinen salbengetränkten Streifens durch den HNO-Arzt.

Mittelohr-Entzündung (Otitis media)

Symptome beim Säugling:
- Unruhe, Schreien, Fieber
- Nahrungsverweigerung, Erbrechen
- Tragus-Druckschmerz

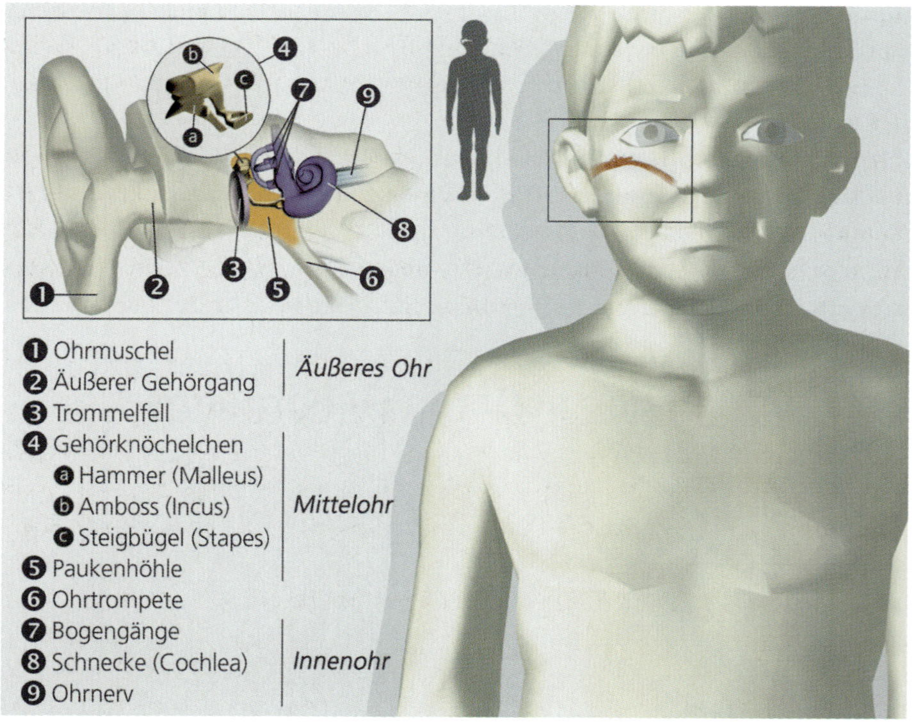

Abb. 7: Das Ohr

Symptome beim Kind:

- Ohrenschmerzen, Tragus-Druckschmerz
- Fieber
- Ausfluss aus dem Ohr, eitrig oder klarsichtig

Fast jedes Kind erleidet in seinem Leben zumindest eine Mittelohr-Entzündung. Das liegt an den anatomisch ungünstigen Verhältnissen des kindlichen Ohres und der Einmündung der Tube, der Verbindung zwischen Nase und Mittelohr. Von dort können sich Entzündungen auch rasch auf das Mittelohr ausbreiten.

Das Trommelfell rötet sich, und es entstehen massive Ohrenschmerzen. Meist bahnen Viren eine solche Entzündung, aber gelegentlich kommt es zur zusätzlichen Infektion mit Bakterien. Natürlich kann auch von Beginn an ein bakterieller Erreger hinter einer Mittelohr-Entzündung stehen. Mittelohr-Entzündungen können einmalig auftreten, ständig wiederkehren oder chronisch verlaufen.

Eine Mittelohr-Entzündung muss nicht nur wegen ihrer Schmerzen ernstgenommen werden. Sehr seltene Komplikationen von Mittelohr-Entzündungen können Hörstörungen, Knochenentzündungen, Gehirn-Abszesse sein. Der häufige frühzeitige Einsatz eines Antibiotikums wird verständlich, wenn man sich der Komplikationen einer Mittelohr-Entzündung bewusst ist.

Behandlung:

In erster Linie ist es wichtig, den quälenden Schmerz zu bekämpfen. Als Schmerzmittel wird in altersentsprechender Dosierung Paracetamol in Saft- oder Zäpfchenform oder Ibuprofen-Saft eingesetzt. Zusätzlich bieten sich Zwiebelwickel, Nasentropfen und ein aufsteigendes Fußbad an (siehe Kapitel 2).

Eine antibiotische Therapie ist je nach Befund erforderlich.

Mastoiditis

Symptome:
- Ohrenschmerzen, Fieber
- Druckschmerzhafte Rötung des Knochens hinter dem Ohr
- Plötzlich abstehendes Ohr

Die Mastoiditis ist eine Entzündung des Knochens hinter dem Ohr. Sie kann als Folge einer Ohrentzündung geschehen. Sie ist sehr selten, aber gefährlich, weil es von dort zu Entzündungen im Gehirn kommen kann.

Behandlung:
Antibiotische Therapie und eventuell operative Eröffnung des Knochens im Krankenhaus.

Ohrenschmalz-Pfropf

Symptome:
- Eventuell Hörstörung

Ohrenschmalz hat eine Schutzfunktion für das Ohr. Allerdings kann es sich verhärten und den Gehörgang vollständig verlegen. Eine übermäßige Pflege und die Reinigung mit Wattestäbchen sollten vermieden werden – das fördert die Bildung eines Ohrenschmalz-Pfropfes und birgt Verletzungsgefahren. Die Folge kann eine scheinbare Schwerhörigkeit sein, die allerdings leicht zu beseitigen ist.

Behandlung:
Entfernung des Pfropfes.

Haut-Erkrankungen

Unsere Haut ist die wichtige Schützhülle für unseren Körper. Durch sie sind wir vor Überhitzung, Unterkühlung und fremden Keimen geschützt. Sie stellt auch einen bedeutenden Energiespeicher dar und greift in den Stoffwechsel ein wie bei der Vitamin-D Bildung. Außerdem ist sie ein wichtiges Sinnesorgan. Wir sollten daher stets achtsam mit unserer Haut umgehen. Veränderungen an der Haut machen Eltern häufig Sorgen. In diesem Kapitel sind einige wichtige und einige harmlose Hautveränderungen oder Hauterkrankungen dargestellt.

Pflege der Haut

Weil die Haut einen eigenen Schutzmantel aus Feuchtigkeit, Talg und Fett aufbaut, wird sie durch zu vieles Waschen irritiert. Besonders die Haut eines Babys ist noch im Aufbau und daher noch empfindlicher. Deshalb reicht es normalerweise aus, die Haut beim Wickeln mit Wasser zu reinigen und dann vor allem in den Hautfalten sorgfältig abzutrocknen.
Bei der Hautreinigung mit Badezuätzen oder Seifenlösungen gilt der Grundsatz „*Weniger ist mehr*“, weil sie den Fettschutzmantel besonders angreifen. Öle und pflegende Salben sollten ebenfalls mit Zurückhaltung angewendet werden. Sie können sich wie ein Film auf die Haut legen und den Feuchtigkeits-Ausgleich behindern.

Kleine Hautprobleme beim Neugeborenen und beim Säugling

Neugeborenen-Exanthem

Symptome:

- Rote, etwas knötchenförmige Hautveränderungen am Körper und im Gesicht

Das Neugeborenen-Exanthem tritt bei vielen Neugeborenen in den ersten Lebenstagen durch die Hormonumstellung nach der Geburt auf. Es ist nicht ansteckend, harmlos und verschwindet nach einigen Tagen von selbst.

Behandlung:
Eine Therapie ist nicht notwendig.

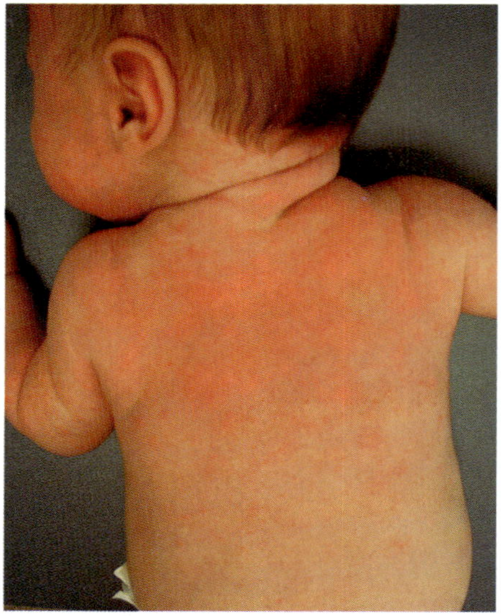

Neugeborenen-Exanthem: Verschwindet von selbst

Entzündungen in den Hautfalten und hinter dem Ohr (Intertrigo)

Symptome:

- Rote, zum Teil feuchte Veränderungen im Hautfaltenbereich der Achseln, Leisten und Kniekehlen, bei Säuglingen auch hinter den Ohren und am Hals

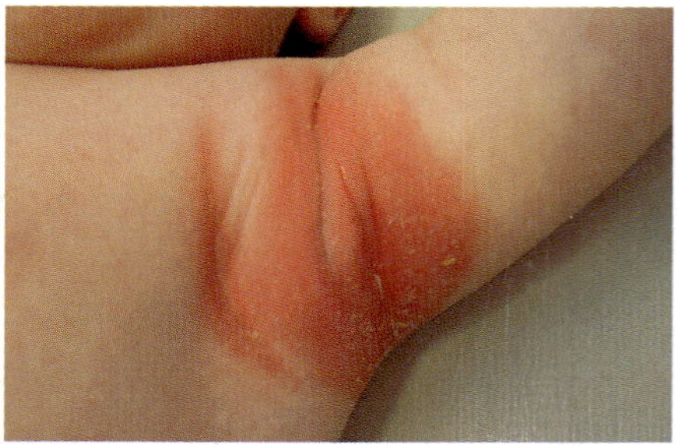

Der „Hautwolf“: Entzündung in den Hautfalten

Ein Intertrigo, auch Hautwolf genannt, wird durch die Feuchtigkeit in eng aneinanderliegenden Hautpartien verursacht, die die Hautschichten angreift und eine Besiedlung dieser Bereiche mit Pilzen oder Bakterien ermöglicht.

Behandlung:
Säuberung der Haut mit Wasser, antientzündliche Bäder mit Gerbstoffen, Auflegen feuchter Kompressen mit Kochsalz, schwarzem Tee oder gerbenden Lösungen mehrmals täglich. Trocknen an der Luft und antibiotische oder antimykotische Salben bringen die Entzündung zum Abheilen.

Windel-Dermatitis

Symptome:
- Großflächige, rote, zum Teil feuchte Hautentzündung im Windelbereich

Sie entsteht durch übermäßige Feuchtigkeit und führt zu einer Auflockerung des Schutzmantels der Haut. Dadurch wird eine Besiedlung mit Bakterien und Pilzen mit einer anschließenden Entzündung möglich.

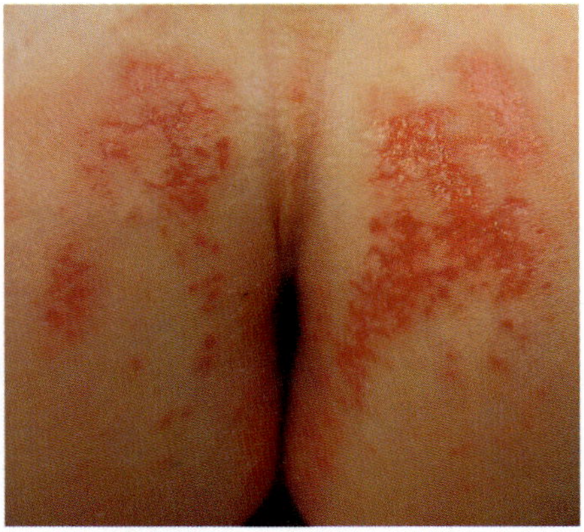

Windel-Dermatitis: Häufig Windeln wechseln

Behandlung:
Wichtig sind häufiges Windelwechseln, Reinigung der Haut mit klarem Wasser und – falls möglich – häufiges Weglassen der Windeln. Die Haut kann mit einer abdeckenden Zinkpaste geschützt werden. Bei einem ausgeprägten Befund sind gerbende und antientzündliche Bäder sinnvoll, und ein Einsatz von antimykotischen Salben kann nötig sein. Bei einem Mund- und Darmbefall mit Pilzen ist eine zusätzliche Gabe eines Antimykotikums über den Mund indiziert.

Kopfgneis

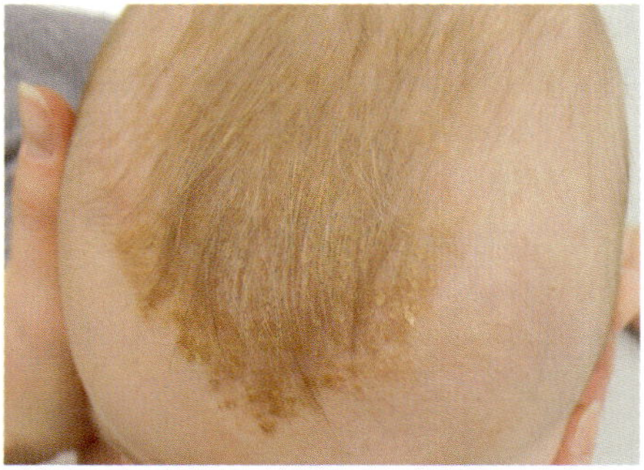

Kopfgneis:
Kopfschuppen einweichen

Symptome:
- Fettige gelbliche Schuppen im Bereich der Kopfhaut

Der Kopfgneis gehört zu dem Krankheitsbild der seborrhoischen Säuglingsdermatitis (auch seborrhoisches Säuglingsekzem). Er entsteht in den ersten Lebenswochen.

Behandlung:
Mit Öl oder einer 1-2%-igen Salicyl-Vaseline, die man nur kleinflächig und kurzfristig anwenden sollte, kann man die Kopfschuppen einweichen und herauskämmen. So heilen die Veränderungen in zwei bis vier Wochen ab.

Blutschwämmchen (Hämangiom)

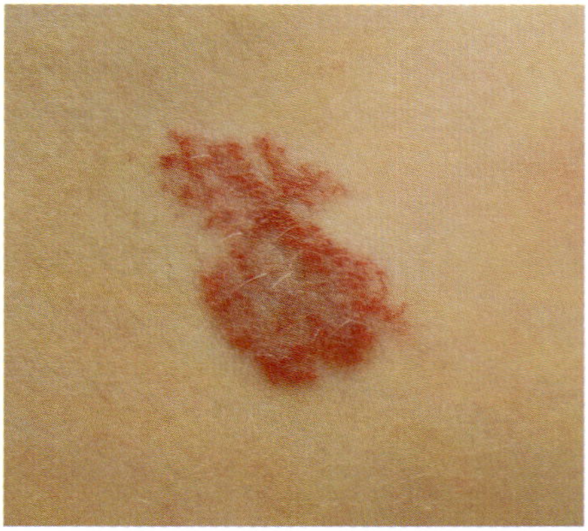

Blutschwämmchen: Abwarten, Laser- oder Kältetherapie

Symptome:
- Rötliche Hautveränderung von verschiedener Größe

Ein Blutschwämmchen ist eine Gefäßvermehrung und kann an allen Stellen der Haut auftreten. Problematisch sind Stellen im Gesicht, an den Händen und in den Übergangsbereichen von Mund, der Po-Region oder in der Genitalregion. Blutschwämmchen haben die Neigung, sich innerhalb von Jahren zurückzubilden.

Behandlung:
Blutschwämmchen, die sich nicht zurückbilden und sich an problematischen Stellen befinden, können erfolgreich mit Laser- oder Kältetherapie behandelt werden.

Storchenbiss (Naevus flammeus)

Symptome:
- Gut abgegrenzte flächenhafte Hautrötung

Der sogenannte Storchenbiss ist eine häufig vorkommende Gefäßerweiterung, die meist in der Mittellinie des Nackens und der Stirn gelegen ist, gelegentlich aber auch im Oberlidbereich vorkommt. Diese Gefäßerweiterung liegt im Hautniveau und hat die Neigung, allmählich abzublassen, weil die Haut mit der Zeit dicker wird. Später ist ein Naevus flammeus meist nur noch bei stärkerer Durchblutung (Lachen, Schreien, Pressen) zu sehen.

Behandlung:
Eine Therapie ist nicht nötig.

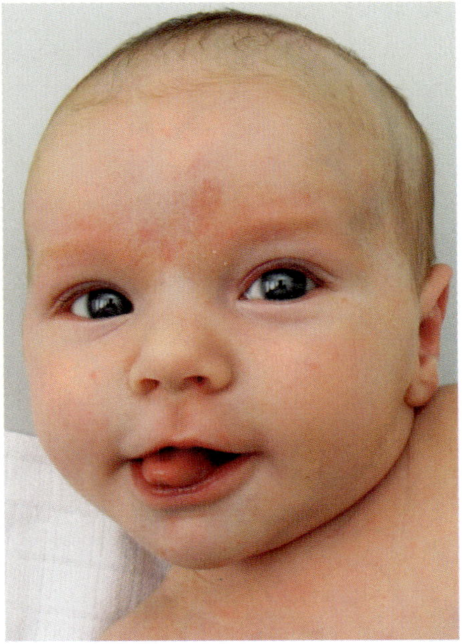

Storchenbiss: Blasst allmählich ab

Seborrhoische Dermatitis

Symptome:

- Rötlich entzündete Haut mit aufgelagerten fettigen Schuppen von mehreren Zentimetern Durchmesser bis flächenhafter Ausdehnung

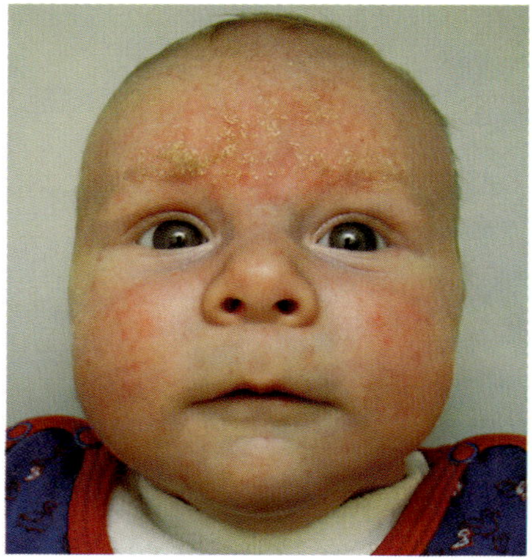

Seborrhoische Dermatitis:
Vor der Behandlung

Die seborrhoische Dermatitis ist eine ekzemähnliche Hautveränderung und kann in den ersten Lebenswochen bis zum siebten Lebensmonat auftreten. Sie findet sich vorwiegend am behaarten Kopf, im Gesicht und in den Hautfalten, gelegentlich auch an Rumpf, Armen, Beinen und im Windelbereich. Sie ist in den ersten Lebensmonaten nicht immer von einer Neurodermitis zu unterscheiden. Die Ursache sind wahrscheinlich Hormone, die von der Mutter über die Nabelschnur zum Kind gelangen, nach der Geburt im Kind noch weiter wirken und zu übermäßiger Talgproduktion mit gelegentlicher Pilzbesiedelung der Haut führen.

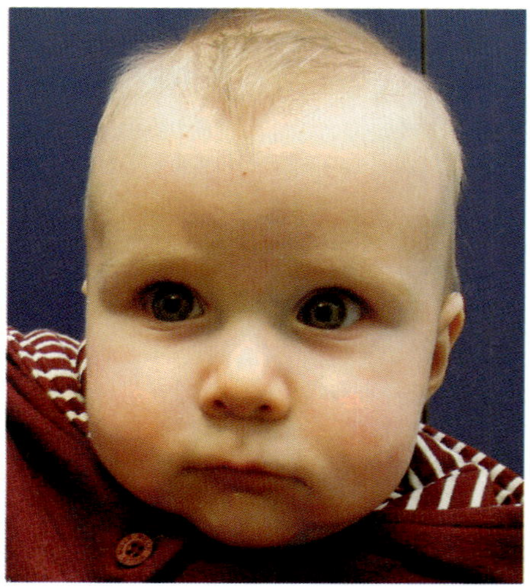

Seborrhoische Dermatitis:
Nach vier Monaten Behandlung

Behandlung:

Meist heilt die seborrhoische Dermatitis durch krustenlösende Salben und Hautpflege problemlos ab. Bei massivem Befall kann kurzzeitig ein Cortisonpräparat eingesetzt werden.

Neurodermitis (Endogenes Ekzem, Atopische Dermatitis)

Symptome:

- Rote, schuppige, zum Teil nässende Hautveränderungen im Gesicht, an den großen Gelenkbeugen, auch an Hals und Rumpf
- Juckreiz

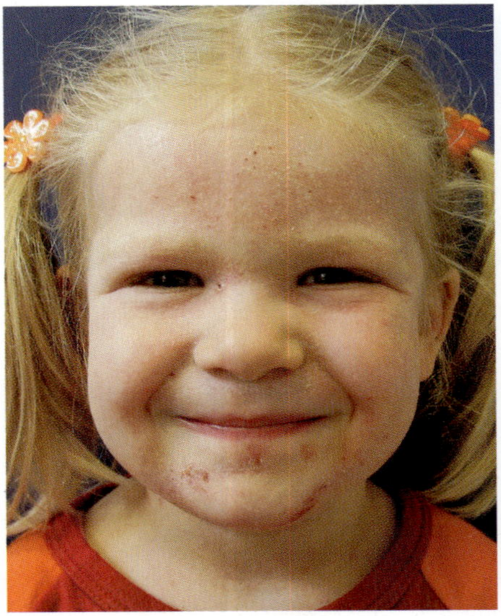

Neurodermitis:
Vor der Behandlung

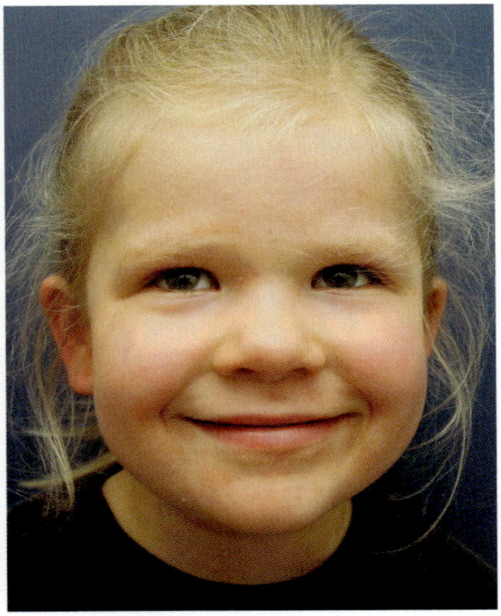

Neurodermitis:
Nach drei Monaten Behandlung

Unter einer Neurodermitis versteht man eine chronisch wiederkehrende, meist stark juckende Hauterkrankung, die je nach Alter des Kindes an typischen Hautpartien auftritt und in verschieden starken Schüben verlaufen kann.
Häufig hat diese Erkrankung ein Maximum im zweiten Lebensjahr und bildet sich meist im Laufe der Jahre zurück. Die Angaben zur Häufigkeit der Neurodermitis schwanken zwischen 3 und 12% mit steigender Tendenz. Im Alter von 14 Jahren haben allerdings nur noch 10% dieser Kinder Hautprobleme.

Allergische Reaktionen können gefördert werden durch …
- eine genetische Bereitschaft überempfindlich zu reagieren
- übermäßige Hygiene
- intensiven Kontakt zu Innenraum-Allergenen (z. B. Hausstaubmilbe)
- verspäteten Kontakt zu Infektionserregern
- Nahrungsmittel

Behandlung:
Sie besteht derzeit in einem ganzheitlichem Ansatz:
- Eine dem Hautzustand angemessene äußere Therapie und Hautpflege
- Verhaltensempfehlungen für das häusliche Milieu (nicht rauchen etc.)
- Unterweisung in Pflege der Haut und Minderung der Hautirritation durch spezielle Wäsche und Wäschereinigung
- Ernährungsberatung
- Psychologische Führung verunsicherter Eltern

Das Grundprinzip der externen Therapie bei Neurodermitis lautet „*Feucht auf feucht, fett auf trocken*“. Je entzündeter die Haut ist, desto weniger sollten fettende Salben, sondern Cremes eingesetzt werden. Dabei gilt:
- Im **Akutstadium** bei feuchter, entzündeter Haut:
  Anwendung von feuchten, kühlenden Umschlägen mit physiologischer Kochsalzlösung oder schwarzem Tee über einige Stunden.
  Anschließend Pflege mit einer Lotion oder Creme
- Während der **abklingenden Phase**
  Anwendung von stärker rückfettenden Salben
- In der **chronischen Ekzemphase**
  eine rückfettende Salbengabe am besten ohne Zusatzstoff, um dem Austrocknen der Haut entgegenzuwirken

Antientzündliche Salben mit Zugabe von Cortison, Tacrolimus und Pimecrolimus, antiseptische Maßnahmen (Kristallviolett zwischen 0,1% und 0,5% in wässriger Lösung, Triclosan Creme 1-2%) und juckreizvermindernde Medikamente sollten vor Anwendung mit dem Arzt abgesprochen werden.

Schuppenflechte (Psoriasis)

Symptome:

- Scharf begrenzte Hautrötung mit ausgeprägter Schuppenbildung

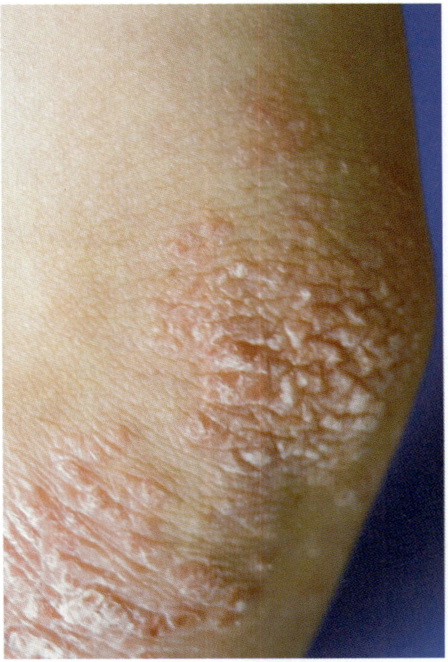

Psoriasis (Schuppenflechte): Bäder, Salben, warme Länder

Die Schuppenflechte ist eine Verhornungs-Störung, die sich besonders an den Streckseiten der Gelenke (Ellenbogen, Kniescheibe), am behaarten Kopf, aber auch am gesamten Körper entwickeln kann. Ihr Ausbruch wird im Jugendalter durch bestimmte Faktoren wie Klima oder einer ständige Hautreizung gefördert. Meist verläuft sie in Schüben und heilt phasenweise ganz ab. Die Bereitschaft, eine Schuppenflechte zu bekommen, kann vererbt werden.

Behandlung:

Schuppenlösende Bäder und Salben, gelegentlich mit antientzündlichen Komponenten und Behandlungen mit UV-Licht. Der Aufenthalt in warmen Regionen fördert die Abheilung.

Schuppenröschen-Flechte (Pityriasis rosea)

Symptome:

- Ovaler medaillonartiger Erstherd von einigen Zentimetern Durchmesser mit einer randbetonten Schuppung
- Innerhalb von Tagen weitere ähnliche Herde für zwei bis vier Wochen

Die Schuppenröschen-Flechte ist eine nicht ansteckende, über mehrere Wochen anhaltende schuppige Hautveränderung. Die Erkrankung tritt häufig nach einem Virus-Infekt auf. Sie ist harmlos und ihre Ursache nicht eindeutig bekannt. Möglicherweise liegt eine kurzfristige Störung im Immunsystem vor.

Behandlung:
Die Behandlung wird mit eintrocknenden Lotionen und Cremes durchgeführt.

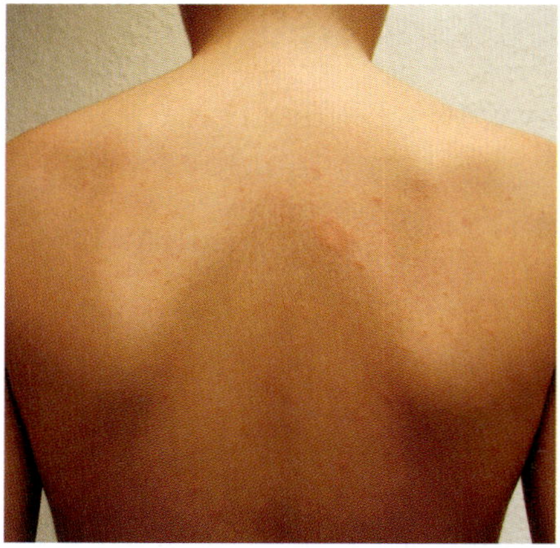

Schuppenröschen-Flechte:
Nicht ansteckend, harmlos

Akne

Symptome:
- Mitesser, Papeln und Pusteln

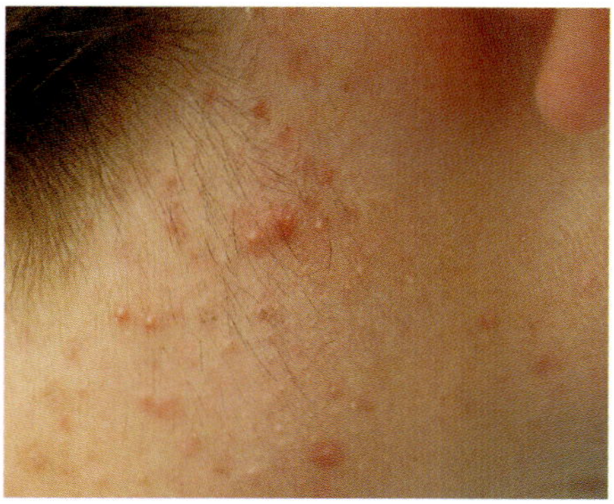

Pusteln:
Typisches Akne-Symptom

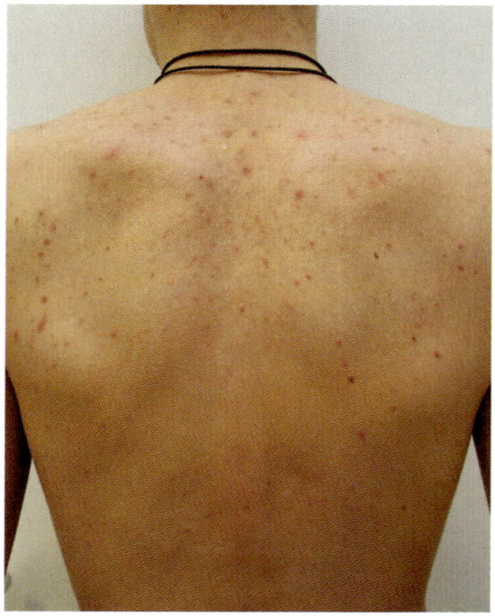

Akne:
Erkrankung der Talgdrüsen

Die Akne ist eine Erkrankung der Talgdrüsen und wird durch hormonelle Einflüsse verursacht, was zu einer Veränderung der Talg-Zusammensetzung und zu einer bakteriellen Besiedlung der Talgdrüsen führt. Besonders Jugendliche leiden darunter.

Je nach Alter gibt es die …
- Neugeborenen-Akne
- Akne des Säuglingsalters
- Jugendliche Akne

Behandlung:
Reinigung mit alkalifreien Lösungen (pH-Wert 5,5). Gegebenenfalls Peeling mit entsprechenden Pasten. Bei schwerem Befall sind ärztliche Maßnahmen wie lokale Schälbehandlungen, Antiseptika oder verschiedene Medikamente in Tablettenform erforderlich.

Nesselsucht, Quaddelsucht (Urticaria)

Symptome:
- Rasch auftretende Quaddeln mit wechselnder Lokalisation
- Juckreiz

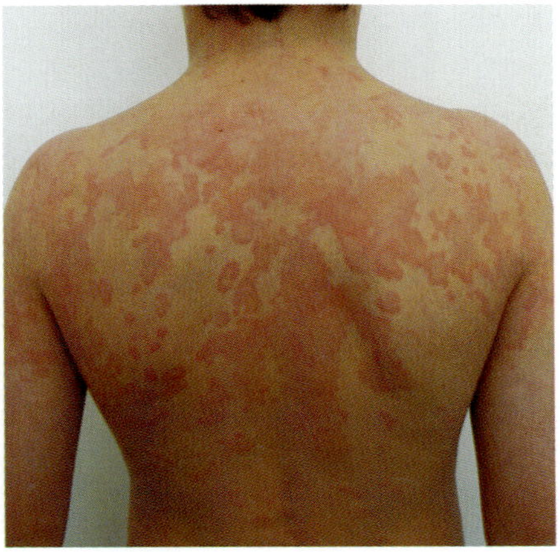

Quaddeln: Juckreiz stillen

Hierbei handelt es sich um einen Hautausschlag, der an unterschiedlichen und wechselnden Stellen auftreten kann. Er kann Stunden, aber auch Tage und Wochen bestehen bleiben. Die *Ursachen* können vielfältig sein und reichen von Krankheitserregern (am häufigsten) über Nahrungsmittel, Medikamente, Zusatzstoffe,

Kontakt-Allergene, Autoimmunprozesse bis zu physikalischen Reizen (Kälte). Häufig findet man die Ursache nicht heraus. Eine ausführliche *Diagnostik* ist erst sinnvoll, wenn die Symptome länger als sechs Wochen anhalten.

Behandlung:
Bei stärkerem Befund ist die Gabe von juckreizstillenden Medikamenten (Antihistiminika), bei deren Unwirksamkeit kurzfristig die Anwendung von Cortison sinnvoll.

Arzneimittel-Ausschlag

Symptome:

- Mittel- bis großfleckiger Ausschlag unterschiedlicher Lokalisation, meist symmetrisch und stammbetont

Am häufigsten kommt im Kindesalter ein Ausschlag auf das Antibiotikum Amoxicillin vor. Dieser ausgeprägte, aber harmlose Ausschlag tritt etwa sieben bis zehn Tagen nach der ersten Einnahme des Medikaments auf.

Behandlung:
In der Regel ist keine erforderlich.

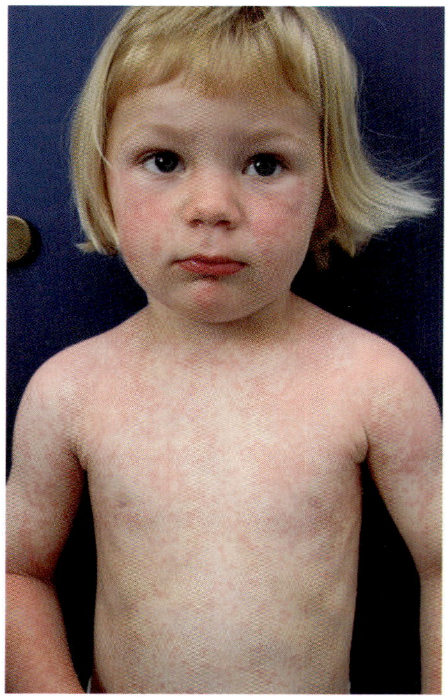

Arzneimittel-Ausschlag: Harmlose Nebenwirkung

Hitzepickel, Schwitzpickel (Miliaria)

Symptome:

- Kleinfleckiger, knötchenförmiger Ausschlag besonders an Brust und Rücken
- Juckreiz

Durch eine Verlegung der Schweißdrüsen-Ausführungsgänge entstehen bei Wärme kleine hirsekorngroße Veränderungen, die gelegentlich jucken können. Sie sind harmlos und lassen sich durch luftige Kleidung vermeiden.

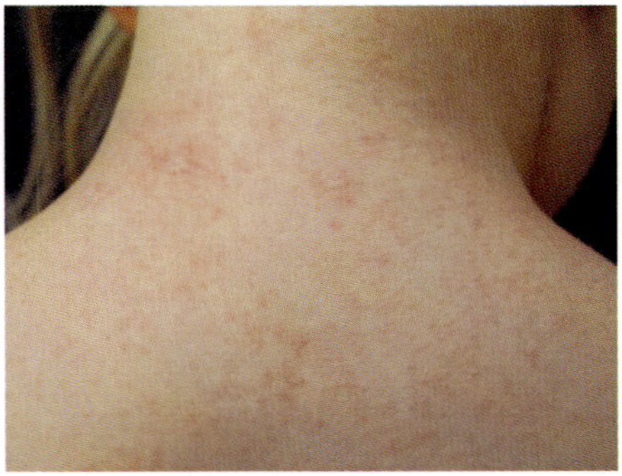

Hitzepickel:
Schweißdrüsen verstopft

Behandlung:
In der Regel ist keine erforderlich.

Bakterielle Erkrankungen der Haut

Bakterien gelangen durch Kontakt von außen auf die Haut und in den Körper. Manche bakteriellen Infektionen sind stärker, andere weniger stark ansteckend. Im Folgenden werden einige typische bakterielle Hauterkrankungen erklärt.

Abszess

Symptome:

- Rötung,
  Schwellung mit Zentralisation,
  Schmerzen

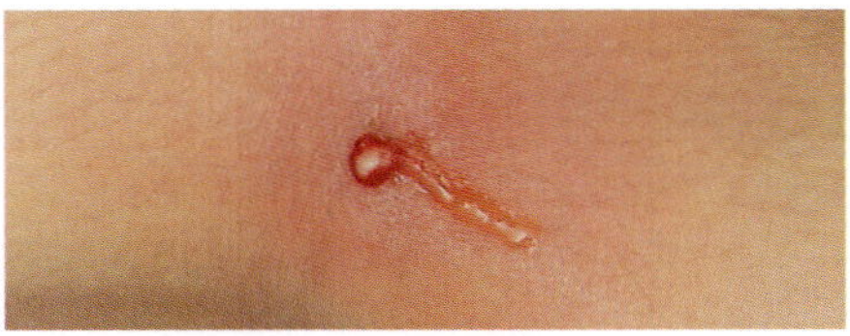

Abszess: Bakterien in der Haut

Durch das Eindringen von bakteriellen Erregern – wie etwa Staphylokokken – in die Haut kommt es zu einer Rötung und Schwellung mit anschließender Eiterbildung.

Behandlung:
Lokale Desinfektion. Je nach Größe Eröffnung, damit der Eiter abfließen kann.

Eitrige Entzündung an Finger oder Zehen (Panaritium)

Symptome:
- Rötung, Schwellung am Nagelwall, Schmerzen

Eitrige Entzündungen am seitlichen Nagelwall (Paronychie) können sich über den Nagelwall zur anderen Seite ausdehnen und so zu einem umlaufenden Entzündungsherd führen. Treten klopfende Schmerzen, eine Rötung mit Eiterbildung und Druckempfindlichkeit auf, können tiefer gelegene Areale im Finger oder Zeh mitbetroffen sein (Panaritium), so dass eine chirurgische Eröffnung nötig wird.

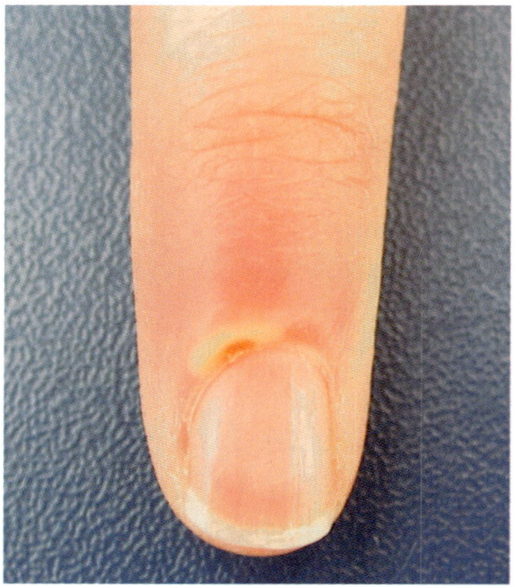

*Paronchie:
Eitrige Entzündung am Nagelwall*

Behandlung:
Örtliche desinfizierende Maßnahmen mit antiseptischen Lösungen, Cremes oder Salben. Je nach Befund ist eine chirurgische Eröffnung der Entzündung notwendig. Bei Säuglingen findet man durch das Einwachsen der Nägel an den Großzehen häufiger kleine Entzündungen, die ebenfalls gut mit desinfizierenden Lösungen oder Salben behandelt werden können.

Furunkel

Symptome:
- Rote, knötchenförmige Schwellung mit Schmerzen

Über eine Entzündung der Haarbälge (Furunkel) können größere Entzündungsherde entstehen, die zu einem Karbunkel zusammenfließen können.

Behandlung:
Rotlichtbehandlung, Zugsalbe, gegebenenfalls chirurgische Eröffnung mit anschließender örtlicher antibiotischer Therapie.

Grind, Borkenflechte (Impetigo contagiosa)

Symptome:
- Blasen mit honiggelber Krustenbildung

Es handelt sich um eine durch Streptokokken oder Staphylokokken verursachte eitrige Entzündung der Haut, die zur Ausbreitung neigt und ansteckend ist. Die Ansteckung wird direkt durch Berührung oder indirekt, zum Beispiel über Spielzeug, vermittelt. Oft sind die etwa ein bis zwei Zentimeter großen Herde im Gesicht lokalisiert. Mit der Therapie heilen die Hautveränderungen wieder ab.

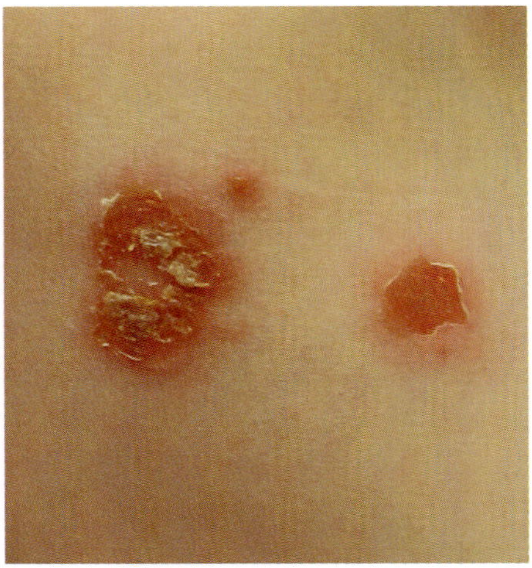

Grind, Borkenflechte: Ansteckung durch Berührung

Behandlung: Örtliche Desinfektion der befallenen Stellen. Bei weiterer Ausbreitung ist eine antibiotische Therapie nötig.

Wundrose (Phlegmone)

Symptome:

- Warme, großflächige Schwellung und Rötung der Haut
- Fieber, Schmerzen

Durch den Eintritt von Bakterien in die Haut entsteht eine flächenhafte Rötung mit Überwärmung, Schwellung, Fieber und einem Krankheitsgefühl. Ohne Therapie kann es zu einer Blutvergiftung (Sepsis) kommen.

Behandlung:
Ruhigstellung, lokale Desinfektion. Zusätzlich ist eine antibiotische Therapie nötig.

Pilzerkrankungen der Haut

Symptome:

- Rote Herde mit randständig betonter Schuppung
- Manchmal Eiter- und Bläschenbildung

Pilzerkrankungen der Haut sind – bis auf Soor – im Kindesalter eher selten. Auch die Nägel sind bei Kindern seltener befallen als beim Erwachsenen. Hautpilz-Erkrankungen werden unabhängig vom Erreger mit **Tinea** bezeichnet, wobei zusätzlich die Körperregion genannt wird (Tinea corporis = Hautpilz am Körper, Tinea capitis = Kopfpilz, Tinea pedis = Fußpilz).

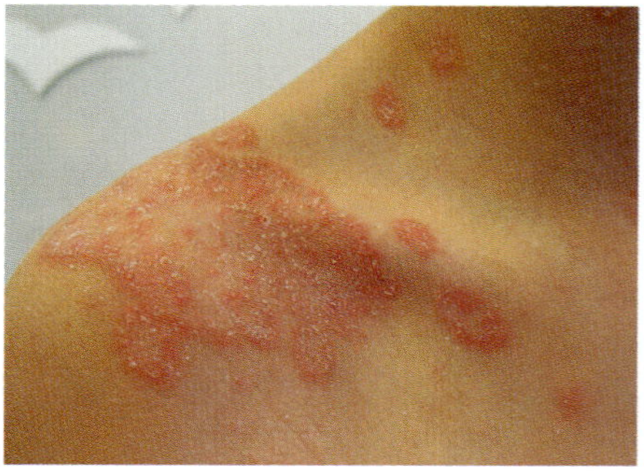

Hautpilz: Bis auf Soor im Kindesalter selten

Ein Pilzbefall mit einem Hefepilz (Candida) wird **Soor** genannt. Candida ist eine Pilzart, die normalerweise auch den gesunden Körper besiedelt, dann aber völlig unschädlich ist. Nur in Zeiten einer Abwehrschwäche wird der Pilzbefall klinisch bedeutsam. Beim Säugling sind häufig der Mund und die Genitalregion betroffen.

Mundsoor

Symptome:

- Fleckige weißliche Beläge (Plaques), die nicht abzuschaben sind

Da im Säuglingsalter die lokale Abwehr noch nicht genügend ausgebildet ist, kann es in der Wangenschleimhaut, auf der Zunge und an den Lippen zu den typischen Veränderungen kommen. Zur Vorbeugung ist eine gründliche, tägliche Reinigung von Schnullern und Saugern bei Flaschennahrung wichtig. Zu meiden sind zuckerhaltige Säfte, weil sie das Pilzwachstum fördern. Kinder mit Mundsoor trinken schlecht.

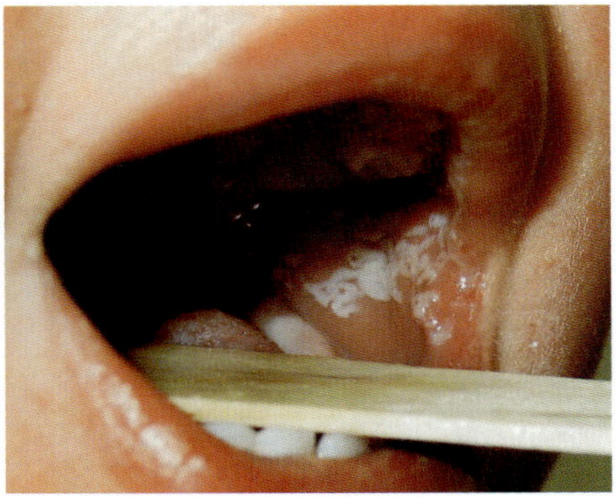

Mundsoor:
Vorbeugung durch Sauberkeit

Behandlung:

Durch die Behandlung mit einem antimykotischen (gegen den Pilz gerichteten) Gel oder einer Suspension heilt der Mundsoor innerhalb einiger Tage ab. Diese Medikamente sollten auch noch einige Tage nach Abklingen der Symptome weitergegeben werden, damit der Pilz vollständig verschwindet.

Windelsoor

Symptome:

- Rote, im Randbereich weißliche Veränderungen im Windelbereich

Ein Candida-Pilz kann sich leicht auf einer entzündeten Haut im Windelbereich (Windeldermatitis) ausbreiten. Fehler bei der Pflege können dies unterstützen. So sollten möglichst keine Feuchttücher oder Öltücher benutzt werden, denn diese legen sich wie ein Film über die Haut.

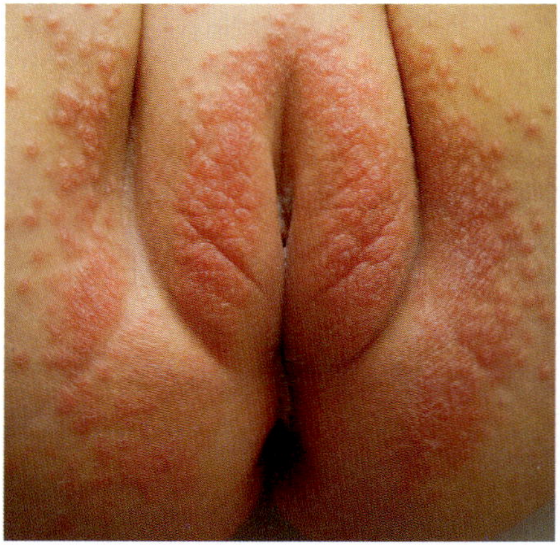

Windelsoor:
Keine Feucht- oder Öltücher

Behandlung:
Die Haut sollte mit Wasser, milden Seifenlösungen oder Kamillenbädern gereinigt werden. Bei guter Raumtemperatur können die Windeln auch ab und zu weggelassen werden. Um den Windelsoor auszutrocknen, ist meist eine antientzündliche Behandlung mit Gerbstoff- oder Weizenkleie-haltigen Bädern und antimykotischen Salben erforderlich.

Warzen

Symptome:

- Verhornende knötchenförmige Veränderungen an der Hautoberfläche oder in der Haut liegend

Eine Warzenbildung wird durch Viren ausgelöst. Es gibt sogenannte vulgäre Warzen, Dellwarzen (Schwimmbad-Warzen), Dornwarzen und plane Warzen. Sie alle sind in der Regel harmlos, aber es kann lange dauern, bis der Körper genügend Abwehrstoffe gebildet hat, um sie wieder abzustoßen.

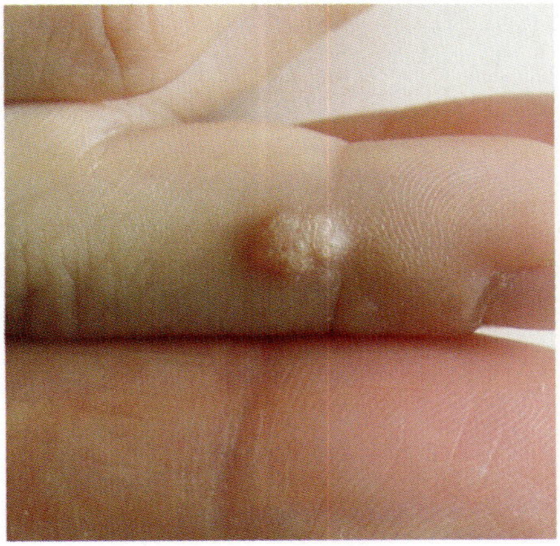

Vulgäre Warze

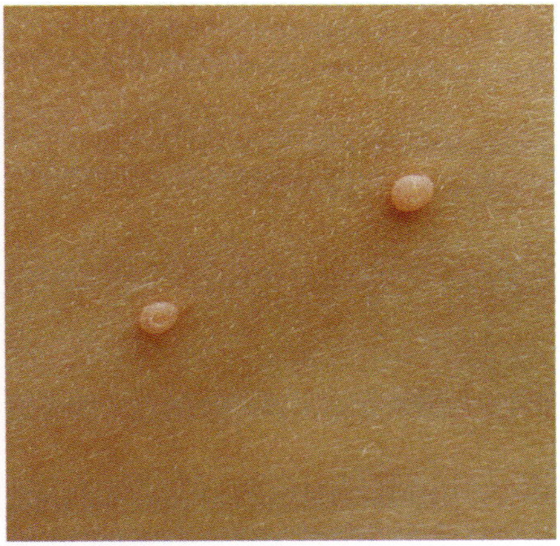

Dellwarzen (Mollusken)

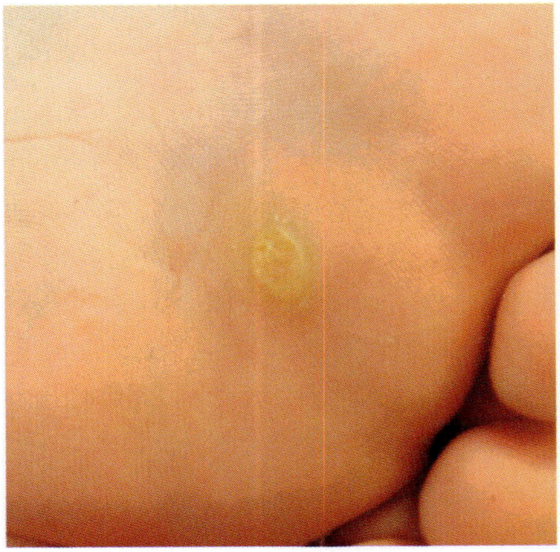

Dornwarze

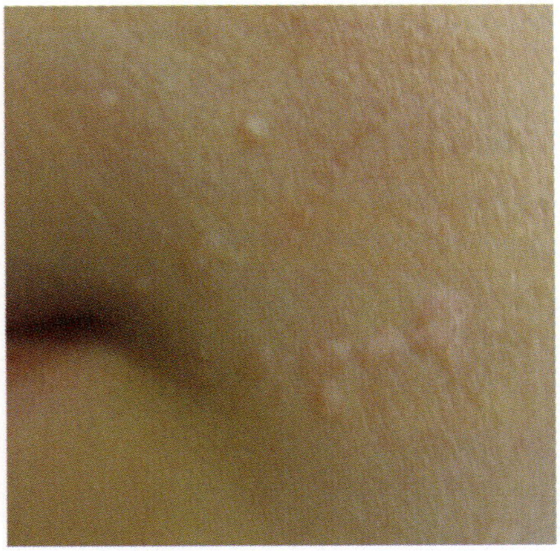

Plane Warze

Behandlung:
Durch Kältetherapie, Auftragen von Tinkturen oder chirurgische Maßnahmen können Warzen entfernt werden.

Krätze (Scabies)

Symptome:

- Knötchenförmige Veränderungen mit Kratzspuren am gesamten Körper, meist mit Aussparung von Hals, Kopf, Hand- und Fußsohlen
- Juckreiz

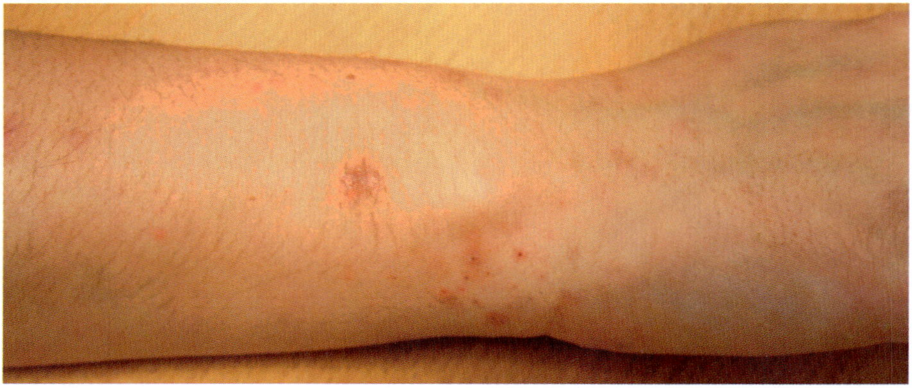

Krätze: Kratzspuren und Juckreiz

Die Krätze wird durch Milben verursacht und bei engem Hautkontakt übertragen. Diese Milben leben unter der Oberfläche der Haut. Dort lösen sie einen Juckreiz aus und führen mit der Zeit zu Kratz-Attacken, die Entzündungen an der Haut nach sich ziehen. Eine „gut gepflegte" Krätze wird manchmal übersehen, da ihr Befund nicht so ausgeprägt ist.

Behandlung:

Die Therapie besteht im Auftragen eines antiparasitären Mittels. Zusätzlich müssen Bett- und Körperwäsche gewechselt und ausgekocht werden. Nicht waschbare Gegenstände sollten für 12 Stunden in den Gefrierschrank gelegt werden, um die Erreger abzutöten. Entsprechende Empfehlungen sind in der Regel dem Beipackzettel des Medikamentes zu entnehmen. Die Kontaktpersonen sollten gleichzeitig mit behandelt werden.

Läuse

Symptome:

- Juckreiz am Kopf
- Läuse und Nissen in den Haaren

Meist entdeckt man die 2 bis 3,5 mm langen Insekten am seitlichen Hinterkopf oder deren Eier als Nissen in den Haaren. Diese Nissen kleben förmlich am Haar und sind nicht abzustreifen – im Gegensatz zu den ähnlich aussehenden Haarschuppen. Ein vermehrtes Kopfjucken ist verdächtig. Weil sie relativ ansteckend sind und sie schnell übertragen werden, treten Kopfläuse häufiger in Gemeinschaftseinrichtungen wie Kindergärten auf.

Behandlung:
Die Therapie erfolgt mit einem entsprechenden antiparasitären Mittel. Kleben die Nissen sehr fest in den Haaren, dann kann man sie leichter herauslösen, nachdem eine Lösung aus zwei Teilen Wasser und einem Teil Essig in den Haaren eingewirkt hat.

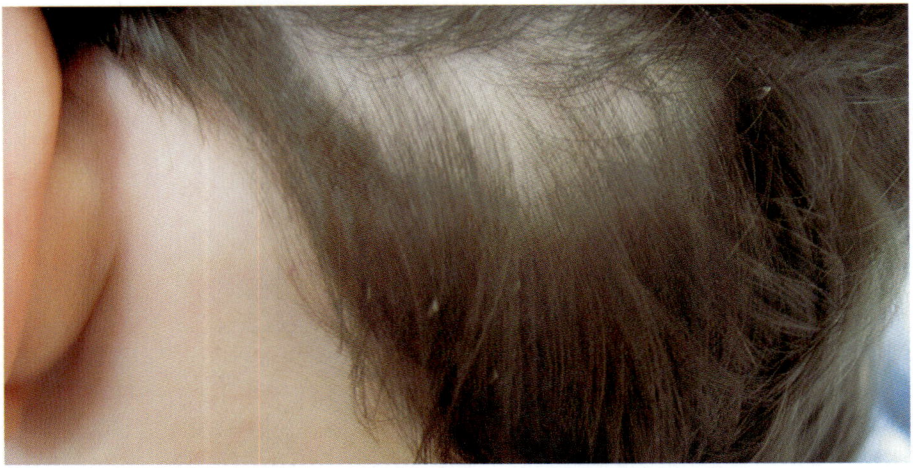

Nissen: Läuse-Eier in den Haaren

Herz- und Kreislauf-Erkrankungen

Das Herz ist das mechanische Kraftwerk im Körper. Das aus dem Körper kommende, sauerstoffarme Blut wird über das Herz in den Lungenkreislauf gepumpt und in den Lungen mit Sauerstoff angereichert. Es gelangt dann zurück zum Herzen und wird von dort in die Arterien und zurück zu den Organen verteilt. Zum Ausüben dieser Tätigkeit hat das Herz zwei Vorhöfe (Atrium) und zwei Kammern (Ventrikel), die jeweils nebeneinander liegen. Zwischen Kammer und Vorhof sowie zwischen Kammer und den abgehenden großen Gefäßen liegen Ventile, die Herzklappen. Blutgefäße, in den denen das Blut vom Herzen weg fließt werden als Arterien bezeichnet. Venen sind Blutgefässe, in

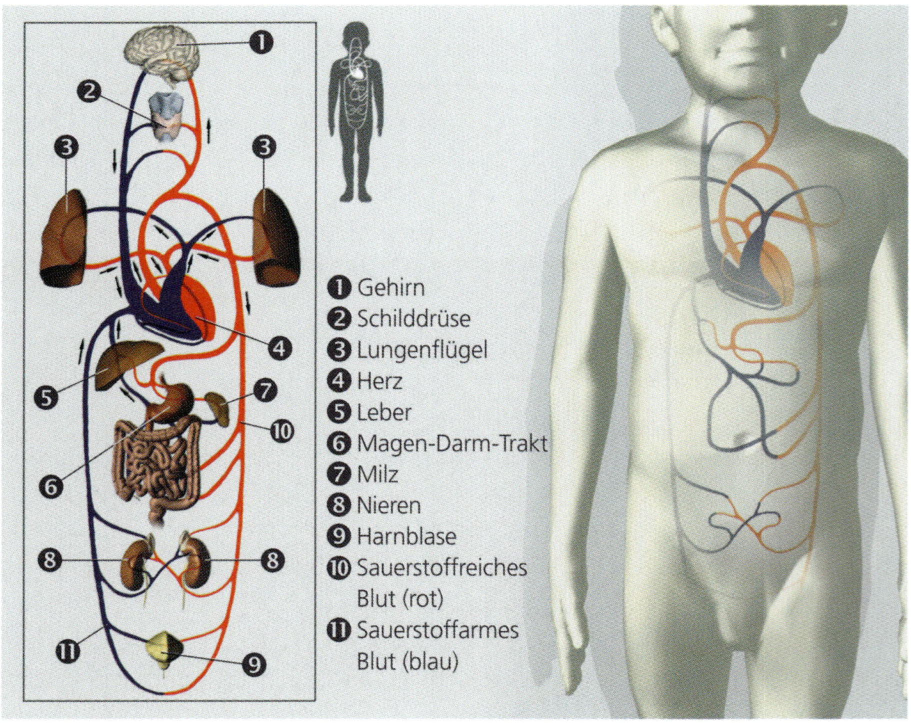

Abb. 8: Das Herz-Kreislauf-System

denen Blut zum Herzen hin fließt. Außer im Lungenkreislauf enthalten Arterien daher immer sauerstoffreiches und Venen immer sauerstoffarmes Blut.
Dieser komplizierte Aufbau des Herzens und der Blutgefäße kann während der Schwangerschaft in seiner Entwicklung gestört werden. Es kann zu Fehlbildungen kommen. Andere Ursachen für Herz-Erkrankungen im Kindesalter können Entzündungen des Herzens (Endokarditis, Myokarditis) und Störungen der Herzschlagfolge (Rhythmus-Störungen) sein.
Der Blutdruck in unserem Körper wird durch die Pumpwirkung des Herzens und durch den Widerstand in den Blutgefäßen reguliert. Werden unsere Gefäße weit gestellt, dann sinkt der Blutdruck, sind sie eng gestellt, dann steigt er. Beeinflusst wird der Blutdruck vom vegetativen Nervensystem, von Hormonen und den Nieren.

Bluthochdruck

Im Kindesalter sind die Blutdruckwerte tiefer als im Erwachsenenalter. Die Durchschnittswerte bezogen auf die Körperlänge sind:

100 cm: 100/50 mm Hg
130 cm: 105/60 mm Hg
150 cm: 110/60 mm Hg

Bluthochdruck ist im Kindesalter selten und wird meist bei einer Routine-Untersuchung festgestellt. Auf einen Bluthochdruck hinweisen können Symptome wie Unruhe, Kopfschmerzen, Erbrechen, Schwindel, Sehstörungen, Nasenbluten und eine Gedeihstörung. Da ein Hochdruck unter dem 10. Lebensjahr meist durch eine Nierenerkrankung verursacht wird, ist neben der Überprüfung der Laborwerte eine Untersuchung auf „Herz und Nieren“ erforderlich, um eine eventuelle Grunderkrankung zu entdecken und zu behandeln. Das geschieht meist im Krankenhaus.

Fehlbildungen und Herzfehler

Bei Herz-Erkrankungen im Kindesalter überwiegen die angeborenen Fehlbildungen des Herzens. Sie treten in einer Häufigkeit von 0,8% auf. Sie können verschieden schwer sein und waren früher, als es noch keine ausgereiften chirurgischen Möglichkeiten gab, lebensbegrenzend. Heute erleben etwa 80% der Kinder mit angeborenen Herz-Erkrankungen das Erwachsenenalter, während es früher nur etwa 15% waren.

Die **Symptome** von Herzfehlern können sehr unterschiedlich sein und hängen von der Art der Fehlbildung ab. Charakteristische Herzgeräusche können bereits auf die Ursache der Erkrankung hinweisen. Auffälligkeiten können sich

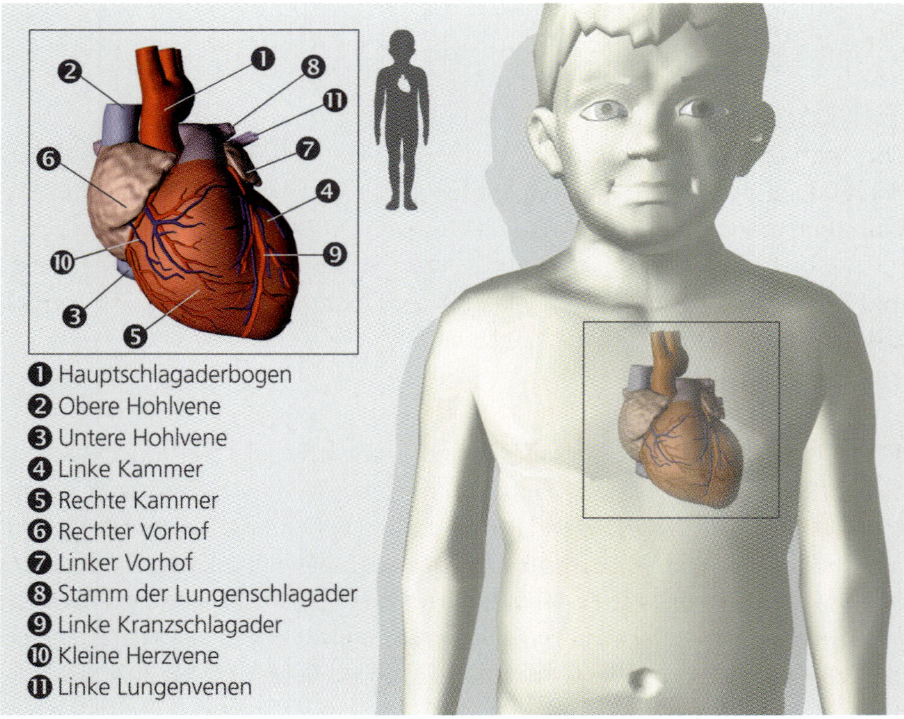

Abb. 9: Das menschliche Herz

sofort nach der Geburt durch eine Blaufärbung der Haut, Atemnot, Blässe, rasche Ermüdbarkeit, Trinkschwäche und einen fehlerhaften Puls zeigen. Diese Symptome können aber auch erst später auftreten, wenn ein Kind durch die mangelnde Herzfunktion nicht ausreichend belastbar ist.

Symptome, die auf einen Herzfehler hinweisen

- Gedeihstörung
- Vermehrtes Schwitzen
- Trinkschwäche
- Kurzatmigkeit
- Rasche Ermüdbarkeit
- Blaufärbung der Haut (Zyanose) rasch nach der Geburt

Die zentralen **diagnostischen** Instrumente zur Abklärung einer fraglichen Fehlbildung des Herzens und eines Herzgeräusches sind das Stethoskop und das Ultraschallgerät. Obwohl 70% der Kinder in ihrem Leben mal ein Herzgeräusch ohne krankhafte Bedeutung haben, sollte seine Harmlosigkeit durch eine Ultraschall-Untersuchung nachgewiesen werden. Im Folgenden werden einige häufige Herzfehler beschrieben.

Ventrikel-Septum-Defekt (VSD)

Bei dem Ventrikel-Septum-Defekt liegt auf der Kammerebene ein Loch in der Herzscheidewand. Bei entsprechender Größe des Defektes kann das Blut vom linken Ventrikel zurück in den rechten Ventrikel und dann in den Lungen-Kreislauf gedrückt werden. Es entsteht eine Mehrbelastung für das Herz. Der VSD ist der häufigste Herzfehler (1,3 bis 4,7 auf 1.000 Neugeborene) und verschließt sich oft von selbst, bei 30 bis 50% der Kinder innerhalb der ersten drei Lebensjahre.

Vorhof-Septum-Defekt (ASD)

Beim Vorhof-Septum-Defekt liegt auf der Vorhofebene (Vorhof = Atrium) ein Loch. Dieser Herzfehler muss häufiger operiert werden, da ein Verschluss von selbst eher selten ist.

Verbleibender Botalli-Gang (Persistierender Ductus arteriosus Botalli)

Der Botalli-Gang ist ein Blutgefäß, das während der Schwangerschaft zur Umgehung des Lungen-Kreislaufs dient, weil das ungeborene Kind ja noch nicht atmen kann. Normalerweise verschließt es sich rasch nach der Geburt mit der Aufnahme der Atmungsfunktion. Bleibt es aber offen, so kann Blut von der Hauptschlagader zurück in den Lungen-Kreislauf fließen, was auf Dauer zu einer übermäßigen Herzbelastung führt. Bei Frühgeborenen und Neugeborenen wird durch eine medikamentöse Therapie versucht, dieses Gefäß zu verschließen. Gelingt es nicht, erfolgt ein operativer Verschluss.

Herz-Entzündungen

Herzentzündungen sind selten. Eine **Herz-Entzündung** kann sich an der Herzinnenhaut (Endokarditis) und dort besonders an den Herzklappen abspielen. Verursacht wird sie meist durch Bakterien, und sie entwickelt sich häufiger bei Kindern mit einem Herzfehler. Bei Kindern mit Herzfehlern wird daher eine Endokarditis-Prophylaxe empfohlen. Das bedeutet den frühzeitigen Einsatz eines Antibiotikums bei bakteriellen Infekten. Eine Endokarditis ist in der Regel mit hohem Fieber und einer starken Beeinträchtigung des Allgemeinbefindens verbunden. Die Therapie richtet sich nach der Art des Erregers.
Eine **Herzmuskel-Entzündung** (Myokarditis) wird in der Regel durch Viren verursacht und entwickelt sich häufig im Anschluss an einen Infekt. Sie kann

relativ still ablaufen, aber auch Zeichen einer starken Herzschwäche – wie schnellen Puls, Atemnot und Wassereinlagerungen in Lunge und Beinen – zeigen. Von daher ist verständlich, dass zur Vermeidung einer Myokarditis während und einige Tage nach einem Infekt keine übermäßigen körperlichen Belastungen durchgeführt werden sollen. Die Therapie richtet sich gegen die Erreger und gegen die Herzschwäche.

Eine **Entzündung des Herzbeutels** (Perikarditis), in dem das Herz liegt, führt meist zu einem Perikard-Erguss. Viruserkrankungen, aber auch bakterielle Erkrankungen sind die Ursache. Ein Perikard-Erguss beeinträchtigt die Herzfunktion, und es kommt zu Stauungen der Halsvenen, Wassereinlagerungen und einer Leber- und Milzvergrößerung.

Therapeutisch kommen die Entfernung des Ergusses durch eine Punktion, antibiotische Medikamente und medikamentöse Maßnahmen zum Ausschwemmen der Wassereinlagerungen in Betracht.

Infektions-Krankheiten

Infektions-Krankheiten sind eine der häufigsten Ursachen, warum Patienten zum Arzt gehen. Die Symptome – wie zum Beispiel Fieber, Husten, Schnupfen, Ohrenschmerzen, Kopfschmerzen, Erbrechen, Bauchschmerzen oder Ausschlag – können das Wohlempfinden erheblich beeinträchtigen.
Bei einer Infektion handelt es sich um das Eindringen eines Erregers in den Körper über die Haut, die Schleimhaut oder das Blut.
Diesen Eindringlingen setzt unser Körper Abwehrmaßnahmen entgegen. Eine *erhöhte Körpertemperatur* vermindert die Vermehrungsfähigkeit der fremden Keime, die *Schleimproduktion* verbessert den Abtransport der Erreger aus dem Körper, und die Abwehrvorgänge des *Immunsystems* werden aktiviert. Je nach Aggressivität des Erregers und Abwehrlage des Infizierten gelingt das besser, schlechter oder gar nicht.

Medikamente gegen …

- Bakterien: Antibiotika
- Pilze: Antimykotika
- Viren: Virostatika

Erreger werden grob in Viren, Bakterien und Pilze eingeteilt.
Gegen die meisten **Viruserkrankungen** gibt es noch keine Medikamente. Hier stellen Impfungen die wichtigste Schutzmaßnahme dar. Bei vielen **bakteriellen Erkrankungen** werden Antibiotika eingesetzt, die eine Vermehrung der Keime verhindern und so den Körper in seinem Abwehrkampf unterstützen. Gegen einige bakterielle Erkrankungen kann auch geimpft werden. **Pilzinfektionen**, die in der Regel bis auf Mund- und Windelsoor im Kindesalter eher selten sind, werden durch Antimykotika – also Mittel gegen Pilzerkrankungen – behandelt.
In Deutschland sind die Vorschriften für die Wiederzulassung von Erkrankten zu Gemeinschafts-Einrichtungen und die Meldepflicht einiger Erkrankungen durch das Infektionsschutzgesetz (IFSG) geregelt. Hierüber wacht das Gesundheitsamt als staatliche Behörde. Im §34 des IFSG sind die Erkrankungen oder der Verdacht auf bestimmte Erkrankungen genannt, die einen vorübergehenden Ausschluss von Gemeinschafts-Einrichtungen zur Folge haben.

Eine genaue Auflistung der Erkrankungen ist im Internet unter www.rki.de bei den „Empfehlungen für die Wiederzulassung in Schulen und sonstigen Gemeinschafts-Einrichtungen“ zu finden.
Im Folgenden werden die einzelnen Erkrankungen – unabhängig davon, ob sie viraler oder bakterieller Ursache sind – in alphabetischer Reihenfolge besprochen.

Atemwegs-Erkrankungen durch Viren

Symptome:

- Husten und Schnupfen
- Grippeähnliche Symptome mit Fieber

Atemwegs-Erkrankungen sind häufiger durch Viren als durch Bakterien verursacht.

Behandlung:
Selbsthilfe-Maßnahmen, Fiebersenkung, in der Regel keine Medikamente erforderlich.

- **Erreger:**
  Rhinoviren, RS-Viren, Adeno-Viren, Parainfluenza-Viren, Corona-Viren, Influenza-Viren
- **Inkubationszeit:**
  12 Stunden bis Tage, gelegentlich 1 Woche
- **Ansteckungsfähigkeit:**
  In der Regel im Akutstadium
- **Genereller Impfschutz:**
  Nicht möglich, Grippe-Impfungen gegen bestimmte Erreger für gefährdete Personen (chronisch Kranke, alte Menschen)

Borreliose (Lyme disease)

Symptome:
- Flächenhafte Rötung nach Zeckenbiss
- Müdigkeit und Abgeschlagenheit
- Nerven-, Gehirn-, Herz- und Gelenkentzündungen

Durch einen Zeckenbiss können Borrelien in den Körper gelangen und noch nach Wochen eine flächenhafte Rötung, das Erythema migrans, entstehen lassen. Andere Spätfolgen sind Müdigkeit und Abgeschlagenheit, Nerven-, Gehirn-, Herz- und Gelenkentzündungen.

Behandlung:
Eine Borreliose ist immer mit einem Antibiotikum zu behandeln.

- **Erreger:** Borrelia burgdorferi
- **Inkubationszeit:** 1 bis 3 Wochen für Erythema migrans (flächenhafte Rötung an der Biss-Stelle), 2 Wochen bis 3 Monate für neurologische Symptome
- **Ansteckungsfähigkeit:** Keine
- **Impfung:** Nicht möglich

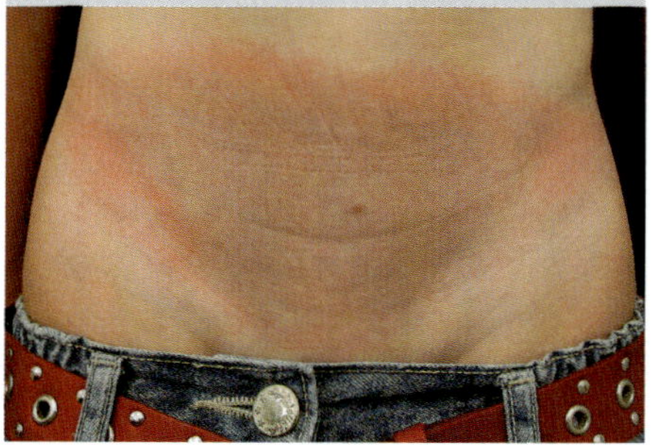

Zeckenbiss-Folge: Rötung noch nach Wochen

Botulismus

Symptome:
- Tagelange Verstopfung
- Appetitlosigkeit, Erbrechen, Muskelschwäche, Apathie
- Lähmungserscheinungen

- **Erreger:** Clostridium botulinum
- **Inkubationszeit:** 2 Stunden bis 8 Tage
- **Ansteckungsfähigkeit:** Keine
- **Impfung:** Nicht möglich

Eine Erkrankung mit dem Bakterium Clostridium botulinum ist **extrem selten**. Der Erreger vermehrt sich in abgeschlossenen Lebensmitteln und entwickelt dort seine Gifte, die nach Aufnahme zu oben genannten Symptomen führen können. Diese Erkrankung wird Botulismus genannt.
Auch im Honig können Sporen dieser Bakterien sein. Weil die Abwehr des Darms im Säuglingsalter noch unzureichend ist und die Sporen nicht abwehren kann, kamen Todesfälle im Säuglingsalter durch Botulismus vor. Deshalb sollte man Säuglingen im ersten Lebensjahr keinen Honig geben.

Behandlung:
Intensivmedizinische Betreuung und Gabe von Botulismus-Antitoxin.

Diphtherie

Symptome:
- Anfänglich Fieber, Unwohlsein, Hals- und Kopfschmerzen
- Beläge auf den Mandeln und Gaumenbögen, Halslymphknoten-Schwellung
- Heiserkeit, pfeifendes Einatemgeräusch, Husten, Atemnot
- Bei Nasenbefall: weißlich, blutige Beläge, übler Geruch

- **Erreger:** Corynebacterium diphtheriae
- **Inkubationszeit:** 1 bis 7 Tage
- **Ansteckungsfähigkeit:** Durch symptomlose Bakterienträger und Erkrankte. Zum Ausschluss ist der Nachweis von 3 negativen Abstrichen erforderlich
- **Impfung:** Empfohlen

Die Diphtherie ist eine Erkrankung, die durch das Bakterium Corynebacterium diphtheriae hervorgerufen wird und besonders Hals, Nase und Kehlkopf befällt. Sie verursacht dort Schmerzen, Rötungen und Beläge und kann auf das Herz, die Nieren und die übrigen Organsysteme übergehen. Der Begriff „Krupp“ war früher für die Kehlkopf-Diphtherie reserviert .

Die Diphtherie verläuft oft tödlich und ist weltweit verbreitet. Ihre Gefährlichkeit ist aber seit Einführung der Impfung in Europa deutlich zurückgegangen. Allerdings gab es in Osteuropa in den letzten Jahren durch den mangelhaften Impfschutz wieder epidemieartige Ausbrüche. Auch in Deutschland sind etwa 50% der Erwachsenen nicht gegen Diphtherie geschützt, und es werden immer wieder vereinzelte Diphtheriefälle gemeldet.

Behandlung:
Intensivpflege und symptomatische Therapie im Krankenhaus. Gabe von antitoxischem Diphtherie-Serum.

Drei-Tage-Fieber (Exanthema subitum)

Symptome:
- 3 Tage Fieber, dann der „erlösende Ausschlag"
- Husten, Durchfall, Erbrechen
- Lidschwellungen, Lymphknoten-Schwellungen am Hals

- **Erreger:** Humanes Herpesvirus Typ 6
- **Inkubationszeit:** 5 bis 15 Tage
- **Ansteckungsfähigkeit:** Nach durchgemachter Erkrankung immer wiederkehrend über Speichel möglich
- **Impfung:** Nicht möglich

Im Alter zwischen sechs Monaten und dem zweiten Lebensjahr macht fast jedes Kind ein Drei-Tage-Fieber durch. Die Erkrankung bereitet den Eltern und dem Arzt anfänglich Sorgen, da sie mit hohem Fieber beginnt und keine eindeutigen Symptome festzustellen sind. Nach etwa drei Ta-

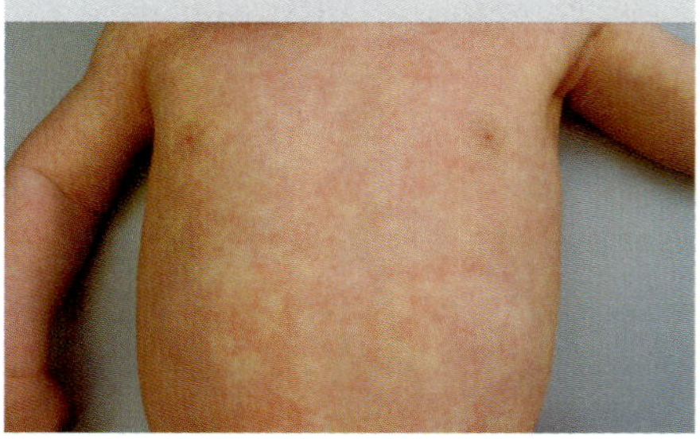

Drei-Tage-Fieber: Erlösender Ausschlag nach 3 Tagen

gen tritt mit dem Abfiebern ein Ausschlag besonders auf Brust und Rücken auf, der das Ende der Erkrankung ankündigt. Sehr schwache Verläufe sind möglich. Bis zum Ende des 2. Lebensjahres haben fast alle Kinder diese Erkrankung mit mehr oder weniger Symptomen durchgemacht.

Behandlung:
Außer pflegenden und fiebersenkenden Maßnahmen keine Therapie.

Durchfall-Erkrankungen durch Bakterien

Symptome:
- Kolikartige, zum Teil blutige Durchfälle
- Erbrechen, Fieber, Abgeschlagenheit

- **Erreger:** Salmonellen mit verschiedenen Untergruppen, Shigellen mit verschiedenen Untergruppen, Campylobacter, Yersinien, Escherichia coli (E. coli) mit Untergruppen
- **Inkubationszeit:** Je nach Erreger 5 bis 72 Stunden bis zu 3 Wochen
- **Ansteckungsfähigkeit:** Verseuchte Nahrungsmittel, mangelhafte Hygiene
- **Impfung:** Nicht möglich

Ein Durchfall wird als Enteritis bezeichnet. Durch etwa 2.000 verschiedene Salmonellentypen kann sich eine **Salmonellen-Enteritis** mit und ohne Fieber entwickeln. Das kann mit kolikartigen, zum Teil auch blutigen Durchfällen, Erbrechen und anderen Symptomen wie Abgeschlagenheit, Ausschlag oder einer verminderten Herzfrequenz verbunden sein. In der Regel wird sie durch verseuchte Nahrungsmittel (Eier, Milch, Mayonnaise, Speiseeis, Geflügel, Fisch) übertragen und entwickelt sich innerhalb von Stunden bis zu drei Tagen.
Erkrankungen mit **Yersinien** und **Campylobacter** haben ähnliche Symptome, eine etwas längere Inkubationszeit bis zu acht Tagen und können gelegentlich Gelenk-Entzündungen nach sich ziehen.

Der **Typhus** wird durch einen speziellen Salmonellentyp hervorgerufen und macht ein schweres Krankheitsbild mit hohem Fieber, Ausschlag, Herzfrequenz-Verlangsamung, Bewusstseins-Störungen bis zu Krampfanfällen mit anschließenden Durchfällen. Die Erkrankung kann bis zu drei Wochen nach Infektion ausbrechen. Typhus wird durch unsaubere Zubereitung der Nahrung und verseuchtes Trinkwasser übertragen. Eine Übertragung von Mensch zu Mensch ist nur bei mangelnder Hygiene möglich.
E. coli-Infektionen werden über verunreinigte Nahrungsmittel und durch mangelnde Hygiene verursacht und können neben schweren Durchfällen auch ein Nierenversagen auslösen. Das **hämolytisch-urämische Syndrom** ist extrem selten und tritt nach einem E. coli-Durchfall auf. Es ist durch ein Auflösen der roten Blutkörperchen und Nierenversagen (keine Urinproduktion) mit Bluthochdruck und möglicherweise mit Krampfanfällen gekennzeichnet. Oft wird für einige Zeit eine Dialyse (Nierenwäsche) notwendig.

Behandlung:
Gabe von Elektrolytlösungen, Diät und nur bei einer schweren Erkrankung oder bei sehr jungen Patienten Einsatz eines Antibiotikums (siehe auch „Krankheits-Zeichen: Durchfall“ in Kapitel 4).

Durchfall-Erkrankungen durch Viren

Symptome:
- Schleimig, wässrige, gelegentlich blutige Durchfälle
- Appetitlosigkeit, Übelkeit, Erbrechen, Bauchschmerzen
- Gelegentlich Fieber

- **Erreger:** Häufig Rota-Viren
- **Inkubationszeit:** 1 bis 3 Tage
- **Ansteckungsfähigkeit:** Etwa 2 Wochen
- **Impfschutz:** Derzeit noch nicht möglich, in Erprobung

Im Säuglings- und Kleinkindalter sind die von Mensch zu Mensch übertragenen Rotaviren die häufigste Ursache für einen Durchfall, der wegen seiner Schwere gelegentlich stationär im Krankenhaus behandelt werden muss.

Behandlung:
Entscheidend bei der Durchfall-Therapie ist der rasche Ersatz der verloren gegangenen Flüssigkeit und der ausgeschiedenen Salze durch orale Elektrolytgabe und genügend Flüssigkeitszufuhr (siehe auch Selbsthilfe-Maßnahmen).

Frühsommer-Meningo-Enzephalitis (FSME)

Symptome:
- Zu Beginn grippeähnliche Symptome
- Kopfschmerzen, Erbrechen,
- Krämpfe, Lähmungserscheinungen

- **Erreger:** FSME-Virus
- **Inkubationszeit:** 3 bis 28 Tage nach Stich von einer infizierten Zecke
- **Ansteckungsfähigkeit:** Keine
- **Impfung:** Möglich

Die Frühsommer-Meningo-Enzephalitis ist eine Gehirnentzündung, die durch einen Zeckenbiss mit dem FSME-Virus übertragen wird. Nach grippeähnlichen Beschwerden kommt es nach einem freien Intervall von Tagen bis Wochen zu Entzündungen des Gehirns, die häufig Schäden wie Hirnnerven-Lähmungen im Erwachsenenalter nach sich ziehen. Solche schweren Verläufe gibt es im Kindesalter in der Regel jedoch nicht.
Die Erkrankung tritt bei uns derzeit nur in bestimmten Gebieten auf. Bei längerem Aufenthalt wird für diese Gegenden (Teile Bayerns, Baden-Würtembergs, Ostdeutschlands, Österreichs, usw.) eine Impfung empfohlen. Kartenmaterial gibt es unter der Internet-Adresse www.rki.de.

Behandlung:
Eine ursächliche Therapie ist nicht möglich.

Haemophilus influenzae B (HiB)-Infekte

Symptome:

- Siehe Epiglottitis
- Siehe Meningitis

- **Erreger:** Haemophilus influenzae B (HiB)
- **Inkubationszeit:** Wenige Tage
- **Ansteckungsfähigkeit:** 5% der Gesunden sind HiB-Träger. Mit Beginn der entsprechenden antibiotischen Therapie ist eine Ansteckung unwahrscheinlich
- **Impfung:** Empfohlen

Durch das HiB-Bakterium wurden vor Einführung der Impfung besonders Säuglinge und Kleinkinder mit einer eitrigen Hirnhaut-Entzündung (Meningitis) und einer Kehldeckel-Entzündung (Epiglottitis) befallen. Diese beiden lebensbedrohlichen Erkrankungen sind seitdem in ihrer Häufigkeit stark zurückgegangen. Daneben können HiB-Erreger auch Mittelohr-Entzündungen, Bronchitiden, Lungenentzündungen und andere Infektionen verursachen.

Behandlung:

HiB-Erkrankungen sind antibiotisch therapierbar. Bei einer Meningitis und Epiglottitis kommt eine erfolgreiche Therapie aber häufig sehr spät.

Hand-Mund-Fuß-Krankheit

Symptome:

- Bläschen an Händen, Füßen und Mund

- **Erreger:** Coxsackie-A Virus
- **Inkubationszeit:** In der Regel 3-6 Tage
- **Ansteckungsfähigkeit:** Während der Erkrankung, aber auch durch gesunde Virusträger, besonders durch mangelnde Hygiene
- **Impfung:** Nicht möglich

Die Hand-Mund-Fuß-Krankheit ist eine harmlose Erkrankung, die durch

Coxsackie-Viren verursacht wird. Besonders Hände, Füße und der Mund sind betroffen. Es entstehen dort kleine Bläschen, die manchmal mit Juckreiz verbunden sind. In der Regel besteht kein Fieber. Die Erkrankung heilt nach einigen Tagen folgenlos ab.

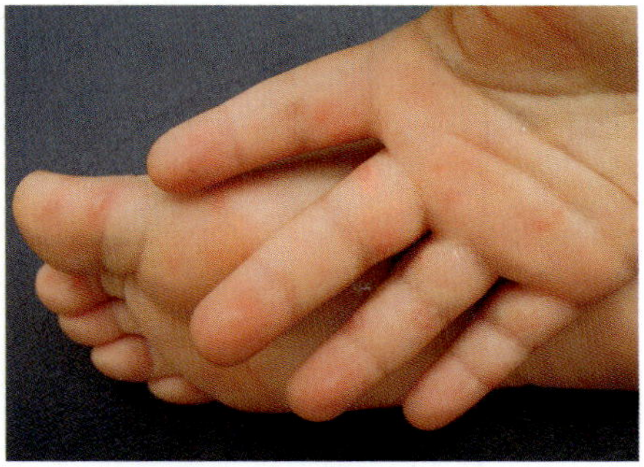

Hand-Mund-Fuß-Krankheit: Bläschen, Juckreiz, kein Fieber

Behandlung:
Nicht erforderlich.

Hepatitis A

Symptome:
- Abgeschlagenheit, Übelkeit, Erbrechen
- Bauchschmerzen, Durchfall, heller Stuhlgang, dunkler Urin
- Gelbe Verfärbung der Augen und Haut

- **Erreger:** Hepatitis A-Virus, HAV
- **Inkubationszeit:** 15 bis 50 Tage
- **Ansteckungsfähigkeit:** 2 Wochen vor bis zu 2 Wochen nach Ausbruch
- **Impfung:** Möglich

Die Hepatitis A gilt als die infektiöse Hepatitis. Sie wird über den Stuhl übertragen, aber auch über verunreinigte Nahrung, besonders Muscheln, Meeresfrüchte oder Gemüse und Wasser. Die Hepatitis A verläuft aber nur akut über einige Wochen und klingt in der Regel folgenlos ab.
Die Erkrankten werden schlapp und müde, bekommen Übelkeit bis zum Erbrechen, eventuell Fieber, Bauchschmerzen und Durchfall. Ihre Haut und Augen verfärben sich gelblich und der Stuhlgang bekommt eine grau-weißliche Farbe. Zur Vermeidung einer Weiterverbreitung sind hygienische Maßnahmen wie sorgfältiges Händewaschen nach Kontakt mit verunreinigten Gegenstän-

den (Windeln) und vor Kontakt mit Nahrungsmitteln zu beachten. Eine Ansteckungsgefahr besteht besonders in südlichen Ländern, da dort Hepatitis A stärker verbreitet ist.

Behandlung:
Keine außer (Bett-)Ruhe.

Hepatitis B

Symptome:
- Zu Beginn gelegentlich Appetitlosigkeit, Übelkeit, Erbrechen, Bauchschmerzen, Gelenkbeschwerden oder Hautausschlag
- Gelegentlich heller Stuhlgang, dunkler Urin
- Gelegentlich gelbe Verfärbung der Augen und Haut

- **Erreger:** Hepatitis B-Virus, HBV
- **Inkubationszeit:** Etwa 90 Tage
- **Ansteckungsfähigkeit:** Manchmal lebenslang
- **Impfung:** Empfohlen

Die Hepatitis B ist eine schwere Leberinfektion, die von Mensch zu Mensch durch sexuelle Kontakte, Speichel und auch Blut übertragen werden kann. Weltweit sind etwa 300 bis 500 Millionen Menschen Träger von Hepatitis B-Viren. In Deutschland besteht derzeit eine Durchseuchung von 0,3 bis 0,5% mit steigender Tendenz.
Weil die Hepatitis B zu einem chronischen Verlauf mit Leberzirrhose und Leberkarzinom neigt und die Krankheit – ähnlich wie die HIV-Erkrankung – zu einem weltweiten Problem werden kann, wird seit einigen Jahren dringend zur Impfung aufgerufen. Hygienische Maßnahmen können die Gefahr einer Infektion vermindern. Neugeborene von einer Hepatitis B-positiven Mutter sollten schnell eine aktive und passive Impfung bekommen, weil die Infektionsgefahr sehr hoch ist.

Behandlung:
Ruhe. Bei chronischer Hepatitis B-Infektion ist der Versuch einer Therapie mit Interferon oder Virostatika zu erwägen.

Herpes simplex-Erkrankung

Symptome:
- Bläschen im und um den Mund
- Fieber, Trinkunlust und Abgeschlagenheit

- **Erreger:** Herpes simplex-Virus Typ 1 und 2 (HSV)
- **Inkubationszeit:** ca. 1 bis 26 Tage
- **Ansteckungsfähigkeit:** Über Wochen aber auch Monate möglich
- **Impfung:** Nicht möglich

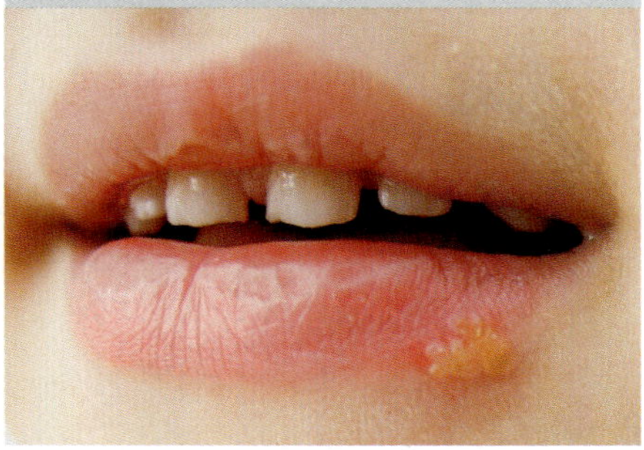

Herpes simplex: Bei Neugeborenen gefährlich

Bis zum 30. Lebensjahr haben etwa 60% der Bevölkerung eine Herpes-Infektion durchgemacht. Im Kindesalter tritt eine HSV-Erkrankung meist in Form einer ausgeprägten bläschenhaften Mundentzündung auf, auch **Stomatitis aphthosa** (Mundfäule) genannt. Sie dauert über fünf bis zehn Tage, ist sehr schmerzhaft und kann mit hohem Fieber, Trinkunlust und Abgeschlagenheit verbunden sein. Herpesbläschen können – besonders im Lippenbereich – unter Stress und Krankheit auch erneut auftreten.
Gefährlich ist die Ansteckung eines Neugeborenen, da in diesem Alter eine Herpes-Infektion häufig mit einer **Hirnentzündung** oder einer schweren Entzündungsreaktion des ganzen Körpers (**Sepsis**) verbunden ist. Deshalb sollten Menschen mit offenen Herpesbläschen bei Kontakt mit Neugeborenen immer einen Mundschutz tragen.

Während der HSV Typ 1 meist im Gesicht auftritt, ist eine HSV Typ 2-Infektion eher im Genitalbereich angesiedelt. Herpes-Infektionen können erneut ausbrechen.

Behandlung:
Genügend Flüssigkeitszufuhr. Die Behandlung mit antiviralen und lokal schmerzstillenden Salben oder Lösungen verhindern meist einen Krankenhaus-Aufenthalt. Komplikationen wie eine schwere Herpes-Infektion bei Neurodermitis, eine Sepsis oder eine Hirnentzündung müssen medikamentös und stationär behandelt werden.

Der besondere Fall

Die zweijährige **Claudia** hatte seit den ersten Lebensmonaten Probleme mit ihrer Haut. Anfänglich bestand nur ein Wangenekzem, das sich aber im Laufe der Monate über den ganzen Körper ausbreitete. Von der Kinderärztin wurde die Diagnose **Neurodermitis** gestellt. Claudia war schon vorbelastet, denn auch ihr Vater hatte als Kleinkind Ekzeme gehabt und ihre Mutter litt an Heuschnupfen. Die Allergiediagnostik ergab erhöhte Antikörper-Werte (IgE-Titer) als Hinweis für eine allergische Bereitschaft. Eine Nahrungsmittel-Allergie konnte im Blut nicht nachgewiesen werden. Die Eltern wurden gut über die Pflege und den Umgang mit der Neurodermitis von der Kinderärztin informiert, so dass die Neurodermitis für Kind und Eltern kein großes Problem mehr darstellte.
Jetzt wurde Claudia ihrer Ärztin mit einem sich rasch ausbreitenden, bläschenhaften Ausschlag im Gesicht und leichtem Fieber vorgestellt. Claudia hatte eine **Herpes simplex-Infektion**, die im Rahmen einer Neurodermitis sehr schwer verlaufen kann. Claudia wurde stationär ins Krankenhaus eingewiesen und über einige Tage mit einem virushemmenden Medikament über die Vene behandelt, so dass es zu einer guten Abheilung dieser schweren Herpes-Erkrankung kam.

HIV-Infektion (AIDS)

Symptome:

- Sehr variabel
- Schwer verlaufende Infekte

- **Erreger:** Human immunodeficiency virus (HIV)
- **Inkubationszeit:** 2 bis 10 Jahre und länger
- **Ansteckungsfähigkeit:** Über Blut, Blutprodukte und Sexualkontakte
- **Impfung:** Nicht möglich

Eine HIV-Infektion im Kindesalter ist bei uns noch eine seltene Erkrankung. Sie wird durch die infizierte Mutter im Mutterleib, während der Entbindung oder beim Stillen übertragen. Kinder und Jugendliche können sich an infizierten Nadeln, Bluttransfusionen, durch sexuellen Missbrauch und Geschlechtsverkehr anstecken. Die Symptomatik kann sehr verschieden sein, ist aber durch schwer verlaufende Infekte geprägt.

Behandlung:

Eine heilende Therapie gibt es derzeit noch nicht, jedoch sind Medikamente mit lebensverlängernder Wirkung im Handel verfügbar.

Keuchhusten (Pertussis)

Symptome:

- Zu Beginn 1-2 Wochen unspezifischer Husten und Schnupfen
- Dann 4 bis 6 Wochen Hustenattacken mit zähem Schleim und anschließend oftmaligem Erbrechen
- Danach 6 bis 10 Wochen abklingende Hustenattacken

- **Erreger:** Bordetella pertussis
- **Inkubationszeit:** 6 bis etwa 20 Tage
- **Ansteckungsfähigkeit:** Ab Ende der Inkubationszeit bis zu 3 Wochen nach Hustenbeginn
- **Impfung:** Empfohlen

Der Keuchhusten ist eine ansteckende Atemwegs-Erkrankung, die durch das Bakterium Bordetella pertussis hervorgerufen wird. Er verläuft langwierig, kann Folgeerkrankungen nach sich ziehen und ist vor allem für Säuglinge und ältere Menschen gefährlich. Die häufigste Komplikation sind Lungenentzündungen. Krampfanfälle und Gehirnentzündungen treten in 2 bis 4% der Fälle auf. Die Todesrate als Folge eines Keuchhustens liegt bei unter 0,1%.
Hauptreservoire für die Bakterien sind die Erwachsenen. Wenn man die Erkrankung frühzeitig erkennt, ist eine Verkürzung und Abschwächung des Verlaufs durch eine Antibiotikagabe möglich, zumindest geht die Ansteckungsfähigkeit zurück.
Antibiotisch behandelte Kinder können fünf bis sieben Tage nach Beginn der Therapie wieder zum Besuch von Gemeinschafts-Einrichtungen zugelassen werden. Anderenfalls ist eine Zulassung frühestens drei Wochen nach der Beginn der ersten Symptome erlaubt.
Ein durchgemachter Keuchhusten hinterlässt keine andauernde Immunität. Auch eine Impfung bewirkt keinen lebenslangen Schutz, so dass empfohlen wird, auch Erwachsene etwa alle zehn Jahre gegen Keuchhusten nachzuimpfen.

Behandlung:
Durch eine frühzeitige antibiotische Therapie sind eine Abschwächung der Symptome und die Verkürzung des Verlaufs möglich.

Kinderlähmung (Poliomyelitis)

Symptome:

- Zu Beginn unspezifisch: Fieber, Halsschmerzen, Abgeschlagenheit, Durchfall und Erbrechen
- Dann: Zeichen einer Meningitis und Lähmungserscheinungen

- **Erreger:** Poliomyelitis-Virus Typ 1,2,3
- **Inkubationszeit:** 7 bis 14 Tage
- **Ansteckungsfähigkeit:** Bereits wenige Stunden nach der Infektion, dann ca. eine Woche über den Mund, 3-6 Wochen über den Stuhl
- **Impfung:** Empfohlen

Die Kinderlähmung ist eine Erkrankung durch die Poliomyelitis-Viren. Sie hat ihren Schrecken in den letzten Jahren durch die weltweit durchgeführte Impfung verloren. Das Krankheitsbild der Kinderlähmung ist am Anfang erst einmal unspezifisch. Ein bis drei Tage nach einer Infektion treten Fieber, Halsschmerzen, Abgeschlagenheit, Durchfall und Erbrechen auf.

Nur bei 5 bis 10% der Erkrankten kommt es dann weiter zu Auffälligkeiten mit Zeichen einer Meningitis und nach zehn bis 14 Tagen bei 1% zu Lähmungs-Erscheinungen, meist der Beine.

Die Polio-Erkrankung wird von Mensch zu Mensch über den Stuhl übertragen. Eine Verbesserung der hygienischen Verhältnisse und ein weltweit angelegtes Impfprogramm geben Anlass zur Hoffnung, dass in den nächsten Jahren die Polio-Erkrankung weltweit verschwunden sein wird – Europa gilt bereits als poliofrei. Da zur Zeit lediglich ein Minimalrisiko besteht, an Kinderlähmung zu erkranken, rät die Impfkommission nur noch zur Impfung mit dem Totimpfstoff, der in Kombination mit den anderen Impfstoffen verabreicht wird.

Behandlung:

Intensiv-Pflege, Krankengymnastik, gegebenenfalls Beatmung im Krankenhaus.

Masern

Symptome:

- Zu Beginn: Fieber, Husten, Schnupfen, Bindehaut-Entzündung
- Dann: Mittel- und großfleckiger Ausschlag am gesamten Körper, hinter den Ohren beginnend, zusätzlich kalkspritzerartige Veränderungen in der Wangenschleimhaut, sogenannte Koplik'sche Flecken

Die Volksmeinung, dass Masern harmlos seien, ist dadurch begründet, dass es früher eine hohe Kindersterblichkeit an anderen Erkrankungen, an fehlerhafter Hygiene, Pflege und Ernährung gab. Allerdings starben noch 1995 laut WHO über eine Million Kinder unter fünf Jahren an Masern – das machte 10% der weltweiten Sterblichkeitsrate bei Kindern unter fünf Jahren aus. Aus diesen Zahlen sind die Bemühungen der WHO verständlich, die Masernerkrankungen durch große Impfprogramme zu verringern.

Masern verlaufen zweigipflig. Nach einem unspezifischen Stadium mit Fieber, Husten, Schnupfen und einer Bindehaut-Entzündung kommt nach einigen Tagen ein erneutes Kranksein hinzu, das mit einem charakteristischen Ausschlag im Gesicht und am Stamm verbunden ist.

Durch die Masernerkrankung ist das Immunsystem für einige Zeit ge-

- **Erreger:** Masern-Virus
- **Inkubationszeit:** 8 bis 12 Tage
- **Ansteckungsfähigkeit:** 3 bis 5 Tage vor bis 4 Tage nach Beginn des Ausschlages
- **Impfung:** Empfohlen

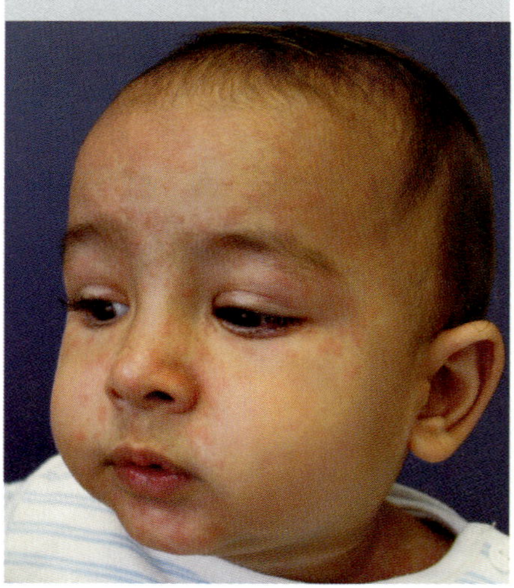

Masern:
Vor Ausbruch hoch ansteckend

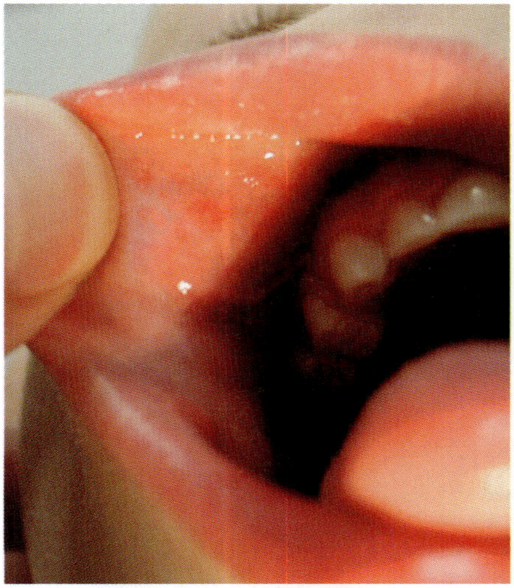

Kopliks:
Flecken in der Wangenschleimhaut

schwächt, so dass Lungenentzündungen, Ohrentzündungen und andere Erkrankungen nach einer Masern-Infektion gehäuft auftreten. Bei Masern können Hirnhaut-Entzündungen und Teilleistungs-Störungen vorkommen. Schlimmstenfalls können Masern tödlich verlaufen.

Ein sehr seltenes Problem einer Masernerkrankung ist die SSPE (subakute sklerosierende Panencephalopathie). Das ist ein Gehirn-Abbauprozess, der mit schwersten geistigen Behinderungen verbunden ist.

Masern sind einige Tage vor Ausbruch hoch ansteckend.

Behandlung:

Bis auf Ruhe, Pflege und Fiebersenkung sind keine Maßnahmen erforderlich. Eine gezielte Therapie erfolgt nur zur Behandlung von Komplikationen wie der einer Lungenentzündung.

Die Masernimpfung wird ab einem Alter von elf Monaten durchgeführt. Vergleicht man die Komplikationen einer Masernerkrankung mit den Impfkomplikationen, die extrem selten sind, so ist die Zurückhaltung gegenüber einer Masernimpfung nur schwer verständlich.

Der typische Fall

Die zehn Monate alte **Neshat** erkrankte plötzlich mit Fieber bis 39,7°C, Schnupfen, leichtem Husten. Die Vorstellung beim Notdienst zeigte eine Mittelohr-Entzündung mit leichten Infektzeichen der Atemwege. Es wurden Nasentropfen, Hustensaft, fiebersenkende Medikamente und ein Antibiotikum verordnet.

Neshats Zustand besserte sich kurzzeitig. Das Fieber ging fast auf Normaltemperatur zurück, Schmerzen hatte sie nicht mehr, allerdings wurde der Husten etwas stärker. Nach drei Tagen fieberte Neshat erneut auf, entwickelte zusätzlich eine leichte Bindehaut-Entzündung und einen Ausschlag hinter den Ohren. Dies veranlasste die Mutter, mit Neshat ihre Kinderärztin aufzusuchen. Nach gründlicher Untersuchung fand die Kinderärztin kalkspritzerartige Flecken in der Mundschleimhaut, was ihren Verdacht auf eine Masernerkrankung bestätigte.

Neshat war noch nicht geimpft und hatte Masern. Das Antibiotikum wurde abgesetzt. Sie überstand die Erkrankung nach einigen Tagen problemlos. Komplikationen traten erfreulicherweise nicht auf.

Meningokokken-Erkrankung

Symptome:

- Fieber, schweres Kranksein, Apathie
- Kopfschmerzen, Erbrechen, Nackensteife
- Eventuell Einblutungen in die Haut

Diese seltene, aber hochdramatische Erkrankung durch Meningokokken befällt die Hirnhäute und tritt akut auf. Die Kinder bekommen Fieber, Kopfschmerzen und werden innerhalb von Stunden schwerst krank.

An der Haut sieht man gelegentlich kleine Einblutungen von Stecknadelkopfgröße (Petechien), die sich in wenigen Stunden zu großflächigen Einblutungen verändern können. Falls das Kind nicht sofort intensivmedizinisch betreut wird, endet diese Erkrankung meist tödlich.

- **Erreger:** Neisseria meningitidis
- **Inkubationszeit:** 1 bis 10 Tage, oft unter 4 Tage
- **Ansteckungsfähigkeit:** 2 bis 5% sind symptomlose Träger. Nach Therapiebeginn bei einer Erkrankung ist eine Ansteckung unwahrscheinlich
- **Impfung:** Nicht für alle Untertypen vorhanden

Bei den Meningokokken gibt es verschiedene Untertypen. Derzeit ist es noch nicht möglich, einen Impfstoff für alle Untertypen zu erzeugen. Für die in Deutschland am häufigsten vorkommenden Untertypen gibt es noch keinen Impfstoff.

Behandlung:

Ein frühzeitiger Einsatz von Antibiotika und die intensivmedizinische Betreuung können den Tod verhindern.

Mumps

Symptome:
- Schwellung der Speicheldrüsen (Ohr- und Unterkieferbereich)
- Fieber, allgemeines Kranksein
- Kopf-, Bauch-, Hodenschmerzen mit Schwellung und Rötung

- **Erreger:** Mumps-Virus
- **Inkubationszeit:** 12 bis 25 Tage
- **Ansteckungsfähigkeit:** Maximal 7 Tage vor bis 9 Tage nach Ausbruch
- **Impfung:** Empfohlen

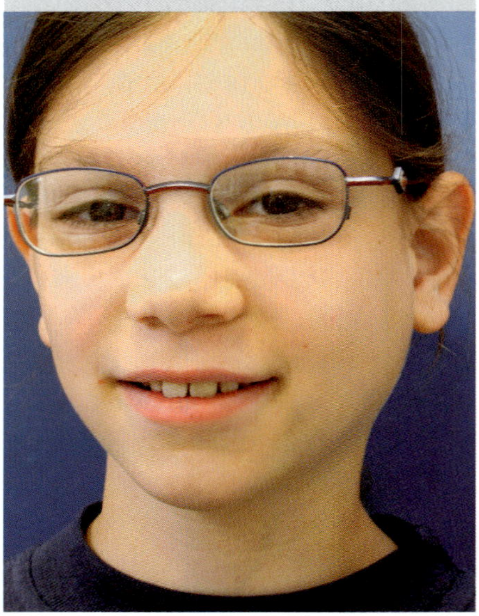

Mumps: Impfung empfohlen

Mumps ist eine Virus-Erkrankung, die vornehmlich die Speicheldrüsen betrifft (Ohr- und Unterkieferbereich). Gelegentlich sind aber auch die männlichen Geschlechtsdrüsen (Mumps-Orchitis), die Hirnhäute (Mumps-Meningitis) oder Hirnnerven (Taubheit) betroffen.
Mumps wird durch Tröpfchen-Infektion übertragen und beginnt etwa zwei Wochen nach einer Ansteckung mit Schwellungen in den genannten Drüsen. Die Kinder sind einige Tage vor Ausbruch der Erkrankung bis zum Abschwellen der Drüsen nach etwa neun Tagen ansteckend. Neben Fieber, allgemeinem Kranksein und Schwellungen in den Drüsen kann es zu Kopfschmerzen und Bauchschmerzen kommen. Die Hodenentzündung (Mumps-Orchitis) kann zur Unfruchtbarkeit und die Entzündung des Hörnervs zur Taubheit führen.

Behandlung:
Ruhe, Pflege, Schmerzstillung. Eine spezifische Behandlung ist nicht möglich.

Pfeiffer'sches Drüsenfieber (Infektiöse Mononukleose)

Symptome:
- Fieber, Abgeschlagenheit, gelegentlich Ausschlag
- Lymphknoten-Schwellungen besonders im Halsbereich
- Angina mit Belägen, Leber- und Milzvergrößerung

Das Epstein-Barr-Virus wird durch Tröpfchen-Infektion übertragen, weshalb die Erkrankung auch „Kissing disease" (Kuss-Krankheit) genannt wird. Das Virus verursacht eine Schwellung der Hals-Lymphknoten mit Belägen auf den Mandeln, was einer bakteriellen Angina ähnlich ist.
Anfänglich ist das Pfeiffer'sche Drüsenfieber von einer bakteriellen Entzündung nicht zu unterscheiden, so dass häufig ein Antibiotikum gegeben wird, das im Nachhinein nicht nötig war.
Je jünger das Kind ist, umso unspezifischer und harmloser verläuft die Erkrankung. Als Komplikationen treten gelegentlich leichte Leberentzündungen und Herzentzündungen auf.

- **Erreger:** Epstein-Barr-Virus
- **Inkubationszeit:** 10 bis 50 Tage
- **Ansteckungsfähigkeit:** Nach Erkrankung phasenweise über Monate oder Jahre über Speichel
- **Impfung:** Nicht möglich

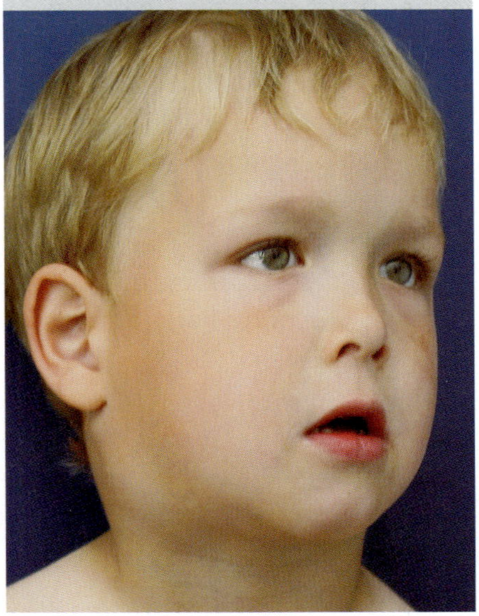

Pfeiffer'sches Drüsenfieber: Keine ursächliche Therapie

Behandlung:
Eine ursächliche Therapie gibt es nicht. Ruhe, Halswickel, genügend Flüssigkeit und gegebenenfalls schmerzstillende und fiebersenkende Maßnahmen erleichtern dem Patienten sein Kranksein. Da manchmal nur langsam eine Erholung eintritt, sollten besonders Sportler über Wochen nicht maximal belastet werden.

Pneumokokken-Erkrankungen

Symptome:
- Zeichen einer Lungen-, Ohr- und Hirnhaut-Entzündung

Pneumokokken sind häufig Erreger der normalen Mundflora. Bei Änderung der Abwehrlage kann es zur Ausbreitung der Erreger und damit zu Erkrankungen kommen. Durch eine Pneumokokken-Ausbreitung im Körper können sich Lungen-, Ohr- und Hirnhaut-Entzündungen entwickeln. Besonders gefährdet sind Säuglinge und Kleinkinder.
Für Risikogruppen und Säuglinge gibt es einen Impfschutz.

- **Erreger:** Streptokokkus pneumoniae
- **Inkubationszeit:** Keine Daten
- **Ansteckungsfähigkeit:** Bis zu 50% der gesunden Kinder und 10 % der gesunden Erwachsenen können Träger sein
- **Impfung:** Möglich

Behandlung:
Rechtzeitige Gabe von Antibiotika.

Ringelröteln

Symptome:

- Gesichtsrötung
- An Armen und Beinen girlandenförmiger, „geringelter" Ausschlag

Die Ringelröteln beginnen mit einer Gesichtsrötung. Anschließend entwickelt sich an Armen und Beinen ein girlandenförmiger, „geringelter" Ausschlag. Die Kinder haben kaum Fieber und sind nur mäßig beeinträchtigt. Erkrankt eine Schwangere an Ringelröteln, so kann sich beim Ungeborenen eine Blutarmut entwickeln.

Behandlung:

Außer pflegenden und fiebersenkenden Maßnahmen ist keine Therapie möglich.

- **Erreger:** Parvovirus B19
- **Inkubationszeit:** In der Regel 4-14 Tage
- **Ansteckungsfähigkeit:** Besonders 4-10 Tage nach Ansteckung. Mit Beginn des Ausschlags nicht mehr
- **Impfung:** Nicht möglich

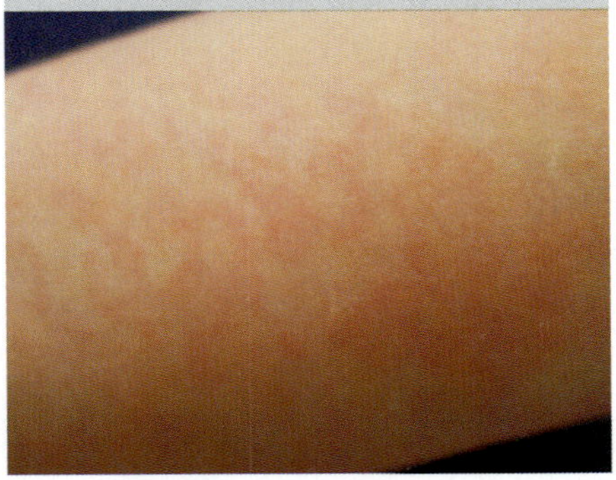

Ringelröteln: Geringelter Ausschlag

Röteln

- **Erreger:** Röteln-Virus
- **Inkubationszeit:** 14 bis 21 Tage
- **Ansteckungsfähigkeit:** Ca. 7 Tage vor bis 7 Tage nach Ausbruch des Ausschlags
- **Impfung:** Empfohlen

Symptome:

- Zu Beginn leichtes Fieber, Husten, Schnupfen
- Mittelfleckiger Ausschlag mit Beginn hinter den Ohren
- Schwellungen der Lymphknoten im Nackenbereich

Röteln sind an sich eine harmlose Erkrankung. Sie beginnen mit einem leicht fieberhaften Zustand, Husten, Schnupfen und einem mittelfleckigen Ausschlag, der sich hinter den Ohren ausbreitet. Schwellungen der Lymphknoten im Nackenbereich sind typisch für eine Röteln-Erkrankung. Gelegentlich wird allerdings ein Röteln-Ausschlag mit anderen unspezifischen Ausschlägen verwechselt.

Röteln verlaufen harmlos. Sie können aber in einer Schwangerschaft sehr gefährlich werden, weil es bei Ansteckung in den ersten Schwangerschaftsmo-

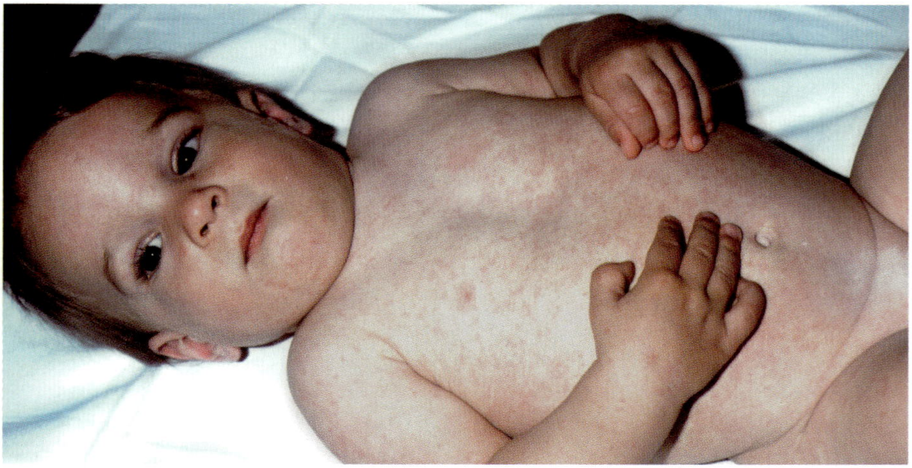

Röteln: Gefährlich in der Schwangerschaft

naten zu Missbildungen des Ungeborenen kommen kann. Auch Jungen werden daher gegen Röteln geimpft, damit sie eine nicht rötelngeschützte Schwangere nicht anstecken können.

Behandlung:
Sofern Röteln nach der Geburt auftreten, braucht man sie nicht zu behandeln. Sie heilen von selbst aus.

Scharlach und Streptokokken-Infekte

Symptome bei Scharlach:

- Feinfleckige, sandpapierartige Rötung in den Leisten, Achseln und am Stamm, gelegentlich im Gesicht mit Aussparung des Mundbereiches
- Hochroter Rachen und Gaumen
- Belegte Zunge mit anschließender himbeerroter Farbe („Himbeerzunge“)
- Fieber
- Evtl. Bauchschmerzen mit Erbrechen

- **Erreger:** Streptokokken Gruppe A, Streptokokken Gruppe B
- **Inkubationszeit:** 2 bis 4 Tage
- **Ansteckungsfähigkeit:** Im Akutstadium, aber es gibt auch symptomlose Keimträger. Einen Tag nach antibiotischer Therapie nicht mehr ansteckend
- **Impfung:** Nicht möglich

Es gibt verschiedene Gruppen der Streptokokken. Während Streptokokken der Gruppe B besonders im Neugeborenenalter eine Rolle spielen, sind im Kindesalter und bei Erwachsenen die Streptokokken der Gruppe A ein Problemkeim, von denen es weitere Untergruppen gibt.
10 bis 20% der Bevölkerung tragen diesen Keim symptomlos in sich. Unter bestimmten Bedingungen können die Keime jedoch aggressiv werden und zu verschiedenen Erkrankungen

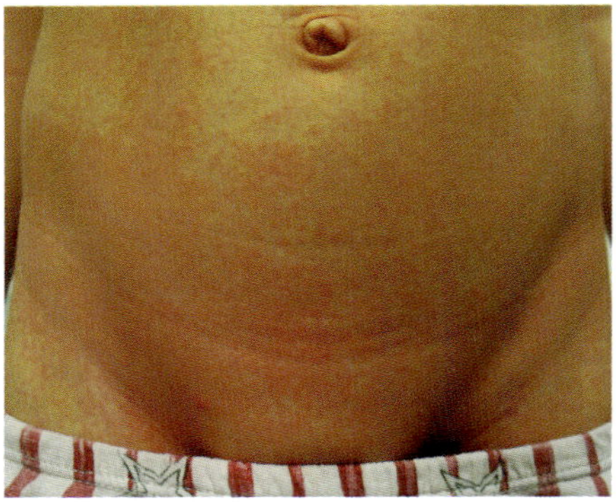

Scharlach-Exanthem:
Rötung in den Leisten

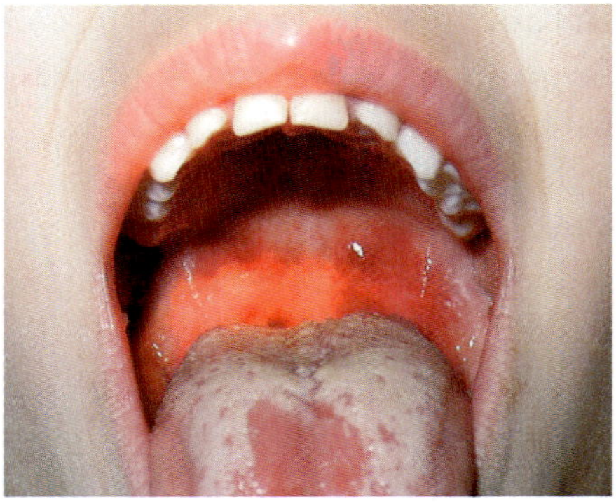

Rachenrötung:
Typisch für Scharlach

führen. Das sind einerseits lokale Entzündungen – wie zum Beispiel eine Angina, eine Mittelohr-Entzündung oder Hautentzündungen – und andererseits kann sich **Scharlach** entwickeln.

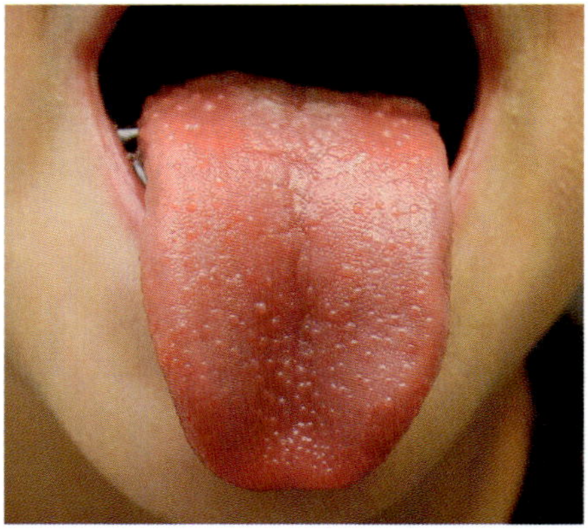

Scharlach-Zunge:
Erst belegt, dann himbeerrot

Der Scharlach wird durch eine Sonderform der Streptokokken der Gruppe A verursacht. Hier entwickelt sich zwei bis vier Tage nach der Ansteckung eine Halsentzündung, ein typischer Ausschlag im Mund und am Körper, besonders in der Leiste und in den Achseln. Anschließend entsteht die himbeerrote „Scharlachzunge", und zwar durch Abschilferung weißer Beläge auf der Zungenoberfläche.

Der Scharlach verläuft heute nicht mehr so schwer wie früher. Gefürchtet sind allerdings die Komplikationen bei Nichtbehandlung, wie eine Herz- oder Nierenentzündung. Streptokokken-Infekte können im Rachen durch Abstriche nachgewiesen werden.

Behandlung:
Fieber, Kranksein und typische Befunde an Haut, Ohr oder Hals machen eine antibiotische Therapie notwendig. Ruhe und pflegende Maßnahmen wirken sich zusätzlich positiv auf die Genesung aus siehe Kapitel 2). Nicht jeder positive Rachenabstrich ist therapiebedürftig, da 10 bis 20% der Bevölkerung Keimträger ohne eine Erkrankung sind.

Staphylokokken-Infekte

Symptome:
- Abszesse, Furunkel, eitrige Bindehaut-Entzündungen
- Selten Zeichen einer Lungenentzündung, Knochenentzündung oder Herzentzündung

Bei 30% aller Menschen sind Staphylokokken an Haut und Nasenschleimhaut vorhanden. An offenen Wunden kann es jedoch zu einer starker Besiedlung kommen, was dann mit einer Eiterbildung verbunden ist. Abszesse, Furunkel und eitrige Bindehaut-Entzündungen sind meist durch eine Staphylokokken-Infektion verursacht. Seltener treten Lungenentzündungen, Knochenentzündungen oder Herzentzündungen auf.

- **Erreger:**
  Staphylokokken mit Untergruppen
- **Inkubationszeit:**
  Einen Tag bis zu mehreren Wochen oder Monaten
- **Ansteckungsfähigkeit:**
  Infektion hoch durch offene, infizierte Wunden. Etwa zwei Tage nach Beginn einer antibiotischen Therapie besteht bei Eiterherden wahrscheinlich keine Ansteckung mehr
- **Impfung:** Nicht möglich

Behandlung:
Falls möglich und nötig, Eröffnung des Eiterherdes oder Gabe eines wirksamen Antibiotikums.

Tuberkulose

Symptome:

- Anhaltender Husten und leichte Temperatur
- Abgeschlagenheit, Nachtschweiß
- Gelegentlich Zeichen einer Hirnhaut-Entzündung

- **Erreger:** Mycobacterium tuberculosis, M. bovis, andere Mycobakterien.
- **Inkubationszeit:** 2 bis 10 Wochen
- **Ansteckungsfähigkeit:** Variabel und reaktivierbar
- **Impfung:** Derzeit nicht empfohlen

Die Tuberkulose gilt als Erkrankung von Menschen mit belastenden Lebensumständen und fehlerhafter oder ungenügender Ernährung. Betroffen sind vornehmlich Obdachlose, Asylsuchende, Drogen-, Alkoholabhängige und HIV-Erkrankte. Im Kindesalter ist sie selten. Meist entwickelt sich eine Lungentuberkulose. Durch Abhusten von Tuberkel-Bakterien können so andere Menschen angesteckt werden. Aber die Tuberkulose spielt sich nicht immer nur in der Lunge ab, sondern kann auch weitere Organe wie die Knochen, das Gehirn oder den Darm befallen. Sie ist daher nicht immer sofort diagnostizierbar.

Da die Impfung nur einen mittelmäßigen Schutz bringt, hat man in den letzten Jahren von einer generellen Empfehlung abgesehen. Eine durchgeführte Impfung erschwert nämlich die Diagnose einer eventuell vorliegenden tuberkulösen Erkrankung, weil dann Hautteste auf eine fragliche Infektion immer positiv ausfallen. Typische Symptome mit positiven Hauttests und Röntgenbefunden erhärten den Verdacht auf eine Tuberkulose, die durch den Nachweis von Tuberkelbakterien im Sekret bestätigt wird.

Behandlung:

Eine Therapie mit bestimmten Medikamenten (Tuberkulostatika) dauert meist 6 bis 9 Monate. Eine gesunde Lebensführung in gesunden Lebensverhältnissen unterstützt die Therapie.

Windpocken und Gürtelrose

Symptome:
- Fieber, Mattigkeit
- Kleine mit Flüssigkeit gefüllte Bläschen, die aufplatzen und verkrusten
- Bläschen am gesamten Körper, auch an der Kopfhaut

- **Erreger:** Varicella-Zoster-Virus
- **Inkubationszeit:** 8 bis 28 Tage
- **Ansteckungsfähigkeit:** Bei normalem Verlauf und bei Kindern mit gesunden Abwehr-Funktionen 1 bis 2 Tage vor bis mindestens 5 Tage nach Ausbruch des Ausschlags
- **Impfung:** Möglich

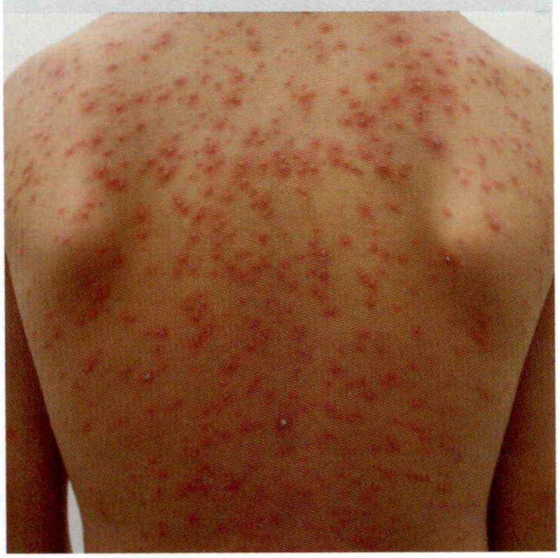

Windpocken: Im Kindesalter meist problemlos

Die **Windpocken** sind eine hochansteckende Erkrankung durch das Varicella-Zoster-Virus, die mit Fieber und einem bläschenförmigen Ausschlag einhergeht und zwei Tage vor bis etwa fünf Tage nach ihrem Ausbruch ansteckend ist.

Normalerweise verlaufen Windpocken im Kindesalter problemlos, und Komplikationen sind selten. Im Erwachsenenalter können sie aber schwer verlaufen. In Amerika wird generell eine Impfung empfohlen. In Deutschland gilt diese generelle Empfehlung noch nicht. Im Ansteckungsfall ist die Gabe eines Hyperimmunglobulins innerhalb 72 Stunden möglich.

Die **Gürtelrose** ist eine erneute Infektion bei Menschen, die nicht vollständig immunisiert waren. Eine Gürtelrose kann auch bei einem geschwächten Patienten ausbrechen, bei dem Windpockenviren im Körper verblieben waren. Die Gürtelrose ist allerdings nicht so ansteckend wie die Windpocken.

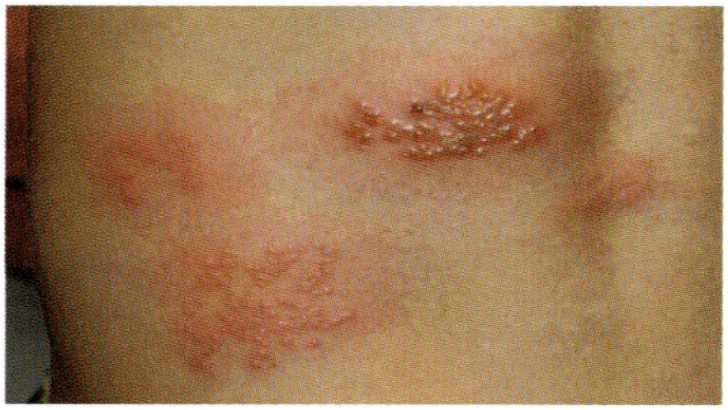

Gürtelrose: Weniger ansteckend als Windpocken

Behandlung:
Bei Risikopatienten können die Gefahren der Windpocken innerhalb von maximal 72 Stunden nach Ausbruch der Erkrankung durch Gabe antiviraler Medikamente verringert werden. Ansonsten können eine juckreizstillende Lotion und Antihistaminika die Beschwerden lindern.

Wundstarrkrampf (Tetanus)

Symptome:
- Zu Beginn Kopfschmerzen, Mattigkeit, Schweißausbrüche
- Dann: Krämpfe, Muskelanspannungen bis Körperstarre

- **Erreger:** Clostridium tetani
- **Inkubationszeit:** 3 Tage bis 3 Wochen. Durchschnittlich 10 Tage
- **Ansteckungsfähigkeit:** An rostigen oder verdreckten infizierten Gegenständen, nicht von Menschen übertragbar
- **Impfung:** Empfohlen

Der Wundstarrkrampf wird durch das Bakterium Clostridium tetani verursacht. Dieses Bakterium kommt weltweit vor – und zwar besonders in feuchtwarmen Böden und in Stuhlabsonderungen von Tieren – vorwiegend dann, wenn es nicht dem Licht ausgesetzt ist. Die Erkrankung ist durch Krämpfe und ausgeprägte Muskelanspannungen – anfänglich besonders im Gesicht – gekennzeichnet. Sie endet je nach Dauer der Inkubationszeit in 25 bis 60% der Fälle tödlich.
In feuchtwarmen Ländern mit geringem Impfschutz und schlechter medizinischer Versorgung sterben noch heute Menschen an dieser Erkrankung. In Deutschland werden pro Jahr bis zu zehn Erkrankungsfälle gemeldet.

Der Neugeborenen-Tetanus ist extrem selten. Er entsteht durch eine Verunreinigung des Nabelstumpfes und endet fast immer tödlich. Schwangere sollten gegen Tetanus geschützt sein, weil sie ihr Neugeborenes über die Nabelschnur drei bis vier Monate lang durch übertragene Antikörper schützen.

Behandlung:
Intensivpflege und symptomatische Therapie bis zur Beatmung im Krankenhaus.

Krebs-Erkrankungen (Onkologische Erkrankungen)

Der Begriff Tumor bedeutet Schwellung. Diese Schwellung kann auch durch eine Neubildung von Gewebe (Neoplasie) verursacht sein. Eine Neoplasie kann gutartig (benigne) aber auch bösartig (maligne) sein. Eine maligne Neoplasie ist durch rasches Wachstum von entarteten Zellen mit der Neigung zur Ansiedelung in anderen Organen (Metastasen) gekennzeichnet.
Ohne eine Therapie verläuft ein bösartiger Tumor früher oder später fast immer tödlich. Während vor zwanzig Jahren die Überlebenswahrscheinlichkeit von Kindern, die an einem bösartigen Tumor erkrankten, gering war, hat sich das in den letzten Jahren durch die Fortschritte in der Medizin rapide verbessert. Im Durchschnitt hat ein Kind mit Krebs heute eine 70%-ige Überlebensrate nach 5 Jahren.

Auffälligkeiten, bei denen Sie an einen Tumor denken sollten

Da Tumor-Erkrankungen eher langsam entstehen, sollten folgende Zeichen Sie auch an eine Tumor-Erkrankung denken lassen:

- Unklares Fieber
- Allgemeine Abgeschlagenheit
- Nachtschweiß
- Unklarer Gewichtsverlust, mangelnde Gewichtszunahme
- Blässe
- Blutungsneigung
- Tastbarer Tumor, besonders im Bauchraum
- Leber- und Milzvergrößerung
- Allgemeine Lymphknoten-Schwellungen
- Schmerzlose, verbackene Lymphknotenpakete, besonders an der Halsseite

- Nüchtern-Erbrechen
- Kopfschmerzen
- Hirnnerven-Ausfälle
- Unklare Knochenschmerzen (Rückenschmerzen, Beinschmerzen)

Leukämie

Symptome:

- Abgeschlagenheit, Müdigkeit, Kopfschmerzen
- Infektzeichen, Blässe, Blutungsneigung
- Erbrechen und Hirnnervenausfälle
- Vergrößerte Leber, Milz und Lymphknoten
- Knochen- und Gelenkschmerzen
- Einseitige Hodenschwellung

Die Leukämie, häufig auch als Blutkrebs bezeichnet, ist die häufigste Krebserkrankung im Kindesalter. Weil die weißen Blutkörperchen aus verschiedenen Untertypen bestehen, kann es zu verschiedenen Arten der Leukämie kommen. Die häufigste Form ist die akute lymphatische Leukämie (ALL) mit einem Anteil von ca. 30% aller Krebserkrankungen im Kindesalter.

Durch ein Vermehrung der Zellen im Knochenmark und eine Ablagerung in vielen Körperbereichen werden einerseits andere Blutzellen (rote Blutkörperchen, Gerinnungsplättchen) an ihrer Bildung gehindert, und andererseits kommt es zu Beschwerden und Problemen in den Organen durch das Einschwemmen der kranken Blutzellen.

Die *Diagnose* wird durch das Blutbild, eine Knochenmarkspunktion und chemische Untersuchungen der Zellen (Cytochemie) gestellt.

Der typische Fall

Tom wurde mit drei Jahren dem Kinderarzt vorgestellt, da er seit zwei bis drei Tagen Husten und Durchfälle hatte. In der letzten Zeit war den Eltern zusätzlich seine Müdigkeit und Blässe aufgefallen. Bis dahin war Tom nie ernsthaft krank gewesen. Da Tom dem Kinderarzt krank erschien, fertigte er in der Praxis ein Blutbild an, was eine Verminderung des roten Blutfarbstoffes, der Blutplättchen und auffällige weiße Blutkörperchen (Leukozyten) zeigte. Blutplättchen (Thrombozyten) sind für die Blutgerinnung nötig. Zur weiteren Abklärung wies der Kinderarzt Tom in das Kinderkrankenhaus ein.
Dort wurde rasch die Diagnose einer akuten lymphatischen Leukämie (ALL) gestellt. Tom wurde nach den empfohlenen Protokollen für eine ALL behandelt. Während der monatelangen Therapie kam es zu einigen Komplikationen, die sogar eine Knochenmark-Transplantation notwendig werden ließ.
Durch die intensive und fürsorgliche Betreuung der Kinderkrankenschwestern, des Krankenhaus-Psychologen und die medizinische Betreuung der Ärzte überstanden Tom und seine Eltern diese schweren und belastenden Monate. Tom ist jetzt fünfeinhalb, wird bald eingeschult und hat diese schwere Krankheit überwunden.

Bösartige Lymphknoten-Schwellungen (Maligne Lymphome)

Symptome:

- Schmerzlose, verbackene Lymphknoten-Schwellungen und -pakete, besonders am Hals, im Brustkorb oder im Bauchraum
- Atembeschwerden, Stauungen der Venen, Bauchbeschwerden
- Unklares Fieber, nächtliches Schwitzen
- Gewichtsverlust, Abgeschlagenheit

Bösartige Lymphome umfassen etwa 13% aller bösartigen Erkrankungen. Sie werden unterteilt in Non-Hodgkin-Lymphome und Hodgkin-Lymphome. Die Unterscheidung wird durch Gewebe-Untersuchungen (histologisch) gestellt. Hodgkin-Lymphome treten meist erst ab dem 15. Lebensjahr auf, während Non-Hodgkin-Lymphome ihren Häufigkeitsgipfel schon im neunten Lebensjahr haben. Die *Diagnose* wird durch eine Gewebe-Untersuchung (Histologie) gestellt.

Hirn-Tumoren

Symptome:

- Hirndruckzeichen mit Kopfschmerzen
- Nüchtern-Erbrechen, besonders morgens
- Sehstörungen mit Nervenausfällen (Schielen)
- Gleichgewichts-Störungen
- Unkontrollierbares Hin- und Herpendeln der Augen (Nystagmus)
- Gedeihstörungen, hormonelle Störungen

Die Tumoren des zentralen Nervensystem sind von ihrem Zelltyp nicht immer bösartig, d.h. sie bilden keine Metastasen. Jedoch kann ihre Lage im Schädel zu einem tödlichen Verlauf führen, weil lebenswichtige Hirnzentren abgedrückt werden können. Sie treten meist im fünften bis siebten Lebensjahr auf.

Neuroblastom

Symptome:

- Bauch-Tumoren mit oder ohne Beschwerden
- Auffällige Röntgenbefunde bei einer Luftnot ohne klare Ursache
- Nervenausfälle am Auge mit unterschiedlich großen Pupillen, einem hängenden Augenlid oder einem sich verkleinernden Auge
- Schmerzen, Fieber
- Abgeschlagenheit bei einer Metastasierung

Das Neuroblastom ist ein Tumor des sympathischen Nervensystems. Die Lage des Tumors kann also überall sein, wo sich sympathisches Nervengewebe befindet, und das ist meist entlang der Wirbelsäule. Dadurch erklärt sich die Schwierigkeit, so einen Tumor zu erkennen. Etwa ein Drittel der Tumoren treten im ersten Lebensjahr auf. Auf Grund seines uncharakteristischen Verhaltens wird der Tumor häufig erst spät erkannt. Die Symptome hängen von der Lage des Tumors ab und können vielschichtig sein. Die *Diagnose* kann durch den Nachweis bestimmter Substanzen im Harn gestellt werden.

Weichteil-Tumoren

Symptome:

- Hirnnervenausfälle mit Erbrechen
- Hodenschwellung
- Bauchschmerzen, Verstopfung
- Sehr selten Probleme an Nase und Nasennebenhöhlen
- Sehr selten Probleme im Harntrakt wie Harnverhalt oder blutiger Urin

Es gibt verschiedene Weichteil-Tumoren, bei denen bestimmte Zellen entarten, z.B. Muskel- oder Drüsenzellen. Je nach Lage des Tumors können die Symptome sehr variabel und uncharakteristisch sein.

Nieren-Tumoren

Symptome:
- Schmerzlose Schwellung im Bauchraum
- Bauchschmerzen
- Blut im Urin
- Bluthochdruck
- Schlappheit

Das Nephroblastom, auch *Wilms-Tumor* genannt, ist der häufigste Nierentumor und hat seinen Häufigkeitsgipfel im Kleinkindalter. In 10% der Fälle haben die Kinder keine Beschwerden und der Tumor fällt bei einer Untersuchung zufällig als Tastbefund auf. Der Tumor kann rasch wachsen und sich innerhalb sehr kurzer Zeit vervielfachen. Die *Diagnose* wird in der Regel durch bildgebende Verfahren (Ultraschall-, Röntgen- und Kernspin-Untersuchungen) gestellt.

Knochen-Tumoren

Symptome:
- Schmerzlose Schwellungen
- Schmerzen in der Region des Tumors
- Schmerzen in benachbarten Gelenken
- Bewegungsbeeinträchtigung des benachbarten Gelenks
- überraschender Knochenbruch ohne große Krafteinwirkung

Es gibt verschiedene Arten von Knochen-Tumoren, wie das Osteosarkom oder *Ewing*-Sarkom. Sie können an allen Knochen auftreten, kommen allerdings besonders am Becken und an den Extremitäten vor. Beide Typen fallen durch Symptome meist sehr spät auf. Das ist der Grund, warum sie häufig erst im fortgeschrittenen Stadium entdeckt werden.

Nervensystem-Erkrankungen

Das Nervensystem umfasst das Gehirn, das Rückenmark, das vegetative Nervensystem (Sympathikus und Parasympathikus) und die peripheren Nerven. Es ist für die Koordination von Muskeln und Organfunktionen zuständig. In ihm werden ankommende Reize aufgenommen, koordiniert und verarbeitet. Es ist die Steuerzentrale für all unsere Lebensfunktionen, Wahrnehmungen und Gefühle.

Störungen des Nervensystems können sehr variabel sein. So gibt es im Nervensystem Fehlbildungen, Abbauprozesse, Verletzungen, Anfallsleiden, Blutungen und Entzündungen. Auch Stoffwechsel-Störungen können das Nervensystem stark beeinflussen.

So können Störungen am Nervensystem entstehen

- Sauerstoffunterversorgung
- Fehlbildungen
- Funktionsstörungen
- Stoffwechsel-Störungen
- Entzündungen
- Abbauprozesse
- Verletzungen

Eine genaue Anamnese mit einer gründlichen Untersuchung des Kindes und weitere Zusatz-Untersuchungen – wie EEG, Computertomografie, Kernspintomografie, Labor, Nerven-Untersuchung und Rückenmarkspunktion – können die verschiedenen Krankheitsbilder häufig von einander abgrenzen. Da das Kindesalter allerdings durch Entwicklungsfortschritte und das Erlernen von Fertigkeiten geprägt ist, wird es hier besonders schwer, kleine Auffälligkeiten frühzeitig zu bewerten.

Auffälligkeiten können sich im intellektuellen und im motorischen Bereich abspielen. Auch das Verlernen von Erlerntem und Symptome wie Erbrechen und

Kopfschmerzen können auf Störungen im Nervensystem hinweisen (siehe auch Kapitel 4: Koordinations-Störungen, Kopfschmerzen, Krampfanfälle, Lähmungen, Entwicklungs-Störungen).

Fehlbildungen

Schädigende Einflüsse während der Schwangerschaft, und das besonders im ersten Drittel – wie etwa Medikamente, Infektionen, Alkohol – oder genetische Probleme können zu vielen verschiedenen Fehlbildungen führen.

Der **Wasserkopf** (Hydrocephalus) ist eine Hirnwasser-Ansammlung und entsteht durch mangelnde Abflussmöglichkeit des ständig produzierten Hirnwassers. Diese verminderte Abflussmöglichkeit kann durch eine Anlagestörung, eine Hirnblutung (Komplikation bei Frühgeborenen) oder Infektion hervorgerufen sein.

Anlagestörungen der Wirbelsäule mit fehlendem Schluss der knöchernen Wirbelbögen (Spina bifida) treten besonders im unteren Wirbelsäulenbereich auf und können das Rückenmark so stark beeinträchtigen, dass es offen liegt (offener Rücken).

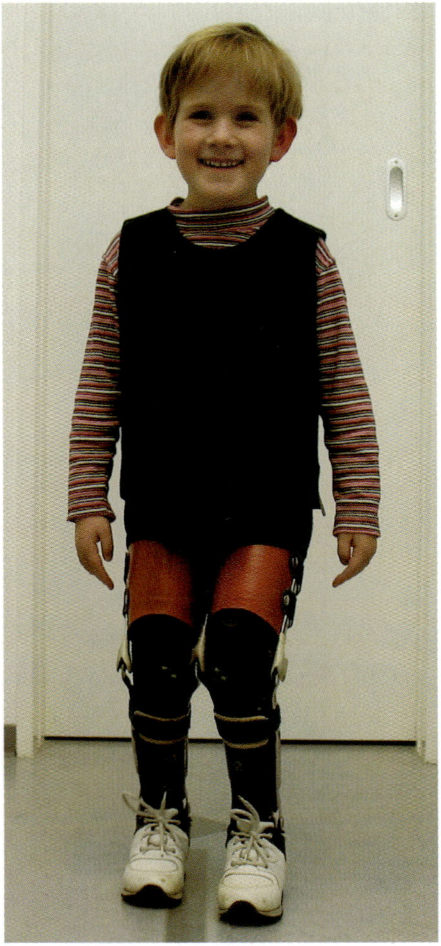

Spina bifida: Anlagestörung der Wirbelsäule

Häufig bestehen die Symptome eines Querschnitts. Vor der Geburt weisen Ultraschall-Untersuchungen und Laborwerte auf eine mögliche Störung hin.

Behandlung:
Bei einem **Wasserkopf** wird durch einen Schlauch eine Verbindung zwischen Kopf und Bauchraum geschaffen. Mit einem Ventil wird übermäßiges Hirnwasser in den Bauchraum geleitet und dort aufgenommen (resorbiert). Bei einem **offenen Rücken** gibt es keine ursächlich heilenden Maßnahmen. Man versucht, durch operative Eingriffe, Krankengymnastik und Hilfsmittel eine Beeinträchtigung des Kindes so weit wie möglich zu verringern.

Der besondere Fall

Die fünfjährige **Pauline** wurde mit einem offenen Rücken und einer vermehrten Flüssigkeitsansammlung im Gehirn als Frühgeborenes in der 35. Schwangerschaftswoche geboren. Der offene Rücken (**Spina bifida**) führte zu einer angeborenen Querschnittslähmung ab den unteren Lendenwirbeln. Diese komplexen Fehlbildungen machten sowohl eine operative Deckung des offenen Rückens als auch eine Druckentlastung des Gehirns zur Vermeidung von Hirnschäden nötig. Hierbei wurde ein Verbindung zwischen Gehirn und Bauchhöhle durch einen Schlauch mit einem Ventil geschaffen. Durch die gute Zusammenarbeit der Kinderklinik mit Neurochirurgen, Orthopäden und Urologen hat sich Pauline unter intensiver krankengymnastischer Betreuung sehr zufriedenstellend entwickelt. Sie hat eine normale intellektuelle Entwicklung, spricht altersgerecht und kann sich mit Hilfe ihrer Gehhilfen (Orthesen) allein laufend fortbewegen.

Entzündliche Nerven-Erkrankungen

Hirnhaut-Entzündung (Meningitis)

Symptome:

- Fieber, Kopfschmerzen, Erbrechen
- Vermindertes Allgemeinbefinden
- Gestörtes Bewusstsein
- Berührungs-Empfindlichkeit
- Nackensteifigkeit, Kniekuss-Phänomen
- Bei Säuglingen eine gespannte Fontanelle
- Hauteinblutungen (Petechien)

Das Gehirn und das Rückenmark sind von zwei Schutzschichten – den Hirnhäuten – umgeben. Wenn es Viren oder Bakterien gelingt, die Grenze zwischen Blut und Hirnwasser (Blut-Liquor-Schranke) zu durchbrechen, verursachen sie ein schweres Krankheitsbild, indem sie die Hirnhäute entzünden.
Bei einer Reizung der Hirnhäute ist meist das Küssen der Knie nicht möglich (Kniekuss-Phänomen) und die Beugung des Kopfes zur Brust schmerzhaft oder stark eingeschränkt (Meningismus).

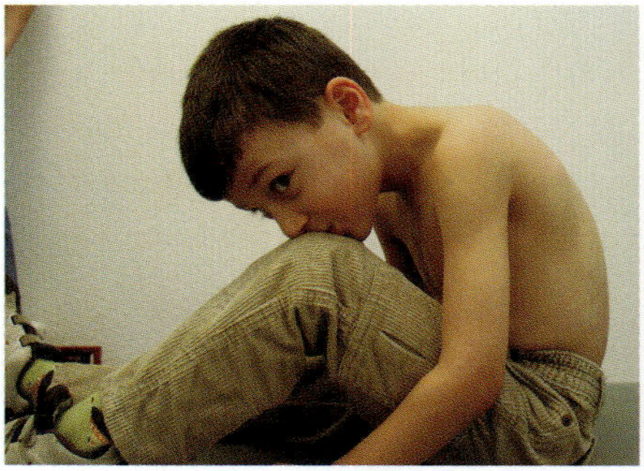

Meningitis-Test 1:
Kniekuss möglich?

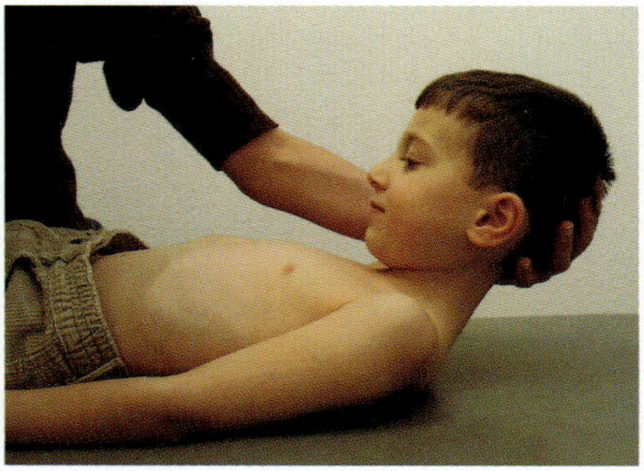

Meningitis-Test 2:
Kinn auf Brust möglich?

Die Hirnhaut-Entzündung ist meist eine akut auftretende Entzündung der Hirnhäute, wobei die Kinder innerhalb von Stunden oder ein bis zwei Tagen krank werden. Sie haben Fieber, Erbrechen, eine Berührungsempfindlichkeit, Kopfschmerzen, die typische Nackensteifigkeit, Abgeschlagenheit und evtl. kleine Hauteinblutungen (Petechien). Je kleiner die Kinder sind, desto untypischer sind die Symptome. Die Hirnhaut-Entzündung wird im Krankenhaus durch eine Lumbalpunktion (Punktion im Bereich des Rückens) und der anschließenden Untersuchung des Nervenwassers bestätigt. Sie muss den Erregern entsprechend behandelt werden.

Behandlung:
Bei einer **viralen** Hirnhaut-Entzündung sind die Kinder meist nicht so schwer krank und die Therapie besteht in Ruhe, Pflege und Gabe von Schmerz- und Fiebermitteln. Unter bestimmten Bedingungen wird eine antivirale Therapie durchgeführt. **Bakterielle** Hirnhaut-Entzündungen werden mit einer intravenösen antibiotischen Therapie und anfänglich einer intensivmedizinischen Betreuung im Krankenhaus behandelt.
Die Prognose hängt stark vom Erreger, vom Zeitpunkt der richtigen Therapie-Maßnahmen und dem Zustand der Abwehr des Kindes ab.

Der typische Fall

Der neun Monate alte **Mirko** erkrankte an einem Samstag plötzlich mit hohem Fieber bis 40°C. Da seine Mutter keine auffälligen Krankheitszeichen fand, aber Mirko einen zunehmend kranken Eindruck machte, suchte sie den kinderärztlichen Notdienst auf. Dieser Notdienst wird in ihrer Stadt zentral im Krankenhaus von niedergelassenen Kinderärzten durchgeführt.
Der diensthabende Kinderarzt untersuchte Mirko von Kopf bis Fuß und fand weder an Herz, Lunge, Bauch oder im HNO-Bereich Zeichen einer Erkrankung. Auch war kein Hautausschlag festzustellen. Bei dem leicht

wimmernden Mirko fiel lediglich eine blasse Hautfärbung, eine minimale Schmerzhaftigkeit beim Beugen des Kopfes zur Brust, eine Berührungs-Empfindlichkeit und eine leichte Schläfrigkeit auf.
Die rasch auf der Krankenstation durchgeführten Blut- und Hirnwasser-Untersuchungen bestätigten den Verdacht einer eitrigen Gehirnentzündung. Bei Mirko konnte die gefährliche Meningokokken-Erkrankung glücklicherweise sehr frühzeitig nachgewiesen werden, sodass die dafür typischen Einblutungen noch nicht eingetreten waren. Er wurde sofort behandelt und hat die Erkrankung ohne Folgeschäden überstanden.

Gehirn- und Rückenmark-Entzündung (Enzephalitis, Myelitis)

Symptome:

- Fieber, Kopfschmerzen
- Wesensveränderung
- Nervenausfälle, Krampfanfälle

Verschiedene Viren wie das Masern-, Mumps-, Windpocken-, Herpes- oder Zytomegalie-Virus sowie Enteroviren (z.B. Coxsackie-Viren) können zu einer Entzündung des Gehirns und des Rückenmarks führen.
Die Entzündung äußert sich in Fieber, Kopfschmerzen, Krämpfen, Nervenausfällen oder Bewusstseins-Störungen und kann Lähmungen, Anfallsleiden, Teilleistungs-Störungen oder Verhaltens-Störungen zur Folge haben.

Behandlung:

Die Therapie besteht fast nur aus symptomatischen Maßnahmen wie Fiebersenkung und Kreislaufstabilisierung, da eine medikamentöse, antivirale Therapie nur in Ausnahmefällen – etwa bei einer Herpes-Infektion – möglich ist.

Nieren und Harnwegs-Erkrankungen · Fehlbildungen des Genitalbereichs

Der Harntrakt besteht aus Nieren, Harnleiter, Blase, Harnröhre und den Geschlechtsorganen.
Die Niere ist ein Reinigungsorgan des Blutes. Hier wird das Blut in kleinen Gefäßknäueln (Glomeruli) gefiltert. Über die Nieren werden die Endprodukte des Stoffwechsels – Harnstoff und Kreatinin – mit dem Urin ausgeschieden.

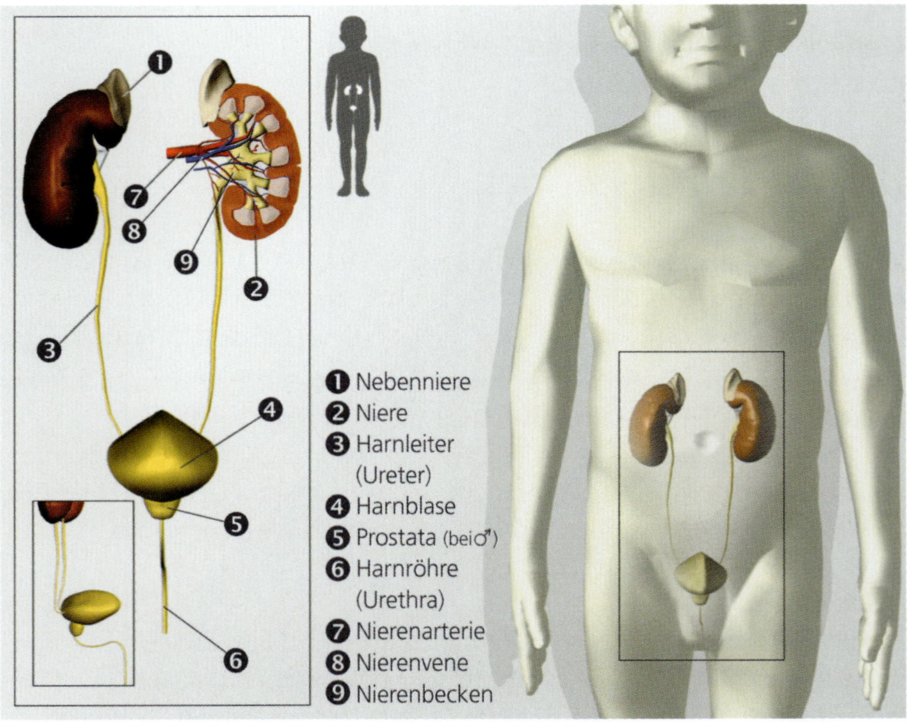

Abb. 10: Der Harntrakt

Ohne funktionierende Nieren wären wir innerhalb kurzer Zeit vergiftet. Zusätzlich reguliert die Niere den Wasser- und Salzhaushalt im Körper und beeinflusst den Blutdruck.
Über die Harnleiter gelangt der Urin in die Blase. Sie ist das Auffangbecken für den anfallenden Urin, der dann über die Harnröhre ausgeschieden wird. Beim weiblichen Geschlecht liegen Harnröhre und die Öffnung zur Scheide zwischen den Schamlippen hintereinander. Beim männlichen Geschlecht münden die Geschlechtsorgane frühzeitig im Bereich der Prostata in die Harnröhre. Die Harnröhre ist beim männlichen Geschlecht länger.
Erkrankungen und Fehlbildungen an Nieren, Harnwegen und Geschlechtsorganen können entstehen oder angeboren sein. Häufig werden sie zufällig bei einem Harnwegsinfekt oder bei einer Routine-Sonografie der Nieren entdeckt. Gelegentlich sind Wassereinlagerungen, Schlappsein und Bluthochdruck Symptome, die den Arzt an eine Nierenerkrankung denken lassen.

Nieren-Erkrankungen

Wenn dieses Filterorgan nicht in Ordnung ist, können einerseits Vergiftungserscheinungen im Körper auftreten und andererseits viele lebensnotwendige Partikel über die Niere verloren gehen. Eine Nieren-Entzündung wird als **Nephritis**, eine Entzündung des Nierenbeckens als **Pyelonephritis** bezeichnet. Die folgenden Nieren-Erkrankungen sind wichtig, aber selten.

Glomerulonephritis

Symptome:
- Flüssigkeits-Einlagerung an Schienbein und Lidern
- Kopfschmerzen, Übelkeit, Erbrechen, Bluthochdruck
- Blutiger Urin, verminderte Urinproduktion

1 bis 2 Wochen nach einem entzündlichen Prozess im Körper – häufig sind es Streptokokken-Infekte – kommt es an den Filtern zu Funktions-Einschränkungen der Niere. So werden rote Blutkörperchen und Eiweiß vermehrt ausgeschieden, die Urinmenge vermindert sich aber. Das kann Kopfschmerzen, einen Bluthochdruck mit all seinen Symptomen und allmählich eine Vergiftung des Körpers nach sich ziehen.

Behandlung:
Eine Glomerulonephritis muss medikamentös und, falls das nicht möglich ist, durch eine Blutwäsche (Dialyse) behandelt werden.

Nephrotisches Syndrom

Symptome:
- Ausgeprägte Wassereinlagerung in Gesicht und Unterschenkel
- Verminderte Harnmenge
- Durst, Müdigkeit

Bei einem nephrotischen Syndrom sind die Filter der Niere „zu weit" eingestellt, so dass Eiweiß hindurchfließen kann und über den Harn den Körper verlässt. Das hat zur Folge, dass der Eiweißspiegel im Blut allmählich sinkt. Da Eiweiß Wasser in den Blutgefäßen bindet, wird durch den Eiweißmangel Wasser aus den Gefäßen in das Gewebe gedrückt. Der Patient „lagert ein". Man sieht das an verquollenen Augen und an Wassereinlagerungen in der Haut, wie etwa in der Schienbeinregion.
Ohne eine Therapie hätte die Überwässerung ein Nierenversagen zur Folge. Ein nephrotisches Syndrom wird meist durch eine immunologisch bedingte Funktionsstörung der Niere ausgelöst.

Behandlung:
In der Regel können längerfristige Cortisongaben den Vorgang zum Stoppen bringen.

Harnwegsinfekte

Symptome:

Beim jungen Säugling oder Neugeborenen
- Trinkschwäche, Erbrechen
- Apathie, graue Hautfarbe

Beim älteren Säugling und Kleinkind
- Fieber
- Trinkverweigerung, Erbrechen

Beim Kind
- Brennen beim Wasserlassen, Rotfärbung des Urins
- Bauch- und Flankenschmerz, Fieber
- Erneutes Einnässen

Harnwegsinfekte entstehen durch eine bakterielle Besiedlung der Blase (Zystitis) und evtl. der Nieren (Pyelonephritis). Die Besiedlung entsteht durch Einwanderung der Bakterien über die Harnröhre, gelegentlich auch über das Blut.
Je jünger ein Kind ist, desto unspezifischer kann ein Harnwegsinfekt verlaufen. Manchmal sind unklares Fieber oder Appetitlosigkeit das einzige Krankheitszeichen. Andere Symptome sind Brennen beim Wasserlassen, erneutes Einnässen oder Bauchschmerzen. Bei unklaren Krankheitsbildern gehört daher eine Urin-Untersuchung zum diagnostischen Routineprogramm.
Wird ein Harnwegsinfekt nachgewiesen, so ist die Durchführung einer antibiotischen Therapie sinnvoll, da sich aus einer Blasenentzündung leicht eine Nierenbecken-Entzündung entwickeln kann. Gehäufte Harnwegsinfekte mit einer Nierenbeteiligung können bleibende Nierenschäden zur Folge haben. Auf jeden Fall sollte durch eine Ultraschall-Untersuchung von Nieren und Blase eine Harnabfluss-Störung ausgeschlossen werden.

Bei Harnabfluss-Störungen – zum Beispiel durch eine Enge im Harnleiter bedingt – bleibt der Urin länger als normal im Harntrakt. Bakterien, die sonst herausgespült würden, können sich dann gut vermehren und zu einem Harnwegsinfekt führen.

Behandlung:
Ausreichendes Flüssigkeitsangebot zum „Durchspülen der Harnwege“ und Gabe von Antibiotika gegen die entsprechenden Erreger.

Fehlbildungen im Harntrakt

Symptome:

- Bis auf Zeichen einer Harnwegs-Infektion keine

Fehlbildungen können in der Niere, im Harnleiter, in der Blase und in der Harnröhre auftreten. In der Regel sind die Übergänge von der Niere zum Harnleiter oder vom Harnleiter zur Blase betroffen. Dadurch entstehen Abflussbehinderungen des Harns, was häufig zu Infektionen von Blase und Niere führen kann.

Vesico-ureteraler Reflux

Normalerweise verschließt sich der Übergang von der Blase zum Harnleiter wie ein Ventil, wenn das Kind Wasser lässt. Fließt der Urin aber aus der Blase zurück in den Harnleiter oder in die Nieren, dann spricht man von einem **v**esico-**u**reteralen **R**eflux (Blasen-Harnleiter-Rückfluss, VUR). Dabei pendelt der Urin im Harntrakt. Es kommt zu Harnwegsinfekten und auf Dauer zu Schädigungen der Niere. Der VUR wird in verschiedene Schweregrade von Grad 1 bis Grad 4 eingeteilt. Therapeutische Maßnahmen richten sich nach dem Schweregrad.

Häufig besteht ein VUR in den ersten Lebensjahren und bildet sich mit der Zeit zurück. Damit in dieser Zeit Entzündungen durch Harnwegsinfekte im Übergangsbereich vom Harnleiter zur Blase vermieden werden, wird eine antibiotische Dauertherapie in sehr geringer Dosierung für einige Zeit empfohlen.

Behandlung:
Bleibt ein VUR bestehen, kann eine operative Korrektur notwendig werden.

Der typische Fall

Die eineinhalbjährige **Marion** hatte morgens keinen Appetit. Sie hatte auch in der Nacht unruhig geschlafen. Im Laufe des Vormittags entwickelte sie leichte Temperaturen bis 38,6°C. Zum Mittag hin erbrach sie einmal und war zwischendurch weinerlich und quengelig. Am Nachmittag stellte die Mutter Marion beim Kinderarzt vor. Bei der körperlichen Untersuchung konnte er bis auf unklare Schmerzen im Unterbauch keine besonderen Krankheitszeichen feststellen.
Die Blutuntersuchungen gaben Hinweise auf eine bakterielle Erkrankung.
Der aufgefangene Urin erbrachte den Nachweis einer Harnwegsinfektion.
Der Kinderarzt setzte vorsorglich ein Antibiotikum an, das sich nach der Keimaustestung als richtig erwies.
Zusätzlich führte er am nächsten Tag eine Ultraschall-Untersuchung der Nieren durch, bei der er leichte Stauungszeichen in den Nieren feststellte. Bei einer weiterführenden Röntgenuntersuchung in der Kinder-Radiologie konnte ein Zurückfließen des Urins von der Blase in den Harnleiter und die Niere (vesico-ureteraler Reflux) festgestellt werden. Zum Schutz vor weiteren Harnwegsinfekten wurde Marion mit eine antibiotischen Dauerprophylaxe in geringer Dosierung über mehrere Monate versorgt. Da keine Harnwegsinfekte mehr auftraten, führte dies zur Ausheilung des Reflux. Marion musste nicht operiert werden.

Ostiumstenose

Ist der Übergang vom Harnleiter zur Blase zu eng, liegt eine Einengung (Stenose) vor. Der Urin staut sich im Harnleiter und weiter in den Nieren. Auch dabei können die Nieren auf Dauer geschädigt werden.

Behandlung:
Eine Operation ist häufig unumgänglich.

Ureterabgangsstenose

Bei einer Ureterabgangsstenose liegt eine Enge am Übergang von der Niere zum Harnleiter vor. Die betroffene Niere ist durch den vielen Urin, der nicht richtig abfließt, aufgebläht und erweitert.

Behandlung:
Eine Operation ist häufig unumgänglich.

Probleme und Fehlbildungen im Genitalbereich

Vorhaut-Verengung

Normalerweise ist die Vorhaut in den ersten beiden Lebensjahren mit der Eichel verklebt. Dann beginnt sie sich langsam von ihr zu lösen. Geschieht das nicht vollständig, spricht man von *Vorhaut-Verklebungen*. Eine *Vorhaut-Verengung* (Phimose) liegt vor, wenn sich die Vorhaut nicht über die Eichel schieben lässt. Eine Vorhaut-Verengung sollte nicht durch einen Ruck beseitigt werden, da kleine Verletzungen zu Narbenbildung an der Vorhaut führen können.

Behandlung:
Sollte sich eine Phimose nicht bis zum 6. Lebensjahr durch Salbenbehandlung zurückbilden, ist eine operative Korrektur vor der Einschulung sinnvoll. Bei Problemen mit dem Wasserlassen oder bei gehäuften Entzündungen der Vorhaut muss die operative Korrektur früher erfolgen.

Entzündung der Eichel und der Vorhaut

Symptome:
- Schwierigkeiten beim Wasserlassen
- Rötung und Schwellung des Penis
- Eiterbildung an der Vorhaut
- Eingeschränkte Beweglichkeit der Vorhaut
- Schmerzen

Durch eine Vorhaut-Verengung kann es zu einer *Entzündung* der Eichel (Balanitis) und gegebenenfalls zusätzlich der Vorhaut selbst (Balanoposthitis) durch Bakterien oder Pilze kommen. Dabei ist der Penis meist angeschwollen und gerötet.

Behandlung:
Bäder mit Kamille oder desinfizierende Umschläge bringen die Entzündung in der Regel rasch zum Abklingen.

Fehlmündungen der Harnröhre

Bei einer **Hypospadie** tritt die Mündung der Harnröhre am unteren Bereich der Eichel oder unter der Eichel aus. In Zusammenarbeit mit dem Kinder-Urologen und Kinder-Endokrinologen sollte nach einigen ergänzenden Untersuchungen entschieden werden, ob das operativ korrigiert werden muss.

Bei einer **Epispadie** liegt die Mündung der Harnröhre oberhalb der gewöhnlichen Öffnung. Auch hier gibt es verschiedene Formen. In Zusammenarbeit mit einem Kinder-Urologen sind einige Untersuchungen erforderlich, damit über das weitere operative Vorgehen entschieden werden kann.

Schamlippen-Verklebung

Manchmal sind im Säuglings- und Kleinkindalter beim Mädchen die kleinen Schamlippen verklebt (Labien-Synechie). Das kann ein Problem für die Harnentleerung sein, weil die Harnröhren-Öffnung dahinter liegt und der Urin nicht richtig abfließen kann.

Behandlung:
Mit einer östrogenhaltige Salbe kann versucht werden, die Verklebungen zu lösen. Gelingt das nicht, werden sie durch einen kleinen Eingriff getrennt.

Entzündungen des äußeren weiblichen Geschlechtsorgans

Symptome:
- Ausfluss, Rötung, übler Geruch
- Juckreiz

Entzündungen des äußeren weiblichen Geschlechtsorgans (Vulvitis) und der Scheide (Vaginitis) bilden zusammen die Vulvovaginitis. Durch die Nähe zum Anus kann es dort zur Ausbreitung von Bakterien kommen, die die Vulva (äußeres weibliches Geschlechtsorgan) und die Scheide entzünden können. Bei Mädchen vor der Geschlechtsreife kommt das meist durch eine fehlerhafte Hygiene zustande. Nach der Pubertät kann sich hinter einer Vulvovaginitis auch einmal eine Geschlechtskrankheit verbergen.

Behandlung:

Bei diesem sensiblem Thema ist es besonders wichtig, auch über hygienische Intim-Pflege richtig aufzuklären. Der Po sollte von vorn nach hinten abgeputzt werden, damit keine Keime aus dem Darm in die Scheide eindringen können. Sitzbäder mit Kamille oder gerbenden Substanzen können die Entzündung zum Abheilen bringen. Liegt eine Pilzinfektion vor, werden entsprechende Salben verordnet.

Stoffwechsel- und Hormondrüsen-Erkrankungen

Bestimmte Drüsen, die endokrinen Drüsen, steuern unseren Stoffwechsel über das Blut durch die Ausschüttung von Hormonen. Diese Ausschüttung wird über das Gehirn durch Regelkreise aktiviert oder gebremst. Störungen der endokrinen Drüsen (Schilddrüse, Nebenschilddrüse, Bauchspeicheldrüse, Nebenniere, Hirnanhangsdrüse, Hoden, Eierstöcke) können verschiedenste Symptome hervorrufen. So können beispielsweise Beeinträchtigungen der Entwicklung, des Wachstums, des Verhaltens oder auch des Blutdrucks auftreten.

Die endokrinen Drüsen

- Schilddrüse
- Nebenschilddrüse
- Bauchspeicheldrüse (Pankreas)
- Nebenniere
- Hirnanhangsdrüse (Hypophyse)
- Hoden
- Eierstöcke

Stoffwechsel-Störungen sind durch einen fehlerhaften Um-, Ab- oder Einbau von Aminosäuren-, Fett- oder Zuckerbestandteilen im Körper bedingt. Hierdurch entstehen Stoffwechselprodukte, die ihn in verschiedener Weise schädigen können.

Eine Stoffwechseluntersuchung – das Neugeborenen-Screening – erfasst frühzeitig einige seltene Erkrankungen der endokrinen Drüsen oder des Stoffwechsels und ermöglicht bei entsprechenden Maßnahmen eine normale Entwicklung. Hierzu wird Blut meist in der Zeit zwischen der 36. und der 72. Lebensstunde abgenommen.

Stoffwechsel-Erkrankungen oder endokrinologische Störungen werden vom Kinderarzt meist in Zusammenarbeit mit entsprechenden Ambulanzen betreut. Beispiele für Stoffwechsel-Erkrankungen sind die Zuckerkrankheit und die Schilddrüsen-Unterfunktion.

Zuckerkrankheit (Diabetes mellitus)

Die Zuckerkrankheit (Diabetes mellitus) ist eine Störung der Blutzucker-Regulierung. Zucker (Glukose) und Zuckerdepots (Glykogen) sind elementar für die Energieversorgung des Menschen. Starke Überzuckerung und Unterzuckerung führen zu schweren Krankheitsbildern, sind lebensbedrohlich und haben bei Nichtbehandlung rasch den Tod zur Folge.
Mehrere Hormone regulieren den Blutzuckerspiegel und damit den Gehalt an rasch verfügbaren Energieträgern in den Zellen. Insulin ist ein wichtiges Hormon, das den Blutzuckerspiegel im Körper konstant hält. Es wird in der Bauchspeicheldrüse gebildet. Tritt ein Insulinmangel oder eine Unempfindlichkeit des Körpers gegenüber Insulin auf, so kommt es zu einer Erhöhung des Zuckerspiegels im Blut, da der Zucker nicht in die Zellen weitertransportiert wird. Sobald der Blutzucker bestimmte Werte überschreitet, wird Zucker über die Niere ausgeschieden, was die Konsequenz hat, dass sich die Urinmenge vermehrt. Dieser Flüssigkeitsverlust zieht das starke Bedürfnis nach sich, viel zu trinken. Trotzdem treten lebensbedrohliche Folgen auf: Eine Störung des Salz- und des Säure-Basen-Haushaltes, Austrocknung, Erbrechen, Kopf- und Bauchschmerzen, Bewusstseinseintrübung bis zum Koma sind die Folge. Eine schnelle Therapie ist nötig.
Je nach der Art der Störung wird der Diabetes in unterschiedliche Typen unterteilt. Im Kindesalter überwiegt der **Typ 1-Diabetes.**

Typ 1-Diabetes

Symptome:

- Vermehrter Harnfluss auch nachts, erneutes Einnässen
- Vermehrtes Trinken und Essen, Gewichtsabnahme
- Kopf- und Bauchschmerzen
- Müdigkeit, Leistungsminderung, eventuell Koma

Er gilt als eine durch Umweltfaktoren oder Virus-Infekte ausgelöste Autoimmun-Erkrankung bei genetisch dafür empfänglichen Personen. Es kommt zur Zerstörung der Insulin produzierenden Zellen in der Bauchspeicheldrüse. Eine frühe Immunität gegenüber Viruserkrankungen, eine nicht übermäßige Hygiene und das Stillen vermindern die Wahrscheinlichkeit, an einem Diabetes zu erkranken.

Behandlung:
Die Therapie wird durch die Gabe von Insulin durchgeführt, wobei eine Festlegung der nötigen Insulindosen meist in dafür eingerichteten Zentren erfolgt. Regelmäßige Kontrollen von Blutwerten, der Nieren, Augen und der Haut sind erforderlich, um Spätschäden zu vermeiden. Die Häufigkeit der Neuerkrankungen liegt derzeit bei 13 Fällen pro 100.000 Menschen pro Jahr. Trendanalysen gehen davon aus, dass sich das bis zum Jahr 2020 fast verdoppeln wird.

Typ 2-Diabetes

Symptome:

- Erhöhte Blutzuckerwerte als „Nebenbefund“ bei starkem Übergewicht

Der **Typ-2-Diabetes** ist durch eine relative Verminderung der Insulin-Ausschüttung und Insulin-Wirksamkeit bedingt. Er tritt meist erst bei Erwachsenen auf und wird durch Übergewicht, Bewegungsmangel und eine familiäre Veranlagung gefördert. In den letzten Jahren stieg in Amerika die Häufigkeit auch bei Jugendlichen stark an. Möglicherweise wird bei Zunahme der Anzahl übergewichtiger Kinder in Deutschland Ähnliches passieren.

Behandlung:
Die Therapie wird zunächst durch eine Diät mit dem Ziel einer Gewichtsabnahme begonnen. Darüber hinaus gibt es die Möglichkeit, durch Medikamente den erhöhten Blutzucker zu senken. Erst in Spätstadien wird die Einstellung durch Gabe von Insulin ergänzt.

Schilddrüsen-Unterfunktion (Hypothyreose)

Symptome bei unbehandelter Unterfunktion (eine Auswahl):
- Als Säugling: verlängerte Gelbsucht, Trinkfaulheit, verzögerte Entwicklung, verminderte Muskelspannung
- Später: Entwicklungsverzögerung, Kleinwuchs, teigige Haut mit groben Gesichtszügen

Eine fehlende oder angeboren fehlerhaft arbeitende Schilddrüse (Häufigkeit 1:4.000) hat Entwicklungs-Störungen, Wachstums-Störungen, Übergewicht und Müdigkeit zur Folge. Von daher ist das frühzeitige Erkennen einer Hypothyreose nach der Geburt durch einen Stoffwechseltest mit anschließender medikamentöser Therapie sehr wichtig. Durch Autoimmun-Prozesse oder eine Unterversorgung mit Jod kann allerdings auch später noch eine Unterfunktion entstehen, die dann durch die Gabe von Schilddrüsen-Hormonen behandelt wird. Eine Schilddrüsenvergrößerung heißt Struma und kann bei einer Über-, Unter- und Normalfunktion auftreten. Schilddrüsenvergrößerungen müssen von daher abgeklärt werden.

Behandlung:
Durch das Neugeborenen-Screening werden angeborene Schilddrüsen-Unterfunktionen frühzeitig entdeckt und das fehlende Hormon ersetzt. Später auftretende Schilddrüsen-Erkrankungen werden je nach Ursache behandelt.

Verdauungssystem-Erkrankungen

Die Aufnahme von Nahrung ist ein sehr komplexer Vorgang, an dem unser ganzes Verdauungssystem vom Mund bis zum Enddarm beteiligt ist. Wir gewinnen aus der Nahrung wichtige Energieträger und Bausteine für unsere körperliche Entwicklung und unseren Lebenserhalt.
Unsere Nahrung besteht aus Kohlenhydraten, Eiweiß und Fetten. Um diese Energieträger und Bausteine für unseren Körper nutzbar zu machen, müssen sie zerkleinert, aufgelöst, aufgenommen und umgebaut werden.

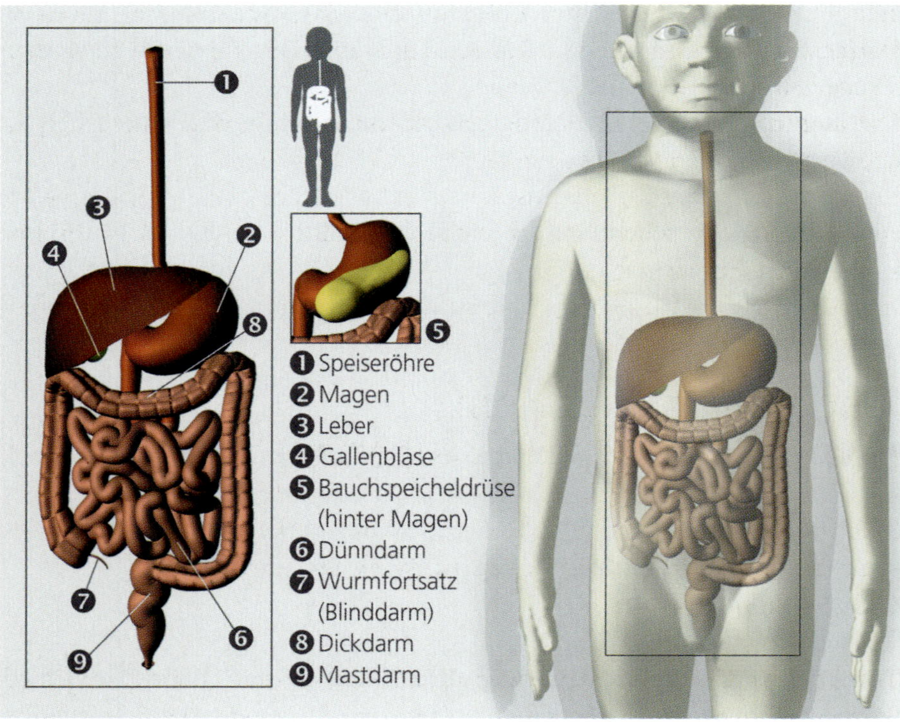

Abb. 11: Das Verdauungssystem

Zuerst wird die Nahrung im Mund mechanisch zerkleinert. Anschließend wird sie durch die Sekrete und Enzyme von Mund- und Bauchspeicheldrüsen, Magen, Galle und Darm soweit aufgelöst, dass sie die Darmwand passieren kann. Über das Blut und die Lymphe gelangen die Nahrungs-Bausteine in unsere Leber, in der sie chemisch für unseren Körper passend neu zusammengesetzt werden. Im Dickdarm wird den unverdauten Nahrungsresten Wasser entzogen.

Es ist verständlich, dass im Magen-Darm-Trakt viele Probleme auftreten können. Sie werden häufig durch die Symptome Erbrechen, Durchfall, Verstopfung, Schmerzen im Bauchraum, eine Gedeihstörung und Veränderung des Stuhlgangs und der Darmtätigkeit begleitet.

Im **Neugeborenenalter** stehen Fehlbildungen im Magen-Darm-Kanal – wie eine fehlerhaft angelegte Speiseröhre und Verengungen und Verschlüsse im Darmkanal – im Vordergrund. Das kann man vor oder kurz nach der Geburt feststellen.

Im **Säuglingsalter** sind es der Magenpförtnerkrampf, Nahrungsmittelallergien und Durchfall-Erkrankungen, die Beschwerden bereiten.

Im **Kindesalter** treten eher ein akuter Durchfall oder mal eine Blinddarm-Entzündung auf. Nur selten sind chronisch entzündliche Magen-Darm-Erkrankungen die Ursache.

Magenpförtnerkrampf (Hypertrophe Pylorus-Stenose)

Symptome:

- Schwallartiges Erbrechen in den ersten Lebenswochen
- Gedeihstörung, Verstopfung

Tritt beim Säugling nach den ersten Wochen ein häufiges schwallartiges Erbrechen auf, handelt es sich meist um den sogenannten Magenpförtnerkrampf (hypertrophe Pylorusstenose) – eine muskuläre Verengung im Bereich des Magenausgangs. Die Kinder gedeihen zunehmend schlechter, wirken missmutig und unzufrieden. Gelegentlich sind dabei nach dem Füttern Verkrampfungen zu sehen, die im Magenbereich von links nach rechts laufen. Die Diagnose wird durch eine Ultraschall-Untersuchung gestellt.

Behandlung:
Eine relativ harmlose Operation ist meist unumgänglich.

Speiserückfluss aus dem Magen (Gastro-oesophagealer Reflux)

Symptome:
- Häufiges Spucken nach der Mahlzeit
- Möglicherweise Gedeihstörung
- Husten, selten Lungenentzündungen

Ist der Übergang von der Speiseröhre zum Magen zu weit, läuft die Nahrung aus dem Magen wieder zurück nach oben. Man spricht von einem gastro-oesophagealen Reflux. Das kann zu häufigen Hustenattacken führen. Meist verschwindet die Störung bis zum dritten Lebensjahr.

Behandlung:
Eine geeignete Lagerung, Andicken der Nahrung und eine medikamentöse Therapie können die Beschwerden mindern. Hilft das nicht, wird durch einen operativen Eingriff der Eingang zum Magen verengt, um Spätschäden an der Speiseröhre zu vermeiden.

Darmeinstülpung (Invagination)

Symptome:
- Quälende krampfartige Bauchschmerzen mit schmerzfreien Intervallen
- Erbrechen, Blutbeimengung im Stuhl

Gelegentlich kommt es im Säuglings- und Kleinkindalter im Rahmen von Durchfall-Erkrankungen oder Polypen im Darm zu einem Ineinanderstülpen (Invagination) von Darmteilen. Dann kann der Darminhalt nicht passieren. Die Symptome sind quälende krampfartige Bauchschmerzen mit schmerzfreien Intervallen und Erbrechen. Blutbeimengung im Stuhl oder Blut bei der rektalen Untersuchung weisen den Arzt auf diese Erkrankung hin.

Behandlung:
Wird das Problem frühzeitig erkannt, kann ein Kontrast-Einlauf, der die Einstülpung löst, eine Operation vermeiden.

Darmverschluss (Ileus)

Symptome:
- Starke, nicht zu lokalisierende Bauchschmerzen
- Schweißausbrüche
- Aufgetriebener Bauch, Erbrechen und möglicherweise Blutabgang

Ein akuter Darmverschluss ist sehr selten. Er kann im Rahmen von angeborenen Fehlbildungen entstehen. Aber zum Beispiel können auch Entzündungen im Darm, Vernarbungen nach Darmoperationen (Blinddarm-Operation), Polypen, Darmeinstülpungen und anderes dieses hochakute, schmerzhafte Krankheitsgeschehen verursachen. Bereits der Verdacht auf einen Darmverschluss ist ein absoluter Notfall.

Behandlung:
Ein Darmverschluss muss im Krankenhaus sofort abgeklärt und entsprechend der Ursache behandelt werden.

Akut-entzündliche Darmerkrankungen

Akut-entzündliche Darmerkrankungen sind meist akute Durchfälle durch Viren und Bakterien. Bakterielle Durchfälle sind häufig schleimig-blutig. Bei schweren Krankheitsverläufen ist eine Stuhl-Untersuchung zum Keimnachweis sinnvoll. Genauere Informationen finden Sie im Kapitel Infektionskrankheiten. Auch die Blinddarm-Entzündung gehört zu den akut-entzündlichen Darmerkrankungen.

Blinddarm-Entzündung (Appendizitis)

Symptome:
- Bauchschmerzen, anfänglich diffus, später häufig im rechten Unterbauch
- Übelkeit und Erbrechen
- Schonhaltung
- Erschütterungsschmerz beim Hüpfen auf einem Bein
- Gelegentlich Temperaturerhöhung (eventuell mit einem Temperaturunterschied axillär und rectal über 1°C)
- Gelegentlich erschwertes Atmen
- Vorsicht bei einem schmerzfreiem Intervall (Durchbruch)

Bei einer Blinddarm-Entzündung entzündet sich der Wurmfortsatz des Blinddarms, die Appendix. Die akute Blinddarm-Entzündung ist durch Bauchschmerzen charakterisiert, die sich zunehmend im rechten Unterbauch bemerkbar machen. Es kommt zu Erbrechen, leicht erhöhter Körpertemperatur und Entzündungszeichen im Blut.

Je jünger die Kinder sind, desto seltener ist die Erkrankung. Allerdings sind bei kleinen Kindern die Symptome uncharakteristischer, und somit ist die Diagnosestellung erschwert. Es erhöht sich die Gefahr, dass es zum Blinddarm-Durchbruch (Perforation) kommt. Hierbei kann Eiter in den Bauchraum gelangen und zu einer lebensbedrohlichen Infektion führen.
Tritt nach starken Bauchschmerzen für kurze Zeit Schmerzfreiheit ein und fühlt sich das Kind trotzdem nicht richtig wohl, kann auch hier ein Blinddarm-Durchbruch vorliegen.

Behandlung:
Im Zweifelsfall muss die Diagnose durch eine Operation gesichert werden. Wird sie nämlich übersehen, kann Eiter in die freie Bauchhöhle gelangen. Eine Bauchfell-Entzündung (Peritonitis) ist die Folge. Sie ist lebensgefährlich.

Chronisch-entzündliche Magen- und Darmerkrankungen

Symptome:
- Erbrechen, Oberbauchbeschwerden, Sodbrennen, Ess-Störungen
- Immer wiederkehrende Magenschmerzen
- Gewichtsstillstand, Gedeihstörung, chronische Durchfälle
- Wiederkehrende blutige Durchfälle

Chronisch-entzündliche Magen- und Darmerkrankungen können ...
- die **Speiseröhre** betreffen, wie etwa ein fortwährendes Zurücklaufen von Mageninhalt in die Speiseröhre (gastro-oesophagealer Reflux). **Symptome**: zum Beispiel Erbrechen, Oberbauchbeschwerden, Sodbrennen, Ess-Störungen
- den **Magen** betreffen, wie beispielsweise das durch Bakterien ausgelöste Magengeschwür (Ulkus). **Symptome**: zum Beispiel immer wiederkehrende Magenschmerzen

- den **ganzen Magen-Darm-Trakt** betreffen wie beim Morbus Crohn. **Symptome**: zum Beispiel Gewichtsstillstand, Gedeihstörung, chronische Durchfälle
- **Teile des Dickdarms** betreffen wie bei der Colitis ulcerosa. **Symptome**: wiederkehrende blutige Durchfälle

Ulkusleiden (Magen-, Zwölffingerdarm-Geschwür)

Beim **Ulkusleiden** kommt es zu Geschwüren an der Magen- oder Zwölffingerdarm-Schleimhaut – meist durch ein bestimmtes Bakterium, den Helicobacter pylori. Er wird durch einen Atemtest nachgewiesen.

Behandlung:
Eine Helicobacter-Infektion wird mit einer antibiotischen Kombinationstherapie behandelt.

Morbus Crohn und Colitis ulcerosa

Der **Morbus Crohn** ist durch wiederkehrende Entzündungen an der Darmschleimhaut gekennzeichnet. Seine Ursache ist nicht eindeutig geklärt.
Bei **Colitis ulcerosa** ist die Entzündung immer auf die Schleimhaut von Dickdarm und Enddarm beschränkt. Auch hier ist die Ursache unbekannt und der Verlauf ist langwierig.

Behandlung:
Beide Erkrankungen brauchen eine spezielle medikamentöse Therapie, die meist im Krankenhaus begonnen und in Zusammenarbeit mit dem behandelnden Arzt fortgeführt wird.

Zöliakie (Einheimische Sprue)

Symptome:

- Bauchschmerzen
- Gedeihstörung und Appetitlosigkeit
- Chronische Durchfälle
- Aufgetriebener Bauch
- Müdigkeit und schlechte Laune

Die Zöliakie ist eine Überempfindlichkeit auf bestimmte Eiweißanteile im Getreide: Gliadin und Gluten. Eine **Gedeihstörung** und **chronische Durchfälle** mit voluminösen und fettigen Stühlen bei der Gabe von glutenhaltiger Nahrung (Weizen, Roggen, Gerste, Hafer) sind die Folge. Abbauprozesse an der Dünndarm-Schleimhaut führen zu der genannten Symptomatik. Die Häufigkeit der Zöliakie beträgt etwa 1:300.
Durch Blut-Untersuchungen und gegebenenfalls eine Gewebeprobe des Dünndarms (Biopsie) kann die Diagnose gesichert werden.

Behandlung:
Die Symptome lassen sich durch glutenfreie Ernährung beseitigen. So kann auch die Gefahr für ein erhöhtes Krebsrisiko vermindert werden, wie es bei der Zöliakie bekannt ist. Glutenfreie Produkte sind im Handel erhältlich und gekennzeichnet.

Diese Brotsorten sollten Sie bei einer Zöliakie meiden

- Weizen
- Roggen
- Gerste
- Hafer

Milch-Unverträglichkeit

Symptome:

- Durchfälle, Blähungen, Bauchschmerzen, Hautveränderungen und Gedeihstörung

Gelegentlich vertragen Kinder, besonders Säuglinge, das Eiweiß der Kuhmilch nicht. Hier bestehen allergische Probleme in der Dünndarm-Schleimhaut, was zu dünnen Stühlen, Blähungen, Bauchschmerzen, Hautveränderungen und Gedeihstörungen führen kann. Eine **Kuhmilch-Unverträglichkeit** verliert sich oft im Laufe der Jahre und kann durch Blut-Untersuchungen nachgewiesen werden.
Eine **Milchzucker-Unverträglichkeit** (Laktoseintoleranz) ist die Unfähigkeit des Darms, Milchzucker zu spalten. Sie kann zu Blähungen, Völlegefühl und Durchfällen führen, kann seit Geburt bestehen, entwickelt sich aber meist später. Ein spezieller Atemtest kann den Verdacht bestätigen.

Behandlung:
Bei einer Kuhmilch-Unverträglichkeit sollte kuhmilchhaltige Nahrung für 1-2 Jahre gemieden werden, häufig wird sie dann wieder vertragen. Bei einer Milchzucker-Unverträglichkeit sollte die Nahrung milchzuckerfrei sein.

Erkrankungen der Leber

Lebererkrankungen sind häufig infektiöser Natur und zum Teil durch Impfungen vermeidbar, wie die **Hepatitis A und B** (siehe Infektionskrankheiten). Seltene andere Lebererkrankungen sind Ausdruck von Stoffwechsel-Veränderungen verschiedener Art und sprengen den Rahmen dieser Zusammenstellung.
Sehr selten, aber wegen seiner Schwere und seiner Vermeidbarkeit zu erwähnen ist das **Reye-Syndrom**. Es wird wahrscheinlich durch einen Virus-Infekt in Kombination mit der Gabe von Acetylsalicylsäure (ASS) ausgelöst und tritt als schwere Funktionsstörung der Leber in Erscheinung, wodurch gelegentlich

Schäden im Gehirn verursacht werden können. Sogar Todesfälle wurden beschrieben. Aus diesem Grunde wird ASS zum Fiebersenken bei Virusinfekten im Kindesalter nicht empfohlen.

Gallenblasen-Erkrankungen und **Bauchspeicheldrüsen-Erkrankungen** sind bei Kindern selten. Hier muss man die Ursache (etwa infektiös, tumorbedingt, medikamentös) genau abklären. Die Symptome können Erbrechen, Übelkeit, eine Gelbfärbung der Haut und kolikartige Bauchschmerzen (besonders im Mittel- und Oberbauch) sein.

Erkrankungen durch Parasiten

Parasitäre Erkrankungen wie die Echinokokkose, die durch den **Hundebandwurm** übertragen wird, sind sehr selten. Häufiger treten in unseren Breitengraden Erkrankungen durch folgende Wurmarten auf:

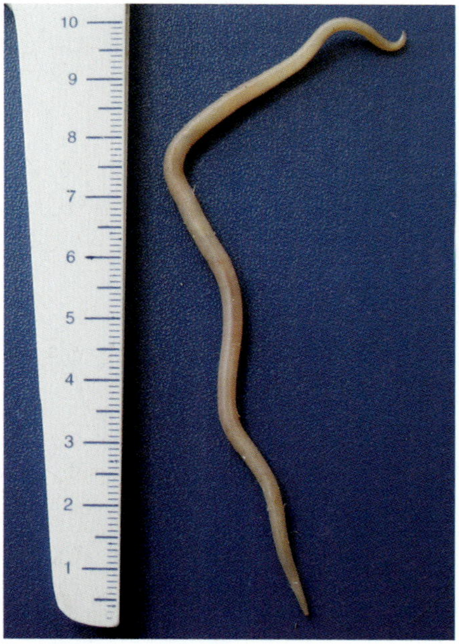

Spulwurm:
15 bis 40 cm lang

- **Madenwürmer** (Oxyuren), 5 bis 10 mm Länge. Verbreitung von Mensch zu Mensch. **Symptom** ist ein nächtlicher Juckreiz im Analbereich durch abgelegte Eier
- **Spulwürmer** (Askariden), 15 bis 40 cm Länge. Aufnahme von Eiern über die Nahrungskette. **Symptome** sind häufig unspezifisch. Sie variieren von gelegentlichen Bauchschmerzen bis zum Darmverschluss
- **Bandwürmer** (Taenien, unterschiedliche Typen), mehrere Meter Länge. Aufnahme durch rohes

Rindfleisch, das eine Zwischenform des Wurmes, die Finne, enthält. **Symptome** sind meist gering, gelegentlich zeigen sich Abmagerung und Blutarmut (Anämie).

- Die **Lambliasis** (Infektion mit Lamblien) ist eine parasitäre Darmerkrankung mit den **Symptomen** Durchfall, Erbrechen, Bauchschmerzen, Fieber. Wenn sie nicht behandelt wird, kommt es zu einer Gedeihstörung, einem geblähten Bauch und weiteren unspezifischen Symptomen. Die Diagnose wird durch den Nachweis von Lamblien im Stuhl oder im Dünndarmsaft gestellt.

Behandlung:

Wurmerkrankungen sind medikamentös gut therapierbar.

6

Notfälle im Kindesalter

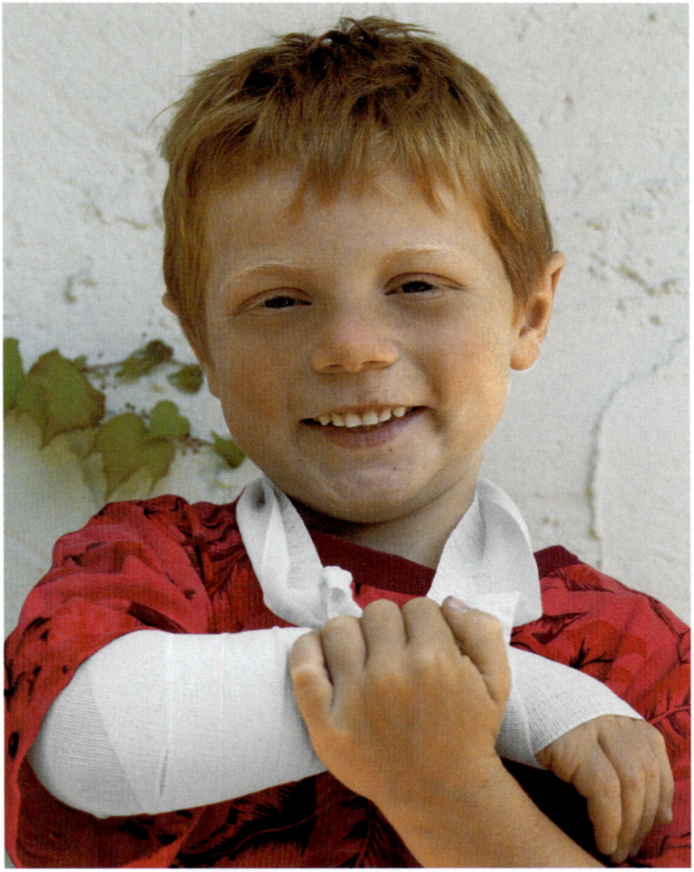

In diesem Kapitel erfahren Sie, ...

- wie Sie Unfällen im Kindesalter vorbeugen können
- wie Sie sich bei einem Notfall verhalten sollen
- welche Maßnahmen Sie selbst einleiten können

Das Vorgehen bei Notfällen

Hier geht es um Notfälle im Kindesalter – und darum, wie Sie im Notfall schnell reagieren und richtig handeln können.

Bei allen Notfall-Situationen ist es am wichtigsten, Ruhe zu bewahren, nicht panisch zu reagieren und beruhigend auf das Kind einzuwirken. Verschaffen Sie sich also zuerst einmal einen Überblick über die Situation und filtern Sie das wichtigste Problem heraus. Sichern Sie bei Verkehrsunfällen die Unfallstelle großzügig ab, damit nicht noch mehr passieren kann.

Egal, welches Problem vorliegt (Atemnot, Unfall, Platzwunde) – versuchen Sie, die Schwere des Problems einzuschätzen: Ist es lebensbedrohlich oder nicht?

Leiten Sie Hilfsmaßnahmen mit kühlem Kopf und ohne Panik ein.

Wie Sie bei Notfällen vorgehen sollten

Überblick verschaffen	– Verletztes Kind? – Nicht verletztes Kind? – Das wichtigste Problem herausfiltern
Schwere des Problems einschätzen	– Lebensbedrohlich – Jetzt nicht lebensbedrohlich – aber es könnte lebensbedrohlich werden – Nicht lebensbedrohlich
Hilfsmaßnahmen einleiten	– Ruhe ausstrahlen – Keine Panik verbreiten – Klar überlegen, was zu tun ist

Natürlich ist nicht jeder Notfall sofort klar einzuordnen. Probleme können in ihrem Schweregrad verkannt werden – und es können sich weitere Probleme dazu gesellen. Das Einordnen verschafft dem Helfer aber etwas mehr innere Ruhe und Klarheit.

Das bewusstlose Kind

Eines der seltensten, aber größten Probleme, vor das Sie gestellt werden könnten, ist es, ein lebloses Kind vor sich zu haben. In so einem Fall sind Sie – wie fast alle Betroffenen – oft überfordert. Im Folgenden sind die Kernprobleme Bewusstlosigkeit, Atemstillstand, Herz-Kreislauf-Stilland und Schock zusammengestellt und die Erstmaßnahmen beschrieben.

Bewusstlosigkeit

Bei einer Bewusstlosigkeit sind die grundlegenden Lebensfunktionen wie Atmung und Kreislauf erhalten, das Kind ist aber nicht ansprechbar und reagiert nicht auf Schmerzreize. Die Ursachen können vielfältig sein und reichen von einer Vergiftung bis zu einer Stoffwechsel-Entgleisung, wie etwa durch einen noch nicht entdeckten Diabetes.

- Versuchen Sie, durch deutliches Ansprechen, vorsichtiges Schütteln und Kneifen die Stärke der Bewusstlosigkeit einzuschätzen. Bewusstlosigkeit liegt vor, wenn das Kind auf Kneifen keine Reaktion zeigt. Achten Sie dabei auf den Kopf, der durch die Bewusstlosigkeit keinen Halt mehr hat.

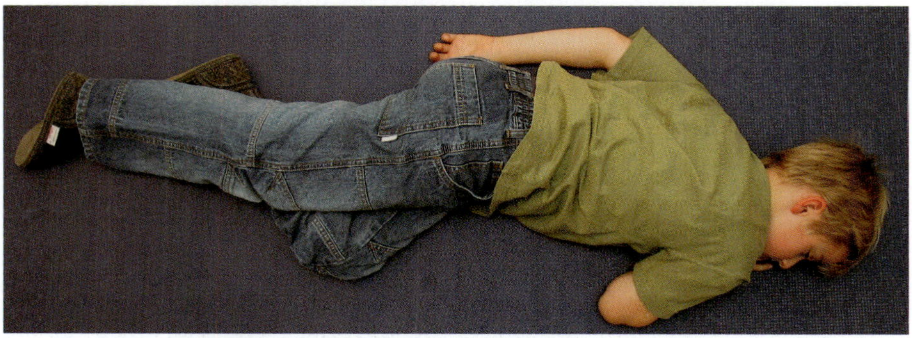

Stabile Seitenlage: Stabil lagern, Notarzt rufen

- Legen Sie das Kind in die stabile Seitenlage und überprüfen Sie den Mund auf Nahrungsreste, Erbrochenes oder Fremdkörper. Entfernen Sie sie gegebenenfalls.
- Achten Sie auf die Atmung, die Hautfarbe und den Puls.
- Überprüfen Sie, ob in der Umgebung Zeichen für eine Tabletteneinnahme vorliegen, wie eine offene Medikamentenschachtel, Verpackungsteile daraus oder Pulverreste.

In allen Fällen müssen Sie sofort den Notarzt alarmieren.

Atemstillstand

Bei einem Atemstillstand ist das Kind bewusstlos und atmet nicht mehr. Durch den zunehmenden Sauerstoffmangel ist das Kind massiv gefährdet. Einen Atemstillstand muss man sofort überprüfen.

- **Hören**: Halten Sie Ihr Ohr dicht an Mund und Nase des Kindes.
- **Sehen**: Achten Sie auf Bewegungen des Brustraums und der Magengegend.
- **Fühlen**: Prüfen Sie die Bewegung des Brustraums. Achten Sie auch auf eine leichte Atemfunktion, indem Sie Ihre Wange oder Ihren Handrücken an Mund und Nase des Kindes halten. Eine Atembewegung ist spürbar.

Wenn Hören, Sehen und Fühlen auf einen Atemstillstand hindeuten, bringen Sie das Kind vorsichtig in Rückenlage. Strecken Sie den Kopf mit der einen Hand an der Stirn des Kindes nach hinten. Mit der anderen Hand wird der Unterkiefer etwas nach vorn gezogen. Dadurch kann die Zunge die Atemwege nicht mehr verlegen, und Sie können die Atemwege gegebenenfalls mit den Fingern von Fremdkörpern befreien.

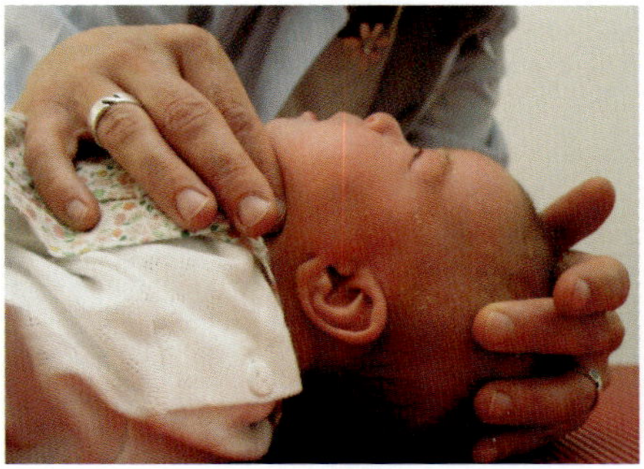

Atemwege frei:
Kleines Kind

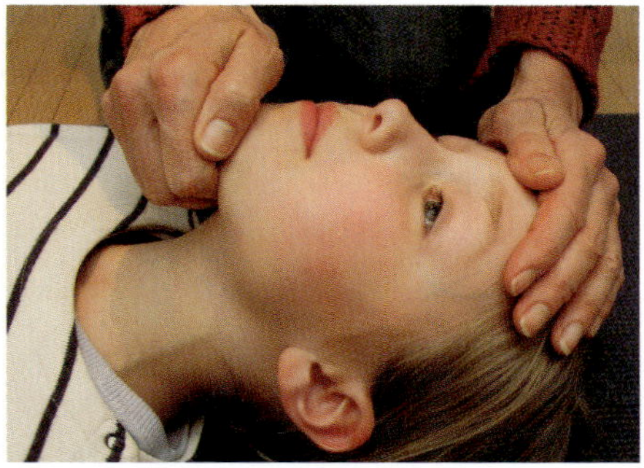

Atemwege frei:
Großes Kind

Atemspende

Falls keine Atemreaktion vorhanden ist, fangen Sie zügig mit der Atemspende an – nach folgender Technik:

- Beim Säugling werden Mund *und* Nase vom Mund des Helfers umschlossen.
- Bei Kindern, die älter als ein Jahr sind, wird nur der Mund vom Mund des Helfers umschlossen und die Nase mit zwei Fingern zugedrückt
- Die ersten beiden Atemspenden führen Sie langsam in ein bis zwei Sekunden mit kurzer Pause durch. Holen Sie dazwischen jeweils Luft.

Atemspende:
Säugling

Atemspende:
Großes Kind

- Die gespendete Luftmenge richtet sich nach der Größe des Kindes. Sie sollte beim Säugling ein Drittel eines normalen Erwachsenenstoßes sein (etwa die Menge der aufgeblasenen Backen) und den Brustkorb des Kindes leicht anheben.
- Überprüfen Sie jetzt innerhalb von etwa zehn Sekunden durch Fühlen des Pulses die Herzfunktion. Sie machen das beim Säugling an der Innenseite des Oberarms und beim größeren Kind seitlich des Kehlkopfes.
- Fühlen Sie einen Puls, dann setzen Sie die Atemspende fort, bis das Kind wieder eine Atmung hat.
- Fühlen Sie keinen Puls, dann müssen Sie eine Herz-Druck-Massage durchführen.

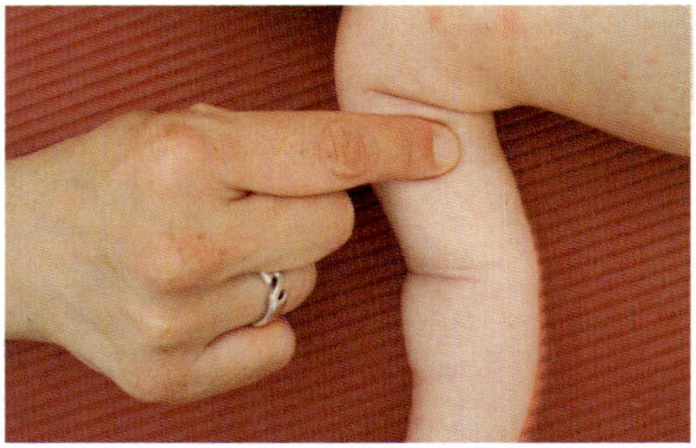

Puls fühlen:
Beim Säugling am Oberarm

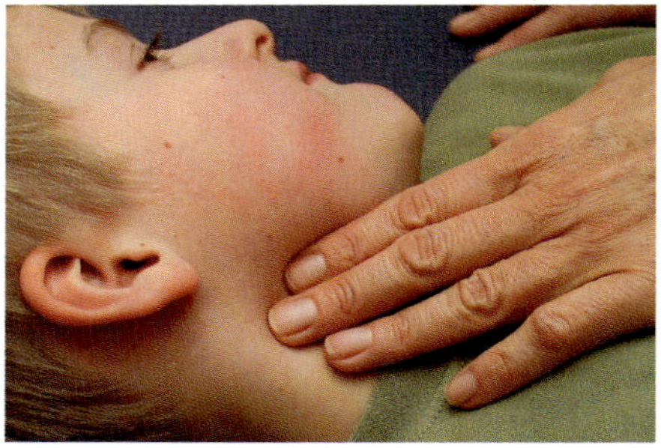

Puls fühlen:
Beim Kind im Kieferwinkel

Herz-Kreislauf-Stillstand

Herz-Druck-Massage

Die Herz-Druck-Massage (Herz-Kompression) wird mit folgender Technik durchgeführt:

- Lagern Sie das Kind in Rückenlage auf festem Grund.
- Der Druckpunkt bei den Säuglingen soll eine Fingerbreite unter der Linie zwischen den Brustwarzen liegen. Dazu umfassen Sie den Säugling mit den

Händen und führen die Druck-Massage mit den Daumen durch. Sie können aber auch die Zwei-Finger-Methode benutzen.

- Beim Kleinkind soll der Druckpunkt zwei Finger oberhalb des Unterrandes des Brustbeins liegen und die Druck-Massage mit dem rechten Handballen und durchgestrecktem Unterarm durchgeführt werden.
- Der Brustkorb wird dabei um etwa ein Drittel eingedrückt. Die Zeit von Druck und Entlastung soll gleich sein. Nach fünf Herzkompressionen folgt eine Atemspende (5:1). Bei großen Kindern – etwa ab dem Schulalter – wird auch ein Verhältnis von 15:2 empfohlen. Herzkompression und Atemspende werden insgesamt 100 mal pro Minute durchgeführt.
- Führen Sie die Atemspende und Herz-Druck-Massage so lange durch, bis das Kind zu Bewusstsein kommt oder weitere Hilfe da ist.

In den folgenden Tabellen sind die wichtigsten Punkte noch einmal zusammengestellt.

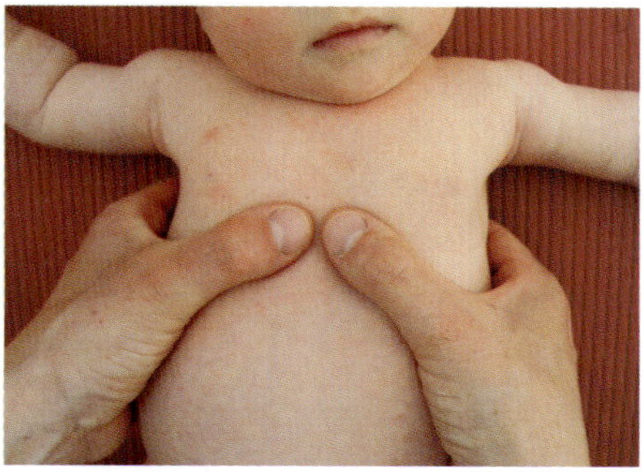

Herz-Druck-Massage: Die Daumen-Methode

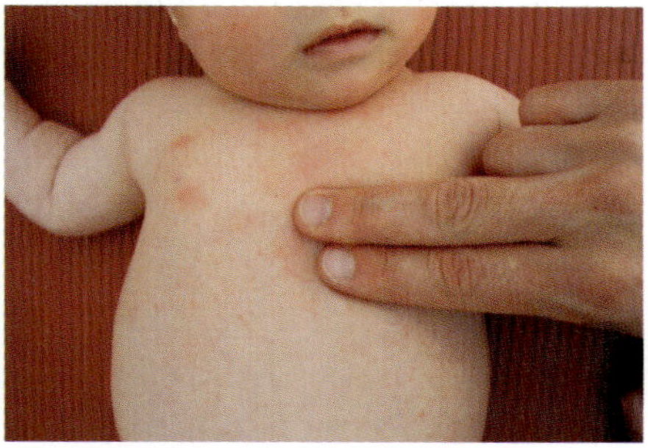

Herz-Druck-Massage: Die Finger-Methode

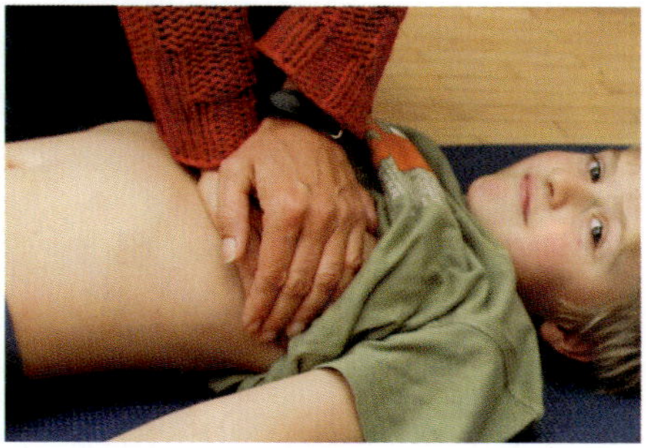

Herz-Druck-Massage: Die Handballen-Methode

Einfache lebensrettende Sofortmaßnahmen

Die Überprüfung der lebenswichtigen Funktionen
sollte in dieser Reihenfolge erfolgen:
B = Bewusstsein – A = Atmung – P = Puls

Wie Sie Wiederbelebungs-Maßnahmen durchführen können

Bewusstsein überprüfen
durch Stimulieren, Schütteln, Ansprechen
Falls keine Reaktion:

Atmung überprüfen
durch Hören, Sehen, Fühlen, die Bewegungen des Brustkorbes beobachten
Falls keine Atmung festzustellen ist:
Beatmen Sie mit zwei wirksamen Beatmungen, dann höchstens zehn Sekunden Pause zur Kreislauf-Überprüfung (Atmung und Puls prüfen)

Puls überprüfen
durch Tasten am inneren Oberarm (Kleinkind)
oder seitlich vom Kehlkopf (größeres Kind)
Falls kein Puls festzustellen ist:
Herz-Druck-Massage und Beatmung fortsetzen im Verhältnis 5:1 (5x Herzmassage und 1x Beatmung), ab Schulalter 15:2 (15x Herzmassage und 2x Beatmung) – zusammen etwa 100 mal pro min.
Sobald Puls, aber noch keine Atmung einsetzt:
Nur Beatmung fortsetzen, bis Spontanatmung einsetzt.
Eine Herz-Druck-Massage ist dann nicht nötig.

Eine Reanimation war erfolgreich, wenn die Herzfrequenz auf altersentsprechende Werte ansteigt und die Spontanatmung wieder einsetzt.

Normale Herzfrequenzen pro Minute

• Im 1. Lebensjahr	100 bis 180
• Im 2. bis 6. Lebensjahr	70 bis 150
• Im 6. bis 8. Lebensjahr	70 bis 115

Schock

Beim Schock kommt es zum Zusammenbruch der sonst stabilen Kreislaufverhältnisse. Die Folge ist ein Blutdruckabfall mit einer lebensbedrohlichen Situation. Ein Schock tritt selten auf, aber bei Unfällen oder bei einer allergischen Veranlagung (Wespen- oder Bienenstich-Allergie) muss man immer daran denken.

Auslöser eines Schocks
- Blut- oder Flüssigkeitsverlust
- Schwere Entzündungen
- Allergien (Bienen-, Wespen-Allergie)
- Herzerkrankungen

Zeichen eines Schocks
- Kühle, marmorierte, blassblaue Haut
- Schneller Puls und schnelle Atmung
- Kalter Schweiß
- Trockene Schleimhaut
- Evtl. trockene Haut
- Unruhe, Angst, Wesensveränderung

Erstmaßnahmen beim Schock

- Sofort Hilfe holen
- Zuspruch und Beruhigung
- Beine hoch lagern
- Wärmeverlust vermeiden

Schocklage: Beine hoch lagern

Plötzlicher Kindstod

Der plötzliche Kindstod (Sudden infant's death syndrome, SIDS) ist die häufigste Todesursache im Säuglingsalter (nach den ersten vier Lebenswochen bis zum Ende des ersten Lebensjahres). Er wird definiert als plötzlicher Tod eines Säuglings oder Kleinkindes, der auf Grund der Vorgeschichte unerwartet ist und bei dem durch eine gründliche Untersuchung nach dem Tod keine klare Todesursache zu ermitteln ist.
Die Häufigkeit beträgt in Deutschland ein Fall auf 1.000 Geburten. Der Häufigkeitsgipfel liegt zwischen dem zweiten bis vierten Lebensmonat. In diesem Zeitraum sterben etwa 75% der betroffenen Kinder.
Die Ursachen des plötzlichen Kindstod sind bisher noch nicht eindeutig geklärt. Allerdings hat man durch große Studien herausgefunden, dass einige Risikofaktoren den plötzlichen Kindstod häufiger auftreten lassen. Bitte beachten Sie die folgenden Empfehlungen zur Verhinderung des plötzlichen Kindstods.

Wie Sie einem plötzlichen Kindstod vorbeugen können

- Legen Sie Ihr Kind zum Schlafen auf den Rücken (nicht auf den Bauch).
- Achten Sie auf eine rauchfreie Umgebung für Ihr Kind.
- Stillen Sie Ihr Kind so lange wie möglich.
- Vermeiden Sie eine Überwärmung: 18 bis 20°C Raumtemperatur zum Spielen und 16 bis 18°C zum Schlafen sind genug.
- Der Kopf Ihres Kindes sollte im Schlaf unbedeckt bleiben.
- Achten Sie darauf, dass Ihr Kind nicht unter die Bettdecke rutschen kann, oder benutzen Sie einen geeigneten Schlafsack.
- Lassen Sie Ihr Kind im ersten Lebensjahr möglichst bei sich im Zimmer schlafen, aber nicht im Elternbett.

Weitere Informationen: www.schlafumgebung.de

Unfälle im Kindesalter

Unsere Kinder sind immer wieder kleineren oder größeren Gefahren ausgesetzt. Sie beginnen bereits im Neugeborenen-Alter und enden auch nach der Pubertät noch nicht. Auch wir Erwachsenen erleiden manchmal durch unglückliche Zufälle, eigene oder fremde Unachtsamkeit oder Risikobereitschaft Verletzungen mit gelegentlich schwerwiegenden Folgen.
Wir fragen uns dann häufig: *„Warum musste so etwas gerade mir passieren?“* · *„Hätte der Andere nicht aufpassen können?“* · *„Warum war ich da so unvorsichtig?“*.
Kinder sind in ihren Handlungen sehr spontan. Also ist es nicht verwunderlich, dass die häufigste Todesursache jenseits der Säuglingszeit Unfälle sind. Deshalb ist es unsere Aufgabe und die unserer Gesellschaft, die Kinder zu schützen und ihnen beizubringen, mit den Schwierigkeiten des Lebens zurechtzukommen. Dabei spielen die Vermeidung von Unfällen und das Aufzeigen von Gefahren eine wichtige Rolle. Allerdings sollte das nicht dazu führen, dass wir unsere Kinder fortwährend „überbehüten“ und wir Eltern das Gefühl entwickeln, nur wir könnten auf unser Kind aufpassen. Denn auch im Beisein seiner Eltern kann ein Kind sich zum Beispiel eine Platzwunde zufügen.
In Deutschland werden bei den Vorsorge-Untersuchungen kleine Handzettel verteilt, die auf die besonderen Gefahren der jeweiligen Altersgruppe hinweisen. Sie sind in Zusammenarbeit verschiedener kinderärztlicher und kinderchirurgischer Verbände mit den Krankenkassen erstellt worden. Lesen Sie hier die wichtigsten Gefahren:

Wie Sie Gefahren für Ihr Kind vermindern können

- Legen Sie Ihr Baby nie außer Reichweite auf einen Tisch, eine Couch, ein Bett. Irgendwann fällt es von irgendwo zum ersten Mal runter.
- Kissen, Halsketten – auch mit Schnuller –, Spielketten, die quer im Bett gespannt sind, und kleinteiliges Spielzeug gehören nicht ins Säuglingsbett oder an einen Säugling.
- Wenn Sie Ihren Säugling oder Ihr Kind transportieren, achten Sie auf altersgemäße und geprüfte Sicherheits-Sitze.
- Ihr Säugling oder Kleinkind sollte keine Lauf-Lern-Hilfen benutzen.
- Lassen Sie Ihren Säugling oder Ihr Kleinkind nie außer Reichweite in einem Hochstuhl. Stellen Sie den Hochstuhl nicht in die Nähe eines Tisches. Oder aber befestigen Sie ihn am Tisch, damit Ihr Kind ihn nicht mit den Füßen umstoßen kann.
- Kleinteile – egal ob essbar oder nicht – gehören nicht in die Nähe von Säuglingen oder Kleinkindern.
- Medikamente, Reinigungsmittel und Giftstoffe müssen weggeschlossen werden und dürfen für Kinder nicht erreichbar sein.
- Betrachten Sie Ihre Wohnung mit Kinderaugen und verringern Sie die Gefahrenquellen. Stürze von Schränken, aus Fenstern oder von Balkonen und die Treppen hinunter können lebensgefährlich sein.
- Große Gefahren-Quellen sind …
  - Feuer (Feuerzeuge, Kerzen, Kamin),
  - Wasser (Teiche, Badewanne, Schwimmbecken)
  - Strom (Steckdosen, Kabel, elektrische Geräte)
  - Pflanzen (giftige Beeren)
  - Tiere (unbekannte und bekannte Hunde)
- Bringen Sie Ihrem Kind frühzeitig bei, in der Welt des Straßenverkehrs (Straße überqueren, Fahrradhelm tragen, Sitzgurte anschnallen etc.) zurecht zu kommen.
- Bringen Sie Ihrem Kind frühzeitig das Schwimmen bei.

Ertrinkungs-Unfälle

Ertrinkungsunfälle sind besonders bei Kleinkindern nicht selten. Vorwiegend gefährdet sind Kinder im Alter von 2 ½ bis 3 ½ Jahren, ebenso wie die Altersgruppe der männlichen Jugendlichen zwischen 15 und 19 Jahren.
In der kleinkindlichen Entwicklung steht für Kinder die Entdeckung ihrer Umwelt im Vordergrund. Daraus ergeben sich natürlich mannigfache Gefahren. Kleine Teichanlagen, Kinderschwimmbecken und Badewannen sind Orte, an denen ein Ertrinkungsunfall schnell passieren kann. Ein Kleinkind kann schon in 10 bis 20cm hohem Wasser ertrinken. Bei den Jugendlichen sind Übermut und Leichtsinn der Grund für Badeunfälle – wie ein Sprung in ein Gewässer mit unbekannter Tiefe.
Findet man ein solches Kind, muss unverzüglich mit lebensrettenden Sofortmaßnahmen begonnen und professionelle Hilfe herbeigeholt werden. Wegen der Gefahr des Auskühlens sollten Sie die nassen Kleider sofort ausziehen und das Kind in trockene Decken hüllen.
Auch wenn das Kind bei Bewusstsein ist, muss es trotzdem stationär im Krankenhaus versorgt werden, weil es bis 24 Stunden nach dem Ereignis zu einem „verspäteten Ertrinken“ kommen kann. Dabei wird das verschluckte Wasser allmählich vom Körper über den Darm aufgenommen und bringt damit den Salzhaushalt durcheinander.

Maßnahmen bei einem Ertrinkungs-Unfall

- Atmung und Puls überprüfen
- Sofortiger Beginn mit einer Wiederbelebung
- Führen Sie die Wiederbelebung konsequent fort
- Rettungsdienst informieren
- Nasse Kleidung entfernen
- Auch bei scheinbar symptomlosem Beinahe-Ertrinken ist eine stationäre Beobachtung im Krankenhaus nötig.

Fremdkörper in den Atemwegen

Bei einem Fremdkörper in den Atemwegen und Luftnot **rufen Sie sofort den Notarzt**.

Kleinkinder sind besonders durch kleine runde Nahrungsmittel wie Nüsse oder Erbsen gefährdet, weil sie genau in einen der beiden Hauptbronchien passen und ihn vollständig verlegen können. Säuglinge dagegen saugen eher Flüssigkeiten oder ihre Nahrung in die Lungen ein (aspirieren). Hier kann lediglich ein ausgeprägter Reizhusten darauf hindeuten, dass sich eine fremde Substanz in den Bronchien befindet.

Steckt ein Fremdkörper in den Atemwegen, würgt ein Kind meist dabei. Der hochgewürgte Fremdkörper passiert die Enge am Kehlkopf, wandert häufig in den Magen und wird nach einigen Tagen wieder ausgeschieden. Aber auch im Magen und Darm können Fremdkörper durch Gifte schädigen, wenn sie sich auflösen, wie zum Beispiel kleine Knopfbatterien. Um den Fremdkörper einzuschleimen – vor allem, wenn er spitz sein sollte –, empfiehlt sich die Gabe von Sauerkraut.

Haben Kinder beim Verschlucken Flüssigkeit in die Atemwege bekommen, sollte das durch eine Röntgen-Aufnahme überprüft werden. Es kann eine Lungenentzündung entstehen, die gegebenenfalls behandelt werden muss.

Hat ein Kind einen Fremdkörper verschluckt und besteht dabei lediglich ein Husten ohne Luftnot, ist die Diagnose schnell durch Röntgen abzuklären. Ein fester Fremdkörper kann dann anschließend mit dem Bronchoskop entfernt werden.

Steckt ein Gegenstand im Kehlkopfbereich, in der Luftröhre oder in den Bronchien, dann muss versucht werden, den Fremdkörper wieder zu entfernen.

Wenn die Luftröhre durch den Fremdkörper aber fast vollständig verschlossen ist, ist schnelles Handeln angesagt. In einem solchen Fall droht das Kind zu ersticken und muss umgehend auf der Brust liegend halbschräg nach unten über den Arm oder das Bein des Helfers gelegt werden.

Mit etwa fünf Schlägen auf den Rücken wird versucht, den Fremdkörper so weit zu lösen, dass er heraus gehustet werden kann. Gelingt das nicht, wird das Kleinkind gedreht, und es folgen mehrere Schläge auf die Brust. Bei einem

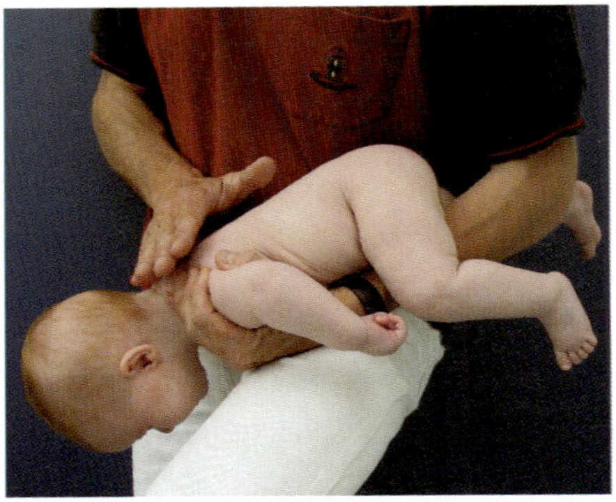

Schulterklopfmethode: Säugling

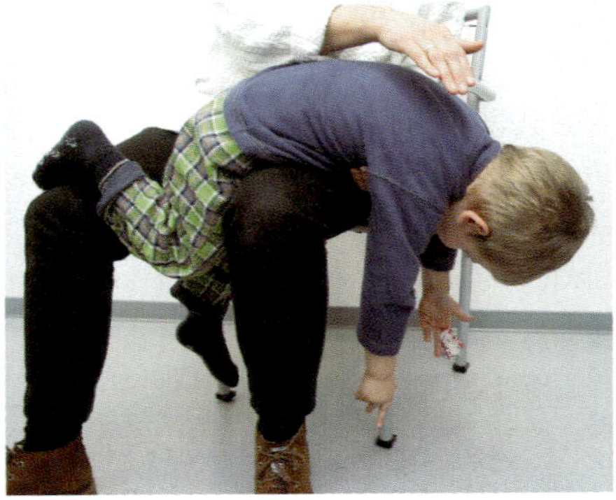

Schulterklopfmethode: Kleinkind

großen Kind oder einem Erwachsenen kann das mit einem Faustschlag gegen die Brust oder einer Brustkorb-Druckmassage (wie bei der Herzmassage) erreicht werden.

Auf jeden Fall aber sollten Sie den **Notarzt** rufen, wenn Sie es nicht schnell schaffen, den Fremdkörper zu entfernen.

Schulterklopfmethode: Kind

Fremdkörper in Nase, Ohren, Augen

Kleinkinder neigen dazu, kleine Fremdkörper wie Perlen oder Erbsen in ihre Nase oder ihre Ohren zu stecken. Manchmal merken die Eltern das gar nicht, und erst bei einem anhaltender Schnupfen oder einer eitrigen Ohrentzündung findet der Arzt den Fremdkörper.

- Einen Fremdkörper in der Nase entfernen Sie, indem Sie dem Kind das freie Nasenloch zuhalten und es auffordern, kräftig zu schnäuzen. Gelingt das nicht, müssen Sie zum Kinderarzt oder zum HNO-Arzt.
- Ein Fremdkörper in den Ohren muss herausgespült oder herausgesaugt werden. Das sollte der Kinder- oder HNO-Arzt durchführen.
- Fremdkörper im Auge (beispielsweise Sand oder Wimpern) können Sie versuchen herauszuspülen. Gelingt das nicht, gehen Sie zum Kinderarzt oder Augenarzt.

Verletzungen am Auge sollten immer vom Augenarzt versorgt werden.

Hitzeschäden

Hitzeschäden entstehen, wenn ein Mensch sich übermäßiger Sonneneinwirkung, Hitze oder Bewegung aussetzt, ohne für die nötige Flüssigkeitszufuhr zu sorgen. Solche Schäden durch übermäßige Wärmezufuhr, besonders in den Sommermonaten, können durch luftige Kleidung, eine Kopfbedeckung und ausreichendes Trinken vermieden werden. Besonders Säuglinge müssen gut vor Sonne geschützt werden.
Die **Hitze-Erschöpfung** bis hin zu einem Zusammenbruch des Kreislaufs (Hitzekollaps) kommt durch zu wenig Trinken bei übermäßiger Wärme vor.
Der **Hitzschlag** ist ein vollständiger Zusammenbruch der Wärmeregulation. Er wird durch übermäßige Wärmezufuhr bei verminderter Wärmeabgabe verursacht. Er birgt die Gefahr der Überwärmung des Körpers über 41,5°C und

bedeutet eine akute Lebensgefahr. Kinder, die im Auto bei hoher Hitze alleingelassen werden, sind ein klassisches Beispiel. Die lang anhaltende Sonneneinwirkung ohne Sonnenschutz (Hut, luftige Kleidung) kann noch Stunden später eine Reizung der Hirnhäute bewirken.
Der **Sonnenstich** tritt an warmen Sonnentagen auf, vor allem wenn die Kinder nicht an die Hitze gewöhnt sind.

Symptome eines Sonnenstichs
- Kopfschmerzen
- Übelkeit
- Schwindel
- Hochrotes Gesicht
- Nackensteifigkeit
- Erhöhte Herzfrequenz
- Evtl. leicht erhöhte Körpertemperatur

Erstmaßnahmen
- Lagerung in kühler Umgebung
- Lagerung mit erhöhtem Oberkörper
- Kühlende Umschläge
- Bei starken Beschwerden oder Unklarheit stationäre Beobachtung im Krankenhaus

Kälteschäden

Allgemeine Unterkühlungen sind beispielsweise bei Neugeborenen möglich, die nicht angemessen versorgt werden.
Zu Unterkühlungen kann es auch rasch kommen, wenn Verletzte in der Kälte liegen bleiben und nicht durch Decken geschützt werden. Auch der Ertrinkungs-Unfall ist häufig mit Unterkühlung verbunden.

Bei Erfrierungen sind meist Zehen und Finger betroffen, die dann kalt und gefühllos sind. Erfrierungen durch anhaltende Kälte-Einwirkung sind in unseren Breitengraden relativ selten. Gute, wärmende Kleidung, genügend große Schuhe, die den Zehen Bewegungsfreiheit lassen, Handschuhe und eine Mütze vermeiden in der Regel lokale Erfrierungen.

Wissenswertes

So können Sie eine Erfrierung erkennen

- **Erfrierungen 1. Grades:** Weiße Haut, gefühllos, kalt. Dann Kribbeln, Brennen, Schmerzen
- **Erfrierungen 2. Grades:** Schwellung nach Erwärmung, Rötung und evtl. Blasenbildung
- **Erfrierungen 3. Grades:** Weiße, gefrorene Haut. Nach Erwärmung bleibt die Gefühllosigkeit. Unter Umständen Absterben der Haut mit Infektionsgefahr

Erstmaßnahmen

Unterkühlungen

Bei Unterkühlungen muss man sehr vorsichtig mit dem Patienten umgehen und ihn nur allmählich erwärmen – andernfalls sind Herz- und Kreislauf-Probleme und sogar Verbrennungen an der Haut möglich.
Als Erstmaßnahmen sollten Sie den Körper mit wärmenden Decken einwickeln und dem Patienten eine warme – keine heiße – Flüssigkeit anbieten, sofern er noch bei Bewusstsein ist. Natürlich sollten Sie einen Arzt verständigen.

Erfrierungen

Bei Erfrierungen an Füssen und Händen sind neben dem Kontakt zu Arzt oder Krankenhaus folgende Erstmaßnahmen sinnvoll:

- Vorsichtiges Aufwärmen am eigenen Körper – ohne zu reiben
- Hände und Füße im Wasserbad erwärmen. Wassertemperatur bei ca. 15°C beginnen und vorsichtig auf 30° bis maximal 40° C erwärmen. Auf Schmerzgrenze achten.
- Anschließend die erfrorenen Bereiche vorsichtig einpacken (Watte) und Vorstellung beim Arzt.

Stromunfall

Steckdosen, das Spielen mit elektrischen Geräten und die Verbindung von Strom und Wasser können lebensgefährlich sein. Erklären Sie Ihrem Kind frühzeitig die möglichen Gefahren. Und seien Sie auch selbst im Badezimmer vorsichtig (Föhn, elektrischer Rasierapparat).
Besonders der Stromkontakt im Haushalt kann bei einem Kind zu schweren und lebensbedrohlichen Herzrhythmus-Störungen führen. Im Körper und am Herzen kann es zu Gewebevernichtung kommen. Deshalb sollten nach einer Stromverletzung immer ein EKG und eine Blutuntersuchung erfolgen.
Falls Sie ein Kind vorfinden, das sich in einem Stromkreis befindet, versuchen Sie es daraus zu befreien, ohne sich selbst zu gefährden und in den Stromkreis zu geraten. Durch den Strom ist es möglich, dass beim Kind eine Muskelverkrampfung entsteht und es sich am Strom „festhält".
Ziehen Sie sofort das Stromkabel oder schalten Sie den Strom an der Hauptsicherung aus. Falls das nicht möglich ist, **fassen Sie nie das Kind direkt an**. Versuchen Sie es aus dem Stromkreis zu befreien, indem Sie die Leitung mit einem isolierten Werkzeug durchschneiden oder das Kind mit isolierenden Gegenständen (Isolierhandschuhe, dicker Plastiksack, Holz-Besenstiel) von der Stromquelle trennen. Stehen Sie selbst auf trockenem Grund und einer nichtleitenden Unterlage wie Holz, Glas, Gummi, dickes Papier, Kleidung. Anschließend holen Sie das Kind aus der Gefahrenzone und informieren den Arzt. Hat das Kind einen Herz-Kreislauf-Stillstand, müssen Sie sofort versuchen, es wiederzubeleben (siehe: Atemspende und Herz-Druck-Massage) und den **Notarzt** rufen.

Verbrennungen und Verbrühungen

Ursachen für Verbrennungen und Verbrühungen

- Herdplatten, Backöfen, Bügeleisen
- Feuerquellen (Streichhölzer, Feuerzeug, Grill, Kerzen)
- Heiße Flüssigkeiten (Wasser, Tee, Kaffee, Suppe)

Verbrennungen und Verbrühungen der Haut werden in drei Schweregrade eingeteilt:

1. Grad: Schmerzhafte Rötung und Schwellung
2. Grad: Blasenbildung, nässende, hellrote Wunde mit intakter Schmerzempfindung
3. Grad: Große Blasenbildung mit weißgrauem Grund bis zur Verkohlung. Die Schmerzempfindung ist aufgehoben.

Eine rasche und gute Versorgung der Wunden ist wichtig.

Erste Maßnahmen:

- Minutenlange Abkühlung der Haut mit fließend kühlem, aber nicht ganz kaltem Wasser. So können Verbrennungs-Vorgänge in der Haut unterbrochen werden
- Abdecken der Wunde mit möglichst sterilen Tüchern
- Schmerzlinderung durch Gabe eines Schmerzmittels (z.B. Paracetamol)

Eine stationäre Versorgung im Krankenhaus ist auf jeden Fall nötig, wenn über 15% der Haut verbrannt oder verbrüht sind (z.B. der Kopf, Brust und Bauch, der Rücken, beide Arme oder beide Beine).
Die Infektionsgefahr an den geschädigten Hautstellen ist groß. Denn der natürliche Schutz des Körpers fehlt hier. Häufig wird der Körper in solchen Fällen mit Antibiotika geschützt.
Die anschließende chirurgische Versorgung soll Spätschäden an der Haut verhindern helfen, die im Gelenkbereich sogar zu Bewegungs-Einschränkungen und Versteifungen führen können.

Tipps und Hinweise

Welche Fragen Sie bei Vergiftungen beantworten können sollten

- Was hat das Kind geschluckt? (genaue Produkt- oder Firmenbezeichnung, falls möglich)
- Wie viel wurde aufgenommen?
- Wie lange ist die Aufnahme her?
- Was wurde bereits unternommen?
- Wie alt und wie schwer ist das Kind?
- Welche Auffälligkeiten gibt es?

Vergiftungen

Vergiftungen können durch Tabletten, Reinigungsmittel im Haushalt, gegessene Zigaretten und viele Dinge mehr entstehen. In allen Fällen gilt: Nehmen Sie sofort Kontakt mit Ihrem Arzt, dem Krankenhaus oder der Giftnotruf-Zentrale auf. Die Telefonnummern finden Sie im Info-Magazin am Ende des Buches.
In der Regel können die Giftnotruf-Zentralen detailliert Auskunft über die möglichen Gefahren geben. Einige wichtige Grundregeln sind:

- Bei Verätzungen kann durch Spülen mit Wasser versucht werden, die Schadstoffmenge zu verdünnen und zu verringern.
- Entfernen Sie nach einem Hautkontakt mit giftigen Stoffen auch die betroffene Kleidung. Achten Sie dabei auch auf Ihre eigene Haut.
- Nach Augenspritzern sollten Sie das Auge sofort zehn Minuten lang mit Wasser spülen. Bringen Sie Ihr Kind anschließend zum Augenarzt.
- Sorgen Sie nach Einatmen von giftigen Stoffen für viel frische Luft.
- Nach Einnahme von Giftstoffen über den Mund muss das Kind Wasser oder Tee trinken, um sie zu verdünnen.
- Die wichtigste Sofortmaßnahme ist die Sicherstellung der lebenswichtigen Funktionen.

Bei allen Unklarheiten nehmen Sie bitte Kontakt mit Ihrem Arzt oder der Giftnotruf-Zentrale auf.

7

Wege neben der Schulmedizin

In diesem Kapitel erfahren Sie, ...

- wie sich die Medizin entwickelt hat
- welche Ansätze und Prinzipien verschiedene alternative Heilverfahren verfolgen
- welche Therapie-Verfahren es aus anderen Ländern gibt

Ein Blick in die Medizin-Geschichte

Um auf alternative Heilverfahren eingehen zu können, ist ein Rückblick in die Medizin-Geschichte sinnvoll. Bereits in den frühen sogenannten „primitiven Gesellschaften" gab es Zauberheiler und Medizinmänner, die einen besonderen Status inne hatten und eine Verbindung zur Götterwelt und zu Dämonen darstellten.

Die Ärzte des klassischen Griechenlands legten die Grundlage für die Medizin als eine Wissenschaft, die sich dann weltweit ausdehnte. Im Mittelalter waren es die Mönchsärzte, die medizinisches Wissen durch die Niederschrift weiter verbreiteten. Ihnen waren allerdings chirurgische Maßnahmen durch das Konzil von Tours im Jahre 1163 untersagt. Im 12. Jahrhundert wurde die Zulassung der Ärzte zum Heilberuf von der Ablegung einer Prüfung und einer staatlichen Genehmigung abhängig gemacht.

Seitdem wurde die Medizin an Universitäten gelehrt. Die ärztliche Kunst bestand damals im Heilen innerer Erkrankungen. Wundärzte und Barbierchirurgen waren nicht universitär ausgebildet, sondern sie machten eine Art Lehre durch. Parallel gab es dazu Zahnreißer, Starstecher, Bruchschneider und Scharlatane, die auf Jahrmärkten ihre Heilkunst marktschreierisch anboten.

Mit der Zunahme militärischer Invasionen und Kriegen und der dadurch entstehenden Verletzungen der Soldaten im 18. Jahrhundert wurden allerdings die Barbierchirurgen und Wundärzte vermehrt gebraucht und somit ihre Ausbildung gefördert. Erst zur Mitte des 19. Jahrhunderts richtete man einen einheitlichen Ausbildungsgang für Ärzte ein, in dem die Innere Medizin und die Chirurgie zusammengefasst wurden. 1924 wurde die Facharzt-Anerkennung eingeführt, was zu einer sinnvollen Spezialisierung im Medizinberuf führte. Nun gab es den Augenarzt, den HNO-Arzt, den Internisten, den Chirurgen, den Kinderarzt und andere mehr.

Die intensive wissenschaftliche Bearbeitung medizinischer Fragestellungen und weltweite Forschung hat in den letzten Jahrzehnten zu großen Fortschritten geführt.

Aber trotz aller Vorteile einer Spezialisierung und der wissenschaftlichen Weiterentwicklung sollten Ärzte stets darauf achten, den Menschen immer als Ganzes – und nicht nur organbezogen – zu betrachten.

Viele Patienten wünschen sich mehr Mitsprache über die Therapie-Maßnahmen, die durchgeführt werden sollen, und stehen ärztlichen Empfehlungen daher kritischer gegenüber als früher. Der Wunsch nach Heilverfahren, die aus der Natur kommen, und die Bereitschaft, Heilverfahren anderer Kulturkreise auszuprobieren, sind häufig groß. Die Heilerfolge dieser Verfahren sind allerdings selten wissenschaftlich nachgeprüft oder bewiesen.

Das Angebot an verschiedenen Therapieformen ist für den Ratsuchenden kaum zu überschauen. So müssen sich Patienten auf Empfehlungen und ihr Gefühl verlassen. Bei chronischen Erkrankungen können Selbsthilfegruppen, deren Adressen den Krankenkassen und vielen Ärzten bekannt sind, die Patienten beraten und ihnen Wege aufzeigen, die sie allein nur schwer finden. Ein Arzt sollte daher …

- ein Berater für den Patienten sein, damit er sich im Angebot der verschiedenen Therapien zurechtfindet
- sich um die Gesundheitsaufklärung und eine gesunde Lebensführung seines Patienten bemühen
- seine Maßnahmen nach dem aktuellen Wissensstand richten

Für einen Kinderarzt besteht zusätzlich ein Dreiecksverhältnis zwischen ihm, dem Kind und den Eltern. Die Verantwortung für das Kind besteht also auf elterlicher und ärztlicher Seite. Hier können die Vorstellungen über sinnvolle Therapie-Maßnahmen auch einmal unterschiedlich sein. Jedoch sollte bei allen Diskussionen stets das Wohl des Kindes im Vordergrund stehen.

Verschiedene Heilverfahren

Homöopathie

Die Homöopathie basiert im Wesentlichen auf zwei Prinzipien:

- Auf der **Ähnlichkeitsregel** von *S. Chr. Frd. Hahnemann* (1755-1843), die besagt, dass ein Arzneimittel, das beim Gesunden bestimmte Krankheits-Symptome hervorruft, sie bei einem Kranken heilen kann
- Auf dem Prinzip der **Potenzierung**: Mineralische, pflanzliche, tierische oder aus Krankheitsprodukten gewonnene Ausgangslösungen werden stufenweise mit einer Trägersubstanz (Alkohol-Wassergemisch, physiologische Kochsalzlösung oder Milchzucker) aufbereitet. Dabei wird angenommen, dass die Wirksamkeit des Arzneimittels trotz fortschreitender Verdünnung der Ausgangssubstanz steigt.

Homöopathika können sich an ein Organsystem oder an ein Gewebe richten. Sie können zur Initial- oder Intervalltherapie benutzt werden. Oder sie greifen insgesamt in das konstitutionelle Geschehen ein, also in die Verfassung eines Patienten.
Die Wirksamkeit homöopathischer Medikamente wird seit Jahren kontrovers diskutiert. Eindeutige wissenschaftliche Beweise stehen aus. Die Homöotherapie ist eine Erweiterung üblicher Behandlungskonzepte, ohne sie jedoch zu ersetzen.

Natur-Heilverfahren

Natur-Heilverfahren benutzen Naturmittel, um die Genesung von Erkrankungen zu fördern und um körpereigene Abwehrvorgänge zu stärken. Sie wirken durch entnommene Substanzen aus der Natur (Pflanzen, Teedrogen, usw.) oder physikalische Reize wie Kälte oder Wärme. Auf solche Verfahren stützt sich die *Kneipp*-Therapie.

Verschiedene Natur-Heilverfahren

Hydrotherapie	Therapeutische Anwendung von Wasser in Form von Kälte und Wärme
Bewegungs-Therapie	Aktivierung des Körpers durch gezielte Bewegung
Phytotherapie	Therapie mit Pflanzen und pflanzlichen Extrakten
Ernährungs-Therapie	Ernährung mit gesunder Nahrung und Durchführung bestimmter Diäten
Ordnungs-Therapie	Gesundheitspädagogische Maßnahmen zum Erreichen eines geregelten Ablaufs und seelischen Gleichgewichts
Wärme- und Kälte-Therapie	Systemische Überwärmung und Unterkühlung zur Aktivierung von Abwehrvorgängen
Atem-Therapie	Durchführung wirksamer Atemtechniken bei Lungenerkrankungen
Klima-Therapie	Aktivierung des Körpers durch veränderte klimatische Bedingungen

Maßnahmen aus dem Bereich Natur-Heilverfahren sind auch gut als Selbsthilfe-Maßnahmen zu benutzen, wenn man sich über ihre Funktionsweise bewusst ist und sie kritisch eingesetzt werden. Zum Erhalt der Gesundheit und zur Genesung von Krankheit ist eine gesunde Lebensführung Voraussetzung (Tees, Wasser-Anwendungen und Wickel finden Sie in Kapitel 2).

Physikalische Therapien

Physikalische Therapieformen und ihre Absicht

Therapieform	Ziel
Krankengymnastik, manuelle Medizin, Massagen, Sporttherapie	– Linderung rheumatischer Erkrankungen – Stabilisierung der Haltung – Entwicklung von koordinativen Fähigkeiten – Förderung der Durchblutung
Ultraschall	– Schmerzstillung – Muskelentspannung – Durchblutungsförderung
Thermotherapie	– Entzündungshemmung und Schmerzlinderung durch Zufuhr oder Entzug von Wärme oder Kälte
Elektrotherapie	– Schmerzstillung durch Muskelstimulation
Phototherapie (Infrarotes Licht, sichtbares Licht, ultraviolettes Licht)	– Unspezifische Stärkung der Infektabwehr und Förderung der Vitamin D-Produktion (Kalziumaufnahme, Knochenaufbau) durch Strahlungswärme

Psychotherapeutische Verfahren

Psychotherapeutische Verfahren haben besonders bei psychischen und psychosomatischen Erkrankungen eine große Wirkung und ihren besonderen Stellenwert:

- Entspannungs-Therapien wie zum Beispiel Autogenes Training oder die Muskelentspannung nach *Jacobson*
- Verhaltens-Therapie
- Psychodynamische und familientherapeutische Verfahren

Anthroposophische Medizin

Hinter der Anthroposophischen Medizin steht die Anthroposophie-Lehre *Rudolf Steiners* (1861-1925) – eine Mischung aus Philosophie, mystischer Religion und einer Naturwissenschaft, beeinflusst von Goethes Erkenntnissen. Auch die *Waldorf*-Pädagogik beruht auf den Ideen Steiners. Häufig werden nach homöopathischen Richtlinien hergestellte Medikamente angewandt.

Bach-Blütentherapie

Die Bach-Blütentherapie entwickelte *Edward Bach* (1886-1936). Er beschrieb 38 verschiedene Seelenzustände des Menschen und ordnete entsprechende Heilpflanzen dazu. Die Heilpflanzen werden noch heute nach seinen Vorstellungen ausgesucht, gepflückt und behandelt. Die nach bestimmten Regeln verdünnten Extrakte haben bei Einnahme extrem geringe Konzentrationen (Faktor 10^{-5}). Eine pharmakologische Wirkung wird ihnen abgesprochen.

Bioresonanz-Therapie

Bei der Bioresonanz-Therapie geht man davon aus, dass der Körper bei Erkrankungen eigene elektromagnetische Schwingungen entwickelt. Diese werden durch ein Gerät aufgefangen und verändert wieder in den Körper zurück gegeben, wodurch Heilungsprozesse in Gang kommen sollen. Studien sprechen diesem Verfahren eine Wirkung ab.

Eigenblut-Therapie

Die Eigenbluttherapie gilt als unspezifische Reiztherapie, von der eine Förderung der Körperabwehr erhofft wird. Eigenbluttherapien gibt es als Injektionen und in Form von Tropfen.

Fremde Medizin-Systeme

In den letzten Jahren werden auch bei uns vermehrt fernöstliche Therapie-Verfahren angeboten. Dazu gehören die traditionelle chinesische Medizin mit der Akupunktur sowie Tai chi und Qigong als alte chinesische Meditations- und Therapie-Verfahren mit Wirkung auf das vegetative System und auf funktionelle Störungen.
Ayurveda gilt als die indische Wissenschaft vom gesunden Leben.
Yoga ist eine Methode, bei der durch die Arbeit mit dem Körper eine positive Wirkung auf Körper und Psyche erzielt wird. Besonders psychosomatische Erkrankungen lassen sich damit positiv beeinflussen.
Die Entwicklung einer „Ethnomedizin", die die effektiven Elemente aus allen bekannten Medizin-Systemen verbindet und anwendet, wäre wünschenswert. Ihre Entwicklung braucht aber Zeit, weil alle Systeme ihre eigenen Vorstellungen von Gesundheit und Krankheit haben.
Die hier genannten Therapieformen sind nur eine kleine Auswahl der bekannten und angewandten Verfahren. Bei vielen ist eine Bewertung ihrer Qualität schwierig und soll hier auch nicht erfolgen. Maßnahmen aus dem Bereich der Natur-Heilverfahren sind in diesem Buch dargestellt, weil sie geeignet sind, den Heilungsprozess durch die intensive Zuwendung der Eltern zusätzlich zu unterstützen.

8
Info-Magazin

- Notruf-Nummern
- Behandlungs-Tagebuch für Eltern
- Der Haus-Verbandskasten
- Nützliche Adressen und Websites
- Literatur-Hinweise
- Stichwort-Verzeichnis

Notruf-Nummern

Deutschland

Rettungsdienst, Notarzt	Telefon: 112 oder 19 222
Feuerwehr	Telefon: 112
Polizei	Telefon: 110

Österreich

Rettungsdienst	Telefon: 144

Schweiz

Rettungsdienst	Telefon: 144

Tragen Sie hier bitte die Telefon-Nummern für Ihren Wohnort ein:

Ärztlicher Bereitschaftsdienst	Telefon:
Giftnotruf-Zentrale	Telefon:
Zahnärztlicher Notdienst	Telefon:
Apotheken-Notdienst	Telefon:

Giftnotruf-Zentralen

Vergiftungs-Experten raten, bei der nächsten Giftnotruf-Zentrale anzurufen, wenn Ihr Kind etwas gegessen oder getrunken hat, was möglicherweise giftig ist. Falls es Probleme gibt, rufen Sie bei Ihrem Kinderarzt an. Geben Sie möglichst genau an, *was* und *wie viel* Ihr Kind zu sich genommen hat und *welchen Eindruck* es macht. Man wird Ihnen raten, was zu tun ist, welche Erste Hilfe Sie selbst leisten können und ob Sie den Rettungsdienst rufen sollen.

Deutschland

Berlin
Beratungsstelle für Vergiftungserscheinungen an der Universitätsklinik KAVH
Spandauer Damm 130 · 14050 Berlin
Tel.: 0 30 / 1 92 40

Bonn
Universitätskinderklinik und Poliklinik
Adenauerallee 119 · 53113 Bonn
Tel.: 02 28 / 1 92 40

Erfurt
Giftinformationszentrum Erfurt
Nordhäuserstr. 74 · 99089 Erfurt
Tel.: 03 61 / 730 730

Freiburg
Universitätskinderklinik Freiburg / Informationszentrale für Vergiftungen
Mathildenstr. 1 · 79106 Freiburg
Tel.: 07 61 / 1 92 40

Göttingen
Georg-August-Universität Göttingen / Kinderklinik und Poliklinik
Robert-Koch-Str. 40 · 37075 Göttingen
Tel.: 05 51 / 1 92 40

Homburg/Saar
Beratungsstelle für Vergiftungsfälle / Universitätsklinikum
Kirrbergerstraße · 66421 Homburg/Saar
Tel.: 0 68 41/ 1 92 40

Mainz
Beratungsstelle bei Vergiftungen / II. Medizinische Klinik der Universität
Langenbeckstr. 1 · 55131 Mainz
Tel.: 0 61 31 / 1 92 40

München
Toxikologische Abteilung / II. Medizinische Klinik Rechts-der-Isar
Technische Universität München
Ismaninger Str. 22 · 81675 München
Tel.: 0 89 / 1 92 40

Nürnberg
II. Medizinische Klinik / Städtisches Krankenhaus Nürnberg Nord
Toxikologische Intensivstation (Gifttelefon)
Prof.-Ernst-Nathan-Str. 1 · 90419 Nürnberg
Tel.: 09 11 / 3 98 24 51

Österreich

Giftnotruf-Zentrale:
Erste Medizinische Universitätsklinik / Vergiftungsinformationszentrale
Wehringer Gürtel 18–20 · A-1090 Wien
Tel.: 01 / 4 06 43 43

Schweiz

Giftnotruf-Zentrale:
Schweizerisches toxikologisches Informationszentrum
Freie Str. 16 · CH-8028 Zürich
Tel.: 01 / 2 51 51 51 oder 01 / 2 51 66 66

Behandlungs-Tagebuch für Eltern (Kopiervorlage)

Name des Kindes:

Datum	Erkrankung, Vorsorge, Impfung	Therapie/Medikamente	Röntgen/Sono

Der Haus-Verbandskasten

Ein Vorschlag

Die Grundausstattung sollte aus einigen Verbandspäckchen, einer Schere und Pflaster bestehen. Am besten kaufen Sie sich einen einfachen Erste-Hilfe-Kasten oder eine Erste-Hilfe-Tasche fürs Auto. Die enthalten alles Wichtige und sind praktisch. Außerdem können Sie den Kasten umräumen, um weitere wichtige Dinge darin unterzubringen.

Weitere wichtige Utensilien für den Verbandskasten

Splitterpinzette
Zeckenzange
Gummi-Handschuhe
Medikamente (nach Absprache mit Ihrem Arzt oder Apotheker)

Nützliche Adressen und Websites

Hier finden Sie wichtige Anschriften, Telefonnummern und e-Mail-Adressen. Über diese Adressen finden Sie Patienten-Selbsthilfe-Organisationen und andere Institutionen, bei denen betroffene Kinder und ihre Eltern Beratung und Unterstützung erhalten können. Soweit wir sie gefunden haben, sind neben den deutschen auch österreichische und schweizerische Organisationen angegeben. Falls wesentliche Adressen vergessen wurden, so bitten wir um Nachsicht und Nachricht, damit wir sie in der nächsten Auflage ergänzen können.

Allgemeine Informationen

Berufsverband der Kinder- und Jugendärzte e.V. (BVKJ)
Mielenforster Straße 2 · 51069 Köln
Telefon: +49 (0) 2 21 / 6 89 09-16 · Fax: +49 (0) 2 21 / 6 89 09-78
www.kinderaerzteimnetz.de

Deutsche Liga für das Kind
Chausseestraße 17 · 10115 Berlin
Telefon: 0 30 / 28 59 99 70

Kindernetzwerk e. V.
für kranke und behinderte Kinder und Jugendliche in der Gesellschaft
Hanauer Straße 15 · 63739 Aschaffenburg
Telefon: +49 (0) 60 21 / 1 20 30 oder 0 18 05 / 21 37 39
(erste Anlaufstelle zur Beratung und Vermittlung von Selbsthilfe-Gruppen
für 1200 Krankheiten)
www.kindernetzwerk.de

Allergien

Deutscher Allergie- und Asthmabund e. V.
Hindenburgstraße 110 · 41061 Mönchengladbach
Telefon: +49 (0) 21 61 / 81 49 40
Beratungstelefon: +49 (0) 21 61 / 1 02 07 · Fax: +49 (0) 21 61 / 8 14 94 30
www.daab.de

Deutsche Atemwegsliga e. V.
Geschäftsstelle
Burgstraße 12 · 33175 Bad Lippspringe
Telefon: +49 (0) 52 52 / 95 45 05 · Fax: +49 (0) 52 52 / 95 45 06
www.atemwegsliga.de

Österreich

Asthma – Neurodermitis – Allergieverband Wien (ANA)
Obere Augartenstraße 26–28 · A-1020 Wien
Telefon: +43 (0) 2 22 / 3 30 42 86

Schweiz

„Das Band" Selbsthilfe Lunge, Asthma, Allergie
Gryphenhübeliweg 40 · CH-3000 Bem 6
Telefon: +41 (0) 31 / 3 52 11 38 · Fax: +41 (0) 31 / 3 51 61 85

Behinderungen

Bundesverband für Körper- und Mehrfachbehinderte e. V.
Brehmstraße 5-7 · 40239 Düsseldorf
Telefon: +49 (0) 2 11 / 64 00 40 · Fax: +49 (0) 2 11 / 6 40 04 20
www.bvkm.de

Bundesvereinigung Lebenshilfe für Menschen mit geistiger Behinderung e. V.
Raiffeisenstraße 18 · 35043 Marburg
Telefon: +49 (0) 64 21 / 49 10 · Fax: +49 (0) 64 21 / 49 11 67
www.lebenshilfe.de
www.behinderten-ratgeber.de

Österreich

Arbeitskreis Eltern geistig und mehrfach behinderter Kinder und Jugendlicher
Kapuzinerstraße 84 · A-4020 Linz
Telefon: +43 (0) 7 32 / 7 61 00

Ernährung

Forschungsinstitut für Kinderernährung Dortmund (FKE)
Telefon: 02 31 / 79 22 10-0
www.fke-do.de

Erziehung

www.bke.de
www.familienhandbuch.de

Herz-Erkrankungen

Kinderherzstiftung
in der Deutschen Herzstiftung e. V.
Vogtstraße 50 · 60322 Frankfurt/Main
Telefon: +49 (0) 69 / 95 51 28-0 · Fax: +49 (0) 69 / 95 51 28-3 13
www.herzstiftung.de

Infektions-Krankheiten

www.rki.de

Impfungen

www.rki.de

Kind im Krankenhaus

Aktionskomitee Kind im Krankenhaus
Kirchstr. 34 · 61440 Oberursel
Telefon: +49 (0) 61 72 / 30 36 00
www.akik-bundesverband.de

Leitlinien

www.awmf-online.de

Misshandlung

Deutscher Kinderschutzbund
Bundesverband e. V.
Schiffgraben 29 · 30159 Hannover
Telefon: +49 (0) 5 11 / 30 48 50 · Fax: +49 (0) 5 11 / 3 04 85 49
www.dksb.de

Sexualität

www.profamilia.de

Stillen

Bund Deutscher Hebammen e.V.
Steinhäuser Str. 22 · 76135 Karlsruhe
Telefon: +49 (0) 7 21 / 9 81 89-0 · Fax: +49 (0) 7 21 / 9 81 89-20
webmaster@hebammen.de
www.hebammen.de

BfHD Bund freiberuflicher Hebammen Deutschlands
Am alten Nordkanal 9 · 41748 Viersen
Telefon: +49 (0) 21 62 / 35 21 49 · Fax: +49 (0) 21 62 / 35 85 92
www.bfhd.de

www.afs-stillen.de

www.lalecheliga.de

www.stillen.org

Tumor-Erkrankungen

Deutsche Krebshilfe e. V.
Thomas-Mann-Straße 40 · 53111 Bonn
Telefon: +49 (0) 2 28 / 7 29 90-0 · Fax: +49 (0) 2 28 / 7 29 90-11
www.krebshilfe.de

Krebsinformationsdienst (KID)
des Deutschen Krebsforschungszentrums
Postfach 101949 · 69009 Heidelberg
Telefon: +49 (0) 62 21 / 41 01 21 (täglich 8-20 Uhr)
www.krebsinformation.de

Übergewicht und Untergewicht

www.a-g-a.de
www.magersucht-online.de

Unfälle

www.ufokinder.de

Literatur-Hinweise

Empfehlungen für Eltern

AUST-CLAUS, E., HAMMER, P.-M.
Das A·D·S-Buch. Oberstebrink, 2003

BENSEL, J.
Was sagt mir mein Baby, wenn es schreit? Oberstebrink, 2003

BRANDT-SCHENK, I.
Stillen. Das Praxisbuch für die optimale Ernährung Ihres Säuglings. Südwest, 1998

BÜHRING, M.
Naturheilkunde. Grundlagen, Anwendungen, Ziele. Beck, 1997

DORSCH, W., SITZMANN, F. C.
Naturheilverfahren in der Kinderheilkunde. Hippokrates, 1998

HAUG-SCHNABEL, G.
Wie Kinder sauber werden können. Oberstebrink, 2003

JUUL, J.
Das kompetente Kind. Rowohlt, 1997

JUUL, J.
Grenzen, Nähe, Respekt. Wie Eltern und Kinder sich finden. Rowohlt, 2000

KAST-ZAHN, A.
Jedes Kind kann Regeln lernen. Oberstebrink, 2003

KAST-ZAHN, A., MORGENROTH, H.
Jedes Kind kann richtig essen. Oberstebrink, 2002

KAST-ZAHN, A., MORGENROTH, H.
Jedes Kind kann schlafen lernen. Oberstebrink, 2003

KÜSPERT, P.
Neue Strategien gegen Legasthenie. Oberstebrink, 2003

LARGO, R. H.
Babyjahre. Piper, 2000

LARGO, R. H.
Kinderjahre. Piper, 1999

PIKLER, E., TARDOS, A.
Miteinander vertraut werden. Herder, 2000

PSCHYREMBEL Klinisches Wörterbuch. de Gruyter, 2002

ROCHE Lexikon Medizin. Urban & Fischer, 1998

SCHNEIDER, S.
Rat & Tat für Eltern und Kinder. Hörgeschädigte Kinder. Oberstebrink, 2001

SINGERHOFF, L.
Hallo, Baby. Oberstebrink, 2000

THÜLER, M.
Wohltuende Wickel. Maya Thüler Verlag, 1998

Broschüren zur Ernährung aus dem Forschungsinstitut für Kinderernährung Dortmund (FKE)

Handbuch Selbstmedikation. Rezeptfreie Mittel – für Sie bewertet.
Verlag Stiftung Warentest

Zeitschrift Ökotest: Ratgeber Kleinkinder

Fachliteratur

Eine Liste der diesem Buch zugrunde liegenden Fachliteratur erhalten Sie auf Anfrage beim Verlag.

Stichwort-Verzeichnis

A

B

C

D

E

F

G

H

M

N

Die Oberstebrink

Die richtigen Eltern-Ratgeber für die wichtigen

Das Standardwerk für alle Eltern, die für sich und ihre Kinder ruhige Nächte haben wollen

Erweiterte und aktualisierte Neuausgabe:
Hardcover, 172 S.,
4-fbg. Fotos und Abb.
ISBN 3-934333-09-5

NEU: Das Hörbuch
CD: ISBN 3-934333-20-6
MC: ISBN 3-934333-21-4

Was Sie als Eltern wissen müssen, damit das Sauberwerden klappt

Erweiterte und aktualisierte Neuausgabe:
Hardcover, 205 S.
4-fbg. Fotos und Abb.
ISBN 3-934333-11-7

Ideen, wie Eltern ihren Kindern normales Essverhalten schmackhaft machen können

Hardcover, 156 S.,
4-fbg. Fotos und Abb.
ISBN 3-9804493-9-4

Schutz-Erziehung von Anfang an
- *Zu Hause*
- *Im Kindergarten*
- *In der Schule*

Hardcover, 253 S.,
4-fbg. Fotos und Abb.
ISBN 3-934333-01-X

Dieses Buch hilft Ihnen, Ihr Kind auch ohne Worte zu verstehen und zu beruhigen. Ein Kursus in Eltern-Kind-Verständigung

Hardcover, 205 S.,
4-fbg. Fotos und Abb.
ISBN 3-934333-07-9

Das Regelwerk für alle Eltern, die ihren Kindern klare Spielregeln für ein harmonisches Familienleben vermitteln wollen

Erweiterte und aktualisierte Neuausgabe:
Hardcover, 173 S., 4-fbg.
Fotos, Abb., Illustrationen
ISBN 3-934333-15-X

OBERSTEBRINK

Eltern-Bibliothek

Jahre

Die Pflichtlektüre für alle Eltern, die ihren Kindern helfen wollen, den Schulalltag zu meistern

Hardcover, 157 S., 4-fbg. Fotos, Abb., Illustrationen
ISBN 3-9804493-2-7

Kinder mit Lese- und Rechtschreib-Schwäche: Erkennen, Vorbeugen, Behandeln

Hardcover, 189 S., 4-fbg. Fotos, Abb., Illustrationen
ISBN 3-934333-12-5

Die neuesten Erkenntnisse zur Erkennung und Behandlung von Kindern mit Aufmerksamkeits- und Konzentrations-Störungen

Hardcover, 317 S., 4-fbg. Abb. und Illustrationen
ISBN 3-9804493-6-X

Entscheidungs-Hilfen für den wichtigsten Entschluss im Leben einer Frau

Hardcover, 125 S., 4-fbg. Fotos
ISBN 3-934333-03-6

Der Wegweiser für die ersten 12 Monate im Leben von Mutter und Kind

Hardcover, 250 S., 4-fbg. Fotos
ISBN 3-934333-02-8

Spielregeln und Tipps für ein gutes Familien-Management

Hardcover, 252 S., 4-fbg. Fotos
ISBN 3-9804493-8-6